本书系国家社会科学基金教育学一般项目"高校文化资本与高等教育发展及变革研究"（BIA200196）的研究成果

胡钦晓 / 著

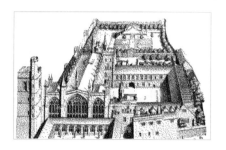

欧美大学的
历史与发展

HISTORY AND

DEVELOPMENT OF

EUROPEAN AND AMERICAN

UNIVERSITIES

社会科学文献出版社
SOCIAL SCIENCES ACADEMIC PRESS (CHINA)

序

    大学史研究对于高等教育学科来说具有"基础建设"的作用。何谓学科的基础建设？它不仅包括学科的方法论研究，而且包括学科赖以发展的思想材料的积累。在构成高等教育学科发展基础的思想材料中，应该说关于高等教育历史特别是西方大学历史研究的成果是主要组成部分之一。中世纪大学产生以来的西方大学约 900 年的发展蕴含人类在大学办学理念与实践上的丰富的思想与经验，这些思想与经验至今仍然影响着大学界。"如果说在失去了传统的教养和知识的社会里难以达到成熟的发展，那么就有必要在发扬传统的基础上摸索适应新的社会需要的教养和知识。现代大学必然在这些教养与知识的摸索、创造过程中发挥着不可或缺的作用。在这一点上，我们不应忘记学习中世纪大学的经验。"① 因此，加强高等教育史特别是西方大学史的研究，是我国高等教育学科进一步发展面临的一项重要任务。

    对于近代高等教育的后发国家来说，研究西方大学历史往往是开展高等教育研究、促进高等教育发展的一个重要方面。比如，日本从 20 世纪五六十年代开始陆续翻译出版了一些西方大学史的著作，其中包括《大学的起源——欧洲中世纪大学史》（三卷本）（H. Rashdall 著，横尾壮英译，东洋馆出版社 1966～1968 年出版）、《大学的起源》（Charles H. Haskins 著，青木靖三等译，法律文化社 1970 年出版）、《大学史——从起源至现代》（两卷本）（Stephen d'Irsay 著，池端次郎译，东洋馆出版社 1988 年出版）、《大学制度的社会史》（Hans W. Prahl 著，山本尤译，法

---

①   Zaccagnini G. 中世纪意大利的大学生活 ［M］. 儿玉善仁，译. 东京：平凡社，1990：225.

政大学出版局 1988 年出版)、《美国大学史》（Frederic Rudolph 著，阿部美哉等译，玉川大学出版部 2003 年出版）等。在翻译、研究的基础上，日本学者也出版了一些西方大学史著作，其中有《欧洲大学史研究》（岛田雄次郎，未来社 1967 年出版）、《近代大学的形成及变化——19 世纪德国大学的社会构造》（潮木守一，东京大学出版会 1973 年出版）、《大学的诞生与变迁》（横尾壮英，东信堂 1999 年出版）、《意大利的中世纪大学》（儿玉善仁，名古屋大学出版会 2007 年出版）等。

我国高等教育学科的正式起步发展是在 1978 年改革开放政策实施之后。在高等教育学科发展的初期阶段，由于学科地位确立、高等教育实践发展等因素的影响，建立学科体系、高等教育适应社会转型、高等教育改革等成为高等教育学科关注的主要领域，大学史研究尤其是欧美等国家或地区大学史研究基本没有进入学术视界。21 世纪初，两本《外国高等教育史》的相继问世，使我国高等教育学术界对外国高等教育发展历史的关注逐渐升温，但是，"由于语言、资料、研究力量等方面的原因，国内教育学术界对中世纪大学的研究是非常有限的。近四十多年来，在国内发表的关于欧洲中世纪大学的专门研究成果仅有 10 余篇论文（其中一篇为译文）"①。近年来，包括中世纪大学在内的欧美大学史研究日趋增多，成为高等教育学科发展的一个亮点。如张斌贤、贺国庆领衔翻译出版了四卷本的《欧洲大学史》，张斌贤主编出版了三卷本的《美国高等教育史》等。在这样的学科研究趋势下，胡钦晓教授的这部力作——《欧美大学的历史与发展》的出版为大学史研究增添了一抹新鲜的"色彩"。

《欧美大学的历史与发展》正如其书名，不是一部通史型的史学著作。钦晓教授采用史论结合的方式，以在西方大学史上具有典型意义的中世纪大学、德国大学、英国大学、美国大学为对象，深入分析和讨论各自的演变发展、模式特点，以期在"述"的基础上体现"论"的鲜明特色。

中世纪大学虽然产生于离我们比较久远的 12～13 世纪，但是它与近现代大学的"血缘"关系凸显了其产生的意义以及其起源研究的重要价

---

① 里德-西蒙斯. 欧洲大学史·第一卷·中世纪大学 [M]. 张斌贤，等，译. 保定：河北大学出版社，2008：（译校者序）6.

值。大学为什么产生于中世纪的欧洲？影响中世纪大学的存在与发展的主要因素是什么？中世纪大学的运行与办学有什么样的特点？这些问题长期吸引着众多学者的关注。钦晓教授在这部著作中将中世纪大学研究置于首篇，主要从社会资本、学术资本的角度分析了中世纪大学产生与发展的内外部影响因素。他认为从社会资本的视角分析中世纪大学产生的原因，与以往学者多从政治、经济、文化等层面研究的主要不同在于"相对于原子化的个体而言，我们更强调内外部网络关系运作在大学产生中的作用；相对于制约网络关系的、成文的正式制度而言，我们更强调非正式制度在大学产生中的影响；相对于有形的物质资本而言，我们更强调无形的社会资本在大学产生中的价值"。他指出大学是从事高深知识研究与传播的组织，学术资本是大学多样资本中最为原初、最为基础的资本类型。从学术资本的视角分析中世纪大学的产生，更利于理解以下几个问题："在坚信知识为上帝所赐因而免费的中世纪欧洲，知识作为商品是如何获得正当性的？学者行会在知识交易中，是如何借鉴其他工商业行会进而转变为大学组织的？在高深知识的内外部交易中，大学秉持何种逻辑来维持生存和发展？"可以这样认为，钦晓教授的中世纪大学研究辟出了一条新的路径。

在中世纪大学诞生以来约900年的发展历史上，世界范围内有过两次规模比较大、影响范围比较广的重要改革。第一次发生在19世纪。19世纪初期以柏林大学的成立为契机而启动的德国大学改革具有划时代的意义。德国大学改革一扫17~18世纪欧洲大学的陈腐之气，将研究引入大学的教育过程，重塑大学的理智生活，开了大学近代化之先河，创造了大学发展的"德国世纪"。大学的近代化为什么首先发生在当时政治、经济较为落后且大学历史较短的德国，而不是大学历史悠久、作为工业革命先发国家的英国与政治革命后的法国？钦晓教授同样从社会资本、学术资本的视角做了深入的分析与阐释。就学术资本而言，政府主导创设了大学学术资本的生成环境，知识创新形成了大学学术资本的逻辑起点，知识传授成为大学学术资本的演绎基础，知识应用促进了大学学术资本的理性拓展，声望感召提供了大学学术资本的积累动力。"大学兴则高等教育兴，大学强则高等教育强，大学的兴盛强大与否，学术资本无疑是最为重要的衡量指标，这是 19 世纪德国高等教育强国建设的基本经验。"

自中世纪大学产生开始，大学作为一种文化教育组织逐渐发展、植根于社会，并与所在社会、国家的政治、经济、文化变迁紧密结合，形成了多种多样的大学制度。其中，英国的大学制度以其古老、传统和特有的形态独树一帜，成为世界大学发展史上的一种范式。19 世纪以来，英国大学制度的改革与发展有过三次明显的"波峰"，即 19 世纪后半叶至 20 世纪初的大学扩张、20 世纪 60 年代的新大学运动、80 年代末 90 年代初的"一元化"改革。革新与传统共存是近 200 年来英国大学制度改革的主要特征。钦晓教授以"英国大学的传统与现代"为第三篇的篇名，对英国大学在发展与改革中如何处理传统与现代的关系做了深刻的剖析。他在比较纽曼、怀特海、阿什比三者的大学理念，分析三个不同时期"新大学"主要特征的基础上指出："英国大学的理念及实践，在坚守传统中不断创新，在不断创新中又不忘传统，是其能够在世界大学之林中，既没有发生根本性的断裂，也没有被时代浪潮所湮没，而是历经近千年不衰的深层内因。"

美国与欧洲国家相比是高等教育的后发国家，来到"新大陆"的清教徒们模仿剑桥大学的学院模式于 1636 年建立了第一所学院——哈佛学院。19 世纪中叶南北战争之后，美国大学发展进入了重要的改革时期。影响这一时期大学发展的主要因素有两个：一是 1862 年由林肯总统签署实施的有关赠地办农业和机械工程学院的《莫里尔法案》；二是新型的德国大学模式。改革开启了美国大学近代化的进程，奠定了美国现代大学制度的基础。"从 19 世纪后期开始，通过将殖民地时期建立的英国式传统学院逐渐改造为德国式的研究型大学，同时新建以研究生教育为重点的新型大学，注重开展学术研究和高级学位教育，美国高等教育完成了从传统学院向现代大学制度转变的'学术革命'。这场革命不仅迅速推动了美国学术职业化的进程，促进了大学学术组织和学术管理的现代化，而且标志着美国高等教育完成了从保存和传播知识向探索和创造知识的功能转换。"[1]美国大学在现代化发展的过程中，形成了一些基本特点，这

---

① 张斌贤 . 美国高等教育史（中）[M]. 北京：教育科学出版社，2019：1.

些特点在促进美国大学攀上世界大学之巅中发挥了重要作用。钦晓教授通过对学术自由理念在美国大学组织中的演绎与扎根，美国大学学位制度的形成与发展，基金会在促进美国大学科研发展中的作用发挥，以及社会资本、学术资本如何使美国大学走向世界一流等方面的深入研究，揭示了美国大学 20 世纪中叶以来持续引领世界大学发展的原因所在。

　　总之，这部《欧美大学的历史与发展》体现了钦晓教授在大学史研究方面所具有的丰富知识储备和深厚研究功底，期待他在这一领域不断耕耘，收获更多。

　　是为序。

胡建华

2023 年 10 月

目　录

第二篇

德国大学的崛起与影响

第三篇

英国大学的传统与现代

第四篇

美国大学的演绎与变迁

第一篇

中世纪大学的产生与沉寂

第一章

社会资本与中世纪大学的产生

查尔斯·H. 哈斯金斯（Charles H. Haskins）认为，所有先进文明都需要高等教育培养精英人才，古中国、古印度、古希腊、古罗马等都存有这种组织，但它们与大学绝非同义；虽然孔子、苏格拉底等学徒众多、论述丰硕，然而他们都不能为学生提供哪怕是一份毕业文凭；因此，像教堂和议会一样，大学是中世纪的产物。① 作为现代大学组织生发的原点，中世纪大学在高等教育研究中无疑占有重要位置。在当下高等教育发展遭遇困境之时，回溯组织发展源头，探究大学产生原因，以期找寻启示和借鉴，无疑具有较强的理论和现实意义。与以往学者多从政治、经济、文化等层面分析中世纪大学产生原因有所不同，本书将从社会资本②的视角进行剖析。也就是说，相对于原子化的个体而言，我们更强调内外部网络关系运作在大学产生中的作用；相对于制约网络关系的、成文的正式制度而言，我们更强调非正式制度在大学产生中的影响；相对于有形的物质资本而言，我们更强调无形的社会资本在大学产生中的价值。

---

① Haskins C H. The Rise of Universities [M]. New York：Henry Holt and Company，1923：3.
② 所谓社会资本，是指个人或组织在非正式制度的影响和制约下，通过长期交往、合作互惠，进而在形成的一系列互动的关系网络基础上积累起来的资源总和。参见胡钦晓. 大学社会资本研究 [D].南京：南京师范大学，2007：13—34.

第一节 内部网络关系与中世纪大学产生

一 University：从学者行会到大学

探寻大学称谓的源流，需要首先从 studium generale（高级学校）和 universitas（学者行会）两个拉丁文词语入手。studium 早在 12 世纪就已出现，除具有学习的意蕴外，还有教育机构的意涵。studium generale 是从 studium 派生出来的，是与 studium particulare 相对的一个概念。关于高级学校的含义，学者们强调的侧重点各不相同，里德-西蒙斯（H. de Ridder-Symoens）强调，它是经由教皇或世俗皇帝（很少）委任、拥有特权的高等教育机构，该机构一经宗教或世俗权威的认可，其教师和学生均可受到庇护，所授学位头衔超越城镇、教区、国家等地域限制，普遍有效，亦即"教学通行权"（jus ubique docendi）。[1] 佩德森（O. Pedersen）认为，studium generale 中的 generale 是指具有以下三种特征的学校：第一，学校中的学生来源于整个欧洲；第二，学校不仅有科艺学（arts）的教学，而且还要教授法学、神学、医学三门高级学科中的至少一门；第三，学校应有多名教师任教。[2] 这正如科班（A. B. Cobban）所言，对于中世纪高级学校的准确构成，或许不存在一致认可的最终界定，但就其本质而言，它是指拥有一定特权、学生来源广泛、由能够教授高级学科的众多师生组成的行会组织。[3] 换句话说，尽管对高级学校界定的侧重点不同，但由师生所组成的行会组织是其最基本的主体性质。

事实上，在中世纪尤其是 13 世纪，文本中最常见的词语是 universitas，而非 studium generale。珀金（H. Perkin）认为，universitas 一词仅仅

① De Ridder-Symoens H. A History of the University in Europe · Volume I · Universities in the Middle Ages [M]. Cambridge：Cambridge University Press，1999：35-36.

② Pedersen O. The First Universities：Studium Generale and the Origins of University Education in Europe [M]. Cambridge：Cambridge University Press，1997：133.

③ Cobban A B. The Medieval Universities：Their Development and Organization [M]. London：Methuen & Co. Ltd.，1975：32.

是指社团（society）或行会（guild），就像当时中世纪众多的手工业或商业行会一样。大学最初的意蕴并非学校，而是教师行会（巴黎以至北欧）和学生行会（博洛尼亚以至意大利）。[①] 在中世纪欧洲，学者们出国游学，不像当今时代需要护照和签证等手续，而是可自由跨越边境，但是在没有使领馆保护的情况下，也存有种种风险。为应对法律诉讼、保障经济安全、获得市民权益等，作为外地人的学者自发组织起来，互相帮助，共同对外也就成为情理之中的事了。[②] 最初，学者行会和高级学校并没有必然联系。学者行会在高级学校出现之前就已存在；当时也有许多学者行会并未演变为高级学校。博洛尼亚（Bologna）和巴黎（Paris）这两个学者行会将其紧密联系起来。而后所有高级学校的建立，都受到这两所"母大学"的直接或间接影响。[③] 到了 15 世纪，universitas 逐渐演变为 studium generale 的同义语，而后 universitas 逐步彰显，studium 则渐被弃而不用。最终，拉丁文 universitas 被英文化为 university，学者行会也就演变为大学组织。由此看来，见证中世纪大学之源流，不在于校园内的宏伟建筑，也非学者们的著书立说，而是师生行会性质的网络聚合。换言之，正是师生等大学内部社会资本促成了中世纪大学的产生与发展。

二　Nations：由学者地缘关系到同乡会

地缘关系是社会资本表现出来的一个重要的客观形态，中世纪大学的同乡会（nations）恰恰就是这种社会资本的充分利用。事实上，这种同乡会类似于当今中国大学中的老乡会。同乡会的覆盖范围往往因大学生源的覆盖范围不同而各异。对于那些区域性的院校来说，同乡会更多以县域或市域为单位进行划分；对于那些全国性的院校来说，同乡会更多以省域为单位进行划分，当然，院校所在地的省域，因为招生较多，

---

① Perkin H. History of Universities. Forest J & Altbach P. International Handbook of Higher Education [C]. Dordecht：Springer，2006：163.

② Pedersen O. The First Universities：Studium Generale and the Origins of University Education in Europe [M]. Cambridge：Cambridge University Press，1997：137–138.

③ Rashdall H. The Universities of Europe in the Middle Ages · Volume I · Salerno-Bologna-Paris [M]. Oxford：The Clarendon Press，1936：15–17.

往往不设立省域同乡会，而在内部划分为县域或市域同乡会；对于那些国际性的院校来说，同乡会更多是以国别为单位划分的。严格来说，中世纪大学是国际性的组织，因此同乡会往往是以国别来划分的。同乡会之西文 nations，本身就包含民族国家的意思。

早在 1191 年，博洛尼亚就成立了隆巴德（Lombard）同乡会，而后不断发展壮大。博洛尼亚大学的同乡会，由出生在外乡的法学学生组成，不包含博洛尼亚籍学生。因其教师拥有博洛尼亚籍，所以也不涵盖教师。所有同乡会按地域组成两个大的学生团体：由意大利以外的学生组成的山外学生行会（universitas ultramontanorum）、由意大利半岛及其附近岛屿的学生组成的山内学生行会（universitas citramomanorum）。1265 年，山外学生行会设有 14 个同乡会，1432 年发展为 16 个；山内学生行会起先设有 4 个同乡会，后来演变为隆巴德、托斯卡纳和罗马等 3 个，这些同乡会下面又设有数量不等的分支。① 除罗马和西西里同乡会拥有两个代表（consilarius）外，每个分支选举一个代表，每个代表拥有一张投票权，参与选举各自的校长（rector）和对重大事项进行投票表决。与博洛尼亚不同，巴黎大学包括法兰西、诺曼、皮卡德和"英格兰—德国" 4 个同乡会，由科艺学院的教师组成，既包含外乡人，也包含巴黎当地人。虽然同乡会中不包含学生，但是他们可以通过各自的老师与同乡会发生连带关系，获得权益保护；尽管法学、神学和医学三个学院里没有同乡会，但由于科艺学是进入其他三个高级学院的前提，科艺学院的教师通常也是这三个高级学院的学生，他们即使获得高级学位，也必须忠诚于进入同乡会的誓言，因此三个高级学院的学者，也与同乡会保持着连带关系。此外，巴黎不存在拥有两个代表、两张投票权的个案同乡会，4 个同乡会相对自治，各自拥有自己的章程、档案、书籍、集会场所、斋日和印章等，每个同乡会选举出一名学监（proctor），轮流担任校长。② 质言之，无论是在博洛尼亚大学，还是在巴黎大学，同乡会都是早期中世纪大学

---

① Daly L J. The Medieval University, 1200-1400 ［M］. New York: Sheed and Ward, 1961: 31-33.

② Kibre P. The Nations in the Medieval Universities ［M］. Cambridge, Mass: Mediaeval Academy of America, 1948: 15-21.

内部的基本组织管理形式，正是地缘关系将来自四面八方的学者有机联合为不同的分支，进而形成大学的整体。

　　尽管巴黎大学与博洛尼亚大学的同乡会在组织运作方面存有诸多不同，但是通过学者间的地缘连带关系来争取生存发展资本却是共通的。在博洛尼亚大学，同乡会旨在成为团结友爱、和睦共处、慰藉病患、接济贫苦、举行葬礼、化解纷争的培育沃土，是异乡学生社会联系、交际聚会、休闲娱乐的社团实体和精神家园。同乡会的代表，应当在同乡人生病时探访病患，如需要帮助，要为他们进行特殊的募捐甚至动用公共资金；如不需要物质帮助，也应为他们提供缓解压力的精神鼓舞。① 同乡会运用集体力量先后争得了自治权（选举校长）、免服兵役权、免税权和市民权（民事权益）等。在巴黎大学，同乡会的功能主要体现在集体保护和教学管理两个方面。比如，1329 年皮卡德同乡会召开会议，声称如果有人遭到伤害，其他成员必须共同为其复仇，直至获得公正裁决；如果伤害来自内部，那么相关责任教师将被逐出同乡会。巴黎 4 个同乡会在号称"麦秸街"（Straw Street）的都弗奥拉路（Rue du Fouarre）上有各自的学校，同乡会每次集会的重要内容，就是讨论学校维护、修缮以及物品购置等事宜。法兰西同乡会，每年都要指定一个由 5 名教师组成的学校审核委员会，除审查并报告学校日常维护外，还要核清谁在使用学校、谁将使用学校，谁是主讲教师、谁不是主讲教师等事宜。② 后者的查明对于同乡会而言是非常重要的，因为只有支付了租赁费用的主讲教师才有资格使用学校。

　　同乡会对后世大学的影响是巨大的，作为大学内部组织，巴黎大学和博洛尼亚大学的同乡会，一直持续到法国大革命时期；莱比锡大学（Leipzig University）和维也纳大学（Vienna University）的同乡会一直持续到 19 世纪；直到 1936 年，同乡会作为选举大学校长的基本组织单位，在阿伯丁郡（Aberdeen）的苏格兰大学仍然发挥着重要作用。时至今日，

---

① Rashdall H. The Universities of Europe in the Middle Ages · Volume I · Salerno-Bologna-Paris [M]. Oxford：The Clarendon Press，1936：160.

② Kibre P. The Nations in the Medieval Universities [M]. Cambridge，Mass：Mediaeval Academy of America，1948：89-93.

尽管同乡会的大学管理职能已经弱化甚至是消弭，但是同乡会的团结互助、接济贫苦、交际聚会、休闲娱乐等职能，仍然在不同大学的异乡群体中扮演着重要角色。

三　Faculties：由学者学缘关系到分科学院

如果说同乡会是以地缘关系为纽带，将学者们聚合在一起的话，那么教授会（faculties）则是以学缘关系为纽带，将学者们整合为一体。在今天的西方大学尤其是美国大学中，faculty 依然用于指称学院内部教职人员，与之相对应的 staff 则指称学院教辅群体。

在中世纪欧洲，faculty 最初被用作与学问（knowledge）相当的一个概念，尤其是专门学问（special knowledge）之研究，后来该词的内涵进一步扩展，可用于任何一个研究学科（subject），并最终被用于指称大学内部一个特殊的社团。汉密尔顿（Sir W. Hamilton）将其界定为，在某一知识领域，拥有讲授和考试特权的教师团体；康热（Du Cange）做了进一步修正，将其界定为在同一群体内进行教学研究的学科部门。[1] 由 faculty 的词义演进简略分析，不难看出从知识学问到学术团体，最后到学科部门的基本发展路径。如果从辞典中查询该词的含义，它至今仍然保留着能力技巧、全体教员、院系部门等丰富意涵，本书将其译介为"教授会"，只是采取了折中的说法，旨在强调以学缘关系为纽带的学者聚合。但是，按照词源学的路径反过来进行推论，提出当下分科学院是由中世纪以学缘关系为纽带的教授会演进而来的，应该是成立的。

除导致后世大学的分科建制外，中世纪大学的教授会在一定程度上也打破了同乡会组织的排他性和分割性。同乡会在中世纪大学固然发挥着重要作用，但是，由于以地缘关系为特征的先天性组织缺陷，不可避免地为大学发展带来诸多不利。同乡会的存在，限制了同一大学内部不同种族学者之间的交流与融合。每个同乡会都坚守着各自国家或地域的方言习惯，都有各自不同的利益庇护人。同乡会之间缺少理解与沟通，

---

① Laurie S S. The Rise and Early Constitution of Universities ［M］. New York：D. Appleton and Company，1892：203-204.

更多的则是敌对谩骂和恶语中伤。如英格兰人被称作"醉鬼、懦夫",法兰西人被形容为"妄自尊大而又女味十足",德意志人被形容为"暴躁、贪吃和下流",诺曼人被责骂为"招摇撞骗的自大狂",勃艮第人被责骂为"野蛮无知的家伙",等等。[①] 以知识为纽带的教授会出现后,这种割裂和对立现象开始缓解,因为一个学者具有同乡会成员和教授会成员的双重身份,而教授会成员的身份,又促使各同乡会联结为一个整体的大学。中世纪时期,一般设有科艺学、教会法学、世俗法学、神学和医学五种教授会组织,几乎没有大学能够完全拥有这五种教授会,但是,作为初级形式的科艺学教授会却是必需的,因为它是进入其他职业性高级教授会的必经阶段。在以巴黎大学为代表的先生型大学中,从科艺学教授会中选出的校长迅速成为整个大学的领导(head)后,不但加强了各同乡会的统合,而且促进了各教授会的整合,因为宣誓服从校长是中世纪学术组织的重要基石。[②] 校长在听取各教授会的具体意见后,根据少数服从多数的原则宣布最终决定,并要求大学内部的每一个成员必须服从,最终使同乡会、教授会等大学内部组织融为一体。

四 College:由学生寄宿场所到教学组织

就教育层面而言,当下学院(college)是指为了研究或教学而组织起来的学术团体,但早期学院并不提供教学指导,而仅仅是指学生食宿的地方。[③] 换句话说,教学及其研究功能,仅仅是学院逐步演变的结果。事实上,无论是faculty还是college,都有学院的内涵,都可以翻译为学院,不同的是,前者更加强调同一学科教师群体的组合,后者更加强调集教学与住宿于一体的组合。

在中世纪,背井离乡、负笈求学的莘莘学子,起初年龄也就在15岁左右。他们远离父母,来到诸如巴黎这样的"大都市",找一所客栈居

---

① Compayré G. Abelard and the Origin and Early History of Universities [M]. New York: C. Scribner's Sons, 1910: 106–107.

② Rashdall H. The Universities of Europe in the Middle Ages · Volume I · Salerno-Bologna-Paris [M]. Oxford: The Clarendon Press, 1936: 329–330.

③ Daly L J. The Medieval University, 1200–1400 [M]. New York: Sheed and Ward, 1961: 182.

住，在感受到中世纪城市繁华的背后，也面临诸如酗酒、赌博、色情等道德诱惑，以及打架斗殴乃至抢劫杀人等安全隐患。比较谨慎的学生就联合起来，共同租用一处寓所，在巴黎称为招待所（hospicium），在牛津（Oxford）称为会堂（hall）。一般来说，有两类学生是不住这种寓所的：一类是很富有的，他们拥有自己的住所和私人教师；另一类是很贫穷的，他们每天沿街乞讨，最多只能住条件极其简陋的被称为"鸟窝"的阁楼。① 1180 年，英国教士龙德（Jocius de Londoniis）去耶路撒冷朝圣，返回时途经巴黎圣玛丽医院，出资为 18 名贫困学生在医院内提供安居之所。免费入住者生活颇为清苦，还要轮流为医院运送十字架和圣水等。1231 年，在医院之外建成了独立寓所，遂命名为"十八人学院"（Collège des Dixhuit），是为中世纪最早的学院。② 而后，这种学院建制迅速在各地产生。1257 年，圣·路易斯牧师索邦（Robert de Sorbon）出资建成的学院改变了仅提供住宿的学院风格。该学院的入住对象，是那些已经拥有科艺学教师资格，致力于经过长期艰苦学习获得神学博士学位的人员。③ 索邦学院起初设计资助 16 人，在巴黎大学的四个同乡会中各资助 4 人，不久便迅速扩大到 36 人。除全额资助者外，还配有为他们服务的非全额资助的勤杂人员。稍后，每名全额资助者都带有一个这样的"贫穷人员"作为他们的随从。④ 可见，与早期学院相比，索邦学院已经超出单一的住宿功能，不但强调为神学服务，在选拔中具有学术色彩，而且其生活条件也得到较大改善，住宿学院的人员也得到不断扩充。

哈考特学院（Collège de Harcourt）是第一所付费入住的学院，而后其他学院纷纷效仿。相较于招待所或会堂，住宿学院的作息时间规律，日落关门可以确保学生的安全；学院的纪律相对完善，好学者受到鼓励，偷懒者遭到训诫；住宿学院设立院长，并配备助手，能够充当部分导师

---

① Schachner N. The Mediaeval Universities [M]. London: George Allen & Unwin Ltd., 1938: 140-141.

② Daly L J. The Medieval University, 1200-1400 [M]. New York: Sheed and Ward, 1961: 183-184.

③ 在中世纪大学中，神学博士学位的获得是最为漫长和艰苦的，一般需要 15~16 年的时间。

④ Rashdall H. The Universities of Europe in the Middle Ages · Volume I · Salerno-Bologna-Paris [M]. Oxford: The Clarendon Press, 1936: 507-508.

角色，可以帮助学生复习功课、挑选导师等。这些无疑成为吸引学生家长出资的重要因素。后来，许多课程讲授也开始在住宿学院中进行，这使住宿学院的吸引力更加突出。到了 15 世纪，住宿学院基本上能够开设大学全部课程；及至 16 世纪，以学校居多而闻名的"麦秸街"近乎荒废，大批学生进入住宿学院学习。① 1379 年，英国温彻斯特大主教威克姆（William of Wykeham）在牛津开设新学院（New College），其特点是让资深人员分开指导学生，从学院基金中给予他们额外补贴，同时允许他们向学生收取一定费用，从而开创了导师制先河。② 住宿导师制密切了师生之间的关系，对后世大学影响深远。弗莱克斯纳（A. Flexner）认为，牛津大学和剑桥（Cambridge）大学在学生与导师之间确立的人际关系，尽管可能存在某种个人有限性，却是世界上最为有效的教学关系。这种教学关系所强调的，不再是教师面向学生群体进行授课，而是师生之间每周进行面对面的交谈，这种非正式的师生教学关系有时延伸至漫长的假期，促使学生在教师的言传身教下不断提高。③ 精英人才教育就应该采取精英式的人才教学方法。在大批量的班级授课制中，学生只能接受到满堂灌式的知识传授，很难有机会与教师展开一对一甚至哪怕是小范围的对话交流，大学个性化教学也就无从谈起，因此，培养拔尖创新型人才也就很难实现；与大批量的班级授课制不同，住宿导师制不但能够实现教师与学生之间小范围甚至是一对一的对话交流，而且能够将知识交流由课堂延伸到课外，因此，不但能够达到个性化培养和教学相长的知识传授和创新目的，而且能够涵养师生之间的亲和性，达到"亲其师，信其道"的道德教育目的。在高等教育普及化的今天，或许住宿导师制一对一的知识交流更多需要借助现代信息教育手段才能够达到，但是，促进师生之间的亲和性，永远是大学培养人才应该坚守的基本法则。

---

① Schachner N. The Mediaeval Universities［M］. London：George Allen & Unwin Ltd. , 1938：144–145.

② Rashdall H. The Universities of Europe in the Middle Ages · Volume Ⅲ · English Universities-Student Life［M］. Oxford：The Clarendon Press，1936：216.

③ Flexner A. Universities：American, English, German［M］. New York：Oxford University Press，1930：275.

第二节　外部网络关系与中世纪大学产生

一　中世纪大学相互关系

按照组织模式，中世纪大学可以划分为两类。一类是以巴黎大学为代表的先生型大学，其由教师行会管理，其学生相当于工商业行会中的学徒。一般来说，北部欧洲的大学归属于该类。另一类是以博洛尼亚大学为代表的学生型大学，其由学生行会领导，集体决议教师的聘任、教学考核、薪金发放等事宜。一般来说，南部欧洲的大学归属于该类。

按照产生方式的不同，中世纪大学可以划分为三类，即自然生成型、迁移衍生型和威权创建型。自然生成型是指巴黎大学、博洛尼亚大学和萨莱诺（Salerno）大学等最为原初、非经创办而自然生成的大学。如果把大学产生比喻为一个有机体的生长过程，自然生成型大学就好比一只小鸟衔着一粒种子，不经意间丢到土壤里，种子自然生长成为一株参天大树。由于博洛尼亚大学和巴黎大学的辉煌成就很快波及其他各地，学者迁移成为新办大学的一个重要因素。1167年，英王亨利二世（Henry Ⅱ）与教皇和法兰西国王之间的争吵促使在巴黎学习的一些英格兰学生返回，促进了牛津大学的形成；1209年，"市民与学者"纷争致使部分牛津学者迁至剑桥，从而促进了剑桥大学的产生；1229年，因巴黎学者与市政当局发生冲突，大学宣布罢课，学者分散各地，直接导致了奥尔良（Orléans）、安格斯（Angers）等大学的形成。像巴黎大学一样，先后从博洛尼亚迁移衍生出来的大学有维琴察（Vicenza，1204）、阿列佐（Arezzo，1215）、帕多瓦（Padova，1222）、比萨（Pisa，1343）和佛罗伦萨（Firenze，1349）等；从帕多瓦大学又相继衍生出维切利（Vercelli，1228）、锡耶纳（Siena，1246）等大学。按照巴黎大学模式，1208~1209年，卡斯蒂利亚国王阿方索八世（Alfonso Ⅷ of Castile）创办了帕伦西亚（Palencia）大学，其被认为是第一所根据明确计划建立的大学。按照博洛尼亚大学模式，1224年，腓特烈二世（Frederick Ⅱ）创办了那不勒斯大学（Studium Generale at Naples），这是第一所帝国大学；1229 年，图卢兹（Toulouse）大学则成为由教皇直接创办的首所大学。[①] 由此可见，无论是迁移衍生型还是威权创建型的大学产生，都与巴黎和博洛尼亚这两所"母大学"有千丝万缕的联系。

事实上，沿着大学发展史继续向下推究，哈佛（Harvard）、耶鲁（Yale）等北美大学是英国新教徒直接按照牛津、剑桥模式创建的，包括中国在内的亚洲近代大学的产生又无不受欧美大学的影响。可以说，当今世界各大学大都可以从中世纪欧洲大学中寻找到历史发展的痕迹。更为重要的是，这种亲缘关系为当时大学之发展创造了丰厚的外部社会资本。所谓独木难成林，巴黎大学等正是依靠这种天然的连带关系，游刃于教权与皇权之间，成为一支重要的社会力量的。这正如拉什达尔（Rashdall）在其三卷本《欧洲中世纪大学》开篇所讲的那样，教权（sacerdotium）、皇权（imperium）和学权（studium）被中世纪作家描述为三足鼎立的神秘力量，三者的和谐相处才使基督教世界得以维持生存。[②] 事实上，这里所指的学权，就是以巴黎大学为代表的中世纪大学。

二 中世纪大学与世俗力量

大学与世俗力量之间的关系，主要表现为大学与皇权或王权之间，以及大学与城镇市民、地方当局之间两个方面的关系。

面对学者行会迅速崛起，神圣罗马皇帝以及各封建王权争相介入，试图拉拢这支以知识为业的新生力量。1158 年，巴巴罗萨（Frederick Barbarossa）颁布敕令（habita），诏谕各地学者前往他所管辖的领地游学。敕令宣称，凡是为学问（尤其是神学和法学）而游历的学者，在其领地可安然往来居住，不会遇到任何阻碍。任何人不得以任何方式坑害游学学者，如有违反者，则对其处以四倍惩罚。沙赫纳（N. Schachner）

---

① Cobban A B. Universities in the Middle Ages [M]. Liverpool：Liverpool University Press, 1990：14.

② Rashdall H. The Universities of Europe in the Middle Ages · Volume I · Salerno-Bologna-Paris [M]. Oxford：The Clarendon Press, 1936：2.

分析认为，神圣罗马皇帝之所以颁布这一敕令，主要原因有三：其一，数以千计的外国学者聚集并长期生活在他所管辖的领地，会带来丰厚的物质收入；其二，吸引这种以知识为业的学术组织，无异于在其皇冠上增添了更多明珠；第三，出于感谢皇恩，学者们也会极力为皇权辩护。[①]事实上，并非所有世俗权力都对学者如此优待。1229 年，巴黎大学的几名学生与酒吧老板发生冲突，学生遭打后，次日会集同伙持械报复，市民反遭重创。市民上告至摄政女王布兰奇（Blanche），女王出动军队镇压学生，数名学生被杀。教师在上诉教皇使节和皇家法庭无效后，于 4 月16 日集体投票表决关闭大学六年，并宣誓如得不到补偿绝不重开。[②] 学者们随之四处分散，其中一部分在英王亨利三世（Henry Ⅲ）的邀请下来到英格兰，壮大了牛津大学和剑桥大学的力量。直到 1231 年，教皇为巴黎大学颁布《大宪章》（Magna Carta），赋予大学师生罢课权、结盟权、学位授予权，以及设置特别法庭等权益后，学者们才陆续返回巴黎，巴黎大学才逐步恢复往日的生机。

中世纪大学居于城市，其直接的利益相关者是当地城镇居民。对居民来说，面对众多异乡师生蜂拥而至，其心态是异常复杂而矛盾的。一方面，从城市经济繁荣发展来看，他们希望更多师生到来，从而拉动工商业需求。中世纪城市不比当今之大城市动辄数百万人，那时所谓的城市，仅是对于乡村而言，指人口相对集中的地方，因此师生群体的去与留对于城市的发展影响甚大。另一方面，从城镇治安稳定来看，他们往往又把这些桀骜不驯的师生视为重要的不安定分子。伴随行会组织的兴起，这些师生的背后是同乡会、教授会这些利益共同体，因此一旦与城镇居民发生摩擦或冲突，最终损失较大的往往是那些居所固定、关系分散的居民。就师生群体来说，他们面临与市民的冲突时，往往采取以下措施：其一，诉诸教皇，譬如 1217 年发生在博洛尼亚的市民与学生之争，教皇完全站在了学生一边；其二，诉诸王权，比如剑桥大学就是巧妙地

① Schachner N. The Mediaeval Universities［M］. London：George Allen & Unwin Ltd. ，1938：46.

② Daly L J. The Medieval University，1200-1400［M］. New York：Sheed and Ward，1961：191-192.

利用王权来对付市政当局进而获取诸多权益的；其三，群体迁移，如果教皇或世俗统治者处理纠纷不当，那么师生们就进行群体迁移。学者们的教学通行权，中世纪大学有限的固定物资，同乡会、教授会等紧密的网络联合，都使大学群体迁移极为便利。罢课权被教皇认可，更使大学群体迁移合法化。然而，大学群体迁移，无论对于当地城镇来说，还是对于所在地的世俗王权而言，都是极为不利的。因此，群体迁移的结果往往是大学更多特权的增加。

三　中世纪大学与宗教组织

大学与宗教组织之间的关系，主要表现为与教区校长（chancellor）、主教（bishop）以及教皇三个方面的关系。

中世纪大学产生之前，教区校长一直充当教堂学校领导的角色，其拥有颁发教学许可证（licentia docendi）的特权，巴黎教师行会形成后，其地位受到严重威胁。因为按照惯例，中世纪行会具有授予从业证书的权利。教区校长不仅在授予教学许可证时收取费用，而且要求教师宣誓效忠于他本人，此举激起巴黎大学的强烈抗议，巴黎大学因此向教皇提出诉求。1213 年，教皇谕令，教区校长具有无偿授予教学许可证的义务；一经神学、法学、医学高级教授会或 6 人组成的科艺学教授会多数成员认可，他必须授予申请者证书。[①] 1227 年，教皇认可了圣·吉纳维芙（St Genevieve）修道院的神父同样具有授予教学许可证的权利，至此教区校长授予教学许可证的特权不复存在。为制约主教对大学管理插手过多，教皇一般直接派遣特使干预主教的权力，有时候，教皇也借助其他地区的主教势力进行跨地域干预。个别情况下，教皇会直接撤换不服从命令的主教。比如，1212 年初，在多次更换巴黎主教尚不尽如人意的情况下，教皇直接任命巴黎大学神学教师高冈（Robert de Courcon）为主教和驻法教皇特使。[②] 教皇对巴黎大学的支持由此可见一斑。

---

① Rashdall H. The Universities of Europe in the Middle Ages · Volume I · Salerno-Bologna-Paris [M]. Oxford：The Clarendon Press，1936：308.

② Pedersen O. The First Universities：Studium Generale and the Origins of University Education in Europe [M]. Cambridge：Cambridge University Press，1997：167.

结合中世纪大学与世俗力量之关系的论述可以看出，在大学与外部发生冲突时，教皇多数情况下会站在大学一方。原因有三。①虽然在由基督教统治的中世纪欧洲，教皇作为最高代言人，没有任何可以惧怕的力量，但是其认为大学神学的研究导向将会直接关乎基督教信仰的价值传播，所以帮助巴黎大学等摆脱困境，也就是帮助基督教教义更有效地推广和普及。在教皇看来，巴黎大学等是其本人和整个基督教的大学，而不应该由当地的教区校长或者主教来控制。②中世纪大学产生之际，也正是教权和皇权争夺最高权力的时期，双方都需要大学作为意识形态工具为其至高权进行合法性辩护。从一定意义上说，帮助大学摆脱困境，也是帮助教皇本人确保其最高权威的稳定性。③教皇与大学之间具有学缘关系。如果分析 13~14 世纪教皇的教育背景，就会发现他们与大学之间有密不可分的连带关系。从英诺森三世（Innocent Ⅲ）1198 年继任教皇，到 1404 年英诺森七世登位，历任教皇或为大学毕业，或为大学教授，或为大学的直接监护人。在 20 任教皇中，有 10 任曾在巴黎大学学习，有 10 任曾在各大学任教。① 有不少学者试图从政治、经济、文化等方面解读中国唐宋书院为何没有取得同时期中世纪大学那样的影响，应该说仅此一点，就是中国唐宋书院不可比拟的。

尽管中世纪大学与教皇之间存在如此紧密的连带关系，但是学者们并没有完全成为教皇的附庸。事实上，当争端发生时，教皇也并非一直站在大学一边。当面临教皇威胁时，大学一方面可以充分发挥同乡会、教授会等丰厚的内部社会资本的作用与教皇对抗，另一方面可以利用世俗统治者、各"母子"大学以及无数国际化的显赫毕业生的强大力量来共同对抗教皇的干涉。从一定意义上说，正是这些内外部社会资本的综合利用，才使中世纪大学没有演变为宗教机构，大学基业才得以长青。

第三节　非正式制度与中世纪大学产生

正如哈斯金斯所言，与现代大学不同，中世纪大学最初形成时，没

---

① Daly L J. The Medieval University, 1200-1400［M］. New York: Sheed and Ward, 1961: 211-212.

有图书馆、实验室等有形建筑，也不存在董事会等正规建制。巴黎、博洛尼亚、牛津等古老大学，具体何日开办已无从考证，它们并非计划性创建而生，而仅仅是自然生成的结果。① 换言之，早期中世纪大学不是依靠成文的正式制度产生的，而是在非正式制度影响下形成的。

一　宗教信仰

基督教是西方文化的宏大背景，作为中世纪时期主流意识形态的基督教精神，在大学的产生和发展中发挥着重要作用。

基督教宣扬人性本堕落且人皆有原罪，认为洗清罪恶得到救赎的重要方式就是接受教育。476 年西罗马灭亡后，整个西部欧洲被语言各异、文化蒙昧的蛮族所割据统治，伴随希腊语教师的流散，文化经典面临灭顶之灾。为培养教会人士，发扬宗教教义，以卡西奥多鲁斯（Cassiodor-us）、博埃修斯（Boethius）为代表的教会人士相继建成修道院及抄书室，复制、纠错、注释经典文献。这些文献就像处于愚昧和野蛮海洋中的岛屿，使学术在西欧免遭灭绝。从流传史料来看，这些文献绝不仅是《圣经》和神学论文，还包括历史著作、七艺、宗教历法、百科全书、学术纲要等。其中，百科全书涵盖了文法、修辞、数学、几何、天文、音乐、医学、法律等众多领域。② 可以说，没有这些经典文献的传承和积淀，中世纪大学就不可能形成科艺学、法学、神学和医学等学问的分支。换句话说，正是基督教精神在客观上促成了中世纪早期的知识和文化传承，也正是这些星星之火为中世纪大学形成并发展为燎原之势奠定了坚实的知识基础。

基督徒认为，人生短暂如过眼云烟，接受教育之目的，不在于拥有尘世的金钱与权势，而在于死后能升入天国。为洗清原罪获得救赎，教徒们多热衷于慈善事业。因此，捐资教育在中世纪蔚然成风。如前文所述，在中世纪大学，学院最初出现，就是私人为家境贫困者提供的膳宿

---

① Haskins C H. The Rise of Universities [M]. New York：Henry Holt and Company，1923：7.

② Pedersen O. The First Universities：Studium Generale and the Origins of University Education in Europe [M]. Cambridge：Cambridge University Press，1997：51-55.

之所。据不完全统计，在整个中世纪时期，仅巴黎就有这种慈善性质的学院达 67 所之多。① 这种捐赠之风，后来伴随清教徒的迁徙，越过大西洋传到了北美大陆。哈佛、耶鲁等大学的创办主要得益于此。如果说私人捐赠是出于基督徒宗教信仰的个人行为，那么 1179 年第三次拉特兰宗教会议（The Third Lateran Council）则将这种个人行为扩展到了整个宗教组织行为。会议不仅为教士而且为贫困学生做出了免费接受教育的规定。因此，从一定意义上说，正是宗教信仰为中世纪大学之形成提供了基本的物质保障。

二 组织精神

当下学者在研究大学组织精神时，不可绕过的两个议题便是民主自治与学术自由。考察其源流，则不可不上溯到中世纪大学。

相对于近世大学，中世纪大学除前期稍稍依附于宗教，后期渐次转向世俗权力外，是名副其实、近乎独立的自治团体。这主要表现在以下几个方面。①对于外部而言，大学是整体意义上的高度自治的社团；就大学内部而言，教授会和同乡会也各自拥有分工明确的教学领域、日常事务以及管理组织等。②大学及次级组织的管理者产生表现出高度自治性和民主性。这里仅以博洛尼亚大学同乡会代表选举为例，该选举完全按照多数决定的原则，表决可以采取投票的方式进行，也可以采取"黑白豆"（black-and-white-bean）的方式进行。所谓"黑白豆"的选举方式，是指参加人员每人一白一黑两粒豆子，白豆代表同意，黑豆代表反对，每人只能掷出一粒。整个选举过程从验票、投票、监督、检票到最终确定，都安排得极其严密，暗箱操作和仪式民主毫无生存空间。② ③大学内部管理职位表现出高度流动性。以巴黎大学为例，直到 1266 年，校长的产生都是每月或每 6 周选举一次，如果校长在任期内功绩显赫，则

---

① Cobban A B. The Medieval Universities: Their Development and Organization [M]. London: Methuen & Co. Ltd. , 1975: 128.

② Daly L J. The Medieval University, 1200-1400 [M]. New York: Sheed and Ward, 1961: 40-41.

可以延长任期至 3 个月。后来，尽管校长任期又有所延长，但是最多仍然不能超过 1 年或 2 年的时间。④无论是大学整体还是次级组织，其真正的权力掌握在集体层面，而非管理者个人层面。大学校长最初的主要职责，仅仅是学位授予仪式队伍中走在最前面的领路人，他们的职责侧重于“统”（reign）而非“治”（govern）。换句话说，中世纪大学内部管理模式是基于群体参与的民主式模式，而非权力集中、等级分明、个人独裁式的官僚式模式。

中世纪大学的学术自由主要表现在教和学两个层面。教师日常教学，除运用讲授法（lecture）、读书法（reading）之外，还有另外一种重要的方法——辩论法（disputation），主要是指双方或多方围绕一个问题进行讨论，以证明或反驳某种观点的教学方法。这种独特的教学方法，结合大学民主管理的组织特征，成为展示中世纪大学教师学术自由的重要载体。持续不停的争辩、对问题“是与否”的探究、师生的群体参与，这些因素交织在一起，促使大学将问题探讨引向了所有领域。辩论法运用于学生考试，则直接促成了学生“学什么”的自由。起初，由于巴黎大学同乡会之间发生争执，其余三个同乡会曾拒绝各自的学生到法兰西同乡会所开设的学校学习。1249 年，冲突被协议解决，自此以后，学生可以在所有同乡会开设的全部学校内任意选择教师进行学习。①博洛尼亚大学因其学生行会管理的特征，学生在“学什么”“何处学”“跟谁学”等方面拥有更多的自主空间。

三　习俗惯例

因早期中世纪大学是逐步生成而非计划创设的结果，制约大学行为规范的，往往是自觉性的习俗惯例，而非强制性的法律章程。因大学组织具有复杂性，这里仅以学生为例加以阐释。

佩德森考证认为，在整个 13 世纪，大学几乎不存在明确的生活纪律方面的要求。最初，为了公共治安，只有少数大学规定不得举行诸如摔跤

---

① Daly L J. The Medieval University, 1200–1400 [M]. New York: Sheed and Ward, 1961: 57.

等对抗性的比赛。① 而后，尽管在教会、国家以及大学层面都曾先后制定一些明确的生活纪律，但是制约学生日常行为的，仍然是他们入学时的宣誓。如前所述，中世纪学生拥有充分的学习自由，如果不考虑路途遥远和行程艰辛，他们进入大学事实上是相对容易的。大学对入学者在国别、社会地位、智力程度以及语言上没有特殊要求。入学者可以在一年内的任何一天申请入学。但是，入学宣誓是必不可少的环节。一般来说，新生应宣誓，维护校长的任职资格；遵守大学已经制定和今后将要制定的规则章程；为促进大学的福祉而尽其所能，即使获得学位，取得社会地位也不改变；为维持大学内外的和平与秩序，放弃任何形式的私人报复等。② 我们知道，在中世纪，宣誓的权威性是至高无上的，学生一旦宣誓，必须忠诚于誓言，自觉约束行为规范。

在学生学习方面，不成文的惯例同样占有支配地位。尽管早在 1252 年，巴黎大学科艺学院的英格兰同乡会就制定了科艺学的学士在四旬斋（Lent）期间考试之章程，但无论从形式来看，还是从内容来说，充其量只是描述性的宏观规定，远不似当下繁文缛节式的规则条款，其约束机制，仍然是手抚《圣经》宣誓。所有阶段的辩论考试通过后，大学要为博士学位获得者举行隆重的学位授予仪式。他们接过主持教师递给的方形帽和书本，接受团体成员一一祝福之吻后，便可以坐在教师的椅子上。学位授予仪式结束后，博士学位获得者为了表达感激之情，要举行学术宴请。学术宴请是中世纪大学学生毕业的一个重要环节，但该惯例到 1467 年才有正式制度规定。③ 尽管与法律法规相比较，习俗惯例的运行似乎存有诸多不足，但是就发自群体成员内心的自觉遵循，节省讨价还价带来的交易成本，避免成文规则背后的私下交易等方面来说，不成文的习俗惯例却拥有正式制度不可比拟的优势。

① Pedersen O. The First Universities：Studium Generale and the Origins of University Education in Europe ［M］. Cambridge：Cambridge University Press，1997：238-239.
② De Ridder-Symoens H. A History of the University in Europe · Volume I · Universities in the Middle Ages ［M］. Cambridge：Cambridge University Press，1999：171-182.
③ Thorndike L. University Records and Life in the Middle Ages ［M］. New York：Columbia University Press，1944：353.

第四节 启示与借鉴

尽管在社会、政治、经济等方面，今世之大学与中世纪大学的生存环境已相去甚远，但作为一脉相承的"有机体"，两者在组织构成、运作逻辑、理念精神等层面却不乏共通之处。从社会资本视角考量当今大学，亦不乏启迪和可资借鉴之处。

就大学外部而言，我们不可能再要求大学与国家之间产生中世纪式的制衡关系。任何一个现代国家都不会放弃对未来知识精英再生产的控制和管理。但问题是，国家应该在何种层面、何种程度上实现大学的高效管理和运营，以充分达到不以营利（profit）为宗旨的效益（benefit）最大化。有别于政治机构，大学是无须严密管制的组织，过多的掌控会使知识的创新被扼杀在威权之下；有别于企业工厂，大学是以知识为业的非营利性组织，其运作的核心应该是服务于人类最终福祉的知识逻辑。自上而下式的管理模式，只能使国家在浪费巨大的人力、物力、财力的同时，得到出力不讨好的结果。这种现象在近代法国大学和德国大学的发展中都已经不证自明。因此，在大学层面建立类似"缓冲器"的董事会制度，在社会层面壮大非政府组织等"第三部门"，是避免大学与政府直接发生冲突，充分实行大学自治的应然路径。与中世纪大学、当代西方大学相比较，当今一些大学所接受的年度社会捐赠并不多。因此，国家在加强高等教育法治化过程的同时，也应当注重国民意识形态、价值观念等非正式制度的培育，发挥全民办学的力量。

第二章

学术资本与中世纪大学的缘起

　　中世纪大学是现代大学发展的源头，也是高等教育研究中一个常说常新、备受关注的热点话题。其中，探寻中世纪大学因何产生，不但具有把握高等教育发展规律的历史价值，而且具有追问大学"从哪里来"的哲学意义。中世纪大学产生原因是一个复杂命题，前人多从宏观的政治、经济、文化乃至军事等层面对这一问题进行不同角度的研究和阐释，本书开篇也运用社会资本的视角对其展开论述。笔者认为，相对社会资本的视角，从学术资本的视角对中世纪大学进行分析，更能够抓住大学产生的根本原因。这主要是由于大学是从事高深知识研究与传播的组织，学术资本是大学多样资本中最为原初、最为基础的资本类型。在坚信知识为上帝所赐因而免费的中世纪欧洲，知识作为商品是如何获得正当性的？学者行会在知识交易中，是如何借鉴其他工商业行会进而转变为大学组织的？在高深知识的内外部交易中，大学秉持何种逻辑来维持生存和发展？对这些问题的追问，不但能够加深对中世纪大学源起的学术认识，而且可以理解大学组织发展的实践逻辑。

第一节　中世纪大学的原点：知识作为
商品的正当性

一　教会反对知识作为商品

　　在 9 世纪的拉丁世界里，社会结构主要由三部分人组成：战斗的人

（bellatores），如骑士；祈祷的人（oratores），如牧师；劳作的人（labora-
tores），主要是农民，也包括手工业者。及至 12 世纪，在城市中，新兴的
中产阶层（middle class）——律师、医生、商人、教授、工匠、教师和
学生开始崛起。这些新生阶层来到城市主要是为了挣钱谋生。城市为人
们提供了自由的空间、工作的机会。大学就是学习和智力争辩的市场，
师生间进行着思想的贸易。① 事实上，早在 1179 年第三次拉特兰宗教会
议上，教皇就通过法令宣布了教育免费的原则。法令指出，设立仁慈的
教会，就是为了提供实物福利和推动灵魂进步，避免穷人因家境贫寒而
不能读书和接受教育。教会要为每一个主教堂的教师提供足够的圣职，
为教士和贫穷学生提供免费教育，并对其他人开放。经教会认可的教师，
禁止再收取任何教学费用。无论任何人违反此规定，都会被剥夺圣俸。②
第三次拉特兰宗教会议之规定，明确了之前教皇们的一贯立场，亦即知
识是上帝所赐，获得圣职的教师不得收取学费，因此教育是免费的。不
难看出，代表中世纪欧洲实际权力组织的基督教教会，从宗教教义出发，
是严禁知识作为商品出售的。正是在教会的支持下，学校中的教师能够
享受圣俸，可以确保其衣食无忧。

二　世俗学校的出现与生存

12 世纪西欧社会中，一个重要的变化是众多城市开始出现，并有大
量市民涌入。"真理不仅是时代的儿女，而且是地理空间的产物。城市是
把思想如同货物一样运载的人员周转的转车台，是精神贸易的市场与通
衢。"③ 教皇不得不承认，以主教堂为中心的教会学校，无力面对学生数
量的急剧增加以及教育水平的改善和提高。因此，第三次拉特兰宗教会
议还决定，允许具备足够教育训练的人授课并开设私立学校（世俗学
校），以区别于由教会资助的公立学校（教会学校）。但是，宗教会议并

---

① Janin H. The University in Medieval Life, 1179-1499 [M]. Jefferson, North Carolina: McFar-
land & Company, 2008: 9-10.
② Daly L J. The Medieval University, 1200-1400 [M]. New York: Sheed and Ward, 1961: 7-8.
③ 勒戈夫. 中世纪的知识分子 [M]. 张弘, 译. 卫茂平, 校. 北京: 商务印书馆, 1996: 11.

未解决这些私立学校教师的生存问题，也就是如果教会不能保障私立教师的生活费用，谁来出资保证他们生活来源的问题。伴随私立学校不断增多，学校世俗化倾向渐成主流。阿贝拉尔（Pierre Abelard）虽然是圣母院的议事司铎，但其基本收入来自学生的酬金和礼品。阿贝拉尔写道，他曾开设一种营利性的（ad lucrandam pecuniam）学校。① 因爱情悲剧，阿贝拉尔陷入不幸，之后他发现，自己没有能力种地，也羞于行乞。中断一段时间教学后，他又重新操起教授的行业。"学校就是车间，思想从中就像商品一样生产出来。……知识分子拥有的工具，不仅有他的思想，而且有他的工具——图书。"② 因此，如果说孔子是中国古代第一个私人教师，通过收取学生的"束脩"赖以生存的话，阿贝拉尔则可以被称为中世纪欧洲第一批私人教师中的一员，通过收取学生的学费来维持生存。尽管两者出现的时代不同、地域各异，但是出现的原因却高度相似，孔子开设私学的背景是"天子失官，学在四夷"（《左传·昭公十七年》），阿贝拉尔开设私学的背景是教会对公费教育已经力所不逮。

三　知识作为商品的争论及其正当性

在中世纪的民众看来，大学学人和商人"都在出售一些只属于上帝的财富，前者出售科学，后者出售时间"，他们想要取悦上帝和得到救赎是非常困难的。1215 年第四次拉特兰宗教会议是中世纪史上一个重要事件，因为它规定每人至少每年进行告解忏悔，从而在每个基督徒身上开启了一道防线，即良心审视的防线。法国学者勒戈夫（Jacques Le Goff，也译作"勒高夫"）认为："大学学人同商人一样，他的合法性在于他所完成的劳动。大学学人的新颖性在我看来归根结底就是脑力劳动者的新颖性。"③ 换句话说，劳动为知识作为商品的合法性提供了正当理由。除了劳动之外，社会上任何一个职业合法性的确立，都还需要为公众带来

---

① 韦尔热. 中世纪大学［M］. 王晓辉，译. 上海：上海人民出版社，2007：19-22.
② 勒戈夫. 中世纪的知识分子［M］. 张弘，译. 卫茂平，校. 北京：商务印书馆，1996：56-57.
③ 勒高夫. 试谈另一个中世纪——西方的时间、劳动和文化［M］. 周莽，译. 北京：商务印书馆，2014："前言" 7-8.

福祉，能够为别人提供便利，符合基本的职业伦理，不能以损害他者为前提。商人在经商过程中，除了能够自己获取利益，同时也能够为国家、社会及他人的生活带来便利，而且会在获利中抽取一部分利润用于资助慈善事业。同样，世俗教师的知识交易，除了能够为其谋生做准备，也有利于知识的增长和普及，有利于市民社会整体素质的提高，有利于市民社会、城镇国家的公共治理等，而且教师可以为贫困学生提供免费教育，帮助他们获得职业，提升其社会地位，这本身就是一种慈善事业。这些都符合人们的"共同福祉"。正是由于这些原因，知识可以成为商品、教师能够收取学费逐渐为中世纪民众普遍接受。由此，知识能否成为商品已经获得正当性的民意支持。

在中世纪的现实生活中，一旦教师不再是由教会所关心的修士，他就必须自己设法解决生活费用问题。在城市里，食宿、衣着和教学装备等问题无不令人操心，彼时的书籍也异常昂贵。这些问题的解决通常有两种办法：或者依靠工资，或者依靠领地的收益。工资可以有两种形式：从自己的学生那里得到酬金，或者从世俗权力机关方面得到报酬。"作为工资收入者的知识分子，在学生们付给报酬的情况下，他可以是商人；在地方当局或封建王侯给他工资的情况下，他可以是官员；而当他依靠赞助者的捐款生活时，他就是某种类型的仆役。……但仍可以确定总的趋势。教师们倾向于依靠学生付给的报酬为生。这一解决办法，对他们来说，有不依赖世俗势力，即不依赖地方当局、封建王侯、教会以及资助者的长处。这样的解决办法对他们来说是很自然的，因为这最能适应城市发展的惯例，他们觉得自己就属于城市。他们出售自己的知识与学说，就像手工工匠出售自己的生产成品。"[①] 从一定意义上说，也正是这种生活方式的选择为他们带来了较为充分的学术自由和自治。因此，12世纪，教师作为一种职业，从理论和现实层面都找到了合法性的依据，以知识为业的教授群体，开始在城市扎根，一批新兴的世俗学校相继兴起。伴随繁荣和发展，这些学校逐步演变成为后来的大学组织。

---

① 勒戈夫.中世纪的知识分子［M］.张弘，译.卫茂平，校.北京：商务印书馆，1996：85-87.

四　何种知识作为商品

知识可以作为商品，仅仅是知识真正作为商品的第一步。简单的日常知识，很难作为商品；宗教控制的信仰知识，不允许作为商品；仅仅是为了保存而不进行交易、更新和创造的知识，也不可能作为商品。换言之，只有相同时代空间的高深知识，才可能作为商品；知识拥有者只有具有知识至上，不唯唯诺诺，不为权威所压服的精神，不断创新知识，才可能有人自愿追随，才可能有人付费求学。相对于中世纪前期，大学产生时期的知识呈现以下三个基本特征。

（一）知识不再单一，而渐趋复杂高深

自 325 年基督教由君士坦丁（Constantine）下令成为国教后，在基督教教士中就掀起了一股强烈的反希腊、罗马文化的潮流。他们认为，希、罗文化是理性的产物，而人性早已堕落；宗教信仰来自天启，简单易解，而希、罗学术艰涩难懂，且相互冲突；基督教是至高无上的宗教，人们无须也无力旁骛世俗的哲学理论；部分文法家研究《圣经》是否合乎文法或修辞规则，这是亵渎神明，是对上帝不敬；学术全部包括在《圣经》之中，取之不尽，用之不竭，不必涉及邪书。因此，"教会权威单位于401 年的迦太基宗教会议（The Council of Carthage）上，下令教徒不得阅读希腊罗马人的著作。代表异教文化的希腊罗马学术，从此遭受贬抑，甚至几乎失传绝迹"①。该时期的西欧知识，是建立在宗教信仰基础上的单一性的《圣经》传诵。古希腊、罗马的文化资源，却为外域的阿拉伯人所继承。

随着基督徒 1085 年攻陷托莱多和 1091 年占领西西里，充满活力的基督教欧洲开始成为阿拉伯学术的伟大中心。阿拉伯文书籍随手可得，智力饥渴的欧洲人热切地把它们译成西欧学术的通用语言——拉丁文。② 人们不但译介亚里士多德的众多学科知识，而且发现并翻译了希腊伟大学

①　林玉体.西洋教育史［M］.台北：文景出版社，1985：94-96.
②　格兰特.中世纪的物理科学思想［M］.郝刘祥，译.上海：复旦大学出版社，2000：17.

者欧几里得（Eucleides）、阿基米德（Archimède）、托勒密（Ptolémée），医学之父希波克拉底（Hippocrate）及其继承人盖伦（Calien）等的著作。此外，大量阿拉伯人评论希腊著作的文献也被译成拉丁文。数学（如代数发明者阿尔-花剌子模［al-Khwarizmi］的著作）、天文学、自然科学、医学（如阿尔-拉奇［al-Razi］的著作）等方面的著作，以及评价亚里士多德的著作（如阿尔-法拉比［al-Farabi］和阿维森纳的著作）①，都伴随着一浪高过一浪的翻译运动，如潮流般浸润着知识和文化荒芜的西欧各地。可见，及至12世纪的西欧，知识来源已经突破单一的宗教元素——《圣经》，数学、天文学、法学、医学等多学科知识不断涌入。信仰开始与理性相伴，学科知识呈现复杂高深的样态。

（二）知识已不再仅是保存，而是多元创新

在12世纪希腊、罗马文化及阿拉伯文化传入西欧并形成一股文化输入潮流之前，中世纪西欧也曾有自己零星式的文化薪火相传，甚至有在历史上起到非常重要作用的文化复兴运动。这主要存在于基督教会举办的初级教义问答学校（catechumenal schools）、高级教义问答学校（catechetical schools）和修道院（monasteries）之中。教义问答学校采用一问一答的方式，学生主要的学习活动就是记忆答案，不得怀疑，其内容不外是《圣经》或教父对其进行阐释的书籍。抄书室（scriptorium）是修道院不可或缺的设施，其传抄的材料除了《圣经》典籍之外，也有少量异教书籍。② 9世纪时期，查理曼大帝（Charlemagne）主导的振兴文教活动也曾产生较大影响，通常被称作加洛林文艺复兴（Carolingian Renaissance）。美国历史学家哈斯金斯认为，这仅仅是一种复兴，而不是一种新的开始，这一活动的目的主要是保存而不是创造。③ 换句话说，在中世纪大学产生之前，西欧世界的知识活动只是保存，几乎不存在任何形式和内容的创新。

与加洛林文艺复兴不同，中世纪大学产生时期的"12世纪文艺复兴"

---

①　韦尔热.中世纪大学［M］.王晓辉，译.上海：上海人民出版社，2007：14.
②　林玉体.西洋教育史［M］.台北：文景出版社，1985：102-105.
③　哈斯金斯.12世纪文艺复兴［M］.夏继果，译.上海：上海人民出版社，2005：6-11.

有众多的创造性发现，这一时期的文艺复兴也不同于 15 世纪的意大利文艺复兴，它的开始并不归功于单独一个国家。在 12 世纪，如果说意大利在法学传承和创造中起着重要作用，那么英国则在拉丁文和方言文化中、西班牙则在文献翻译和整理中起了重要作用。尤其重要的是，法国将神学信仰与哲学理性有机结合，创造性地提出了经院哲学（scholasticism）。它以基督教学说和经由阿拉伯世界而来的古代学说为基础，消化吸收了西方国家以往的文明。"借助于这些材料，他们（经院哲学家）完成了自己的著作。他们在地基之上又添加了新的楼层和独特的建筑。"① 经院哲学不但将宗教信仰上升为一门科学——神学，而且为基督教统治下的西欧提供了众多学科通往理性思考的方法和路径。简言之，12 世纪文艺复兴，既是众多国家参与的知识创新，也是在众多知识领域展开的创新；既有内部知识的传承与创新，也有外部知识的借鉴与创新。

（三）知识已不再唯唯诺诺，而是理性捍卫

在欧洲，亚里士多德的自然科学知识进入大学，尤其是进入以神学而著称的巴黎大学并不是一帆风顺的。在基督教看来，亚里士多德的自然哲学著作中含有颠覆基督教信仰和教义的断言和观点：①世界是永恒的——这否定了上帝的创造行为；②一个偶性或属性不能离开实体而存在——这与圣餐学说相抵触；③自然的过程是规则的，不可改变的——这排除了奇迹；④灵魂并不比肉体活得更久——这否定了基督教灵魂不朽这一根本信仰。基于此，1210 年，宗教会议发布命令，严禁在巴黎讲授和学习亚里士多德自然科学的相关知识，违反者将被逐出教会，并被视为异教徒（heretic）。② 可见，在此之前的中世纪欧洲，知识传授只能唯宗教马首是瞻。宗教权力的压制使教师只能唯唯诺诺。

伴随亚里士多德学说的不断涌入，大学对待知识的理性精神逐渐增强。1231 年，教皇格列高利九世（Gregory Ⅸ）指派专门委员会审查巴黎

---

① 勒戈夫．中世纪的知识分子［M］．张弘，译．卫茂平，校．北京：商务印书馆，1996：81.

② Thorndike L. University Records and Life in the Middle Ages［M］. New York：Octagon Books, 1971：26-27.

大学传授亚里士多德学说的情况，但是该委员会并没有呈送调查结果，对亚里士多德著作的禁令也根本没有得到执行。1245 年，教皇英诺森四世（Innocent Ⅳ）也曾在自己创办的图卢兹大学施行禁令，但是该大学早在创办之初（1229）就已经能够公开阅读和讨论这些著作。1255 年，巴黎大学课程的教材目录中已经包含所有能得到的亚里士多德的著作，而同时的牛津学者一直未曾受到该禁令的影响。① 此外，教会也曾对世俗性质的民法学、医学等表现出强烈的反感、排斥甚至是禁止态度，但是中世纪的基督教西欧由于诸侯国林立，教会统治也并非铁板一块，有的是基于世俗权力的支持，有的是基于社会经济发展的需求，有的是基于学者的理性捍卫，最终这些学科能够在缝隙中生根发芽并茁壮成长。中世纪早期的因知识匮乏、蒙昧无知而对宗教信仰唯命是从，已经被知识的理性捍卫所代替。

第二节　中世纪大学的起点：知识交易中的学者行会

一　学者行会与大学意涵

在当下高等教育研究和实践中，大学的英文词"university"已成为世界性的通用语言。这一词语直接来源于拉丁文"universitas"。在卡斯帕尔（G. Compayré）看来，我们必须避免一个错误认识，亦即"university"在一开始就是现代大学的同义词，事实上在一开始，它仅仅是教师、学生集合起来的教学团体。"universities"，从其最原初的意思来说，仅仅是指同行协会（association）、法人社团（corporation）。在中世纪市民法的语境中，所有的社团法人都可以称为"universitates"；在德国法学家看来，universitates 是自治城市的专有名词；在意大利，它是指特定的商业

---

① 格兰特. 中世纪的物理科学思想［M］.郝刘祥，译. 上海：复旦大学出版社，2000：26-27.

组织。①科班同样认为，university 来源于 universitas，该拉丁文的意思是
"行会"。在 12~14 世纪，universitas 有广泛的应用，包括手工艺行会、市政
社团以及教师或学生组成的学术行会等。到了 14 世纪晚期，universitas 才
特指大学。② 可见，现代意义上的大学直接来源于带有商业性的行会组织。

　　在中世纪，大学还有另外一种称谓，即 "studium generale"，studium
是集中学习的场所，generale 主要是指具有吸引外部地域学生前来学习的
能力。studium generale 最初完全是源自习俗或惯例，无须权威部门认可。
13 世纪初，三个享有崇高声望的学术中心已经出现：巴黎的神学和科艺
学、博洛尼亚的法学和萨莱诺的医学。伴随世俗学校的增多，在无外界
制约的情况下，有些学校也想冠以 studium generale，并享有与巴黎大学或
博洛尼亚大学同等的地位，因为一旦拥有该称谓，按照惯例，其毕业生
可以到欧洲其他地方从教，这造成该称谓的不断膨胀。1224 年，皇帝腓
特烈二世创办了那不勒斯大学；1229 年，教皇格列高利九世在图卢兹创
办了同样的机构。为使图卢兹大学毕业生享有巴黎大学和博洛尼亚大学
毕业生的同等权利，1233 年发布教皇诏书（Papal Bull），图卢兹大学的
毕业生可以到其他地方任教，不需要任何考试，亦即 "教学通行权"。而
后，无论是新建大学，还是已经存在的大学，获得教皇诏书或皇帝诏书
（Imperial Bull）成为获得 "教学通行权" 的必要条件。地方国王，如西
班牙国王，在未经教皇或皇帝允许的情况下，也为新建机构颁布了皇家
特许状（Royal Charter）。③ 获得认可的大学，即可获得 "教学通行权"，
也就意味着，毕业于该大学的学生有资格到其他地方任教，不需要进一
步考试。事实上，这一规定对于其他大学而言并不是全然有效，因为一
方面，当时的考试尚无笔试，未经考核很难鉴定其学术能力；另一方面，
学生数量确定的情况下，新教师的加入势必减少其他教师的学费收入。
这种境况到了教师工薪制度（endowed salaried lectureships）施行后才开始

① Compayré G. Abelard and the Origin and Early History of Universities［M］. New York：Charles
　　Scribner's Sons, 1893：31-32.
② Cobban A B. Universities in the Middle Ages［M］. Liverpool：Liverpool University Press,
　　1990：1.
③ Rashdall H. The Universities of Europe in the Middle Ages·Volume Ⅰ·Salerno, Bologna,
　　Paris［M］. Oxford：The Clarendon Press, 1895：9-13.

改变。① 可以看出，聚集于 studium generale 的学者行会组织，从一定意义上说，拥有了教皇诏书、皇帝诏书或皇家特许状，也就拥有了类似商业组织的合法性营业执照，其培养的毕业生也就自然拥有了"教学通行权"。其他大学之所以对"教学通行权"的认可不一，一方面是基于学术的考量，另一方面是基于经济利益的考量。

因此，从词源学上来考察现代大学产生的原点——中世纪大学，无论是从"universities"来看，还是从"studium generale"来看，基于行会性质的知识交易都是中世纪大学产生的最为原初的动力。

二 教师行会与学生行会

中世纪大学有两种主要类型：一是以法国巴黎大学为代表的先生型大学，二是以意大利博洛尼亚大学为代表的学生型大学。从行会到大学的演变来看，先生型大学来自教师行会，学生型大学则来自学生行会；从知识交易的主动权来看，先生型大学以教师（知识的出售方）为主导，学生型大学则以学生（知识的购买方）为主导。

1179 年，第三次拉特兰宗教会议规定，任何一个具备教学能力的申请人都可以无偿获得"教学许可证"。于是，教堂附近的教师数量倍增。拉什达尔认为，除了自身的惯例，教师行会或法团的产生与其他性质的行会产生具有高度的相似性。② 在巴黎主教堂附近不断聚集起来的教师中，一些人有广泛的学术影响，从而吸引大量学生不断聚集于此听他们的授课。到了 12 世纪，这些教师和学生组织起来维护自身利益显得越来越重要。鲁迪（W. Rudy）认为，巴黎大学的教师相对学生来说，占据相当强的讨价还价的位置（bargaining position）。1100 年之后，学生开始聚集在巴黎学习逻辑和辩证法，以谋求神学的职位。伴随教师和学生的人员增多，一些有影响的科艺学教师（artists）决定按照惯例组成行会来维

① Cobban A B. Universities in the Middle Ages ［M］. Liverpool：Liverpool University Press，1990：1-2.
② Rashdall H. The Universities of Europe in the Middle Ages · Volume Ⅰ · Salerno, Bologna, Paris ［M］. Oxford：The Clarendon Press，1895：280-288.

护他们的共同利益，于是就产生了教师行会。① 从知识交易的逻辑来看，知识的拥有者——教师在学校管理中拥有主动权，形成以教师为主导的教师行会似乎不难理解，由教师行会逐步发展成先生型大学也符合当下的基本常识。然而，意大利博洛尼亚的学生行会形成并进而发展成学生型大学，不仅不符合当下大学的惯例，而且与当时中世纪艺徒制的手工业行会也不相符。在艺徒制的手工业行会中，徒弟在经济上完全依赖师傅，师傅对徒弟拥有绝对的管理权。因此，进一步分析博洛尼亚学生行会的形成原因，不仅是重要的，而且是必要的。

事实上，在博洛尼亚产生的法律学校最早是由一些著名教师组成的。正是因为有法学家欧内乌斯（Irnerius）在罗马法（Roman law）方面的广泛影响，以及修道士格雷希恩（Gratian）在教会法（canon law）方面的杰出贡献，博洛尼亚才成为法学的学习中心。不难理解，作为行会组织，博洛尼亚的博士行会（Doctors of Bologna）与巴黎的硕士行会（Masters of Paries）一样，都是在早期成立的。只是到了后来，真正的学术事务权力才转移到了学生们手中，形成了博洛尼亚的学生型大学。② 在早期，师生关系是和谐的，他们共同对抗来自博洛尼亚市镇的利益侵犯。为了留住教师资源，市镇决定给予教师市民权，但同时也提出了一些制约条件。1182 年，市镇要求教师宣誓至少要在本地教学两年；1189 年，基于经济和声望利益，市镇又要求教师不得在该地以外教学，并要求教师拒绝帮助他们的学生到意大利其他地方学习。这一政策成为博洛尼亚大学局势的转折点。教师开始逐步失去他们在市镇中的独立地位，同时也就失去了捍卫学术自由的地位。学生们预见到，一旦与市镇发生冲突，教师出于自身利益的考虑，会站在市政权力的一边。在这种情况下，国外的法学学生（不享有博洛尼亚市民权）自发组织起了"学生大学"，其不久便成为教师的管理组织。③ 佩德森认为，博洛尼亚学生型大学产生的主要原

---

① Rudy W. The Universities of Europe, 1100-1914: A History [M]. Rutherford: Fairleigh Dickinson University Press; London: Associated University Press, 1984: 15-21.

② Rashdall H. The Universities of Europe in the Middle Ages · Volume I · Salerno, Bologna, Paris [M]. Oxford: The Clarendon Press, 1895: 150.

③ Cobban A B. The Medieval Universities: Their Development and Organization [M]. London: Methuen & Co Ltd., 1975: 50-57.

因是学生们对其经济安全缺乏法律保障的忧虑。尽管学生付费给教师以完成他们的学业，但是他们发现毕业后逐渐被排斥在外。博洛尼亚市政会议拒绝给外国学生市民权，这或许是因为来自教师团体的压力。一方面，出于城市经济发展的考虑，市镇想留住学生；另一方面，给予学生市民权则意味着任何学生完成学业后都可以在博洛尼亚担任律师或教师，这会影响到法学教师对于城市律师或教师的垄断地位。基于这些不利因素，博洛尼亚的学生不得不自行组成学生行会。① 因此，学生行会的成立，归根结底是出于自身利益的考量。

当然，学生型大学之所以能够形成，一个重要的原因是，在早期的博洛尼亚，学生掌握着教师的生存来源。拉什达尔认为，尽管我们对 13 世纪博洛尼亚大学教学制度的真实情况知之甚少，但是，有充足的证据表明，教师完全依靠其筹款（collecta）生活，也就是来自其学生的学费。1280 年，博洛尼亚市政引进了国外的薪水制度（system of salaria），大学教师自此开始逐步摆脱对学生学费的依赖。伴随城镇资助教师的数量和金额的不断增加，教师的收入来源逐渐由学生转移到城市。学生管理教师的模式逐步为城市管理教师所替代。② 而后，学生型大学的管理模式逐渐消失，教师在大学中的地位得以恢复。纵观博洛尼亚大学发展史，从最初的教师管理大学，再到学生管理大学，最后到市镇管理大学，高深知识作为商品的交易因素始终发挥着重要作用。

三 学院：知识交易的专业组织

当下意义上的"学院"（faculty）是指负责教学的学术共同体。事实上，这与中世纪大学中的学院设置基本相同。但是，在最初，faculty 仅仅是科学或人文的同义词。13 世纪前半叶，该词是指学习的层级（class of studies），在科艺学、法学、神学、医学四个学院明确划分之前，是很难

---

① Pedersen O. The First Universities: Studium Generale and the Origins of University Education in Europe [M]. Cambridge: Cambridge University Press, 1997: 138.

② Rashdall H. The Universities of Europe in the Middle Ages · Volume I · Salerno, Bologna, Paris [M]. Oxford: The Clarendon Press, 1895: 212-213.

将教师和学生进行清晰划分的。比如，1208 年，教皇英诺森三世在给巴黎大学的信函中，称巴黎大学的教师们为"所有神学、教会法学和文学的博士"。一直到 13 世纪中期，都没有对各学科的教师和学生进行明确区分。学院形成是伴随学习发展的不同路径自发演变的结果。尽管早在1215 年，教皇使节就为神学教师和科艺学教师颁布了不同的规章，但是两个学院的清晰划分要到 13 世纪的中后期。法学院直到 1271 年才获得自己的印章，医学院到 1274 年才获得自己的印章。而后，大学逐渐形成科艺学是基础学科，神学、法学和医学是高级学科的层级划分。[①] 在学院演变的过程中，这些专业性组织之所以能够边界清晰并获得权力部门认可，除了相关师生具有相同的知识倾向，还由于这些学科在中世纪时期都具有较强的实用性。

以神学而著称的巴黎，因为有教会的支持和庇护，毕业生可以从事宗教事务，确保将来衣食无忧。在 1150 年之后，在曾于意大利接受法学教育的教师主持下，巴黎也开设了法学和医学专业。尽管教会认为这些专业过于世俗而对其不屑一顾，但是其仍然在巴黎大学取得较大成功，因为它们面向的是高薪职业，其毕业生或是在神职岗位上任职，或是在皇家行政中任职。[②] 神学、法学、医学的职业实用性是不难理解的，事实上，在中世纪，科艺学同样具有很大的实用性。在科艺学中，修辞学在中世纪大学甚至被称为"商业课程"，该课程特指书写艺术，而非希腊、罗马时期的辩论艺术。一个人具有较高的书写技巧，也就是说他能够正确地书写信件和其他重要文书，其就有更多机遇。[③] 在中世纪，具备文字表达能力的人员非常有限，很少有人能够书写，能够写信者更少。对于世俗人员来说，能够书写就是一种值得尊敬的荣耀。13 世纪，一些教师开始在大学中，尤其是在意大利和法国南部的大学中，就像宣传现代商业课程那样推销他们的商品——节约时间，即学即用！[④] 对 12 世纪的大

① Compayré G. Abelard and the Origin and Early History of Universities ［M］. New York：Charles Scribner's Sons，1893：107-111.

② 韦尔热. 中世纪大学 ［M］. 王晓辉，译. 上海：上海人民出版社，2007：21.

③ Paetow L J. The Arts Course at Medieval Universities with Special Reference to Grammar and Rhetoric ［M］. Illinois：University Press，1910：67-70.

④ Haskins C H. The Rise of Universities ［M］. Ithaca：Cornell University Press，1957：31-32.

学教师而言，他们觉得自己实际上就是手工工匠，他们的专业是"自由艺术"，这不是一门科学，而是一门技艺。科艺学就是技艺，是教授们的专长，就像盖房子是泥瓦匠的专长。这些技艺不仅以知识为条件，而且以生产制造为前提，如交谈（语法学）、演绎推理（辩证法）、演说（修辞学）、计算（算术）、计量（几何）、旋律（音乐）、天体运转的测量（天文学）。① 由此可见，无论是高级学院中的神学、法学和医学，还是基础学院中的"三科"和"四艺"，知识的实用性是其基本特征。因此，科班认为，欧洲中世纪大学是伴随城市和商业贸易的复兴，远距离贸易等对书信交流的需求，法学、医学等专业需求，以及教会、世俗管理机关的需求等产生的。大学的出现，是为了迎合当时市场的需求，并深深扎根于功利主义的土壤。② 质言之，中世纪大学的学院知识完全不同于19世纪德国大学中的学院知识，前者以追求实用为鹄的，后者以追求"纯粹知识"为目标。在教师完全依靠学费生活的中世纪大学里，知识若无实用性就会无人问津；19世纪德国大学之所以能够追求"纯粹知识"，主要是因为政府能够为教师的知识买单。

四　学位：学者个人的营业执照

现代学位制度源起于中世纪。中世纪大学建立自己的学位制度，仅仅是模仿了在手工业行会中早已确立的组织惯例。在手工业行会中，人员可以清晰地划分为三个层级：学徒、助手或同伴、师傅。助手只有经过考核，获得行会认可，才能够就任师傅。一般情况下，就任师傅要举行仪式和宴请。而后，他便可以独立以师傅的身份获得从业自由，享有行会成员的所有权利。早期中世纪大学的名师，无论是巴黎的阿贝拉尔，还是博洛尼亚的欧内乌斯，都没有学位，完全是依靠个人学术能力和声望从事教学。伴随教师和学生人数的增加，一开始的教学许可证慢慢地转变为学位，以至学位越来越重要。最初，获得教学许可证是不用经过

① 勒戈夫.中世纪的知识分子［M］.张弘，译.卫茂平，校.北京：商务印书馆，1996：55-56.
② Cobban A B. Universities in the Middle Ages［M］. Liverpool：Liverpool University Press，1990：2.

考试的，申请人拥有必要的才能即可。后来，不但要对申请人进行严格的同行教授的能力考查，还要对其进行职业道德的考查。卡斯帕尔认为，最初的教学许可证并不是学位，充其量只是一种单一的学位。学士和博士，也就是学生和教授而已，没有所谓的学士学位和博士学位。博士、硕士、教授是同义的。所谓学士，也就是学徒、新手。① 哈里曼（Philip L. Harriman）也认为，相对中世纪的其他大学而言，肇始于巴黎大学的学士学位更能令人满意。大学中的科艺学院所授予的学士学位，是指学生开始成为教师学徒（apprentice teacher），可以通过开设额外课程（extraordinary lecture）获得教学经验的认可。而真正的大学学位，需要经过三年的工作，才有资格领取开业证书（licentiateship），获得硕士或博士身份。到 1275 年从业资格考试确立后，科艺学的学士才首次成为正式学位。② 可见，学位制度正式确立之前，所谓的学士、硕士或博士，与中世纪其他行会中的徒弟和师傅并无二致。作为徒弟的学士是不能独立开课授业的，也就意味着不能获得"教学通行权"。只有获得硕士或博士学位，成为行会中的师傅角色以后，才可以独立开课授业。学生获得硕士或者博士学位，也就意味着获得大学中学院（学科同行）的组织认可。换句话说，学位意味着完成学业的奖励、知识能力的证明、进入未来职业场所的介绍信。一言以蔽之，中世纪大学的学位可以看作学者个人的营业执照。

第三节　中世纪大学的支点：高深知识的交易逻辑

高深知识可以作为商品，为中世纪大学产生奠定了合法基础；行会性质的知识交易，为中世纪大学产生提供了机制保障。中世纪大学在内外部知识贸易中，逐渐形成自身的交易逻辑，并依靠自身的高深知识和学术声望，不断转化和积累经济资本、社会资本和政治资本等。从一定意义上说，也正是基于高深知识和学术声望的资本转化，大学这一组织

① Compayré G. Abelard and the Origin and Early History of Universities ［M］. New York：Charles Scribner's Sons, 1893：140-145.

② Harriman P L. The Bachelor's Degree ［J］. The Journal of Higher Education, 1936, 7 (6)：301.

才能够在宗教控制、诸国林立的中世纪得以生存和发展。

一　大学内部的知识交易逻辑

（一）大学师生的教与学

中世纪大学的生源具有欧洲范围的国际性。沙赫纳研究发现，当部分异国他乡的学生所带面包耗尽时，他们可以利用学者特权沿街乞讨。这样就可以不用花费分文用在吃饭上，以便积攒下每一文钱用于住宿和付给教师学费。学生从外地赶到巴黎安顿好后，巴黎大学的教师们就在各旅馆中溜达，等待到来的新生，或者雇用"招募人"（chasers）代表他们寻觅新生。穷学生则游走在众多教师和招募人之间，寻找适合自己的教师。教师和其招募人吹嘘才干，贬低他者，以提高自己的筹码，一些商业性的优惠也常常相伴，比如可以享受短时期的免费授课、给予优惠和打折等。[①] 在博洛尼亚大学，新生到来后就会加入学生的地区保护组织——同乡会。伴随学生组织的日益壮大并超过教师行会，本来应该属于知识购买方的学生行会逐渐占据知识交易的主动权。最终教师行会沦为学生行会的附庸。博洛尼亚大学的教师不再像巴黎大学的教师那样直接招收学生并收取学生的学费，而是需要经过学生同乡会的民主推选"被聘任"。

中世纪大学早期，印刷术还没有发明，书籍相当短缺、昂贵，而且大学所使用的教科书带有神圣性，大概只有教师才能够拥有书籍。所以当时大学教授，皆以"读"（read）教科书为主，这种教学，称为"读课"（lecture）。读课就是教师将自己的那本书读给学生听，学生做笔记。所以多数大学会规定读书的速度，教师不可以读得太快，这样会致使学生来不及记笔记；也不可以读得太慢，这样会延缓课程进度，从而使学生付出更多学费。大体而言，巴黎大学的学生年纪较小，要求教师读慢一些；而博洛尼亚大学的法学学生年纪较大，注重一分费用一分收获，所以要求教师读快一点。[②] 由于学生的能力、需求等各不相同，"读课"

---

① Schachner N. The Mediaeval Universities ［M］. London：George Allen & Unwin Ltd. ，1938：312-314.

② 林玉体. 西洋教育史［M］. 台北：文景出版社，1985：138.

的快慢确实成为中世纪大学中的一个重要问题。以教师为主导的巴黎大学更倾向于使用快速阅读的方法进行教学。1355 年 12 月，巴黎大学科艺学院通过的一项规定中提到"读课"有两种方法：第一种是教师尽快地清晰阅读书本，让学生能够较好理解但是不能及时记录；第二种方法是尽可能降低阅读速度，让学生可以逐字记录。经过谨慎比较和测试，发现第一种方法比第二种更好。所以学院教师达成一致意见，在教学中采用第一种方法。[①] 毫无疑问，从效率上来说，第一种方法可以使学生在单位时间内理解和掌握更多的知识，但是也不能排除授课教师的利己思想。在书籍极其短缺的时代里，谁拥有了书籍也就意味着拥有了准确知识。拥有准确知识的人员增多，也就意味着教师职业的竞争和威胁。所以金代诗人元好问的诗句"鸳鸯绣了从教看，莫把金针度与人"，很好地反映了巴黎大学教师的这种思想。对于巴黎大学教师来说，原版书就是保障其生活的"金针"。尽可能不让学生原文记录，也就意味着更好地保护自己的"金针"。鉴于巴黎大学教师对于书籍的这种态度，也就不难理解印刷术出现后，对其抵制最为强烈的恰恰是大学组织。

以教师为主导的巴黎大学有权选择快速阅读而不让学生准确记录的教学方法。以学生为主导的博洛尼亚大学的情况则完全不同。教师不能按照自己的意愿选择讲授的速度，在授课中始终受到学生牵制。每学期开学前，学生和任课教师会就全年的课程内容及分配方式达成一致意见。课程内容会划分为若干部分，每部分必须在两周内完成。这也就意味着教师必须在规定的时间内完成规定的授课内容。如果不能严格执行教学计划，教师就会面临重罚。如果教师省略部分章节，未能以适当的速度完成特定的教学内容，那么他将不得不退还部分或全部学费，退还多少要看其省略的程度。每个学期初，教师必须在学生指定的城市银行中为其教学行为存入一笔保证金。[②] 我们绝不能以当下的眼光来评判中世纪师生的教学关系，正如鲁迪所说，由于教师没有固定薪金，不得不依靠学

---

① Pedersen O. The First Universities: Studium Generale and the Origins of University Education in Europe [M]. Cambridge: Cambridge University Press, 1997: 253.

② Cobban A B. The Medieval Universities: Their Development and Organization [M]. London: Methuen & Co Ltd., 1975: 64.

生学费维持日常生活，可以断言，久而久之，教师倾向于使用黔驴之技（cheap tricks）和迎合需求来吸引更多学生。相应地，对那些或讲课声音细小而不能让学生听清，或讲课太慢而不能全面覆盖内容，或讲课太快而不能让学生充分记录的教师，学生就会吹口哨、发嘘声、大声叫喊、牢骚抱怨、齐声跺脚，甚至向教师扔石子。[①] 这种纷争与市场中小商小贩和顾客之间的讨价还价几乎如出一辙。

（二）知识交易的基本规则

在中世纪大学产生的早期，讲课酬金的数额，从传统上来说并不是固定的。即使是最有声望、学识渊博的教授，也会与他们的学生就讲课费问题进行近乎有失尊严的讨价还价。比如，著名的法学教授奥多弗雷德（Odofredus）在一门课程讲授的学期末宣布，下一个年度，他将不再讲授下午的课程，因为他发现学生并没有很好地付费。[②] 伴随大学发展，关于知识交易费用的相关制度开始出现。比如，根据 1333 年的规定，在巴黎大学的科艺学院内部，新入职教师讲授逻辑学可以收取 1 先令的费用，讲授科学可以收取 18 便士的费用。[③] 在以学生为主导的博洛尼亚大学，甚至出现了学生先试听一段时间的课程，然后再决定是否付费的现象。1405 年，博洛尼亚规定，以圣路加节（the feast of St. Luke）为起点，学生应当听讲 15 日之后才决定是否付费。教师不得强迫其缴费，除非 15 日之后他继续听课。15 日过后，无论任何情况，教师都可收取他们的上午和中午的课程学费。学生支付学费后，教师不得强迫其另行缴费，每年只能收取一次。[④] 事实上，学生并不总是愿意付给教师听课费。因此，作为一个整体，博洛尼亚大学教师很难扎根，许多人在一所学校逗留上一两年后，就转移到其他学校。当时，很少有人将大学教师视为一个长

---

① Rudy W. The Universities of Europe, 1100-1914: A History [M]. Rutherford: Fairleigh Dickinson University Press; London: Associated University Press, 1984: 33.

② Rashdall H. The Universities of Europe in the Middle Ages · Volume I · Salerno, Bologna, Paris [M]. Oxford: The Clarendon Press, 1895: 210.

③ Leff G. Paris and Oxford Universities in the Thirteenth and Fourteenth Centuries: An Institutional and Intellectual History [M]. York: John Wiley & Sons, Inc., 1968: 160.

④ Thorndike L. University Records and Life in the Middle Ages [M]. New York: Octagon Books, 1971: 274.

久性职业，他们往往将精力同时用在非学术雇用上，比如市政代表（communal ambassadors）。[①] 为更好地挽留优秀教师，学生型大学关于学费的规定往往会更加详细、明确。

首先，不同教师收取的学费不同。逻辑学教师每年可以向学生收取的学费为 40 博洛尼亚币（solidi Bolognese），如果违反则每人处以 10 博洛尼亚镑（pounds Bolognese）的处罚。如有凭据，任何人均可控诉告发。告发者可获得罚金的 1/3。此外，没有交付上午听课费的学生，中午听课费要每年交付 10 博洛尼亚币。特别评论者（special reviewers）可以与逻辑学评论者一样，在冬季学期收取 20 博洛尼亚币，在夏季学期收取 15 博洛尼亚币。不住在语法学教师家的学生，每年交听课费 30 博洛尼亚币；住在语法教师家的学生，每年交听课费 40 博洛尼亚币；语法评论教师可在冬季收取 20 博洛尼亚币的听课费，在夏季收取 10 博洛尼亚币。临时插班进来听课的学生，要按照听课总时间的相应比例缴纳费用，同时他们也是先试听 15 日，决定继续听课者再缴纳听课费。而且，以上标准只限于在没有事先确定好固定费用的情况下执行，否则学费的支付要按照协议进行，若违反事先协议要处以 100 博洛尼亚币的罚金。[②] 可以看出，不同教师（讲课或评论教师）在不同时间（上午或中午课程、冬季或夏季学期）讲授课程所收取的费用是不同的，如果违反这些规定，就会被处以罚金。

其次，不同学科收取的费用不同。拉什达尔认为，在中世纪大学的所有学科中，医学教师和法学教师的薪酬，普遍要高于基础性科艺学院的教师薪酬。在科艺学院中，逻辑学教师可以收取学生的最高学费为 40 博洛尼亚币，语法学教师最高收取 30 博洛尼亚币。奇怪的是，医学讲座收取学费要低于语法学讲座，一般限制在 20 博洛尼亚币。这或许是因为医学讲座可以面向人数众多的学生讲解，而语法学讲座则需要对学生进行"个别关注"。[③] 在这里，我们不能用当下的眼光来考量中世

① Cobban A B. The Medieval Universities：Their Development and Organization ［M］. London：Methuen & Co Ltd. , 1975：66.

② Thorndike L. University Records and Life in the Middle Ages ［M］. New York：Octagon Books，1971：274-275.

③ Rashdall H. The Universities of Europe in the Middle Ages · Volume Ⅰ · Salerno, Bologna, Paris ［M］. Oxford：The Clarendon Press，1895：240-241.

纪大学的医学教育。彼时的医学教育，并不像今天这样，需要手把手地进行临床教学，其教学内容几乎与临床教学无涉，完全是医学理论的传授。在政府出资的薪酬制度出现之后，各学科的教授薪酬仍然存在较大差异。比如，在蒙彼利埃（Montpellier），大约在 1500 年，医学教授的薪水大约在 100 里弗（livres），法学教授大约在 50 里弗，那些科艺学院的教授仅能获得 30 里弗。在博洛尼亚大学，教授相对富有，法学家的工资从 50 里弗到 500 里弗不等。但是在多数大学，尤其是在科艺学院中，教授仍然依靠直接收取学生的学费维持生活。[①] 从不同学科的教师总收入来看，专业性强的高级学院如医学、法学，要普遍高于基础学科性的科艺学院。

最后，不同课程收取的学费不同。在亚里士多德哲学的相关课程讲授中，不同课程收取不同额度的学费。比如，"形而上学"（Metaphysics）25 博洛尼亚币，"灵魂论"（De anima）15 博洛尼亚币，"生命论"（De generatione）10 博洛尼亚币，"论天"（De celo）15 博洛尼亚币，"气象论"（Meteorology）15 博洛尼亚币。"自然论短篇"（Parva Naturalia）5 博洛尼亚币，其中的"论感觉与可感"（De sensu et sensato）和"论睡与醒"（De Sompno et Vigilia）可以收取 8 博洛尼亚币。"论动物"（De Animalibus）收取 40 博洛尼亚币，如果只讲授"动物繁殖论"（De generatione animalium），收取 20 博洛尼亚币；如果只讲授"动物构成论"（De partibus animalium），收取 15 博洛尼亚币。"伦理学"（Ethics）20 博洛尼亚币，"政治学"（Politics）20 博洛尼亚币，"修辞学"（Rhetoric）20 博洛尼亚币，"经济学"（Economics）5 博洛尼亚币。如果是评论者或高级学生评注其中的任何一门课程，那么按照半价收取学生学费，如果讲授"后分析篇"（Posterior Analytics）则收取 10 博洛尼亚币。讲授"前分析篇"（Prior Analytics）可以收取 10 博洛尼亚币；"辩谬篇"（Elenchi）10 博洛尼亚币；"六原则"（Six Principia）5 博洛尼亚币。[②] 制定规则，

① Compayré G. Abelard and the Origin and Early History of Universities ［M］. New York：Charles Scribner's Sons, 1893：283.

② Thorndike L. University Records and Life in the Middle Ages ［M］. New York：Octagon Books, 1971：277-278.

将不同课程收费的最高数额固定下来，可以有效避免师生之间就知识交易的价格过度讨价还价。知识交易的市场正是在这些规则中逐步走向有序的。

（三）知识交易的道德约束

从教学规则来看，在中世纪大学，学生若对任课教师不满，便可转移到其他地方学习，任何人不得强行阻拦。语法学教师必须一天进入教室两次，每缺席一次罚款 10 博洛尼亚币，除非他宣誓证明缺席有合法理由。无论哪个学院的评论教师，都必须每天在特定时间内对学生进行提醒和关注，以传统方式不断叮嘱他们、考核他们，听取他们的意见，缺席一次罚款 10 博洛尼亚币。所罚款项，由告密者、大学和校长各得 1/3，同时，告密者要宣誓做证，校长要做信用担保。[①] 受公共学术道德良心的驱使，学生们认为有义务去揭发那些无故缺席的教师，或者是那些违反规章制度的教师。[②] 这些道德规则的制约，能够有效保障教学秩序，确保教师不因校外兼职而耽误正常教学。

从管理主体来看，既非在学生型大学中，教师地位丧失殆尽；也非在先生型大学中，学生地位荡然无存。韦尔热（Jacques Verger）认为，在博洛尼亚大学，法学博士表面的从属地位并未伤害他们的知识自由，也未侵犯到他们的能力和财富。教师乌国利诺·哥西亚（Ugolino Gosia）谈及他的学生时，就认为"我管教他们，我又服从他们"。换句话说，严密的监控并不损害教师的尊严，这种情况完全符合 13 世纪意大利行会的惯常实践。城市行政官员特别是最高行政长官都是这样。另外，许多法学博士都交替担任教授和最高行政长官。在巴黎大学，科艺学院的教师在数量上占有绝对优势，但他们仍然是高级学院的学生，神学、法学和医学博士则处于从属地位。可见，在巴黎大学，学生同样具有学术的权利和自由。[③] 因此，在基于知识交易的中世纪大学中，无论是作为知识出

① Thorndike L. University Records and Life in the Middle Ages［M］. New York：Octagon Books，1971：275-276.

② Cobban A B. The Medieval Universities：Their Development and Organization［M］. London：Methuen & Co Ltd.，1975：65.

③ 韦尔热. 中世纪大学［M］.王晓辉，译. 上海：上海人民出版社，2007：38-39.

售方的教师，还是作为知识购买方的学生，无论是以教师为主导的先生型大学，还是以学生为主导的学生型大学，双方都是在一种相对公平、公正的环境下进行知识交易的。

从学业考核来看，在巴黎大学科艺学院毕业测试中，要对申请人的正当性、合法性、行为举止甚至性格特点等进行调查，因道德或者纪律原因被评定为"不及格"（ploughing）的，一点也不少于因知识能力不足被评定为不及格者。大学必须谨记，学位的获得，不仅仅是通过考试获得一张文凭，还是获得官方职位的准入。[①] 1231 年 4 月 13 日，教皇格列高利九世向巴黎大学颁布的《大学宪章》（Magna Carta of the University）规定，从今以后被任命的每一名巴黎教区长，必须在巴黎主教面前或被任命时向巴黎大学两名教师代表宣誓，他应当凭其良心真诚宣誓，除了授予值得授予的神学和教会法学从业证书，不得授予不合格者。在候选人提出申请 3 个月内，教区长授予任何人教学许可证前，必须向所有神学教师和其他值得尊敬、学识渊博的人士认真调查候选人的生活、知识、才能，以及其他获得成功的必要品质，凭其道德良心决定授予教学许可证与否。[②]《大学宪章》有力保护了学者在授予教学许可证方面的学术权利，有效约束了以前仅凭教区长个人喜好授予教学许可证的行为。无论是毕业考试方面对学生道德水平的考查，还是教学许可证授予方面责成教区长对申请人生活学习等进行全方位的调查，都为中世纪大学的毕业人员、证书授予人员等划定了一条道德防线。

二 大学与外部的知识交易逻辑

从一定意义上说，大学的产生是劳动分工演变的结果。大学作为中世纪时期传播知识、交易知识的一类组织部门，学者不再是自洽性的知识传播者，不再进行原子化的个人行动，而是若干专门从事知识交易的

---

① Rashdall H. The Universities of Europe in the Middle Ages · Volume Ⅰ · Salerno, Bologna, Paris [M]. Oxford：The Clarendon Press, 1895：461-462.

② Thorndike L. University Records and Life in the Middle Ages [M]. New York：Octagon Books, 1971：35-37.

教师尤其是学术声望卓著的名师聚集在一起，不断培养各行各业的社会精英，带动大学组织不断发展特色和进行知识创新，运用学术资本与外界发生交易，不断积累大学的经济资本、社会资本和政治资本等。

（一）教师与学生：大学与外部知识交易的主体

巴黎大学的产生主要得益于阿贝拉尔及其学术影响。阿贝拉尔之后，大量学生涌入巴黎。在后续发展中，许多教师继承了阿贝拉尔的教育教学方法，并获得了巨大学术声望，比如 1148 年，普瓦捷（Gilbert de la Porrée）教授神学，隆巴德（Peter Lombard）和萨利（Maurice de Sully）教授哲学和神学等。博洛尼亚作为一所法律大学，可以追溯到 12 世纪初期。那时的法学教授已经在城市中占据重要位置，市民委员会中已经有 1/3 的人员来自法学家。1137 年，欧内乌斯执教于此。[①] 欧内乌斯原本是科艺学院的一名教师，当法律书籍从意大利东北部港口城市拉文纳（Ravenna）传入时，他开始自学、钻研、批注法律书籍，同时转向法学讲授。在一定程度上，在欧内乌斯之前，博洛尼亚充其量只是享有法律学习的声望，并没有专业性的法律教学。换言之，之前博洛尼亚法学家们往往是自学的结果。如果说欧内乌斯使博洛尼亚成为罗马法的学习中心，成为系统学习《民法大全》（Corpus Juris Civilis）的开拓地，那么修道士格雷希恩则使博洛尼亚大学成为教会法的学习中心。[②] 在大学内部，除了教师，学生是另外一个主要组成部分。名师吸引来自整个欧洲范围的学生，这些学生毕业以后，又将名师的学术声望播撒到整个欧洲。中世纪时期，正是因为有名师的吸引，各大学已经具备较大的学生规模。据统计，在 1220 年，大约有 10000 名学生在博洛尼亚大学学习；在 1287 年，大约有 30000 名学生在巴黎大学学习。无论从哪个方面来看，这一时期的欧洲各层教职人员毕业于大学的数量都是很高的。在世俗从事工作的大学毕业生数量更是惊人。据统计，从英诺森三世 1198 年继任教皇，

① Compayré G. Abelard and the Origin and Early History of Universities ［M］. New York：Charles Scribner's Sons，1893：55-57.

② Rashdall H. The Universities of Europe in the Middle Ages·Volume Ⅰ·Salerno, Bologna, Paris ［M］. Oxford：The Clarendon Press，1895：113-128.

到 1370 年格列高利十一世 （Gregory XI） 登位，在 18 任教皇中，有 12 任教皇具有大学学习经历。[①] 在一定程度上，正是这些声名卓著的毕业生，使大学在中世纪社会中的影响不断扩大，从而吸引更多的教师和学生致力于大学的不断发展。

（二）竞争、特色与创新：大学与外部知识交易的方法

1. 多元竞争：中世纪大学的发展动力

从大学产生的类型来看，中世纪大学可分为自然生成型大学、威权创建型大学和迁移衍生型大学。威权创建型大学主要是教皇和世俗王权等认识到知识之于自身利益的重要性而创办的。迁移衍生型大学主要是由于城市之间的知识竞争，由其他城市迁移而来的。当一座城市不能够满足大学发展的需要，其他城市伸出友谊之手时，大学就会从原来的大学中分离出来，产生新的大学。在一定意义上，正是不同大学、不同外部权力、不同城市之间的多元竞争，赋予了中世纪大学教师和学生学术自由（教的自由和学的自由），开拓了中世纪大学能够游走在宗教和世俗权力之间的广阔空间，成为中世纪大学产生和发展的动力。如果把中世纪大学比喻为知识交易的卖家，把学生、教皇、王权、城市等比喻为知识交易的买家（事实上，这些个人或组织就是现代意义上的大学利益相关者），那么只有买家多样且积极争取，卖家才能够具有更多的话语权，才能够享受更多的自由；反之，卖家的多样性（不同大学）也容易产生竞争，从而激发各大学不断提升知识传授的质量。相比较而言，在同时期内，那些掌握在宗教或者世俗权力手中的大学，由于受到外界权力的限制，不能自由迁徙，不能自主选择学校管理者等，缺少竞争和相对自由的发展空间，其学术影响往往要比其他大学小得多。比如，腓特烈二世创办的那不勒斯大学、阿方索八世创办的帕伦西亚大学等，由于受制于一方，缺乏多元竞争，也就丧失了发展动力，在中世纪思想发展中所起的作用非常有限。

---

① Daly L J. The Medieval University, 1200-1400 [M]. New York: Sheed and Ward, 1961: 208-212.

2. 特色学科：中世纪大学的强校之路

中世纪大学一般设有科艺学、教会法学、世俗法学、神学和医学五个学院组织，几乎没有大学能够完全拥有这些学科，但是作为初级形式的科艺学院却是必需的，因为它是进入法学、神学、医学等其他高级学院所必经的阶段。在中世纪大学，尤其是在自然生成型大学中，一所大学总有一到两个享誉欧洲的强势学科存在。尽管牛津大学的产生深受巴黎大学的影响，但如同萨莱诺大学的医学学科、博洛尼亚大学的法学学科、巴黎大学的逻辑和推理神学（speculative theology）学科首屈一指，牛津大学在 13 世纪前半期，在数学和自然科学方面享誉欧洲；尽管剑桥大学是由牛津大学分离出来的，市民法（civil law）却是剑桥大学国王学堂（King's hall）所有高级学科中最为显赫的学科。① 一定意义上，牛津大学、剑桥大学等正是由于发展了各自的优势学科，才能够成为拥有崇高学术声望的大学。相反，从博洛尼亚大学分离出来的如维琴察大学、阿列佐大学等，由于没有形成自己的强势学科，仍然沿袭博洛尼亚大学的法学学科为主，也就没有形成像牛津大学、剑桥大学那样的学术声望，这些大学最终只能在中世纪大学群体中寂寂无闻。

3. 知识创新：中世纪大学的生存之道

一般来说，当某种商品稀缺时，该商品的价格就会上升，商家就会占据交易的优势地位。伴随该商品不断流通和普及，其稀缺性会逐步降低，商家就会处于交易的劣势地位。因此，商家要想在交易中处于主动地位，必须不断改进商品的质量，推出新的商品，使商品保持稀缺性。知识作为商品，其理相通。如果大学传授的知识不再具有创新性，那么知识交易就会受挫，大学发展就会面临危机。11 世纪的萨莱诺大学是享誉欧洲的医学重镇，其教学形式、教材内容是其他大学纷纷效仿的对象。然而，萨莱诺大学在 11~12 世纪发展到顶峰后逐步没落。关于萨莱诺大学衰落的原因，有人认为是亨利六世（Henry Ⅵ）在 1194 年洗劫了该城市使大学师生纷纷逃离，有人认为是其近邻那不勒斯大学的创办使大学有了强有力的竞争对手，有人认为是腓特烈二世与教皇之间的斗争使意

① Cobban A B. The Medieval Universities: Their Development and Organization [M]. London: Methuen & Co Ltd., 1975: 107-114.

大利南部深陷战争泥潭。科班认为，这些都不是关键因素，萨莱诺大学衰落的主要原因，是没有形成一个具有保护性和凝聚力的组织。[①] 但是，科班的分析并不令人满意。因为，在萨莱诺大学兴盛的 200 余年的时间里，其组织形式并未发生多大变化。事实上，萨莱诺大学的衰落主要是因为，12 世纪阿拉伯医学的传入为欧洲带来了新思想、新草药和新配方，其他大学紧紧抓住了这些新知识，而萨莱诺大学却拒绝吸纳，致使学生纷纷转移到其他大学学习。一所不能吸引学生的大学，其衰落之势是不可避免的。创新需要对外部新知的及时吸纳，也需要内部知识的协同发展。萨莱诺大学仅有医学一个学科，并无世俗法学、教会法学、神学等其他高级学科，甚至萨莱诺大学是否有基础性的科艺学院也不清楚。这种单科性在中世纪大学中是较为少见的。内部缺少知识创新的条件，外部拒绝创新知识的吸纳，最终使早期萨莱诺大学掌握的医学知识不再稀缺，大学走向没落实属历史发展的必然。

（三）学术资本的转化：大学与外部知识交易的途径

1. 学术资本转化为经济资本

中世纪大学的经济来源主要包括以下几个方面：一是学生学费，学生缴纳学费是为了从大学获得知识、提高能力，以便谋取更好的职业，这种资本转化的主体是教师和学生；二是宗教组织，中世纪大学教师多是圣职人员，由教会提供薪俸，教会之所以为大学提供资助，主要是因为想让大学培养更多有文化的牧师，更好地普及宗教思想，消除宗教异端，坚定基督教信仰，扩大基督教影响，这种资本转化的主体是大学和教会；三是世俗王权或城镇当局，在与教皇争夺权力的斗争中，世俗王权需要大学为自己权力的合法性提供辩护，另外，世俗管理中的诸多领域也需要有知识的管理人员，这种资本转化的主体是大学和世俗政权。可见，无论是学生还是教会，抑或是王权、城镇，其之所以为大学提供资金，都是因为大学能够为其提供更多、更好的利益。作为以高深知识为业的大学，其与外部讨价还价的资本，与其他组织部门相比，除了高

---

① Cobban A B. The Medieval Universities：Their Development and Organization ［M］. London：Methuen & Co Ltd.，1975：37.

深知识和学术声望之外，可以说几乎没有其他竞争优势。中世纪大学是这种状况，当下大学同样如此。

2. 学术资本转化为社会资本

中世纪大学有广泛的外部网络关系，如以巴黎大学和博洛尼亚大学为代表的"母大学"与各"子大学"之间，大学与教皇、神圣罗马皇帝、英王、法王以及城镇市民之间，等等。以上社会资本的获得，主要得益于学术资本的转化。没有高深知识的关联，中世纪大学不可能形成一个群体，从而增强讨价还价的资本；没有高深知识的关联，无论是教皇还是皇帝、国王，都不会主动向大学伸出友谊之手，给予大学各种权力和优惠；没有高深知识的关联，城镇也不会争相为大学提供良好的生存环境。在中世纪大学内部，由地缘关系组织起来的同乡会是外地学生的精神家园。但是，同乡会也为大学带来了诸多困扰，甚至导致大学内部分裂的危险。同乡会之间经常因籍贯不同而发生口角甚至械斗，从而限制了不同学者之间的交流与融合。中世纪大学的学院，在一定程度上打破了基于同乡会组织的排他性和分割性。以高深知识为纽带的学院出现后，这种割裂和对立现象开始缓解，因为一个学者同时具有同乡会成员和学院成员的双重身份，而学院成员的身份又促使各同乡会之间连接为一个整体的大学。

3. 学术资本转化为政治资本

正如拉什达尔在其三卷本《欧洲中世纪大学》开篇所讲的那样，教权、皇权和学权被中世纪作家描述为三足鼎立的神秘力量，三者和谐相处，才使基督教世界得以维持生存。[①] 事实上，这里所指的学权，就是以巴黎大学为代表的群体组织。为了拉拢大学，教权和皇权赋予大学诸多特权，如免除兵役权、免税权、司法特许权等。伴随中世纪大学的不断强大，大学获得了更为广泛的政治影响。巴黎大学被冠以"法国国王的大女儿"之称，有时对教皇或者国王都直言不讳，曾多次作为法庭调解者被召唤调停王室之间的纷争。比如，为1357～1358年马塞尔（Etienne Marcel）的反叛政府行为进行调停；后来的百年战争中，当法国非暴力的

① Rashdall H. The Universities of Europe in the Middle Ages·Volume Ⅰ·Salerno, Bologna, Paris [M]. Oxford：The Clarendon Press, 1895：4.

论战和争论（civil discord）的调停者，在西方教会大分裂（Great Western Schism）期间，还试图解决教皇的选举问题。[①] 可以说，这些政治资本的获得，都是学术资本转化的最终结果。

第四节　结论与启示

一　学术资本是中世纪大学最原初的资本类型

回顾中世纪大学之源起，不难看出，知识能够突破宗教组织的羁绊，获得交易合法性，是世俗学校得以萌生的原初动力。需要强调的是，这些知识，已经不再是建立在宗教信仰基础上的单一的《圣经》，而是渐趋高深复杂的知识。"12 世纪文艺复兴"为中世纪大学提供了丰富的创新知识，信仰与理性相伴，催生出一批以高深知识为业的学者共同体。就像手工业行会各持自己的专长一样，学者行会以高深知识为自己的专长，立足于中世纪城市之中。正是依靠高深知识的传承创新，依靠阿贝拉尔等名师的卓著声望，学者行会才能够最终演变为中世纪大学。因此，学术资本是中世纪大学最为原初的资本类型。当下大学之发展，仍然需要不忘初心，从中世纪大学源起中寻找动力，不断积累自身的高深知识和学术声望。

二　学术资本是中世纪大学最基本的资本类型

任何组织都有其生存发展的最为基本的资本类型，就像经济资本之于企业工厂，社会资本之于中介组织，政治资本之于政党政权，学术资本是中世纪大学最为基本的资本类型。大学生存发展所依靠的经济、政治、文化和社会支持，大都是通过学术资本转化而来的。在一定意义上，学术资本的多寡，不但决定大学的强弱，而且决定大学的存亡。这就要

---

① Daly L J. The Medieval University, 1200-1400 [M]. New York: Sheed and Ward, 1961: 213.

求大学始终以学术为业，不断促进高深知识的传承、创新及应用。就像医院绝不能放弃救死扶伤而去卖鞋一样，大学也不能为了追逐经济、政治及其他利益而放弃学术。

三 大学学术资本运营要遵守道德和规则的约束

从中世纪大学源起的历程中不难看出，学术资本无论是产生、积累，还是转化为经济资本、社会资本和政治资本等，都需要遵守基本的道德和规则约束。教师要以教书育人为天职，回应学生的知识诉求，不可随意兼职、旷课，这是教师伦理的底线；大学始终要坚持特色发展，坚持知识创新，形成学术成就，不断积累和维护学术声望，这是大学精神的保障。唯有如此，教师和大学才能够不被物欲横流所湮没。在学术资本化和学术资本主义蔓延的今天，大学更应当坚持操守，自觉遵守学术资本转化的道德规范，否则就会陷入生存困境。中世纪大学后期，尤其是文艺复兴、宗教改革和启蒙运动时期，欧洲传统大学出现衰落甚至消亡，就是学术资本化的鲜明例证！

第三章

角色冲突与中世纪的巴黎大学

大学生长于社会之内，是社会有机体的重要智力器官。探讨大学与社会之间的关系，自然成为高等教育理论界一个不可忽视的研究课题。无论是奥尔特加·加塞特（Ortega Gasset）的《大学的使命》，还是埃里克·阿什比（Eric Ashby）的《科技发达时代的大学教育》以及德里克·博克（Derek Bok）的《走出象牙塔——现代大学的社会责任》，都以探讨大学与社会的关系为主线，并广为学人熟知。然而，随着学界对大学与社会关系研究的不断深入，在为取得成果而欣喜的同时，也为不断增加的问题而困惑，如大学与社会间的具体关系是怎样的，二者如何相互作用影响，等等。仅仅从原有政治、经济、文化等宏观视角对这些问题进行分析，显然已无法满足认识的需要。为对二者关系有一个更深层次的了解，我们试图引入"社会角色"的概念，将大学视为社会舞台中的主角，展现它与社会各要素间的相互关联。在这种戏剧性图景中，不仅要明了大学在社会中所扮演的多重角色，更要看到由多重角色扮演造成的各种冲突，并以此为主线来考察大学与社会的微观联系。

正如爱弥尔·涂尔干（Émile Durkheim）所言："为了充分理解某种活生生的现象的发展，为了说明这种现象在其历史的各个前后环节上所呈现出的不同形式，我们首先需要做的，便是去揭示在它整个演进过程的源头，那个初生的萌芽是如何组成的。"[1] 毫无疑问，对中世纪"欧洲大学之母"——巴黎大学所具有的社会角色进行深入探讨，便成为当然

---

① 涂尔干. 教育思想的演进［M］.李康，译. 上海：上海人民出版社，2006：23.

选择。而中世纪最为显著的社会要素便是宗教统治，并伴随世俗权力的崛起。在宗教与世俗双重统治下，巴黎大学分别扮演了宗教信仰卫道士与世俗文明开化者的角色。这两种中世纪所特有的社会角色冲突不仅缠绕着巴黎大学，而且也是当时其他大学不得不面对的现实两难。因此，对大学宗教与世俗角色冲突的研究，既能还原中世纪大学生存环境的原貌，又能理解中世纪大学产生、发展的原因，同时也对近现代大学社会角色问题有所镜鉴。

在一定意义上，研究巴黎大学的社会角色冲突，就是研究巴黎大学的宗教角色与世俗角色的冲突，进一步而言，就需要研究巴黎大学与宗教和世俗的关系。冲突是一种关系，而关系又是社会资本的一个重要层面。因此，研究巴黎大学的社会角色冲突，也可以看作以巴黎大学为个案，从社会资本的角度来理解巴黎大学的形成与发展。需要特别指出的是，冲突作为一种关系，并不必然为个体或组织的发展带来不利影响。相反，掌控在一定范围和程度之内的冲突，往往有利于个体或组织的发展。冲突的积极表现是竞争，竞争是任何个体或组织进步的动力；冲突的极端表现是战争，战争有可能使个体或组织走向毁灭，但是战争同样也可能使个体或组织走向强大。

第一节　社会角色与大学社会角色

一　社会角色的内涵

角色，本指演员在戏剧舞台上按照剧本规定所扮演的某一特定人物。[1] 由于社会与舞台的相似性，美国社会学家乔治·赫伯特·米德（George Herbert Mead）将"角色"概念引入社会学研究领域，用于分析个体与社会之间的互动关系。但是，在社会学中，对于何谓角色并没有一致的界定。归纳而言，主要存在以下几种观点。拉尔夫·林顿（Ralph

---

[1]　奚从清．角色论——个人与社会的互动［M］.杭州：浙江大学出版社，2010：3.

Linton）认为，角色是地位动态方面的表现，当个体实现构成地位的权利和责任的时候，他就在扮演着某种角色。[①] 在塔尔科特·帕森斯（Talcott Parsons）看来，角色是附着于社会地位之上的被期望的行为或者行为规范，个人在社会体系中占据一个社会位置，并按照社会体系所规定的规范和规则来履行这个地位的义务，就是社会角色。拉尔夫·特纳（Ralph Turner）认为，社会角色是一套套规范，适用于扮演者可辨认的角色行动者。[②] 除上述西方学者的观点之外，我国学者也对角色进行了界定，例如：角色是指个人在社会关系中处于特定的社会地位，并符合社会期望的一套行为模式；[③] 社会角色是指简单社会关系两端位置上的由社会需要所规定的个人行为模式。[④] 需要特别指出的是，在这些不同的界定中，社会角色的行动主体都是个人。

从社会角色的内涵来看，尽管中西方学者关于社会角色的具体表述不尽相同，但我们还是能够从中抽取一些相近的关键词。例如，表述角色产生条件的关键词为"互动"，表述角色存在动力的关键词为"期望"，表述角色根本属性的关键词为"行为规范"或"行为模式"，表述角色存在场域的关键词为"社会地位"或"社会位置"。上述关键词密切相连，不可分割，共同构成了角色概念的基本内涵。角色存在于特定的社会地位之中，是社会对这种地位的期望，从而使角色扮演者按照某种行为模式来实现社会期望，当然，这一切的发生必须以互动为前提。所以不难看出，角色是指处于一定社会地位中的主体，对与之发生互动关系的客体的期望做出反应所产生的行为模式。

二　大学社会角色的界定

伴随社会学研究的发展，以及社会学与其他学科的交叉融合，社会角色理论研究的对象也不断向外延伸。将社会学中的角色概念应用于大

---

① Linton R. The Study of Man [M]. New York：Appleton-Century-Crofts，1936：114.
② 丁水木，张绪山. 社会角色论 [M].上海：上海社会科学院出版社，1992：27.
③ 奚从清. 角色论——个人与社会的互动 [M].杭州：浙江大学出版社，2010：6.
④ 丁水木，张绪山. 社会角色论 [M].上海：上海社会科学院出版社，1992：29.

学与社会关系的研究，无论是对社会角色理论，还是对高等教育研究，都将是一次理论上的尝试与创新。我们将大学视为处于一定社会地位中的主体，其与社会各有关方面发生着互动。依此推论，如将上述处于一定社会地位中的"主体"的表述替换为"大学"，实质上也就形成了大学社会角色的定义。即，大学社会角色是指处于一定社会地位中的大学，对与之发生互动关系的客体的期望做出反应所产生的行为模式。

剖析大学社会角色的概念，不难看出，它主要包含以下三个层面。①大学与外界客体发生互动是其社会角色产生的条件。互动作为大学社会角色产生的条件要从孕育角色理论的上位理论——互动理论来探寻根基。互动理论认为，社会互动的结果导致了社会现象的出现，而对于社会现象的大量见解，可以通过理解其得以产生和延续的基本互动过程来达到。① 这一理论判断，说明大学社会角色的产生必须以互动为前提，在无法产生互动或孤立状态下，社会角色也就无法存在。②外界客体对大学的期望是其社会角色扮演的动力。换句话说，大学要有外界期望，才能促使其扮演一定的社会角色。角色与期望的融合建立在互动基础之上，在互动的过程中产生了角色，外界对角色的认知不断加深，"那些被证明有用的角色，那些能形成稳定互动的角色，会转而成为期望，它确信未来所发生的一切将会而且应该与过去一样"②。可见，社会角色与期望相互交融、不可分割。③大学做出反应所产生的行为模式是其社会角色存在的形式。大学社会角色并非一个完全抽象的概念，它以一定的行为模式为世人所觉察。这种行为模式是基于外界客体的期望而做出的反应，是大学为了适应外界生存在行为方式上的必然选择。当我们考察大学社会角色时，本质上是通过有形的行为模式来判断大学所扮演的社会角色。大学与大学之间行为模式的差异，也就意味着各大学所扮演的社会角色不同。

根据大学社会角色的内涵解读，我们将通过互动、期望和行为模式

---

① 特纳. 社会学理论的结构：第6版·下册［M］.邱泽奇，等，译. 北京：华夏出版社，2001：11.
② 特纳. 社会学理论的结构：第6版·下册［M］.邱泽奇，等，译. 北京：华夏出版社，2001：53.

等层面，对中世纪巴黎大学的宗教角色和世俗角色进行阐述。在此基础之上，着重对互动客体之间、角色期望之间和行为模式之间的冲突进行分析。在论述冲突所带来的破坏性的同时，也应注意这些冲突所带来的正面效应。

第二节　巴黎大学的宗教角色

一　大学与宗教的互动

巴黎大学自诞生之日起，就与宗教有深层的互动。正如哈斯金斯所言："巴黎大学的最初萌芽生长于巴黎圣母院所开办的教堂学校之中。"[①] 作为一所诞生于教堂学校之中并深受主教控制的学校，它与宗教的互动不言自明。即便后来大学以行会的身份自居，摆脱了宗教"座堂学校"的雏形，它与宗教的互动也并未因此而减少，这点从教会对大学的物质资助中便可得到印证。中世纪由于受到"科学是上帝赐予的礼物，不能被出售"这种宗教观念的影响，学生缴纳的费用是屈指可数的。[②] 这就使部分教师不得不加入教籍以寻求教会薪俸的资助。同样，这种资金方面的互动也惠及学生，到 14 世纪，学术机构定期向教皇通报大学学生和毕业生的名单，教皇通过发放薪俸资助学习的方式形成了一种固定的制度形式，即教会奖学金制度。[③] 除物质要依靠宗教以外，大学在政治制度上同样需要宗教的庇护。大学诞生之初由于缺乏良好的社会根基与认同，加之社会环境动荡不安，急需外界给予特权保护。1215 年，教皇特使罗伯特·德·库尔松（Robert de Courcon）为巴黎大学制定了第一个章程，明确规定了巴黎大学所享有的特权，包括"为那些受到严重不公对待的学者准备辩护词，确定旅舍房间的租金，设定上课的时间和

---

① Haskins C H, The Rise of Universities [M]. Ithaca: Cornell University Press, 1957: 12.
② 里德-西蒙斯. 欧洲大学史·第一卷·中世纪大学 [M].张斌贤，等，译. 保定: 河北大学出版社, 2008: 165-166.
③ 里德-西蒙斯. 欧洲大学史·第一卷·中世纪大学 [M].张斌贤，等，译. 保定: 河北大学出版社, 2008: 19.

辩论的程序等"①。可见，从巴黎大学诞生到各种特权的获得，大学与宗教的互动贯穿始终。

二　宗教对大学的期望

宗教对大学的期望主要有两点：培养宗教人才与创造信仰知识。大学作为教育机构，从事培养人才活动是其角色价值的首要体现，但是，中世纪巴黎大学所开展的人才培养活动却具有极强的宗教色彩，这是由当时罗马教会统治下社会政治结构的需求与期望所决定的。13世纪，以罗马教皇为核心的中央集权化宗教统治达到巅峰，形成了上达教皇下至主教、牧师的庞大统治集团。而与宗教具有密切互动的巴黎大学，自然成为扮演宗教人才培养者这一角色的最佳选择。正如布尔日（Bourges）大主教在1286年对巴黎大学教师所讲的："今天我们所处的职位，明天将属于你们。实际上，我不相信今天我们中间哪位高级教士不是出自于大学。"② 然而，宗教的统治除了人才以外还需要坚定的信仰作为保障，因为一旦上帝在民众中失去圣神地位，将意味着罗马教廷统治的危机。所以，构建民众对耶稣基督的虔诚信仰，遏制异端邪说的产生与蔓延，成为宗教统治时刻面临的问题。事实上，中世纪所有的思想活动都指向单一的目标：创造一套可以充当信仰基础的知识体系。③ 而能够担当信仰知识体系培育者这一角色的机构，恐怕唯有宗教统治下的巴黎大学。在此种期望之下，巴黎大学神学院（faculty）④ 便严格依附于教会权威，承担着教会所期待的功能：阐释正统、贬斥异端。⑤ 由此，巴黎大学在实际运行中承担了为宗教培养人才、维护宗教信仰正统、创造宗教信仰知识、

---

① 里德-西蒙斯. 欧洲大学史·第一卷·中世纪大学 ［M］.张斌贤，等，译. 保定：河北大学出版社，2008：92.

② 韦尔热. 中世纪大学 ［M］.王晓辉，译. 上海：上海人民出版社，2007：65.

③ 涂尔干. 教育思想的演进 ［M］.李康，译. 上海：上海人民出版社，2006：176.

④ 此处的学院为 faculty，一般仅用于说明科艺学、法学、医学、神学四个学院，其中，法学又可以分为世俗法学（亦即民法学）和宗教法学。而 college 也译为学院，在彼时，更为准确的译法是住宿学院，这里特指具有住宿性质后来发展为具有教学功能的机构，亦即住宿学院。

⑤ 韦尔热. 中世纪大学 ［M］.王晓辉，译. 上海：上海人民出版社，2007：80.

驳斥异端邪说的宗教角色期望。

三　大学宗教行为模式

巴黎大学具有宗教色彩的行为模式。首先，巴黎大学的宗教性体现在神学院在大学中的地位上。无论是培养宗教人才的期望，还是创造宗教信仰知识的愿望，都必须以神学的传授与研究为前提。尽管神学院师生人数较少，但它处于知识等级的顶端。这一点可以从学生在科艺学院与神学院的修业年限上得到印证。一名学生需要 5～6 年的时间，便可从基础性的科艺学院毕业，并获得硕士头衔。而进入神学院学习，要想获得神学博士头衔，则需更长时间。1215 年的章程规定修业年限为 8 年，1366 年延长为 16 年，1452 年要求 15 年。[①] 其次，巴黎大学的宗教性体现在学生入学宣誓仪式上。入学宣誓是学生进入大学必不可少的一环，宣誓的大体内容包括：服从大学校长的管理，遵守学校的规章制度，维护学校的集体利益等。从宣誓本身形式而言，它是宗教统治在巴黎大学的落实，也是大学宗教性行为模式的体现。深入分析便会发现，宣誓是对学生信仰的拷问，是对学生灵魂的控制。学生必须时刻铭记誓言的内容，并生活于誓言所圈定的范围之内，一旦僭越，必将受到内心谴责。宗教权威在学生内心信仰中占据了至高无上的地位，学生在步入学习殿堂之时，就已经被宗教化了。最后，巴黎大学的宗教性体现在大学教师中的隐修士[②]上。中世纪的欧洲除了具有官方性质的罗马教廷外，还逐步兴起了介于平民与教士之间的隐修士宗教团体。为了更好地传播宗教思想，在教皇授意下，隐修会逐渐将触角伸向巴黎大学，致使大学行为模式的宗教色彩更为浓厚。在不到一代人的时间里，隐修士就进入大学，不久便决心主宰大学。[③] 最终，隐修会在中世纪大学的理智生活中占据了

---

① 张磊. 欧洲中世纪大学 ［M］. 北京：商务印书馆，2010：175.
② 此时的隐修士，与以往隐修于修道院者不同，他们走出修道院，走进城市，通过沿街乞讨维护宗教正统。这类团体在当时又被称作"托钵僧"。
③ 柯林斯. 哲学的社会学：一种全球的学术变迁理论（上）［M］. 吴琼，等，译. 北京：新华出版社，2004：538.

主导地位，并使巴黎大学成为新型修会活动的重要阵地。^① 由此，巴黎大学通过教育教学、学生行为、教师行为等，综合呈现了浓厚的宗教行为模式。

第三节　巴黎大学的世俗角色

一　大学与世俗的互动

巴黎大学存在于巴黎城中，不可避免地与当地市民发生着互动关系，特别是大学师生的衣、食、住、行等日常生活需求都无法离开市民的供给。虽然大学师生与城市居民双方因为经济原因多次发生肢体冲突，但冲突的结果是，一方面，大学获得了国王菲利普·奥古斯特（Philip Augustus）颁布的治安特权；另一方面，市民阶层也深深认识到，要想真正获得由交易带来的利益，就应该学会如何与师生相处。不同于教会为教师提供金钱援助，世俗王权采取了既有利于自身势力渗透，又有利于限制师生人身自由的方式，即为他们提供固定的生活与教学场所——住宿学院（college）。中世纪的住宿学院，首先是作为住宿场所存在的，后来才逐步发展成为具有教学功能的机构。1257 年，法国国王路易九世（Louis Ⅸ）向王室主教罗伯特·德·索邦（Robert de Sorbon）赠送罗马浴室附近的一块土地，用于兴建索邦神学院，该学院后来在神学研究中取得了崇高地位，并一度成为巴黎大学的代名词。1305 年，法国王后让娜·德·纳瓦尔（Jeanne de Navarre）为 70 名科艺学和神学学生建立了巴黎大学最大的住宿学院，并以其名字命名。^② 据考证，在 13 世纪之前，巴黎大学共创办了 14 所世俗性质的住宿学院，14 世纪和 15 世纪又分别增加了 36 所和 12 所。^③ 住宿学院为世俗权力进入大学打开了一个缺口，

---

① 宋文红. 欧洲中世纪大学的演进［M］. 北京：商务印书馆，2010：145-146.

② 韦尔热. 中世纪大学［M］. 王晓辉，译. 上海：上海人民出版社，2007：109.

③ Cobban A B. Universities in the Middle Ages［M］. Liverpool：Liverpool University Press，1990：21-22.

伴随大学固定资产的不断增多，师生所拥有的对世俗权力构成制衡的迁校权逐渐消隐，大学与世俗政权的依附性互动也随之加强。

二　世俗对大学的期望

与教会对大学的期望相似，世俗王权也希望大学成为其人才培养的摇篮。但是前者对人才的要求是听命于上帝，后者则要求培养的人才臣服于国王。显然，世俗王权对大学提出这种期望，必须建立在王权统治不断强盛的基础之上，否则所培养的人才将无用武之地。早在1302年，菲利普四世（Philippe Ⅳ）就开创了三级会议制度，这标志着封建等级君主制正式确立。[①]　在这种封建等级君主制政体中，法国政府需要大量具有世俗知识的人员来充当官吏。当世俗权力通过开办的住宿学院将教师与学生固定于巴黎城时，巴黎大学不得不考虑世俗统治者对他们所提及的期望。雷蒙德·卡塞尔（Raymond Cazelles）对菲利普六世时期（1328~1350）法国"政治社会"的分析显示，尽管国王的贴身幕僚在上层贵族中产生，法学教学许可证获得者和法学博士，则充满于最高法院和审计院的各个部门。[②]　此外，世俗政权对大学寄予的期望，不仅在于能培养供己所用的人才，还在于这一学术团体能够成为制衡教会的力量。例如，国王奥古斯特之所以爽快地赐予大学在拉丁区的治安特权，原因在于国王看到这是一个向教皇出击的绝佳机会。[③]　世俗权力通过对大学的赋权，遏制了罗马教廷在大学中的影响力，提升了世俗王权在大学中的话语权。而后，伴随世俗权力的日益增强，世俗对大学的社会角色期望也与日俱增。

三　大学世俗行为模式

巴黎大学世俗行为模式主要由三种内部组织机构来体现。①nation：

---

①　吕一民. 大国通史·法国通史 [M]. 上海：上海社会科学院出版社，2007：33-49.

②　韦尔热. 中世纪大学 [M]. 王晓辉，译. 上海：上海人民出版社，2007：118.

③　Rudy W. The Universities of Europe, 1100-1914: A History [M]. Rutherford: Fairleigh Dickinson University Press; London: Associated University Press, 1984: 23-34.

以国家、民族为标准划分的组织。学界一般将 nation 翻译为民族团、同乡会，顾名思义，它是由各个不同的民族划分而成。中世纪巴黎大学在欧洲各国具有广泛影响力，吸引了来自各地的学者会聚于此，这就为同乡会的划分提供了多样化的民族群体。其中巴黎大学共有四个同乡会，分别是法兰西、诺曼、皮卡德和"英格兰—德国"同乡会，每个同乡会并非由单一民族构成，而是由地域比较接近的多民族群体组成。可见，同乡会并非以宗教派别为划分标准，而是大学成员为了实现自我管理而形成的世俗组织。例如，法兰西同乡会每年都会选举五名教师组成审查委员会，对学校的教室使用情况以及教师的授课情况做一番审查。① ②faculty：以实用知识为标准划分的组织。大学之所以依照知识分类来开展教学，源自社会为其提出了不同类型的人才需求。学生选择来到巴黎大学求学之初，就抱着获得一份荣耀职业的梦想。即使是学习神学，也是为能够进入教会供职，寻求一份安身立命的职业。有关学者研究表明，近代西方医生与律师两种职业阶层的形成，与中世纪大学的兴起有密切的联系，大学为欧洲的医学与法律知识的传承和创造提供了相对稳定的组织和制度载体。② 具体而言，大学内部的医学院与法学院就是这种稳定的组织与制度载体。③college：用于生活、教学的世俗组织。一般而言，由宗教团体创办的学院设施简陋，学生在学院中要从事一定的体力劳动，且过着清贫的生活。而世俗王权支持下的世俗学院则具有安全、舒适的生活条件。随着世俗学院被人们广泛认可，学生进入学院的需求显著增加。为了缓和这种供需矛盾，开始收取一定费用的住宿学院应运而生。哈考特学院在 1311 年章程中指出："为了维护学院的正常运营，外来的学生必须缴纳相应的伙食费与住宿费，至于费用的多少由教师及学院其他成员共同决定。"③ 世俗控制下的住宿学院，在随后的历史变迁中逐步走向强盛，最终构成现代住宿学院制度的原型。

① Kibre P. The Nations in the Mediaeval Universities［M］. Cambridge，Mass：Mediaeval Academy of America，1948：89-93.
② 孙益. 大学与近代西方职业阶层的兴起——以医学和法律为视角［J］. 高等教育研究，2011，32（6）：93.
③ Rashdall H. The Universities of Europe in the Middle Ages·Volume Ⅰ·Salerno-Bologna-Paris［M］. Oxford：The Clarendon Press，1936：496.

第四节　巴黎大学角色冲突的表现

一　互动客体间的冲突

中世纪欧洲史，也是一部宗教与世俗争夺权力的斗争史，在冲突中，双方共同推动了欧洲文明的演进。5 世纪中叶，在罗马教皇利奥一世（Leo I）率领下，意大利人成功抵抗了匈奴对罗马城的入侵，这使他成为意大利人心目中的精神领袖。利奥一世及其后继人宣称，罗马的主教们——教皇们——构成教会的最高权威，坚持精神事务中教权高于政权。① 彼时，虽然教皇的实力还不足以真正具有高于世俗政权的教权，却成为后来罗马教廷与世俗政权相互冲突的开端。在随后的历史发展中，罗马教会通过大力发展修道院以及增设各地区主教，逐步建立了覆盖西部欧洲的宗教统治网络。为了摆脱凌驾于王国的宗教统治，世俗政权反抗的欲望日渐强烈。13 世纪末 14 世纪初，法王菲利普四世与罗马教皇卜尼法斯八世（Bonifacius VIII）之间的冲突达到顶点。菲利普四世在法国另立教皇克莱门特五世（Clement V），并于 1309 年将罗马教廷迁往法国小镇阿维尼翁（Avignon），从而开启了挟持教皇统治西欧的局面，史称"阿维尼翁之囚"（Prisoner of Avignon）。1378 年，罗马再次选举教皇，意大利人乌尔班六世（Urban VI）登基，遂形成双元教皇共同统治的局面。这种局面一直持续到 1417 年，史称"教会大分裂"（Schisme）。不难看出，中世纪的整个文明都因此在其发展原则中包含着一种内在矛盾，构成了一种充满活力的对立。② 大学这一中世纪文明之花，正是在宗教与世俗之间的活力冲突中不断成长的。

二　角色期望间的冲突

无论是宗教对大学的期望，还是世俗对大学的期望，都包含人才培

---

① 霍莱斯特. 欧洲中世纪简史 ［M］. 陶松寿，译. 北京：商务印书馆，1988：26.
② 涂尔干. 教育思想的演进 ［M］. 李康，译. 上海：上海人民出版社，2006：25.

养这一大学原初职能，但是宗教性与世俗性的相互排斥使大学难以招架。然而人才培养的性质差异只是表面冲突，其背后隐藏着贯穿整个中世纪的宗教信仰与理性主义的冲突。正是思想意识范畴中的矛盾与冲突导致了关于人才培养问题的分歧。而理性的兴起则要归功于 12 世纪的"文艺复兴"对亚里士多德学说的发掘，尽管亚里士多德学说与理性主义意义完全不同，但信仰与理性的平衡仍是围绕着亚里士多德学说进行的。① 虽然亚里士多德有关理性的学说在巴黎大学遭禁，但那只是教会的一纸空文。特别是在活跃的科艺学院，布拉班特的西格尔（Siger of Brabant）成为这一学说的主要维护者与传播者，然而他却遭到了教会的杀害。② 从巴黎主教艾蒂安·坦普埃尔（Etienne Tempier）所出具的被判为"异端"学说的 219 条摘录中，我们似乎能够找寻到西格尔被害的原因。

第 18 条：哲学家不应该赞同未来的复活，因为这种事不可能通过理智进行检验。

第 169 条：完全放弃肉体的结合，对美德和人类都是有害的。

第 174 条：基督教的法规，就像别的宗教一样，有传说的成分与谬误之处。

第 175 条：这（指第 174 条）是科学知识的障碍。

第 176 条：幸福属于现世，而不属于来世。③

虽然持上述言论的西格尔没能逃脱教会的迫害，但是这些所谓的"异端"学说，却为世人摆脱宗教信仰的枷锁，求助于现实与自然的恩惠提供了理论支持，为随后发生的文艺复兴、宗教改革、启蒙运动等倡导人文价值理念的运动扫清了障碍。当然，伴随这三大运动的开展，传统宗教信仰无力回天，最终在与现实理性的较量中败下阵来。

---

① 勒戈夫. 中世纪的知识分子 [M]. 张弘，译. 卫茂平，校. 北京：商务印书馆，1996：99.

② 西格尔被罗马教皇召去意大利，后不知所终，史学家认为他死于教会之手。

③ 勒戈夫. 中世纪的知识分子 [M]. 张弘，译. 卫茂平，校. 北京：商务印书馆，1996：102.

三　行为模式间的冲突

宗教与世俗行为模式冲突，在中世纪巴黎大学，首先表现为隐修会教师与世俗教师之间的冲突。自隐修士进入大学以后，他们的行为就引起了世俗教师的不满。隐修士是在罗马教皇许可下进入大学的，主要活跃于神学院。相比世俗教师必须经过科艺学院与神学院的学习，取得神学博士后方可成为神学教师的漫长而艰辛的过程而言，隐修士所走的捷径自然会招致世俗教师的嫉妒。世俗教师为了维护自身的权威性所建立的"学位制度"，对隐修士而言毫无意义，大学规章制度受到挑战。隐修士虽然人在大学，心灵却在修会，所以他们对大学世俗教师的集体行动总是不加理会。这在 1229~1231 年罢课运动中体现得最为明显，隐修士非但没有响应世俗教师的号召一同罢课，反而利用世俗教师出走的机会获得了神学教席职位。一向将罢课权视为大学对抗外界侵扰"撒手锏"的世俗教师对此极为不满，并在内心深处埋下了仇恨的种子。

在巴黎大学发展历史上，其还因为宗教盲目性的推动，在"圣女贞德案"中扮演了不光彩的角色，留下了无法抹去的污点。贞德是法国民族英雄的象征，她的故事颇具传奇色彩，她的身世与经历被后人赋予一种神秘主义元素，这也许是人们对这位年轻少女崇拜至极进而将其神圣化的结果。但不管怎样，她在保卫法国领土中起到了转折性作用却是历史事实。1429 年 4 月 27 日，贞德率领数千法军直奔奥尔良城。经过数天激战，被英军包围长达 209 天的奥尔良城终于在 5 月 8 日得以解围。[①] 在随后的征战中，贞德不幸被俘，英军将其送到鲁昂（Rouen）接受宗教审判。于是就有了巴黎大学教师所进行的人所不齿的行径。他们固守腐朽的宗教思想，将一位女性的爱国行动视为"妖人作乱"，并对她处以火刑。战争胜利后，国王查理七世（Charles Ⅶ）对大学给予严厉处罚，于 1437 年撤销了巴黎大学的税务特权，1445 年又废除了巴黎大学的司法特权，将大学置于议会管辖之下。[②] 当我们分析巴黎大学在"圣女贞德案"

---

① 吕一民. 大国通史·法国通史［M］. 上海：上海社会科学院出版社，2007：42.
② 宋文红. 欧洲中世纪大学的演进［M］. 北京：商务印书馆，2010：155.

中的行为及所承担的后果时，会清晰地发现，巴黎大学一直处于世俗与宗教思想的矛盾冲突中。正是这种世俗与宗教的冲突外化为大学的一种行为模式，使大学在英法百年战争中做出了忽视民族和国家利益的行为。

第五节　巴黎大学角色冲突的功能

中世纪大学所面临的角色冲突存在破坏性的一面，同时我们也应看到，这种冲突在大学发展中所产生的积极作用，正如瑞士学者瓦尔特·吕埃格（Walter Rüegg）所言，这些冲突和由此产生的张力，以及使它们处于一种开放平衡状态的结构和机制，在很大程度上说明了欧洲大学的动力。[①]　而这种动力的推动作用表现在以下三个方面。

首先，互动客体间的冲突有利于大学自治传统的形成。中世纪巴黎大学在扮演宗教角色与世俗角色的过程中，存在二元互动客体，双方都试图将大学归于自己的权力范围之内，实现对大学的完全控制。但是，事实上，无论是教会还是世俗政权，在制衡大学发展的权力构成中，都不可能达到 100% 的程度。这样一来，大学既不会完全听命于教会的安排，也不会将自身全权交予世俗政权。大学游走于两种权力之间，依靠其自身内部权力机构来实现大学的自我管理。同时，处于二元权力结构中的大学，又不能真正摆脱与其中任何一方的互动，因为宗教与世俗对大学的意义，如同手和脚对人的意义一样，都是不可替代的。大学正是依靠世俗与宗教的冲突，才有效保障了自身发展所需要的特权得以实现。正如许美德（Ruth Hayhoe）所言，大学特权的获得是教会和世俗封建主为了争取大学这一重要社会力量的支持而进行平衡的结果。[②]　及至中世纪末期，伴随宗教权力的式微，世俗权力的当阳称尊，大学由宗教与世俗权力冲突的平衡点，逐渐倾向于世俗的机构。此时，大学再想利用权力

---

① 里德-西蒙斯. 欧洲大学史·第一卷·中世纪大学［M］.张斌贤，等，译. 保定：河北大学出版社，2008："前言" 16.

② 许美德. 中国大学 1895—1995——一个文化冲突的世纪［M］.许洁英，译. 北京：教育科学出版社，2000：19–20.

平衡实现大学自治，已经失去历史和实践的合法性。及至 18 世纪后半期，巴黎大学仍然坚守宗教角色，固守宗教传统，反抗世俗当局，最终只能被强行取缔，这实属历史发展的必然。

其次，角色期望间的冲突促进了学术自由理念的发展。生活在宗教信仰与世俗理性中的大学学者，虽然时常因这种双重角色期望而相互攻击、冲突不断，但是在争论中所展现的学术自由理念却极具价值。对此，英国学者科班曾经说过："学术自由理念的形成以及为了它的发展所付出的努力，也许是中世纪大学史上最宝贵的财富之一。"① 中世纪大学的师生，也许不会意识到他们的自由争论会产生怎样的影响，因为他们关心的只是如何驳倒对方，维护自身的观点。在双方彼此交锋中，宗教信仰的拥护者为了确立上帝的神圣地位，不断完善耶稣基督的思想；而向往现实世界，为理性而战的人们，则绞尽脑汁摧毁宗教学说，进而迈向世俗世界。冲突产生了强大的内驱力，促使双方不断挖掘智力潜能，丰富各自学说体系，以实现思想的大一统。现实并未满足他们的期望，于是冲突的进程还在继续，思想的火花仍在碰撞，自由的理念薪火相传。

最后，行为模式间的冲突构成了大学组织结构的特性。中世纪巴黎大学的性质可谓教俗兼具，既有体现宗教性的学术礼仪、信仰知识和隐修会教师，又有体现世俗性的"学位制度"、科学理性和世俗教师。两股势力彼此冲突互不相让，共同作用于大学行为模式的方方面面，使大学行为模式表现出宗教和世俗的双重属性。但是，冲突的行为模式本身不仅仅是单一冲突造就的结果，其中还蕴含一定意义的融合，否则，大学行为模式将会分裂、肢解。这就说明，大学所表现的行为模式冲突，在一定程度上已经得到融合，冲突主体的锋芒开始以一种钝化的趋势逐渐被大学所包容。这种行为模式为后继西方大学的发展提供了借鉴，诚如斯坦利·霍夫曼（Stanley Hoffman）所言，当代西方大学的组织结构证明了这一点，因为大学是学术自治、宗教等级与官僚体系的混合体，而这种官僚体系本身又是在学术自治和宗教等级的相互融合中形成的。②

---

① Cobban A B. The Medieval Universities: Their Development and Organization ［M］. London: Methuen &Co Ltd., 1975: 235.

② 布鲁贝克. 高等教育哲学 ［M］. 王承绪，等，译. 杭州：浙江教育出版社，2002：140.

而今，中世纪巴黎大学所呈现的宗教与世俗的社会角色冲突，已经在多数西方大学中逐渐消弭，但是大学不同社会角色冲突，仍然以不同的方式和表现进行着实践和演绎。当下，无论在中西方大学，社会角色冲突始终存在。从社会角色冲突的互动客体层面来看，既有教师之间的冲突，也有学生之间的冲突，还有管理者之间的冲突；既有教师、学生及管理者等大学内部之间的冲突，也有大学与政府、社区等不同利益相关者之间的冲突。从社会角色冲突的期望层面来看，既有成才与成人之间培养人才的冲突，也有实用性和自治性之间发展科学的冲突，还有服务国家社会与安心坐冷板凳之间的冲突。从社会角色冲突的行为模式来看，既有思想行为的冲突，也有精神行为的冲突；既有组织行为的冲突，也有制度行为的冲突。概言之，大学作为社会组织而存在，各种内外部的社会角色冲突不断循环演绎，这些冲突，一方面可能使大学陷入困境，另一方面也可能激发大学的组织活力。所谓"生于忧患，死于安乐"，这一中国传统文化中的古训，恰恰说明了冲突对于个体或组织发展的必要性。一言以蔽之，只有冲突不断，大学才能更加鲜活，大学基业才能长青！

第四章

学术资本化与欧洲传统大学的低迷

如果说中世纪大学产生时期，师生间的知识交易还存在公正、公平的逻辑，还受到诸多道德规范的约束，大学与外部知识的交易还存在多元竞争、特色发展和知识创新，那么，及至中世纪末期，欧洲传统大学①内外部的知识交易逻辑发生了质的转变。从高深知识的层面来看，高深知识作为商品，原本是中世纪大学产生的动力，中世纪末期，欧洲传统大学将这种动力过度泛化，亦即知识的过度商品化，以致知识被金钱所蒙蔽，被利益关系所隐蔽，被政治权力所遮蔽，与道德渐行渐远。换言之，知识传授成为一种脱离道德的利益交换。由此，学术资本不再以学术为鹄的，学术资本的目的在于攫取更多的物质利益、关系利益和权力利益，学术资本演变为学术资本化。我们反复强调，无论是"社会资本"还是"学术资本"，都是中性的词语，都具有正反两个方面的功用。然而，"学术资本化"却是一个负面词语，最终为大学带来的是消极的、负面的影响。

从主导资本的层面来看，学术资本在大学中的主导地位缺失，经济资本、社会资本、权力资本等代替了学术资本，成为大学中主要的、引导性的资本形态。事实上，任何组织都有自己的主导资本，比如政党政府的主导资本应该是权力资本，企业公司的主导资本应该是经济资本，中介组织的主导资本应该是社会资本，等等。对于从事高深知识传承与创新的大学而言，其主导资本应该是学术资本，而非经济资本、社会资

---

① 这里所说的欧洲传统大学，是指西方中世纪时期建立的大学，中世纪以后由路德教派、加尔文教派以及世俗权力建立的大学不包含在其中。

本等。如果大学的主导资本是经济资本，比如说师生之间的知识交易不是基于知识的，而是基于经济利益的，那么大学的发展就会出现异化；如果大学的主导资本是社会资本，比如说大学教师的聘任晋升不是基于知识的，而是基于地缘关系或者血缘关系的，那么大学的发展也会出现异化。质言之，大学应当是"知识场"，而非"关系场""名利场"。如果大学成为"关系场"或"名利场"，大学组织的性质就会发生质的变化，大学组织的发展就会出现低迷甚至衰落。

中世纪后期，乃至从文艺复兴到宗教改革再到启蒙运动时期，欧洲传统大学既出现了学术资本化的现象，也出现了学术资本在大学中主导地位缺失的现象，进而使这一时期的传统大学出现了整体性的沉寂和低迷。

第一节　知识被物质金钱所蒙蔽

勒戈夫认为，14 世纪和 15 世纪的大学成员尽管拿着教会的圣俸或世俗的薪金，却仍然没有放弃从现有工作中获得报酬。不仅如此，在这个大饥荒和大瘟疫相伴、各种战争频仍的艰难时世里，他们顽强地抓住这点不多的收益。他们越来越贪婪地要求学生为听课付钱。他们增加关于赠礼的规定，这些赠礼是学生为了通过考试必须送给教师的。他们对大学里所有可能增加他们负担的开支都做了限制。可以无偿听课和攻读学位的穷学生的数量，通过规章制度一再予以削减。教师已经成为富有的土地所有者。此外，他们还仿效其他富人，热衷于投机事业。他们变成放高利贷者。他们主要把钱借给急需的学生，作为押金，他们收取价值比借款高两倍的抵押物——书籍。[①] 据韦尔热考证，15 世纪，大学越来越排斥贫困学生。在帕多瓦大学、博洛尼亚大学，每个学院都象征性地保留一名贫困学生。教学许可证和博士学位收取的考试费用，本来已经相当可观，此时更高，甚至出现由于货币价值波动而采取考试费用浮动制度的现象。征收考试费用相当严格，极少免除和缓缴。新博士必须举办

---

① 勒戈夫. 中世纪的知识分子 [M]. 张弘，译. 卫茂平，校. 北京：商务印书馆，1996：108.

学位典礼（宴会、舞会、比赛），并邀请大学全体成员和社会名流出席。所有这些可观的花销，对于富裕的学生来说都可能要负债，对于其他学生来说则是不可逾越的障碍。① 中世纪大学产生时期那种托钵游走、沿街乞讨，争相奔赴大学学习的活跃景象，已成过眼云烟；中世纪早期大学那些因贫困只能住在极其简陋的被称为"鸟窝"的阁楼，学习时只能在"麦秸街"的简陋教室内的学生也已近乎绝迹。

众所周知，考试是大学教师控制学生的重要关口，而学位授予则是学生获得从业证书的最后环节。中世纪末期大学在这两个方面对盈利的热衷近乎疯狂。与考试不相关的花费，诸如葡萄酒、蜡烛等一一罗列，学位授予中的装束则极尽奢华，如丝绸手套、山羊皮手套、绵羊皮手套、金戒指等应有尽有。这些与知识能力不相关的花费，从 1427 年帕多瓦大学的考生费用清单（包括个人考试的花费、集会和博士学位授予仪式的花费）（见表 4-1、表 4-2）中便可见一斑。②

表 4-1　1427 年帕多瓦大学个人考试的花费

支付对象/款项	支付金额
12 名学院教师	12 杜卡托（duc.）
大学校长	2 杜卡托
主教的代理	1 杜卡托
教授会院长	1 杜卡托
主教的主事	3 杜卡托
考试团	3 杜卡托
大学的人	7 里弗尔（libr.）
教授会	1 里弗尔
普通勤杂工	1 里弗尔
学院公证员	1 里弗尔
大学公证员	1 里弗尔
专门勤杂工	3 里弗尔

① 韦尔热.中世纪大学［M］.王晓辉，译.上海：上海人民出版社，2007：141.
② 勒高夫.试谈另一个中世纪——西方的时间、劳动和文化［M］.周莽，译.北京：商务印书馆，2014：195-197.

续表

支付对象/款项	支付金额
敲钟和鼓	1 里弗尔
板凳	12 苏（solid.）
5 本忏悔书	3 里弗尔 10 苏
8 瓶酒和 30 支蜡	14 苏
5 瓶白葡萄酒	2 里弗尔 12 苏
4 瓶山区葡萄酒	16 苏
短笛和小号	1 杜卡托

资料来源：勒高夫.试谈另一个中世纪——西方的时间、劳动和文化 [M].周莽，译.北京：商务印书馆，2014：196.

表 4-2　1427 年帕多瓦大学集会和博士学位授予仪式的花费

支付对象/款项	支付金额
考官	14 尺布，或 12 杜卡托
勤杂工	8 尺布和 1 杜卡托
考官的专门杂役	8 尺布
12 名学院教师	6 杜卡托
学院院长	1/2 杜卡托
教师团	1 里弗尔
学院公证员	1 里弗尔
板凳	1 里弗尔
5 双丝绸手套	7.5 里弗尔
5 打山羊皮手套	25 里弗尔
7 打绵羊皮手套	17 里弗尔
6 枚金戒指	12 里弗尔
7 顶四角帽	5 里弗尔 5 苏
椅子和钟	2 里弗尔 16 苏
特别费	1 杜卡托
羊皮纸、蜡和丝绸	8 苏
小号和短笛	1/2 杜卡托

资料来源：勒高夫.试谈另一个中世纪——西方的时间、劳动和文化 [M].周莽，译.北京：商务印书馆，2014：196-197.

以上所有用于考试、集会和学位授予仪式的花费，都是帕多瓦大学章程明确规定的，而且支付费用清单开头第一句是"以耶稣基督之名"（Ihesus Christus）。在基督教信仰统摄的欧洲中世纪世界，这样的约束无疑是最为严厉的。知识被金钱所蒙蔽，信仰则充当了教师窃取金钱的庇护神。与帕多瓦大学相比，15世纪巴黎大学的学生花费毫不逊色。巴黎大学法学院、神学院和医学院等高级学院的学生，需要在毕业时向所有教师赠送长袍（robes），向其他出席仪式的显贵赠送方帽（caps）。据估算，1562年巴黎大学科艺学院硕士学位获得者的花费大约在56里弗尔13苏，医学院的学生要花费881里弗尔5苏，神学院的学生则要花费1002里弗尔。这些仅仅是学位授予仪式上的花费，尚不包括之前一些小额费用。1452年，贵族乔治·内维尔（George Neville）在获得巴黎大学的科艺学硕士学位时，第一天的宴会就准备了600人的膳用肉食，第二天又准备了300人参加的宴席。① 尽管很难对巴黎大学学生的学位授予及其后举行的宴会花费进行精确计算，但是从以上数字中不难看出学位授予仪式和宴会的奢华。如此高额消费，不能不使贫困学生望而却步。知识因金钱的蒙蔽而渐成贵族的特权。

第二节　知识被利益关系所隐蔽

1280年博洛尼亚市政引进教师薪水制度时，教授的遴选仍然掌握在学生手中。这种由政府出资、由学生推选教授的做法无疑保障了高水平教师之间的竞争。但是，伴随政府拨款不断增加，市政当局介入教师遴选的力度也不断加大。1381年，博洛尼亚大学受聘的21名法学教授中，仅有一名是学生选举产生的，其余皆是市政当局委托的"学术改革委员会"（Reformatores Studii）任命产生的。为了弥补学生丢失的选举教师的权利，市政当局承诺为6名学生提供薪水教席（salaried chairs），这些教席可以由学生自主选举产生。但是，正是这一规定引发了不同竞争者及

---

① Rashdall H. The Universities of Europe in the Middle Ages · Volume Ⅰ · Salerno-Bologna-Paris [M]. Oxford：The Clarendon Press，1936：475-476.

其支持者之间街头武斗的严重冲突，大量伪证（perjury）出现，学力不逮（undeserving）甚至目不识丁（illiterate）者被选为薪水教席。最终，抽签（lot）代替了选举，事实证明这一措施更为糟糕。从此，薪水教席已再无聆听的价值。① 基于知识能力遴选教师，是确保大学学术水准的重要环节，博洛尼亚大学薪水教席的遴选明显违背了这一基本原则。在利益关系驱使下，薪水教席遴选最终被武斗和伪证所裹挟。

除薪水教席的遴选外，在教师教席遴选中，中世纪末期大学同样面临被利益关系甚至是裙带关系遮蔽的状况。早在 13 世纪末 14 世纪初，著名法学家阿库尔修斯（Accursius）就已经为博士们的儿子请求在博洛尼亚大学得到空缺的教师职位的优惠权。但地方当局在 1295 年、1299 年和 1304 年均予以拒绝。在以后的制度演变中，情况发生了变化。1394 年，帕多瓦大学宣布，一个博士，只要他属于某一博士的父系族裔，就可以免费加入法学家学会，即使世系中有一员不是博士也无妨。1409 年规定，博士的儿子必须被允许免费参加各项考试。这种世袭寡头制的形成，导致大学教学水平不断下降，同时赋予大学人员一个真正的贵族特征——可继承性。② 韦尔热同样认为，通过对中世纪末期大学教师名录的研究，可以看到，在许多大学存在子承父业的现象，对于教士来说，则是侄承叔业。这些现象不但可能导致大学教学水平的降低，而且改变了教授对于知识和职业的态度。无功利的科学情趣、与他人分享的欲望、对辩论成果价值的确信，以及 12~13 世纪教师们为之奋斗的思想——所有人都能够并都有权教授的思想，均丧失殆尽。从此，知识被认为是一种占有，是一种财富。如同房屋、土地、书籍，知识成为教授家族遗产的组成部分，它保障着个人地位，从而保障着全部现存的社会秩序。③ 在利益关系的驱使下，教师职业演变为可以继承的职业，无论继承者知识水平高低；教授也从知识的"生产者"逐渐演变为坐享其成的"食利者"。

中世纪末期，大学教师职业的继承性绝不仅仅限于意大利大学。为

① Rashdall H. The Universities of Europe in the Middle Ages·Volume Ⅰ·Salerno-Bologna-Paris [M]. Oxford：The Clarendon Press，1936：213-217.
② 勒戈夫. 中世纪的知识分子 [M].张弘，译.卫茂平，校.北京：商务印书馆，1996：110-112.
③ 韦尔热. 中世纪大学 [M].王晓辉，译.上海：上海人民出版社，2007：146.

了获得教师职业继承的合法性，意大利之外的大学也不断降低教师录用的学术标准。这种学术标准究竟降低到何种程度，主要看申请人（大学的主要利益相关者）的知识能力和水平。拉什达尔认为，15世纪，学位授予的低标准是诸多大学学术生活彻底丧失的一个重要原因。曾经一段时间里，牛津大学承认任何一个学院"近亲"（close）或"创办家族"（founder's kin）成员有资格获得学院教职（college tutorship）。当巴黎大学的教师录用标准已经是一个普通人员都可达到的水平时，其教学必然沦落到比牛津大学还差的水平。更甚者，当贵族（aristocrat）或富人申请巴黎大学教职时，学院的大门则为其破例打开。[1] 可见，无论是牛津大学还是巴黎大学，在教职申请过程中，都存在知识被利益关系隐蔽甚至绑架的现象。

第三节 知识被政治权力所遮蔽

及至中世纪后期，伴随神圣罗马帝国的权力式微，教会大分裂造成的教权威严降低，以及众多割据性诸侯王国势力的崛起及相互征伐，往昔"教权""皇权""学权"三足鼎立的稳定格局被渐次打破。大学发展的外部环境受到诸多政治权力牵制，大学或沦为教会权力的奴仆，或沦为世俗权力的羔羊，或沦为各种权力相互撕扯的猎物，知识发展最终被权力斗争所遮蔽。

一 大学被动陷入权力纷争

意大利的博洛尼亚因地处神圣罗马帝国皇帝和教皇两大势力之间，时常成为两派争夺的对象。在两派势均力敌的初期，两派争相拉拢博洛尼亚大学，并给予诸多特权和优惠。但是，及至中世纪末期，伴随帝国权力式微，博洛尼亚市政当局逐渐向教皇势力靠拢，并要求大学教师必

---

[1]　Rashdall H. The Universities of Europe in the Middle Ages · Volume I · Salerno-Bologna-Paris [M]. Oxford: The Clarendon Press, 1936: 471-472.

须向教皇靠拢，对不服管治的皇帝派人士进行流放。对于一些被流放的教师，允许他们返回博洛尼亚从事教学，前提条件是他们必须放弃皇帝派的政治立场，宣誓皈依教皇派势力。那些不放弃皇帝派立场的教师，即使能够留在博洛尼亚大学从事教学，也整日生活在惶恐之中，时常受到来自学生和民众中极端分子的骚扰、威胁，甚至是迫害。博洛尼亚市政章程和评议会表决中明确提出，教师绝对不能归属于皇帝党。[①] 事实上，在意大利其他大学中，教师同样处于教皇派和皇帝派的政治权力斗争旋涡之中。这种深陷斗争的纷扰具有极其鲜明的特征，亦即大学及其教师的被动性卷入。

二 大学主动卷入权力纷争

中世纪时期，以巴黎大学为代表的重要大学，曾在社会各阶层斗争中发挥了积极作用。在教会大分裂期间，巴黎大学还曾经以神学仲裁者的身份参与宗教事务的调停。如果说在 14 世纪之前，巴黎大学与政府和宗教还较少激烈冲突的话，那么在 15 世纪，由于过度参与政治斗争，巴黎大学不但参与教会大分裂等活动，逐渐失去了教会的信赖和支持，而且招致法国国王的强烈不满。在英法百年战争期间（1337~1453），巴黎大学全体成员宣誓服从《特鲁瓦协定》（1420），承认英王亨利六世为法国国王。在英国人占领巴黎之际，大学与英国总督保持良好关系，并积极宣传有利于英国统治的新制度。1431 年，在"圣女贞德案"的审判中，巴黎大学不但撰写了攻击贞德的檄文，还为审判贞德提供谋划人，并裁定以异端和女巫罪判处贞德火刑。1436 年，法国军队收复巴黎，大学成员又旋即与法王查理七世重归于好。不久，大学又对查理七世的宗教政策表示强烈不满。最终，查理七世和后继的路易十一（Louis XI），都不信任巴黎大学这个国家的"叛徒"。1437 年，国王查理七世撤销巴黎大学的税务特权，并迫使它为收复蒙特里奥而征收的"资助"提供资金。1445 年，巴黎大学的司法特权也被撤销，大学被置于议会的管辖之下。

---

① 张磊. 欧洲中世纪大学［M］.北京：商务印书馆，2010：233-234.

1470 年，路易十一强迫教师和学生宣誓效忠。最后，1499 年巴黎大学失去了它的罢课权。① 正如韦尔热所言，在法兰西即将成为英国人的"殖民地"之际，巴黎大学学者只看到两件事情：战争对其特许权和薪俸带来的危险，战争对信仰本身和他们宣扬信仰的使命的威胁。大学不是提出合理的和平纲领，或做出有效的判决，而是满足于空谈全体信徒团结的必要性，空谈不惜一切代价直接重建和平，空谈战争的邪恶。这些空想置君主的雄心和民众的感受于不顾，让人无法理会。② 巴黎大学主动卷入宗教纷争，在面临民族国家生死存亡之际，又主动讨好敌国，不但丧失了诸多特权，而且逐步失去了生存的根基。

三　大学教师热衷政治权力

14~15 世纪，欧洲各地如法国、意大利、西班牙、德国、荷兰、比利时、卢森堡、波兰、匈牙利、苏格兰和斯堪的纳维亚等纷纷建起了大学。这些国家和地区的世俗权力不断加强对大学的统治，甚至把大学看作政治组织的一部分。薪酬制度实行后，很快遍布南部欧洲大学，14 世纪末又发展到北部欧洲大学，尤其是德国大学和苏格兰大学。薪酬制度使教师不再依靠学生的学费生活，但其消极方面是，学生经常抱怨，教师花费过多的时间参与城市、贵族或皇家事务，从而造成教师时常旷课。大量教师不惜牺牲他们的教学责任，而热衷于大学外部事务。他们经常未经学生允许就指定代课者，甚至无故缺席，以至威权部门不得不出面干预，但是仍然很难阻止教师参与外部事务。③ 毫无疑问，教师的主要职责应当是教学，就像工人的职责是做工，农民的职责是种田一样。教师将大量时间用于政治事务，因而影响甚至忽略教学，本质上就是职责的本末倒置。学者过度热衷于政治，不但使所在大学的教学秩序混乱，降低了大学培养质量，损害了大学学术声誉，而且影响到学者自身的知识

---

① 勒戈夫．中世纪的知识分子［M］．张弘，译．卫茂平，校．北京：商务印书馆，1996：125-132.

② 韦尔热．中世纪大学［M］．王晓辉，译．上海：上海人民出版社，2007：128.

③ Cobban A B. Universities in the Middle Ages［M］. Liverpool：Liverpool University Press, 1990：16-18.

探索和更新，从知识生产和传授的"自由人"转变为政治权贵的"奴仆"，最终也为学者自身带来不可挽回的负面影响。

第四节　知识与道德操守的分离

道德是知识的守护神，缺失了道德的知识，不但不能够给人类带来福祉，而且会败坏整个社会风气；缺失了道德的知识，不但使知识人遭受社会的谴责，也会使其所在的大学蒙受声誉上的损失。如果说在 12 世纪的时候，中世纪大学的教师还秉持着职业的道德操守，那么到了中世纪大学后期，这些操守逐步衰退。

一　大学教师道德整体滑坡

中世纪大学早期，教师们遵循的是亚里士多德所推崇的理性道德形式，强调追求崇高是人类永远福祉的原始动力。这种道德追求，不但为大学学者提供了神学之外的严密哲学，而且为他们提供了传统教师理想之外的职业伦理，亦即，知识分子的劳动作为求知的无私奉献，本身具有公正性，因为它是自我完善的因素，是力量与智慧的源泉。15 世纪，大学教师的这种职业道德，在教权和王权的多重诱导、牵制或压服之下，渐渐变得支离破碎。教师的工作已经不再以追求知识为目的，大学学者的道德也不再是教师职业道德，而是宗教的和政治的道德。在这种道德支配下，大学的自治、教学的自由、思考的自由、教授职业自身尊严的神圣感都已极度弱化。大学的贵族化、教授趋同于贵族的欲望，加重了社会对博士以知识为业的失信。博士期盼像贵族那样以食利为生，否认了 13 世纪形成的行会模式（师徒关系甚至商人与客户关系），代之以从贵族价值领域借鉴的家长式模式（修道院院长与修士的关系、领主与仆从的关系）。关于教师的这种生活方式，巴黎神学院的主要教师之一让·博佩尔（Jean Beaupère）的职业生涯最为典型。1400～1420 年，他几乎规律性地往来于大学之中。在此期间，他获得巴黎和贝藏松的两份薪俸，使其得以悠闲生活。以后 20 多年间，他仍为神学院正式教师。但实际上，他不停地旅行和出差：任勃艮第公爵的幕僚，参加圣女贞德的讼案，作为大学代表赴罗马，又去参加巴塞尔（Basel）主教会。60 多岁回到贝藏松，在那里于 1463 年逝世。① 除此之外，教师向学生放高利贷、收取学生的礼品及礼金，大学昂贵的考试费用和奢华的学位授予仪式等，均表现出大学知识已经与教师的道德分离，折射出大学学者的操守整体性滑坡。

二　大学教学的道德性缺失

如果说在中世纪中期，哲学（理性）与神学（信仰）相结合产生了经院哲学，促进了大学的产生和发展的话，那么，到了中世纪末期，经院哲学的理性和信仰则分道扬镳，在中世纪传统大学中掀起的"反唯智论"，把理性从信仰中驱逐出去，"时人沉浸在宗教教义的研读中，追求天国与来生，希冀提升到'超自然'（Super-nature）的境界，因此只知道有神而不知其他"②。大学中的神学与理性分离，不但造成了教学内容的贫乏，而且带来了方法上的畸形。在大学里，学生只是部分地学习《警句读本》，《圣经》讲授重新成为神学教学的基础课程，并日趋僵化。神学院也更多地依附于教会权威，承担更多教会所期待的功能：打击异端邪说，加强知识监督，阐释宗教正统。神学与理性的分离使中世纪大学的辩论法走向了穷途末路。原本辩论法是激发师生思维、阐明疑难及知识创新的一条重要途径，但是中世纪末期的辩论法已经退化成一种在词语上要小聪明的游戏，而且平庸至极。有人就描述过这样一个例子，辩论的目的是要决定到底是系着猪的绳子还是牵着绳子的人把猪拉到了市场。辩论经常蜕变成相互谩骂、粗言恶语乃至侮辱恫吓，甚至发展到拳脚相加、彼此撕咬，最后留下死伤者横在地上。③ 14 世纪与 15 世纪之交，巴黎大学校长约翰·热尔森（John Gelsen）认为："有些人费尽心

---

① 韦尔热 . 中世纪大学 [M].王晓辉，译 . 上海：上海人民出版社，2007：146-157.
② 林玉体 . 西洋教育史 [M].台北：文景出版社，1985：155-156.
③ 涂尔干 . 教育思想的演进 [M].李康，译 . 上海：上海人民出版社，2003：198.

力，绞尽脑汁，想弄懂科学。……这也是精神的空虚、徒劳与窘迫。如果这个世界本身将要消逝，认识这个世界的事物对你们又有什么好处？在世界末日的审判中，不会有人问你们知道些什么，相反，要问你们做了些什么。而在你们匆忙赶去的地狱，不会再有任何一门科学。省了你们这番徒劳的辛苦吧！"① 巴黎大学的校长对知识都是这种态度，可以想象巴黎大学的教学已经沦落到何种地步。

三 学位授予的道德性缺失

到了 15 世纪的时候，对于考官来说，卖学位已经成为一个非常赚钱的商业行为。因为教师职位有限，而申请人不断增多，在学位授予中，行贿或者托关系开始出现。学位授予标准极其宽松，没有记录显示任何一个申请人是因为知识不足而被拒绝。② 在 15 世纪，特别是 1450 年之后，欧洲新设了若干大学，这些大学由于水平参差不齐，买卖学位也更为普遍。在阿维尼翁，有些学生经过几个月甚至几周的逗留之后，便从教授手中获得了学士文凭或教学许可证，那些教授则极其幸运地在这些机会中迅速地得到了学生交付的酬金和礼品；在奥朗热，大学在没有进行任何教学的情况下，竟然授予了部分博士学位，这完全属于毫无廉耻地兜售文凭。巴黎大学法学院尽管历史较长，却没有特别好的声誉，因为其颁发的文凭也充满金钱交易。最后，一些教士利用其与教廷的关系，不经任何考试，集体通过教皇通谕获得了教学许可证。③ 可见，在中世纪大学末期，兜售文凭已绝非个案。如果说教师增加学生考试和学位授予仪式花费尚可以谅解的话，那么考官置学生知识能力于不顾而进行学位证书的买卖，则已近乎达到无耻的地步。买卖证书完全摆脱了知识能力的考量，大学也就不能再称其为大学。及至文艺复兴、宗教改革和启蒙运动时期，社会上要求取消传统大学建制的呼声迭起，也就不难

---

① 勒戈夫.中世纪的知识分子 [M].张弘，译.卫茂平，校.北京：商务印书馆，1996：121.

② Schachner N. The Mediaeval Universities [M]. London：George Allen & Unwin Ltd.，1938：134-137.

③ 韦尔热.中世纪大学 [M].王晓辉，译.上海：上海人民出版社，2007：106-107.

理解了。

总之，在中世纪末期，传统大学所传授的知识已不再高深复杂，而是被宗教信仰所遮蔽；大学进行知识创新的动力，因物质、权力和关系而消解；在宗教和政治的双重打压下，大学知识发展的理性捍卫力量已不复存在，唯宗教或政治事务马首是瞻。在中世纪大学后期，学术资本或发生变异而不能再称其为学术资本，或被经济、政治、关系等利益所湮没而丧失主导地位。作为社会中的一个组织，大学不以学术资本积累为主导，就像企业不以经济资本积累为主导、政党不以政治资本积累为主导、中介不以社会资本积累为主导一样，一旦其安身立命的基本职责被削弱或替代，大学也就不再是大学了。

第五节　结论与启示

一　高深知识可以作为商品，学术资本转化是大学生存根基

从历史发展的视角来看，高深知识作为商品是中世纪大学产生的一个重要条件。尽管大学产生之初，教会曾三令五申地反对知识作为商品，但是伴随民众对教育的不断需求、世俗化学校的不断产生，教会在资助教师薪俸力不能逮的时候，也不得不承认知识作为商品的合法性。当然，可以作为商品的知识，已经不再是以《圣经》为内容的单一性信仰知识，而是具有同时代的复杂性、综合性的高深知识；大学在传统知识和外来知识的基础上，不断进行阐释和创新，建立了科艺学、法学、神学和医学等边界相对清晰、层次分明的学科知识体系，为"黑暗的中世纪"点燃了知识之光。尽管教会、王权等对知识强势介入，但是大学学者仍然坚守着知识的道德底线，坚持知识发展的理性捍卫，从而形成了"教权""王权""学权"三足鼎立的状态，为中世纪大学赢得了诸多特权，在一定程度上实现了学术自由和大学自治，为大学发展创造了良好的外部生存环境。

作为从事知识教学的行会组织，中世纪大学与其他商业性质的行会

运营具有高度相似性。大学之所以能够不断发展，主要是依靠自身的学术资本，与外部利益相关者进行利益交换，从而不断积累自身的经济资本、社会资本和政治资本等。换言之，没有学术资本，中世纪大学不可能获得生存发展所必需的经济资本；没有学术资本，中世纪大学内部不可能构建为一个整体，也不可能获得外部广泛的社会网络关系；没有学术资本，中世纪大学不可能获得教皇、皇帝、王权等授予的诸多特权，大学政治资本的积累也无从谈起。在一定意义上，高深知识作为商品，在中西方教育发展史上是相互通约的。在"天子失官，学在四夷"（《左传·昭公十七年》）的春秋战国时期，正是因为周王朝无力举办官学，以孔子为代表的私学才得以兴起。"自行束脩以上，吾未尝无诲焉"（《论语·述而》），无论当下对这句话做何解读，以知识传授为业的孔子，总归要满足日常生活，因此收取一定学费并没有降低其打破贵族对教育之垄断的历史贡献，也没有降低其"有教无类"的思想高度。

二　学术资本化绝非当下独有，中世纪大学后期同样存在

20 世纪 80 年代以来，伴随全球高等教育规模扩张，政府对公共事业支出的经费锐减，高等教育为了生存发展不得不依靠自己寻找资金来源。在大学以及教师寻求外部资金的过程中，学术商业化运作、提高收费标准、热衷校外培训及兼职、忽视本科教学及培养等随之出现，学术呈现了一定的资本化倾向。学术资本化，实质上就是学术牟利化；学术资本主义，实质上就是学术商品化。学术是一种资本，但是绝对不应该学术资本化；学术是一种商品，但是绝对不应该学术商品化。中世纪大学后期所产生的学术资本化现象，对当下大学发展提出了警示。

综观当下大学，高等教育也偶受诟病，与中世纪大学后期的现象有相似之处。2004 年普利策奖得主丹尼尔·金（Daniel Golden）揭示，尽管没有"长子继承"的传统，作为前参议院多数党主席比尔·弗里斯特（Bill Frist）和前副总统艾伯特·戈尔（Albert Gorle）的长子，小威廉·哈里森·弗里斯特（William Harrison Frist Jr.）和艾伯特·戈尔三世（Albert Gorle Ⅲ）却都继承了一笔价值不菲的财产：他们都轻而易举地进入

美国最优秀的大学读书。他们凭借的不是自己的资质，而是父辈的声誉。普林斯顿（Princeton）大学录取哈里森，不是因为看中了这个年轻人的潜力，而是因为他的家庭捐赠了几百万美元，还因为他的父亲既是政界名人，也是该校的前董事会成员。艾伯特在 2000 年秋季申请哈佛大学时，这所美国著名的大学当然也不会将自己的校友、前监事会成员的儿子拒之门外，毕竟戈尔当年差点儿入主白宫。① 作为当今一流大学的"常春藤盟校"，哈佛大学、普林斯顿大学都未能在学生录取中抵挡住金钱、关系、权力的诱惑，学术资本化对当下大学之侵蚀由此可见一斑。凡事有始必有终，有兴必有衰，作为当下世界高等教育重镇的美国，如果不能抵制学术资本化蔓延，千里之堤就有可能溃于蚁穴，大学逐步走向衰落是迟早的事情。中世纪大学后期之发展，已经为这种趋势提供了鲜明例证。事实上，中世纪大学以降，从意大利大学（以萨莱诺大学和博洛尼亚大学为代表）到法国大学（以巴黎大学为代表）、英国大学（以牛津大学、剑桥大学为代表），再到德国大学（以柏林大学为代表），最后到今天的美国大学（以哈佛大学为代表），在千年的历史演变中，高等教育重镇已经多次更迭。大学重心转移的原因，均可以从学术资本的被遮蔽来寻找端倪。

三　如何规避学术资本蜕变是大学面对的历史性课题

《北京大学教育评论》2014 年第 1 期对"知识商品化：高等教育的福音还是灾难"进行了专题研究。主流观点认为："因为知识内在地具有公共属性，在高等教育中学生学习的内容就是公共产品。"② 纯公共产品的一个重要特征是，具有消费或使用的非竞争性和非排他性。与公共产品相对应的是私人产品，其特点是消费或使用中的竞争性和排他性。但是，当资源稀缺的时候，无论是公共产品还是私人产品，都具有竞争性

---

① 金．大学潜规则——谁能优先进入美国顶尖大学［M］．张丽华，张弛，译．商务印书馆，2013：2-4.
② 马金森．为什么高等教育市场不遵循经济学教科书［J］．孙梦格，覃文珍，译．北京大学教育评论，2014，12（1）：17-35.

和排他性。比如，公共电话亭就是典型的纯公共产品，但是当公共电话亭稀缺的时候，使用公共电话亭的人员众多，那么我们说这种纯公共产品也具有了竞争性和排他性。而当知识变得稀缺，尤其是高深知识变得稀缺时，这种公共产品同样具有了竞争性和排他性。换言之，公共产品也就变得并不必然纯粹。因此，要回答"知识商品化到底是高等教育的福音还是灾难"这一命题，主要应当看知识商品属性的广度和深度。当知识的商品性限制在一定范围和程度的时候，知识作为商品就可以为高等教育发展带来福音。真理向前迈进一步，往往就会演变为谬误。当知识的商品性超出一定的范围和程度，演变为学术资本化甚至是学术资本主义时，大学自身的知识根基就会发生动摇，这种演变就可能成为大学发展的一种灾难。事实上，中世纪大学知识作为商品的发展历程，已经为该论断提供最好的注脚。

由此来看，如何规避学术资本蜕变为学术资本化甚至学术资本主义，是大学需要面对的一个历史性课题。当政府部门不能或者不愿完全承担大学经费支出的时候，或者说，当政府部门不能或者不愿再为大学的培养人才、发展科学、服务社会等全部买单的时候，我们再谈知识作为公共产品不得进行商品交换，无异于纸上谈兵。20世纪末期英国创业型大学的崛起，实质上就是利用高深知识作为商品，为大学提供更多的生存和发展空间。那么成为创业型大学不可缺少的最低限度（irreducible minimum）何在？伯顿·克拉克（Burton Clark）明确提出，创业型大学需要一个整合的创业文化，并认为，它可能肇始于一个相对简约的制度理念，而后内化于组织信念，并最终形成大学文化。这种文化或者是大学象征，对培育组织特色和独特声誉异常重要。[①] 尽管克拉克并没有在著作中说明这种文化究竟包含哪些内容，但是这种文化的重要性可以为我们提供基本的线索，亦即，高深知识作为商品，不能危及大学以知识为业的组织特色，不能有损于大学的学术声誉。这正如加州大学伯克利分校教授大卫·科伯（David Kirp）在其著作前言中，开篇同时引用雅斯贝尔斯（Karl Jaspers）的"大学是师生探索真理的社团"和迈克尔·克罗（Mi-

---

① Clark B R. Creating Entrepreneurial Universities: Organizational Pathways of Transformation [M]. Oxford: International Association of Universities and Elsevier Science Ltd., 1998: 7.

chael Crow）的"知识是一种风险资本"这两句相互制约的话语一样。①
知识是一种资本，但更是一种风险资本，知识作为资本不能危及师生探
索真理的神圣使命，否则就可能将大学置于风险之中。我们绝不能因为
科学技术牟利便捷而忽视了人文教育。无论是科学技术还是人文社科，
无论是大学中的何种人士，进入市场后都必须遵守基本的道德底线。这或
许是科伯以"莎士比亚、爱因斯坦及底线：高等教育的营销"（Shake-
speare，Einstein，and the Bottom Line：The Marketing of Higher Education）
为论题的旨归所在。

　　总结伯顿·克拉克和大卫·科伯的基本观点，对照中世纪大学后期
低迷的原因，可以得出，大学的学术道德不能商品化，不能受利益驱使
而丧失了基本的学术道德底线；大学的学术自由不能商品化，不能为了
换取利益而接受外部对知识探索的干预；大学的学术创新动力不能商品
化，知识发展和创新是大学生命之树常青的根本；大学的学术责任不能
商品化，绝不能因名利而放弃研究和教学的学术天职。

---

①　Kirp D L. Shakespeare，Einstein，and the Bottom Line：The Marketing of Higher Education
　　［M］. Cambridge：Harvard University Press，2003：1.

第五章

社会资本与欧洲传统大学的沉寂

第一节　引言

中世纪以降，大学作为以高深学问为业的机构，而今已经走过近千年的历程。历史是有阶段性的，大学发展亦然。从目前的研究成果来看，中世纪大学作为现代大学的源头，是学者们竞相关注的一个研究"热点"；以 19 世纪初柏林（Berlin）大学改革为起点，围绕德国近代大学的转型与变革进行论述，又是一个研究"高峰"。相比之下，介于两者之间的欧洲传统大学的相关研究却一直没有得到足够重视，专门对欧洲传统大学进行集中论述的更是少之又少。因此，澄清这一时期欧洲传统大学的生存样态，是一个亟待解决的历史课题。总体而言，这一时期是欧洲思想和社会变革激荡的时代：文艺复兴、宗教改革、启蒙运动相继发生，人文主义与神本主义、教权与王权、封建主义与新兴资本主义冲突不断，宗教裁判、王权镇压、民族纠纷、国家战争此起彼伏。处于风雨飘摇中的欧洲传统大学，宛如航行在波涛汹涌的大海中的叶叶扁舟，时左时右、时起时伏，时而被推向矛盾斗争的中心，时而被抛弃在生存的边缘。欧洲传统大学面对急剧变革的社会显得无所适从，遭遇到产生以后最为严峻的"冰河期"。如果说欧洲中世纪大学的产生推动并形成了欧洲社会的"12 世纪文艺复兴"，那么此时的文艺复兴，可以说与大学并无关联。换言之，如果说"12 世纪文艺复兴"是以中世纪大学为主导的，那么此时的文艺复兴，欧洲传统大学则处于边缘地位。

从文艺复兴到启蒙运动，欧洲传统大学处于"冰河期"，可以说已经成为目前学界的基本共识。但问题是，如何系统地解释"冰河期"，也就是说，欧洲传统大学处于"冰河期"具体表现在哪些方面，现有文献往往语焉不详。本书第一章曾经用社会资本的视角系统解释欧洲中世纪大学因何而产生，并认为，从内部网络关系来看，正是从学者行会中生成了大学组织，由学者的地缘关系生成了大学内部的同乡会，由学者的学缘关系生成了大学的分科学院，由学生的寄宿场所生成了大学的住宿学院；从外部网络关系来看，中世纪大学与大学之间、大学与世俗力量之间、大学与宗教组织之间的关系协调，共同促进了中世纪大学的崛起；从制约大学内外部网络关系的非正式制度来看，欧洲中世纪的宗教信仰、中世纪大学的组织精神，以及大学在长期发展中形成的习俗惯例，共同促进了中世纪大学的形成与发展。简言之，社会资本在中世纪大学产生过程中发挥了重要作用。

任何资本都具有正负两个方面的属性，比如经济资本中的"水"可以载舟亦可覆舟，经济资本中的"货币"可以促进贸易也可以成为万恶之源，社会资本也不例外。马克思曾在其三卷本的《资本论》中，通过对传统政治经济学的批判，论述了资本是资产阶级剥削压迫无产阶级的工具，得出"资本来到世间，从头到脚，每个毛孔都滴着血和肮脏的东西"[①] 这一鲜明论断。但是，在《资本论》的第二卷和第三卷，马克思也反复强调资本促进商业贸易的国际化、推动科技生产力的发展等"资本的文明面"。马克思《资本论》的副标题，就是"政治经济学批判"。换句话说，马克思是从政治经济学批判的视角系统分析和论证资本的。如果我们分析马克思的相关文献，或者说，如果马克思从正面作用来论述资本的话，同样可以得出资本是现代文明不可或缺的重要动力这一结论。

由此，本章试图通过社会资本的视角，来系统分析和解读，从文艺复兴到启蒙运动这一时期，欧洲传统大学的外部网络关系处于何种状态，内部网络关系处于何种状态，制约内外部网络关系的非正式制度处于何

---

① 马克思.资本论：第 1 卷 ［M］.北京：人民出版社，1975：829.

种状态。概言之，从外部网络关系来看，欧洲传统大学已经处于社会发展中的边缘地位，往日大学的国际化网络已经基本消解；从内部网络关系来看，中世纪大学内部管理的民主和自由已经不存在，代之以欧洲传统大学内部管理的僵化和混乱、大学内部矛盾的激化和关系的割裂；从非正式制度来看，传统大学遭遇意识形态的冲撞与纷争，大学师生开始出现信仰危机，道德失范的现象频发，大学往日的习俗惯例也随之发生变异。一言以蔽之，这一时期的欧洲传统大学，由产生之初的充满活力转变为寂寥无闻的边缘和沉寂。

第二节　大学外部关系的边缘化与国际化消解

一　传统大学在社会发展中的边缘地位

在中世纪大学产生之时，大学或通过同乡会联合，或通过大学师生联合，或通过与外部权力联合，或通过罢课迁移，不断与来自宗教和世俗的各方力量进行斗争，表现出鲜活的斗争意识和斗争精神。伴随一次次的斗争和迁移，中世纪大学最终获得了罢课权、免税权、免服兵役权等诸多特权。面对来自宗教权威的压力，大学师生勇于将理性精神融入宗教神学，不断接受来自异教的亚里士多德学说，并最终在托马斯·阿奎那（Thomas Aquinas）手中创造性地生成了经院哲学，进而使大学成为知识和文化传承及创新的重镇。但是，纵观从文艺复兴到启蒙运动的欧洲传统大学发展史，可以看出，除宗教改革以外，传统大学在思想变革中一直处于被动、防守、抵制的状态。即使大学引领了宗教改革运动，但是由于引发了政局动荡、教派纷争，大学在自身受到前所未有打击的同时，也遭到了世人的抨击。

中世纪被普遍认为是由神统治的"黑暗时代"，14世纪中期以后，人们逐渐发现古代以人为本的灿烂文化，故称"文艺复兴"。事实上，文艺复兴的重大意义不在于复古，而在于创新，其诸多成果已经远远超过前人，并对后世产生了深远影响。但是，人文主义思想进入大学却异常艰难。在文艺复兴的发源地意大利，人文主义课程仅仅作为大学的选修课程而存在，大学的公共资金多数用于职业教育。意大利文艺复兴肇始于大学外部，如马西罗·菲奇诺（Marsilio Ficino）创办的柏拉图学院（Platonic Academy）。在法国巴黎大学，众多墨守成规的教授对"新知识"进行猛烈抨击，因而被意大利的人文主义学者讥讽为"北方的野蛮人"（northern barbarians）；在德国，文艺复兴虽最初产生于大学，却遭到大多数教授的怀疑、嘲笑和敌对。1511年，莱比锡大学教师约翰尼斯（Johannes）在保守教授的抨击、排挤和压制下，不得不提出辞职。[1] 虽然在后期人文主义课程通过不同方式进入了大学的视野，但是总体而言，如火如荼的文艺复兴运动并没有真正撼动欧洲传统大学。换言之，在这一时期，欧洲传统大学在思想、社会变革等方面只能称作墨守成规的"局外人"。

与文艺复兴不同，宗教改革肇始于大学内部。1517年，德国维滕贝尔格大学（Wittenberge）马丁·路德（Martin Luther）拉开了宗教改革的序幕，同时也使欧洲传统大学陷入宗教纷争之中，大学发展受到严重阻碍。首先，伴随16世纪爆发的一系列宗教战争，大学的入学人数急剧下降。在罗斯托克（Rostock），学生入学人数由1517年的300人降至1525年的15人；在巴塞尔，1526年入学人数仅为5人；此外，在格赖夫斯瓦尔德（Greifswald）、科隆（Cologne）以及牛津、剑桥等地，大学入学人数同样急剧下滑。虽然后来入学人数有所回升，但是新兴的民族（国家）大学起了关键作用，这使传统大学黯然失色。其次，宗教改革导致了诸多大学的经费危机。在许多新教国家，教会给予大学的地产被没收，一些由教会资助的教师职位被取消；在牛津和剑桥，教士的居住场所被迫关闭；在德国，给予大学的捐赠被王储或当地政府没收，大学教师的薪金被削减或拖欠的现象时有发生。最后，宗教改革正值"教权与王权"激烈争战之时，不同宗教信仰使大学左右摇摆、无所适从。一方面，教皇设置宗教法庭，严格审查和迫害宗教异端。大学里的教科书遭到严格审查，脱离天主教信仰的教师受到拘押。在德国，著名的数学家和天文学家开普勒（Johannes Kepler）因信仰新教被迫离开他任教的格拉茨

---

① Rudy W. The Universities of Europe, 1100-1914: A History [M]. Rutherford: Fairleigh Dickinson University Press; London: Associated University Press, 1984: 41-45.

(Graz) 大学；在波兰，克拉科夫 (Cracow) 大学的学生亚历山大·祖克塔 (Alexander Zuchta) 因被指控信仰异端，不但被取消学籍，而且惨遭流放；在法国，巴黎大学强行关闭所有胡格诺 (加尔文) 派创建的新大学和学院，勒·鲍洛米尔 (Le Paulmier) 和格雷万 (Grevin) 等许多加尔文派科学家不但被剥夺了博士学位，而且被驱逐出国。另一方面，政府极力争夺并控制大学。"大学既为世俗政权培养官员，同时也为宗教机构培养教士，其地位对政府而言十分重要。因此政府务必使所有大学内的活动分子服从于行政监督，并且大学内的所有成员都需与官方的'党派路线'(party line) 保持一致。"① 16 世纪初，英王亨利八世 (Henry Ⅷ) 尚不是新教徒，因此对于宗教改革是持压制态度的。后来，亨利八世与教皇决裂，他认为那些支持教皇的人就是叛国者。为此，亨利八世下令没收牛津大学与剑桥大学的所有宗教财产。16 世纪中叶，英王玛丽 (Mary) 复辟，恢复了天主教，主张宗教改革的剑桥院士被烧死，剑桥大学校长诺森伯兰公爵 (Duke of Northumberland) 曾因一度支持玛丽女王的政敌而被斩首。16 世纪后半叶，英王伊丽莎白 (Elizabeth) 即位后，又恢复了新教。因此，英国政治的动荡反复几乎使大学无所适从，大学政策也跟着摇摆。② 这种现象在德、法等国家也以不同形式出现，宗教不容忍，以及其引发的频繁的宗教战争，使这些大学陷入了"跋前疐后，动辄得咎"的矛盾斗争的中心。为保全性命，大学成员时而成为天主教的奴仆，唯宗教马首是瞻，时而成为世俗权力手中的羔羊，遭受欺凌和宰割，根本无法正常进行教学活动。由于宗教改革肇始于大学内部，大学在自身遭受重创的同时，也备受谴责。英国哲学家弗兰西斯·培根 (Francis Bacon) 认为，教义争端是对真理、节制或和平的亵渎，而大学则是将这些争端引入其他领域的万恶之源。③ 由此可见，宗教改革时期的大学成为时人所抨击的"负罪人"。

17~18 世纪，欧洲爆发了反封建、反教权的启蒙运动，与这次波澜

---

① Rudy W. The Universities of Europe, 1100-1914：A History [M]. Rutherford：Fairleigh Dickinson University Press；London：Associated University Press, 1984：62-73.

② 贺国庆，等. 外国高等教育史 [M]. 北京：人民教育出版社，2003：88-89.

③ Rudy W. The Universities of Europe, 1100-1914：A History [M]. Rutherford：Fairleigh Dickinson University Press；London：Associated University Press, 1984：67.

壮阔的思想运动形成强大反差的是，欧洲传统大学由于思想上日趋保守，功能上日渐衰竭，在这一时期内普遍遭遇困境。在英国，1670 年以后，大学入学人数迅速下滑，并且一直持续到 19 世纪初期。在 1680~1690 年，牛津大学和剑桥大学的每年平均入学人数分别为 321 人和 294 人；但是在 1690~1699 年，每年的平均入学人数分别下降为 303 人和 238 人。18 世纪的情况更为严峻，在大部分年份中，牛津大学的年入学人数均低于 300 人，其中最少时仅仅有 182 人；剑桥大学在 1730 年以后，每年入学人数则不足 200 人。[①] 牛津大学和剑桥大学的大部分教师并不关注现代科学，虽然牛顿（Newton）、哈雷（Halley）、布拉德利（Bradley）等科学家曾为了自身生计偶尔在大学工作，但是这些科学家并未得到大学管理者的支持，并且对大学的教学几乎不产生任何影响。严格来说，是新兴的学院（academy）而不是大学促进了英国的工业革命。在法国，18 世纪的启蒙运动发展到高潮，但是传统大学却极其保守，一直处于沉闷、反动和愚昧之中。美国历史学家格肖伊（Gershoy）称当时法国的 22 所大学为"无知的堡垒"。这些大学始终处于反动的宗教组织禁锢和波旁（Bourbon）王朝的严密监视之下。其将孟德斯鸠（Montesquieu）的《法学精神》（*Spirit of the Laws*）、卢梭（Rousseau）的《爱弥儿》（*Emile*）等视为"颠覆性"（subversive）的书籍而予以禁止。巴黎的科学实验中心——法兰西学院（The Académie des Sciences）几乎与巴黎大学以及法国其他大学没有任何联系。[②] 法国大革命时期，巴黎大学由于政治反动、学术保守、组织封闭、管理僵化，被国民议会和督政府于 1791 年强行关闭。1793 年，法国的其他 21 所传统大学相继被关闭。在启蒙运动时期，引领社会变革的著名人士，如伏尔泰（Voltaire）、狄德罗（Diderot）、休谟（Hume）、吉本（Gibbon）、孟德斯鸠、卢梭等，都不是大学教师。大学在启蒙运动中一直处于沉寂之中。[③] 换言之，启蒙运动时期的大学成为

---

① Rüegg W. A History of the University in Europe · Volume Ⅱ · Universities in Early Modern Europe（1500-1800）［M］. Cambridge：Cambridge University Press，1996：302.

② Rudy W. The Universities of Europe，1100-1914：A History ［M］. Rutherford：Fairleigh Dickinson University Press；London：Associated University Press，1984：80-83.

③ Rudy W. The Universities of Europe，1100-1914：A History ［M］. Rutherford：Fairleigh Dickinson University Press；London：Associated University Press，1984：98.

当时社会发展的"边缘人"。

二　民族高等教育机构的建立

"如果社会不能从原有机构中获得它所需要的东西，它将导致其他机构的产生。"① 从以上分析可以看出，传统大学日益僵化保守，逐步丧失了它们的社会功用，故而，各民族国家或建立新型的高等教育机构取而代之；或对传统大学进行改造，使之成为"民族化"或"国家化"的大学。

在宗教改革时期，马丁·路德在反对经院主义和神学时，就曾流露出对传统大学的不满，但是他也认识到，学校尤其是大学是新教教义传播的重要工具，因此，路德派极力建议世俗政府建立新的高等教育机构，而且其他教派也意识到不能落后，新大学随之普遍发展起来，并迅速遍布 16 世纪的整个欧洲。德国新建了 9 所大学，其中路德教派建立了马堡（Marburg）大学、耶拿（Jena）大学和哥尼斯堡（Konigsberg）大学等，还对维滕贝尔格大学、蒂宾根（Tübingen）大学、莱比锡大学、法兰克福（Frankfurt）大学、格赖夫斯瓦尔德大学、罗斯托克大学、海德堡（Heidelberg）大学等原有的传统大学进行了彻底的改造和变革，同时，天主教会也不甘于落后，先后建立了维尔茨堡（Würzburg）大学和格拉茨大学。在西班牙，新建了 2 所大学。在瑞士，茨温利（Ulrich Zwingli）组建了苏黎世（Zürich）大学，加尔文教派则于 1559~1563 年建立了日内瓦（Genève）大学。在荷兰，创建了弗兰克（Franck）大学和莱顿（Leiden）大学。在不列颠群岛，新创了爱丁堡（Edinburgh）大学和都柏林（Dublin）大学。② 1501~1800 年，各教派在神圣罗马帝国（包括瑞士和荷兰）以及整个东欧地区，共创建了高等教育机构 187 所，其中大学 52 所，学园（academies）、文法学校（gymnasia academica）、贵族公学（illustrious schools）等其他高等教育机构 135 所（见表 5-1）。③

---

① 克拉克. 高等教育新论——多学科的研究 [M].王承绪，等，译. 杭州：浙江教育出版社，2001：35.

② 贺国庆，等. 外国高等教育史 [M].北京：人民教育出版社，2003：85~87.

③ Rüegg W. A History of the University in Europe·Volume Ⅱ·Universities in Early Modern Europe（1500-1800）[M].Cambridge：Cambridge University Press，1996：73.

表 5-1　1501~1800 年神圣罗马帝国（含瑞士和荷兰）及东欧创建高等教育机构数

单位：所

年份	天主教创建		路德教创建		加尔文教创建		总　计	
	大学①	学园、文法学校等	大学①	文法学校	大学①	贵族公学、文法学校等	大学①	其他
1501~1525	2②	2	—	1	—	—	2	3
1526~1550	—	1	2③	7	—	3④	2	11
1551~1575	6（2）	6	1（1）	4⑤	2	1	9（3）	11
1576~1600	3（1）	5	1	8	1	6	5（1）	19
1601~1625	3	8	4（3）	7	1	8	8（3）	23
1626~1650	2	4	1（1）	8	3（3）	11	6（4）	23
1651~1675	3（2）	6	3（1）	6	2（2）	2	8（5）	14
1676~1700	—	3	2	5	—	3	2	11
1701~1725	2（2）	4	—	4	—	1	2（2）	9
1726~1750	1（1）	3	2（2）	3	—	—	3（3）	6
1751~1775	2（2）	1	1	2	—	—	3（2）	3
1776~1800	1（1）	1	1（1）	1	—	—	2	2
总计	25（11）	44	18（9）	56	9（5）	35	52（25）	135

注：①括号内的数据代表这些大学是由贵族公学等演化而来的；②维滕贝尔格和法兰克福后变为路德教大学；③其中的一所大学（马堡）在 1605 年变为加尔文教大学；④其中的杜塞尔多夫（Düsseldorf）大学在 1621 年变为耶稣会大学；⑤其中两所大学（诺易堡、多瑙河）在 1617年变为耶稣会大学。

　　这些新大学的兴起，既是传统大学衰败的重要标志，也是高等教育针对社会变革做出的积极反应。在英国，私立学园综合了文法学校和大学教育的功能，为那些被排斥在牛津大学和剑桥大学之外的非国教徒提供了接受高等教育的场所。学园在很大程度上推动了英语语言和文学、现代历史和政治研究的发展。学园鼓励学生深入思考、广泛阅读、自由辩论，这与传统大学的保守和僵化形成了鲜明的对比。在法国，为弥补大学数量的不足，国家和有关团体先后建立了新型的研究机构，如法兰西公学（1530）、耶稣会学院（1563）、法兰西科学院（1666）等。进入18 世纪后，一批高等专科学校在法国应运而生。炮兵学校（1720）、军事工程学校（1749）、造船学校（1765）、高等师范学校（1794）等"大学校"（les grandes écoles）的成立，标志着法国近代工程技术教育的开始，打破了数百年以来传统大学一统天下的局面，部分学校至今仍闻名于世。在德国，哈勒（Halle）大学（1694）、哥廷根（Gottingen）大学（1737）、埃朗根（Erlangen）大学（1743）等大学的创办，更是使德国的高等教育令人耳目一新。① 事实上，18 世纪德国大学的成功革新，为 19 世纪初期柏林大学的崛起奠定了坚实基础。

三　传统大学国际化的消解

中世纪大学曾经以国际性而闻名于世。在文艺复兴到启蒙运动这一时期，传统大学的国际性逐步丧失殆尽。

首先，大学师生组成不再具有国际性。随着文艺复兴、宗教改革、启蒙运动等的不断冲击，多数传统大学逐步由教会性的机构演变为更加具有世俗性的机构。世俗政权不但要求大学教授和政府官员一样宣誓效忠于国家，而且对学生也进行严格的监视。1559 年，西班牙国王菲利普二世（Philip Ⅱ）规定，除到博洛尼亚大学、那不勒斯大学、罗马（Rome）大学、康姆布拉（Coimbra）大学外，禁止西班牙人到国外其他大学学习。1570 年，法国政府禁止弗朗什-孔泰（Franche-Comte）居民到除罗马城和罗马大学之外的任何不服从本国的大学或公私立学校研究、教学、学习或居住。艾略特（J. H. Elliott）认为，在这种强制措施下，16 世纪中期的欧洲有 80 多所大学从国际性机构转变为国内机构。② 如果说西班牙政府禁止本地学生到外国求学限制了欧洲传统大学的学生组成国际性，那么法国政府的禁令则限制了欧洲传统大学的师生组成国际性。事实上，在彼时，由于战争以及民族矛盾等，类似禁令不断被各国政府相继推出，往日中世纪大学人员组成的国际性已成明日黄花。

其次，大学交往和流动不再具有国际性。由于宗教各派之间的对立

---

① 贺国庆，等 . 外国高等教育史［M］. 北京：人民教育出版社，2003：103-140.
② Rudy W. The Universities of Europe，1100-1914：A History［M］. Rutherford：Fairleigh Dickinson University Press；London：Associated University Press，1984：65.

和冲突、民族国家之间的纠纷和战争，以及基督教会在整个西欧社会生活中地位的降低等因素，中世纪大学形成初期那种自由交往和流动的现象已不多见。意大利学生型大学的逐步消失事实上就反映了这一变化。[①]此外，中世纪时赋予大学的诸多特权被世俗政权剥夺殆尽。以巴黎大学为例，1437年国王查理七世撤销了它的税务特权，并迫使它为收复蒙特里奥而征收的"资助"提供资金。1445年，巴黎大学的法律特权也被撤销，大学被置于议会的管制之下。1470年路易十一迫使教师和学生中的勃艮第人宣誓效忠。最后，1499年巴黎大学失去了它的罢课权，并最终成为国王掌中之物。[②]可以想象，成为"国王掌中之物"的巴黎大学根本谈不上自由交往与流动。

最后，大学主流语言不再具有国际性。语言是沟通思想和传播知识的主要媒介。虽然在18世纪末期之前，拉丁语仍然是各大学教学中的主要用语，但是"可以肯定，经院哲学的拉丁语已濒临死亡，不再能为一门自身已僵化的学科充当表达手段"[③]。随着文艺复兴运动的发展和普及，希腊语、阿拉伯语、英语、德语等民族性的语言相继进入大学课堂，拉丁语的作用逐步消退。最终，各民族的语言逐步取代拉丁语，成为大学内部的主流话语。

第三节　大学内部管理的僵化混乱
与矛盾激化、关系割裂

一　传统大学内部管理的僵化与混乱

一般来说，从文艺复兴到启蒙运动时期的传统大学的基本结构，相较于中世纪大学并没有发生根本性的改变。大学两种基本类型——先生型大学和学生型大学依然存在。大学中的术语、仪式以及职位经过数个

---

① 黄福涛．外国高等教育史［M］．上海：上海教育出版社，2003：121.
② 勒戈夫．中世纪的知识分子［M］．张弘，译．卫茂平，校．北京：商务印书馆，1996：132.
③ 勒戈夫．中世纪的知识分子［M］．张弘，译．卫茂平，校．北京：商务印书馆，1996：140.

世纪几乎没有多大变化。[①] 但是，这并不意味着传统大学没有受到社会变革的冲击。伴随大学的"国家化"或"区域化"的发展趋势，大学内同乡会的作用日益削减，许多同乡会被强行取缔。由同乡会选举校长、聘任教师和司法权等特权被逐步剥夺，取而代之的是由国家或地方政府任命管理人员。传统大学的自由气氛已成过眼云烟，内部的网络关系也日益僵化。

　　传统大学无视外部思想的发展变革，古典学科和经院哲学始终在课程中占据着主导地位。如果说经院哲学在中世纪时期在一定程度上促进了大学产生，那么在文艺复兴到启蒙运动时期，其僵化趋势已经成为大学内部网络关系发展的羁绊。宗教改革家路德认为，经院式的教育使学校像地狱，教室如囚室，教师好比暴君和狱吏。由于只推行拉丁文法的研究，再加上教法不当，浪费了二十多年的光阴，只不过教出一批"驴子或呆头呆脑的笨瓜"[②]。虽然大学迫于外界压力先后设置了一些新兴学科，但是由于教学大纲不变，这些学科很难纳入学生的学习计划之中。另外，大学对新兴学科的管理极其松散，不少学科形同虚设。1764 年被任命为剑桥大学化学教授的沃森（Richard Watson）尽管在 15 个月的时间里开设了化学课程，但是据考证，他对化学一无所知，从未阅读过该门课程的只言片语，更未做过任何实验。更令人难以置信的是，教师经常转换自己的教学领域，且跨度极大。比如，格利森（Francis Glisson）在1625 年成为剑桥大学的希腊语讲师，而在 1636 年又被王室钦定为解剖学教授；沃森则在 1771 年用剑桥大学化学讲座教授职位交换钦定神学讲座教授职位，并占据此职位长达 34 年。[③] 由此可以看出，当时的大学管理不仅极其松散，而且混乱、无序。

二　传统大学内部矛盾的激化与关系的割裂

　　僵化和混乱的教育与教学，导致学生对大学及其教师极其不信任。

①　Rüegg W. A History of the University in Europe · Volume Ⅱ · Universities in Early Modern Europe （1500-1800）［M］. Cambridge：Cambridge University Press，1996：154.
②　林玉体. 西洋教育史［M］. 台北：文景出版社，1985：197.
③　贺国庆，等. 外国高等教育史［M］. 北京：人民教育出版社，2003：100.

曾于 1752 年就读于牛津大学的著名历史学家吉本曾言："我并不认为自己欠下牛津大学什么恩情；牛津大学也会乐于不承认我做儿子，因为我愿意不承认她为母亲。我在莫德林学院待了 14 个月；这 14 个月是我一生中最闲散和最无效益的时期。……当时的院士们……消极地享受着创建人的馈赠；他们一天天过着刻板的生活：教堂和食堂，咖啡店和公共活动室，最后力乏意懒，长长地睡一大觉。他们已经告别读书、思考、写作的苦差使而不感到内疚；学问和智慧的嫩枝枯萎倒地，未为出资人或社会结出任何果实。"[①] 此外，僵化和无序的教育与教学，也导致了学生与大学管理阶层的矛盾激化。1545 年 1 月 1 日，博洛尼亚大学校长朱塞佩·帕拉维奇诺（Giuseppe Pallavicino）曾上书当时的主教莫洛恩（Morone），言及由于感到性命之忧，他请求主教插手管理暴乱的学生，以起到"杀一儆百"的作用。[②] 这一时期大学管理人员与学生的矛盾激化程度由此可见一斑。

从文艺复兴到宗教改革期间，学生的境遇每况愈下。伴随世俗机构对大学宗教财产的没收，那些依靠宗教资助且居住于修道院的贫困学生逐步消失。在英格兰，越来越多的富家子弟进入大学。爵士（knights）、贵族（lords）和律师（lawyers）的子弟取代了早先在大学中占主要成分的贫穷职员（ragged clerks）、纺织业者（weavers）和屠夫（butchers）的子弟。富家子弟的宿舍日趋豪华，他们可以坐在"高桌"（high table）旁与教师一起用餐；小商贩或小乡绅的子弟居住条件就简单多了；而"赊欠膳宿费者"（battelers）则必须靠每日分发啤酒、在餐厅或厨房帮忙来维持营生。[③] 与此同时，大学教师却越来越贪婪地要求大学生为听课付钱。他们增加关于赠礼的规定，这些赠礼是学生为了通过考试必须送给教师的。他们对大学里所有可能增加他们负担的开支都做了限制。可以无偿听课和攻读学位的穷苦学生的数量一再削减。15 世纪初，在帕多瓦

---

① 裴克安．牛津大学［M］.长沙：湖南教育出版社，1986：42.
② 帕拉维奇诺．帕拉维奇诺致红衣主教莫洛恩［C］文艺复兴书信集．李瑜，译．上海：学林出版社，2002：35-36.
③ Rudy W. The Universities of Europe, 1100-1914: A History［M］. Rutherford: Fairleigh Dickinson University Press; London: Associated University Press, 1984: 71.

大学，每个学院只象征性地设有一个这样的大学生。[①] 在这种情况下，大学内部活力逐步丧失，师生及同学交往越来越被金钱和地位割裂开来。

第四节　大学遭遇意识形态冲突和信仰危机

从网络关系的视角来看，15～18世纪的传统大学日益成为社会的边缘机构。传统大学的内部管理逐步僵化，管理者、教师和学生之间的矛盾激化。中世纪时期大学的国际化日渐消解，大学越来越成为世俗的、国家的机构，大学在国家和宗教争夺控制权的过程中深受其害。概言之，这个时期的传统大学步入了它发展中的"冰河期"。从非正式制度的视角来看，15～18世纪的传统大学，同样也处于"水深火热"之中。外部意识形态的冲撞和纷争，不但导致了大学内部信仰危机，而且造成了大学内部道德行为失范，从而影响到了大学中的习俗惯例。

一　传统大学遭遇意识形态的冲撞与纷争

传统大学遭遇意识形态的冲撞与纷争，集中表现在宗教意识形态内部的分裂和冲突，以及宗教意识形态和国家意识形态之间的冲突与纷争两个方面。

一方面，宗教意识形态内部开始分裂并不断产生冲突。在中世纪的欧洲，神本主义是占有绝对优势地位的主流意识形态，天主教教皇是西方教会的最高统治者。中世纪后期，伴随西欧各国封建统治者之间的争权，天主教内部的统一性开始动摇。1377年，因与法国国王争斗，教皇格列高利十一世将教廷由法国阿维尼翁迁回罗马，其继任者乌尔班六世力图消除法国对教廷的影响，引起主教团内占多数的法国人的强烈不满。这些法国人离开罗马，回到阿维尼翁，宣称乌尔班六世继位无效，另选教皇克雷芒七世（Clement Ⅶ），从而形成天主教大分裂局面（great schism of

---

the Catholic Church）。这种教会分裂局面直到 1418 年康斯坦茨会议（Council of Constance）才告结束，前后延续达 40 年之久。分裂期间，教皇均宣称自己属于正统，相互攻讦并开除对方"教籍"，它使欧洲众多国家以及巴黎大学卷入在内，暴露了天主教会内部的尖锐矛盾，使教皇的威信和权力大为下降，同时也使人们的信仰发生危机。虽然康斯坦茨会议在组织上统一了教会，但是教皇的"大一统"地位已不复存在。随后的宗教改革运动，又进一步激化了这种纷争。从此，西欧众多教义不断产生，不同教会斗争不断。"新教"与"旧教"、"新教"内部各教派（如路德教和加尔文教等）、"旧教"内部各教派（如耶稣会和兄弟会等）各自为政、阐发教义，进而使欧洲的宗教意识形态四分五裂。

另一方面，宗教意识形态和国家意识形态之间的冲突与纷争加剧。在中世纪时期，虽然世俗权力与宗教权力之间存在矛盾和冲突，但是受 8~9 世纪"政教合一"文教活动的影响，世俗权力与宗教权力在大部分时间里是能够相安无事、和谐相处的，况且那个时期世俗权力的力量还不足以与天主教教皇相对抗。伴随文艺复兴、宗教改革和启蒙运动的兴起，民族国家不断形成并逐步强大，这使世俗与宗教之间的关系发生了逆转，宗教意识形态和国家意识形态之间开始不断冲突。天主教大分裂后，这场冲突迅速波及整个西欧。事实上，文艺复兴、宗教改革、启蒙运动等思潮的不断涌现，就反映了世俗权力对教会权力的挑战。是以人为本还是以神为本，是尊崇古典文学还是依附于宗教教义，是强调世俗实用还是注重天国来生，是听从于国王还是虔信于教皇，诸多相互对立和冲突的思想理念共同交织，进而使大学的内部意识形态摇摆不定。

二　传统大学的信仰危机、道德失范以及习俗惯例的变异

宗教内部意识形态的冲突及宗教意识形态与国家意识形态之间的冲突，使整个欧洲各种理念交织在一起，相互冲撞，并直接导致传统大学的信仰危机。涂尔干认为："文艺复兴的独特之处，就在于它是欧洲社会历史上的一场信仰危机。"[①] 中世纪时期，整个欧洲是一个统一而又同质

---

① 涂尔干. 教育思想的演进 [M]. 李康，译. 上海：上海人民出版社，2003：238.

的基督教王国，基督教信仰扮演着极其重要的角色。英格兰、西班牙、德国、法国等世俗政权的确立，使古老的基督教王国趋于瓦解。文艺复兴的强大攻势，进一步使人们的宗教信仰发生危机，它标志着人们在信仰上开始与过去发生断裂。一方面，保守的传统大学因循于宗教传统，崇尚教父哲学，视人文主义者为寇仇；另一方面，面对人文主义者倡导恢复人性、追求美好生活等崭新理念，传统大学内部多数人员的思想是极其矛盾而又复杂的。在传统大学还未从文艺复兴运动中认识自我的时候，随之而来的宗教改革、启蒙运动等，无疑又进一步促使其陷入了价值信仰的泥沼。

大学价值信仰的危机造成了大学内部道德的失范，从而影响到了传统大学中的习俗惯例。首先，受教会权力或（和）世俗权力的影响，传统大学不断压制新兴学科，对人文主义、宗教异端等实施排挤政策。随之而来的宗教改革，促使各种教义相互攻讦，并很快转变为现实的武装斗争。持各派教义的师生或因畏惧宗教迫害而偏安于一隅，或为坚持信仰卷入立场论战的斗争旋涡，从而严重影响了教师与教师之间、教师与学生之间以及学生与学生之间的良性关系，进而在很大程度上影响了大学的教学工作。其次，大学教师的学术道德修养缺失或滑坡。正如在论述欧洲传统大学内部生存样态时所言，不少名不副实的教师开始登上大学的讲堂，他们以无知而教导学生。此外，伴随世俗观念的渗透，大学教师越来越关注学生的学费和考试费。更有甚者，不少教师热衷于投机事业，他们变成了放高利贷者，把钱借给急需的大学生，从而获取丰厚的利润。[①] 最后，受价值信仰危机的影响，传统大学中的习俗惯例开始发生变异。仅以大学的学生入学为例，在中世纪时期，大学的入学几乎不受国别地域、经济状况以及意识形态的影响和限制，入学注册也极其简便。到了文艺复兴时期，这种情况开始发生改变，国别地域越来越成为学生求学中的严重障碍，大学日渐成为富人子弟的天堂，中世纪时期的"托钵游走者"已销声匿迹。大学为了控制学生的宗教信仰，在入学标准上采取了更为刚性的措施，大学入学宣誓的内容不断增多，比

---

① 勒戈夫. 中世纪的知识分子 [M]. 张弘，译. 卫茂平，校. 北京：商务印书馆，1996：109.

如，鲁汶（Louvain）大学在 1545 年明确规定，入学者必须宣誓反对路德教义以及其他宗教异端，并要宣誓效忠于罗马教会。① 不少国家或地区的世俗统治者则要求本地大学入学者不但要宣誓效忠于本地教会，还要宣誓向其本人效忠。概言之，这些习俗惯例的变异严重地制约了学生的学习自由。

总体而言，从文艺复兴到宗教改革时期，欧洲传统大学的社会资本明显处于"赤字"状态。但是，也不能否认，不少传统大学在诸多困境中仍然得以生存，并为社会变革做出了一定贡献。其中，大学社会资本起着非常重要的作用。虽然文艺复兴没有对传统大学产生根本影响，但是最终不少大学还是开设了一些人文主义课程。这些课程，主要是通过大学内部著名学者的影响，进而得到其他人员的价值认同，不断渗透进入大学的。比如在意大利，学者阿基洛普罗斯（John Argyropoulos）、卡里克图斯（Andromicus Callixtus）、拉斯卡瑞斯（John Lascaris）等，在大学中讲授古希腊语言和文学课程，就引起了意大利学生的极大兴趣。维罗纳（Guarino da Verona）和菲勒夫（Francesco Filelfo）等著名学者的讲授吸引了来自欧洲各国的学生。意大利学者安德列里尼（Fausto Andrelini）曾成功地在巴黎大学开设古典文学讲座，并得到巴黎大学教授卡吉恩（Rober Gaguin）的支持，两者结为挚友。② 虽然说宗教改革引起了世人对大学的抨击，但是宗教改革对社会发展的影响是不可磨灭的。德国传统大学是宗教改革的策源地，路德是宗教改革的旗手，但是宗教改革之所以能够在德国率先发起，主要得益于他的两名大学同事——布根哈根（John Bugenhagen）和梅兰希通（Philip Melanchthon）。路德本人是神学家，富于理论但却没有实际推行教育普及的经验。如果没有善于组织工作的布根哈根和梅兰希通推广路德的教育主张，路德宗教改革难行其事。③ 在一定意义上，正是德国传统大学在西欧众多传统大学中率先拉开了宗教改革的序幕，才促使德国大学率先摆脱了宗教束缚和压迫的历史

---

① Rüegg W. A History of the University in Europe · Volume Ⅱ · Universities in Early Modern Europe（1500-1800）［M］.Cambridge：Cambridge University Press，1996：286.

② Rudy W. The Universities of Europe，1100-1914：A History ［M］.Rutherford：Fairleigh Dickinson University Press；London：Associated University Press，1984：47-50.

③ 林玉体. 西洋教育史 ［M］.台北：文景出版社，1985：201-203.

阴霾。相对法国、英国、意大利等国家，德国传统大学的产生要晚 200 多年，但是其在 17~18 世纪异军突起，不断推出一系列变革措施，进而为 19 世纪德国大学之崛起并占领世界高等教育之巅一个多世纪之久，奠定了坚实的思想、组织以及制度基础。

第二篇

德国大学的崛起与影响

第六章

从后发走向崛起：社会资本
与 19 世纪柏林大学

研究欧美高等教育史，德国的柏林大学模式是一个无法绕开的"热点"问题。这不仅因为它使德国成为 19 世纪世界高等教育的中心，对当下强势的美国大学制度和中国北大蔡元培理念都产生了重要影响，而且因为它是在德国及其大学内忧外困、岌岌可危的境遇下创办的。18 世纪末，德国的多数大学被认为是学究们死记硬背、机械辩论的场所，许多真正的学者对其极为蔑视。负责普鲁士高等教育的司法大臣马索（J. von Massow）认为，大学作为一种机构应该彻底取消，取而代之的应该是与其毫无关联的、服务于特别需求的专业院校。① 1806 年，普鲁士-萨克森联军与法国之间爆发战争，联军的惨败迫使普鲁士与法国缔结了"提尔西特和约"，在付出巨额战争赔偿后，还失去了易北河以西所有地区。② 割地赔款不但使哈勒、耶拿等大学纷纷关闭，导致德国大学危机加深，而且使德意志民族处于生死存亡的边缘。正是在这个时候，柏林大学创办了。

柏林大学创办后，迅速超越了英、法等国大学。事实上，相对于法国、意大利、英国大学，德国大学的产生要晚两个多世纪；相对于巴黎大学、博洛尼亚大学、牛津大学等，柏林大学的产生要晚六个多世纪。

---

① Fallon D. The German University：A Heroic Ideal in Conflict with the Modern World ［M］. Colorado：Colorado Associated University Press，1980：5-8.

② 洛赫. 德国史 ［M］.北京大学历史系世界近代现代史教研室，译. 北京：生活·读书·新知三联书店，1976：205-207.

因此，无论是从国家层面还是从大学层面，柏林大学都属于后发型的大学。对于后发型的柏林大学迅速崛起的原因，学者们多从洪堡（Wilhelm von Humboldt）及其倡导的学术自由、教授治校、教学与研究相结合等方面进行探讨，运用社会学方法进行分析的还为数不多。社会资本概念的提出，为我们研究柏林大学模式提供了一个新的理论视角。那么，在 19世纪，柏林大学的内外部网络关系以及制约这些网络关系的非正式制度是如何运作的？它们是如何为柏林大学的产生和发展提供支持的？是哪些因素促使柏林大学超过英、法等国高等教育机构的？柏林大学社会资本的运营为我们今天的大学发展提供了哪些理论借鉴？这是本章所要讨论的重点话题。

第一节　柏林大学与外部网络关系

在 19 世纪至 20 世纪初，柏林大学的发展，已经与国家的发展紧密结合在一起。相对于 15～18 世纪的欧洲传统大学，柏林大学率先摆脱了宗教与国家纷争的局面，从而融入国家网络。这时，大学与外部的关系发生了一系列变化。

一　大学融入国家网络

这主要表现在以下几个方面。第一，大学为国家发展而设置。1807年 8 月，原哈勒大学校长施玛茨（H. Schmalz）带领教师代表团，前往普鲁士东部小城麦莫尔（Memel）拜谒主持政务的国王腓特烈·威廉三世（Frederick William Ⅲ），请求在柏林重开他们的大学。国王欣然应允，并认为国家应该用智慧的力量弥补物质资源的损失。① 柏林大学建立后，为国家服务是其长期坚守的办学宗旨，教授们忠诚于国家，并视国家利益高于一切。第二，大学经费主要来源于政府。尽管早在中世纪后期，德

---

① Fallon D. The German University: A Heroic Ideal in Conflict with the Modern World [M]. Colorado: Colorado Associated University Press, 1980: 9.

意志各世俗政权便开始筹建或资助大学，但是直到 18 世纪，大学还没有被邦政府正式纳入财政预算。1807 年 9 月，腓特烈·威廉三世将拨给哈勒大学的所有经费全部转拨给柏林大学；1809 年 7 月，又将其弟亨利王子（Prince Henry）的豪华宫殿拨给柏林大学做校舍，同时拨款 15 万塔勒作为新建大学经费。伴随柏林大学的发展，政府对其投入不断增加。普鲁士给柏林大学的拨款 1820 年为 8 万塔勒，1870 年达到 24.8 万塔勒，其中拨付的研究经费 1830 年为 1.5 万塔勒，1870 年则高达 12.5 万塔勒。[①] 第三，大学非学术事务纳入政府管理。这主要表现为大学讲座教授以及从讲座教授群体中产生的大学校长和院长的任命权都掌控在教育部部长的手中。政府对大学的直接参与，从柏林大学校长的更替中便可见一斑。从 1810 年到 1914 年，柏林大学的校长更替频繁且极为规律：84 名校长，每届任期均为 1 年，多次任职者均非连任。可以推断，如果不是政府插手管理，这种现象是不可能发生的。[②] 从理论上看，德国大学校长的频繁更替不利于大学内部治理的稳定性，然而，事实上，在德国大学里，大学校长的管理权非常有限，在一定意义上，柏林大学的校长与其说是管理性的，不如说是符号性的。大学校长有规律地更替，恰恰是继承和借鉴了中世纪大学校长遴选的惯例，在一定程度上也反映了大学内部治理的平等性和民主性。

德国大学虽然融入国家网络，但就学术事务而言，其自治权限还是较大的。教授们之所以能够拥有充足的学术自由，主要得益于与政府建立的"利益商谈机制"。当德国大学内教授职位出现空缺时，大学院务委员会将为教育部提供一份三人候选名单。虽然政府可不考虑建议名单，另行聘任，但在通常情况下，是会按照大学意愿进行聘任的。教育部确定教授后，会就其薪水、配备人员、设备以及研究经费等与教授协商。协商分为两种：就任协商（berufungsverbandlungen）与中止协商（bleibe-verbandlungen）。当其中一名候选人收到教育部的教授身份认可后，便进

---

① McClelland C E. State, Society, and University in Germany, 1700-1914［M］. Cambridge：Cambridge University Press, 1980：211-212.

② Rektoren und Präsident Innen der HU seit 1810［EB/OL］. http：//zope. hu-berlin. de/ue-berblick/geschichte/rektoren_ html/2006-6-9.

入"就任协商";当已经是教授的人员转入另外一个邦大学任职时,他要与原大学所在邦的教育部进行"中止协商",并与聘请他的那个邦的教育部进行"就任协商"。尽管这种协商事无巨细,且往往耗时冗长,但仍不失为发展教授权力的一条良策。丹尼尔·法伦(Daniel Fallon)认为,在19世纪,政府与教授间的磋商是推动德国大学发展唯一的有效途径。[①] 19世纪初,法国大学同样也融入了国家网络,但是像德国这样的"利益商谈机制"是不存在的。1808年,拿破仑对法国大学进行了全面整顿,并为大学制定了严格的规章制度,使大学教育完全置于中央政府自上而下的掌控中。法国大学教师的主要任务是做好工作量很轻的教学和考试,即使教授也很少拥有研究资源。授课之外,他们多干或少干一点,可随心所欲,不受国家约束。[②] 教学与研究的相互割裂、行政管理的机械僵化、教师活动的散漫自由等,都使法国一步步丧失了世界科学发展中心的地位。

二 大学摆脱宗教束缚

早期的德国教育机构,是在教会严格控制下产生和发展起来的。1763年,普鲁士颁布初等教育法规,标志着教育机构开始脱离宗教控制。1787年,腓特烈·威廉二世建立了高等学务委员会,管理普鲁士全境的中等学校和高等学校,但其成员多为牧师或教士,因此高等教育仍直接或间接地受到教会影响。1807年,腓特烈·威廉三世宣布解散这个机构,在内务部下专设一厅,主管宗教和教育;1817年又将教育厅改组为教育部。至此,普鲁士的教育组织已经完全脱离教会控制,成为国家机构。[③] 柏林大学脱离教会束缚,主要表现在国家拨付经费并管理大学、哲学院代替神学院成为大学的中心等方面。柯林斯(Randall Collins)认为,柏林大学改革使哲学成为成熟的高级学科,它摆脱了以前由神学家设立最

① Fallon D. The German University: A Heroic Ideal in Conflict with the Modern World [M]. Colorado: Colorado Associated University Press, 1980: 37-38.
② 范德格拉夫,等. 学术权力——七国高等教育管理体制比较 [M]. 王承绪,等,译. 杭州:浙江教育出版社,2001: 55.
③ 滕大春. 外国近代教育史 M]. 北京:人民教育出版社,1989: 186.

高级课程的限制。这意味着理性的练习只需凭借自身，而不受教义和正统的指导。① 虽然柏林大学从创设起就设立了神学院，但是在 1914 年之前的 84 名历任校长中，神学专家只有 13 名②，而且，此时的神学已经演变为同其他学科平等的一门学科，一切教学规章都要遵循教会教规的现象已不复存在。

从外部关系来看，大学摆脱宗教束缚、融入国家发展意义重大。众所周知，15~18 世纪，是欧洲思想变革和社会变革激荡的时代：文艺复兴、宗教改革、启蒙运动等相继发生，人文主义与神本主义、宗教内部各教派、教权与王权等冲突不断，宗教裁判、王权镇压、民族纠纷、国家战争等此起彼伏。处于风雨飘摇中的传统大学，宛如航行在大海中的叶叶小舟，时而成为基督教的奴仆，唯宗教马首是瞻；时而成为世俗权力手中的羔羊，遭受欺凌和宰割。面对教权和王权的双重挤压，欧洲传统大学时而被推向矛盾斗争的中心，时而被抛弃在生存的边缘。大学摆脱宗教、融入国家，一方面脱离了夹缝生存的困境和信仰危机的尴尬，另一方面也使大学获得了较为稳定的经费来源。与德国相比，英国国会到了 19 世纪中后期（1863）才开始通过法案，取消传统大学中不利于发展科学、推动学术进步和有害于国家利益的某些宗教方面的规定，使牛津大学、剑桥大学开始面向世俗阶层，逐步打破故步自封的局面；到了 19 世纪末期（1889），英国政府才首次对牛津大学和剑桥大学进行直接财政拨款，鼓励两所大学进行工学和医学方面的教学研究。③ 摆脱宗教束缚和政府直接资助的滞后性，不能不说是牛津、剑桥等英国传统大学发展缓慢的一个重要因素。

三　大学与社会保持适当距离

洪堡倡导教学与研究相结合，但是他反对大学传授实用的专门化知

---

① 柯林斯. 哲学的社会学：一种全球的学术变迁理论（下）[M]. 吴琼，等，译. 北京：新华出版社，2004：782.

② Rektoren und Präsident Innen der HU seit 1810 [EB/OL]. http://zope.hu-berlin.de/ueberblick/geschichte/rektoren_html/2006-6-9.

③ 黄福涛. 外国高等教育史 [M]. 上海：上海教育出版社，2003：150.

识，要求大学致力于不含任何实用目的的所谓"纯粹知识"的探究。柏林大学的教授们也深信纯粹科学的价值，注重追求科学本身的目标，反对将任何实用的思想渗透到学术研究之中。为适应社会发展，德国在大学之外新建了其他高等教育机构——工业高等学校和专门学院。工业高等学校是从比较低级的工业技术学校发展起来的，到了 19 世纪下半叶，已逐渐获得与大学相等的地位。它们最初在实际教学上与大学相同，后来在组织和编制上也取得与大学相等的地位。在工业高等学校之后，又有采矿学院、林业学院、农业和兽医学院相继出现；所有这些学校都是按照大学的编制建立的。这样，农业、工业、商业三种主要经济事业也和神学、法学、医学等昔日的"学术"专业一样，跻身于高等教育的行列了。① 面对实用性学科发展的需求和外部高等教育机构的冲击，以柏林大学为首的德国研究型大学并没有成为社会的"风向标"，也没有退化为技术性教育机构，而是与社会保持一定距离，坚持不含实用目的的真理探究。这与 19 世纪法国高等专科学校过于功利性和实用性的特点形成了鲜明对比，同时，这也是法国丧失欧洲科学发展优势地位的又一重要因素。

不以功利为目的的柏林大学在 19 世纪创造了辉煌的成就。在第一次世界大战前 42 名诺贝尔自然科学奖获得者中，有 14 名是德国学者且全部是大学教师，其中仅柏林大学就占 8 人。此外，有些诺贝尔奖获得者虽然不是德国人，但是也曾就读于柏林大学，如 1901 年获得化学奖的荷兰的范特霍夫（Jacobus Hendricus Van't Hoff）、1908 年获得物理奖的法国的李普曼（Gabriel Lippmann）等。德国研究型大学由于在科学领域的卓越贡献，吸引了来自世界各地的学子求学于斯。到了 20 世纪初期，德国大学中外国学生占到学生总数的近 9%，其中又以美国学生居多。大批在德国留学的美国学生学成回国后，按照德国大学模式新建或重组了他们的大学。此外，德国大学模式对其他国家，尤其是对日本、希腊、荷兰、比利时、俄国、丹麦、挪威、瑞典等国家的高等教育系统都产生了深远影响。1870 年普法战争再次爆发，以法国惨败而告终。法国史学家瑞南

---

① 鲍尔生.德国教育史［M］.滕大春，滕大生，译.北京：人民教育出版社，1986：133.

（Ernest Renan）认为，是德国大学赢得了战争的胜利。起初，法国国内对高等教育不满的议论较多，但却较少落实到行动。最终，在强烈呼声下，法国于 1896 年按照德国大学模式改组了其大学。同时，工业革命的策源地——英国，也缘于德国大学的卓越成就，被迫对其高等教育系统进行实质性重组。[①] 由此可见，柏林大学的外部影响是世界性的，大学及其学者致力于"纯粹知识"的学术理念，至今仍是世界研究型大学以及诸多学者不懈的追求。

第二节　柏林大学与内部网络关系

在整个 19 世纪，德国大学内部的网络关系并没有发生实质性的变革。但是，较于 18 世纪及之前，这一时期大学内部的网络关系已经明显出现底部（研究所和习明纳）科层化现象，同时大学内部还存在顶部（学院和大学）非等级制现象。

在柏林大学，研究所和习明纳是最基层的也是最具权力的教学科研单位。研究所（institute）一词在自然科学领域使用得最为普遍；而在人文和社会科学领域，则称为"习明纳"（seminar）。研究所是独立的研究和教学单位，拥有全部必要的人员和设备，如实验室、资料室、教室和讨论室等。在传统上，德国大学教授是他的研究领域中唯一的讲座持有者，同时也是研究所的唯一的负责人，与大学校长和各院院长不同，学有专长的研究所负责人无须频繁变更，且与政府有密切的关系。研究所中的人员是分等级的，不同的人具有不同的地位和作用。在教授下面有两类教学和研究人员。一是编外讲师（privatdozenten）。他们通常需要取得称为"大学授课资格"（habilitation）的博士后资格，能够在大学中独立授课，很少终身且常常不拿薪水。他们能否使用研究所的设施，取决于讲座教授的意见。二是助教（assistenten）。他们没有"大学授课资格"，有时甚至没有博士资格。他们的任职需由讲座教授推荐，并与教育

---

① Rudy W. The Universities of Europe, 1100-1914: A History [M]. Rutherford: Fairleigh Dickinson University Press; London: Associated University Press, 1984: 127-130.

部的部长签订短期合同。助教的工作完全服从于讲座教授工作的需要，他们通常不被看作大学中的正式成员。需要特别指出的是，在 19 世纪，看似科层制度严密的大学研究所，其实并非死水一潭，这主要得益于编外讲师制度的施行。取得大学授课资格后的编外讲师，即为得到教授群体承认并同意他作为同僚加入、可以受雇于任何一所大学的学者。讲座教授作为国家官吏拿国家薪水，从而受到国家意识形态的严密控制；但是编外讲师不拿国家薪俸，靠学生缴纳的学费维持生活，因而其是作为独立的个人站在大学讲台上的，在大学里，其可以自由宣讲自己的学说和世界观。因此，日本学者上山安敏研究认为，编外讲师实质上是教授在学术上的竞争对手。从这个意义上说，编外讲师制度也是把竞争原理引入大学体制并促使大学学术研究活跃的一个源头。这种积极性，从柏林大学讲座教授黑格尔（Georg Wilhelm Friedrich Hegel）与编外讲师叔本华（Arthur Schopenhauer）之间的争执便可见一斑。因为编外讲师依靠学生的学费维持生活，所以听课人数的多少，不仅能反映出他们的学说能否在同时代人中引起共鸣，而且决定着他们的生活水准。就连黑格尔也曾将自己的学生数与宿敌康德学派的弗里斯（Friedrich Jakob Fries）的学生数相比后忧喜交加，由此可见编外讲师对讲座教授的学术冲击力。[①] 在一定意义上，正是编外讲师与讲座教授的角色冲突，使科层化的研究所和习明纳充满教学和科研的竞争活力，进而使柏林大学教师群体均不能懈怠躺平。

在研究所和习明纳的上面是大学学院。柏林大学创立时，就设有哲学、神学、法学和医学等四个学院。学院一般很少集合，其权力也是咨询性质的。学院的唯一真正决策机构是院务委员会（inner faculty），对于教授而言，它"既是一个议会又是一个俱乐部"，是一个由地位相同的高级人员组成的松散的大学组织。学院负责人每年轮流由从院务委员会中选出的讲座教授担任。在学院的上面是大学，其主要决策机构是大学评议会（senate）。大学评议会的权力更小，且各学院在其内部的组成人员人数相当。大学评议会的主席——大学校长由全体教授选出的德高望重

① 韦伯．韦伯论大学［M］．孙传钊，译．南京：江苏人民出版社，2006：122-123.

的学者担任。推选校长的目的与其说是由他进行行政管理，还不如说是想以他来象征大学的崇高的学术地位。① 费希特（Johann Fichte）、黑格尔等蜚声世界的哲学大师都曾担任过柏林大学的校长。

德国大学的内部网络关系凸显了大学"为科学而生活"的精神理念。科学活动的主体、大学的重心——研究所和习明纳，在国家的扶持下不断发展壮大。柏林大学在 1820 年有 12 个习明纳和研究所，1820～1849 年又创办了 6 个，而后的 20 年中又增加了 9 个。1882～1907 年，阿尔特霍夫（Friedrich Althoff）在普鲁士主管高等教育期间，先后在柏林、波恩（Bonn）等 9 所大学中设置研究所和习明纳多达 176 个。研究所和习明纳的迅猛发展，改变了大学尤其是学院成员的生活和学习方式。教授们无须像从前那样坐在家中的书斋里，而是来到研究所工作。学生也充分利用研究所的图书和设施，并在这里得到在课堂上得不到的与教授交谈的机会，从而避免了大学迅速发展所造成的干扰。概言之，研究所成为教师和学生共同生活和学习的第二家园。② 在研究所内部，大学教师和学生的关系，已经不同于低层次教师和学生之间的关系。在这里，教师不再是仅仅为学生而存在，他们都有正当理由共同探求新知，大家都是探索者，教师和学生完全是科研伙伴关系。③ 从一定意义上说，正是这种科研伙伴关系为德国大学的发展创造了良好的内部环境。

因此，19 世纪的柏林大学，尽管其运营费用都是出自政府，讲座教授的聘任也由邦政府的教育部来执行，但是，就大学内部的网络关系而言，在讲座教授与编外讲师之间，存在自由竞争的学术关系；在校长、院长和讲座教授之间，存在相互平等的共同体关系；在教师和学生之间，存在相互合作的伙伴关系。一言以蔽之，正是内部的自由、平等与合作，使柏林大学能够迅速赶超法国、英国、意大利等国的大学，实现从后发到崛起的大学发展之路。

---

① 范德格拉夫，等 . 学术权力——七国高等教育管理体制比较 ［M］. 王承绪，等，译 . 杭州：浙江教育出版社，2001：22-25.

② 贺国庆，等 . 外国高等教育史 ［M］. 北京：人民教育出版社，2003：205-207.

③ 克拉克 . 探究的场所——现代大学的科研和研究生教育 ［M］. 王承绪，译 . 杭州：浙江教育出版社，2001：19.

第三节 柏林大学与非正式制度

一 民族意识形态的觉醒与柏林大学的产生

马丁·路德发动宗教改革后，德意志民族神圣罗马帝国内部因信仰不同，冲突不断。1618～1648 年，新、旧教派之间的"三十年战争"使德意志民族分崩离析，帝国名存实亡。受启蒙运动思想的影响，18 世纪的德意志知识分子率先开始在意识形态领域觉醒，他们的宗教信仰开始动摇。莱辛（Gotthold Ephraim Lessing）、席勒（Friedrich von Schiller）、歌德（Johann Wolfgang von Goethe）等一大批学者，发出了批判封建宗教神学和建立民族国家的呼声。1789 年，法国资产阶级革命爆发，更唤起了德意志知识分子的民族意识。德国史学家维纳·洛赫认为，法国革命的榜样唤醒了德意志古典作家改变本民族分裂状态的愿望，他们用语言和作品从根本上促使分离的德意志民族各部分之间互相联系起来，使构成民族的决定性特征——共同的文化成为现实。但是，正如洛赫所说，这些知识分子的革命热情只限于理论的范围，并没有继之以革命的行动。① 1806 年，普法"耶拿战争"爆发，丧权辱国的和约签订在德意志内部引起强烈震撼。德意志文化上的民族意识被拿破仑的刺刀唤醒后，很快转化为政治上的民族意识。这种文化和政治上的民族意识，使德国知识分子没有像法国大革命那样采取血腥和暴力推翻现行政权的方式，而是将目光和行动转向教育的改革与创新。

1807 年 12 月 13 日，哲学家费希特开始在柏林科学院圆形大厅做"告德意志民族书"（Addresses to the German Nation）的系列演讲，从而吹响了德国知识分子公开反抗拿破仑政权、倡导民族精神的战斗号角。费希特宣称，正是恶贯满盈的利己主义导致了德意志的惨败。他劝告那

---

① 洛赫. 德国史 ［M］. 北京大学历史系世界近代现代史教研室，译. 北京：生活·读书·新知三联书店，1976：202-203.

些在失败面前痛心疾首、垂头丧气的人，要正确了解当前的处境，振作起来，积极投入新的生活，致力于复兴德意志民族的伟大事业。他认为，要在尘世建立理性的王国，一个民族首先必须获得文化素养，教育水准必须得到提高，而德意志民众不但可以教育，而且最适合于他所倡导的民族教育。为了德意志民族的复兴，对于新教育计划的实施，费希特认为国家必须承担起历史责任。他强调，只有实施民族教育，才能摆脱压迫德意志的一切灾难。费希特的系列演讲极大地激发了德意志民众的民族意识。历史学家黑格维什（D. H. Hegewisch）认为，这鼓舞了那些垂头丧气、忧心忡忡的德意志人的士气，让他们认识到，尽管命运多舛，他们依然是一个值得尊敬的民族，甚至会成为一个卓越的民族。文学家鲍尔（J. Paul）认为，费希特把教育仿佛定为告别沮丧的过去与走向光辉的未来的向导，这不仅是正确的，而且也是合乎逻辑的。[①] 反观 1807 年原哈勒大学校长拜谒普鲁士国王，请求在柏林重开他们的大学时，国王腓特烈·威廉三世的反应和答复，不难看出，运用教育的力量来恢复国家的昌盛，也符合彼时当权者的意愿。就这样，在 19 世纪早期的德国，民族意识形态和当权者的意愿有力地结合在一起，直接导致了柏林大学的产生。民族意识形态的觉醒，使德国的大学"教授们是如此直接和广泛地接受国家的控制和期望，以至于他们认为自己与整个国家共命运，同兴亡"[②]。同时，民族意识形态的觉醒，也促使国家大量投资于公共教育事业，进而促使国家对大学提供的经费以惊人的速度不断增长。

二　唯心主义思想的力量与柏林大学的发展

德国唯心主义的开创者是大学改革运动的领导者。[③] 康德（Immanuel Kant）、谢林（Friedrich Wilhelm Joseph von Schelling）、施莱尔马赫

---

① 梁存秀. 论费希特《对德意志民族的演讲》[EB/OL]. http://www.phil.pku.edu.cn/zxm/pdf/0310.pdf/2006-6-15.

② 范德格拉夫，等. 学术权力——七国高等教育管理体制比较 [M]. 王承绪，等，译. 杭州：浙江教育出版社，2001：20.

③ 柯林斯. 哲学的社会学：一种全球的学术变迁理论（下）[M]. 吴琼，等，译. 北京：新华出版社，2004：786.

（Friedrich Daniel Emst Schleiermacher）、费希特等人的思想，对柏林大学形成和发展发挥了重要的引领作用，并为德国大学奠定了坚实的哲学基础。

唯心主义的内容是支持学术自主的诉求，并以哲学学科为主导。康德的批判哲学一开始就提出要摧毁神学认识终极现实的诉求。因此，唯心主义思想始于康德，而后 18 世纪末 19 世纪初德国思想家们关于大学理念的论说，同样始于康德。康德的道路，是把哲学提升为科学之王，同时把当时被神学控制的领域归属于哲学学科。他认为，哲学的进步要借助严密系统的研究而不是随意的观感，要借助理论而不是朴素的经验主义。① 1798 年，在其生前出版的最后一部著作——《学院之争》中，康德又集中论述了他的大学理念。针对当时德国的大学以神学院、法学院、医学院为"上级学院"，以哲学院为"下级学院"的做法，康德提出了批判。在康德看来，这种"上级"与"下级"之分并不是因为学问，而是依据政府对学问知识的关心程度。事实上，在四种学院之中，哲学院应该处于统领的地位，因为真理是最为重要的。大学以哲学院为中心，不但体现在 19 世纪初德国大学的改革实践之中，而且贯穿于 19 世纪德国大学的发展。

谢林是那一时代继康德之后第二位阐述大学理念的德国思想家，1803 年出版了《论大学学习的方法》一书。他认为，大学中的研究源于对所有学问的真实追问，不应像法国那样学科"专门化"、学校"单科化"。在培养"贯穿学问全体的哲学精神"、实施"一般教养"的大学教育中，谢林突出了教师的重要作用，批判了当时普遍存在的将大学仅仅作为传授知识的场所之状况，认为大学中富有精神的知识传授必须具有能够正确、全面理解过去和现在他人所创造知识的能力。而要达到这种能力，教师必须参与到知识的创造之中。只会单纯传授知识的人，实际上在多数情况下、在许多学问领域是无法传授知识的。在论述了大学中的教育者必须是研究者的基础上，谢林进一步指出了大学中应该采取的教学方法。他认为，大学教学具有发生意义上的特殊使命，教师不能像著作者那样只是提供研究要达到的结果，而应该向学生展现达到研究结

---

① 柯林斯．哲学的社会学：一种全球的学术变迁理论（下）[M].吴琼，等，译．北京：新华出版社，2004：786.

果的方法。① 从谢林的论述中，我们可以清楚地看出 19 世纪至 20 世纪初期德国大学"教学与研究相统一"的办学理念的思想渊源。

施莱尔马赫曾任柏林大学校长、神学教授和第一任神学院院长，无论是洪堡时期，还是此后的舒克曼时期，他都是柏林大学方案的四人起草委员会成员之一，因此有学者甚至称柏林大学模式为施莱尔马赫模式（Schleiermacher's model），可见其思想对柏林大学的发展影响之深远。② 施莱尔马赫强调要保持个人某种程度上的自由和独立，认为个体的自我好像是嵌入普遍实体中的在宇宙间彼此关联的成员，其本性必定同宇宙相符合。因为每个自我都有其特殊的才能或天赋，并在事物整体中占有绝对必要的地位，所以只有个性充分表现出来，整体的本性才能得以实现。③ 从他的哲学思想出发，施莱尔马赫极力倡导学术自由的办学理念。他认为，学习的目的不在于简单学习、训练记忆，而在于获得一种科学精神，而这种精神的获得，只有在完全自由的氛围中才有可能达到，任何微乎其微的强制或权威都危害极大。同时，他强调大学教师在教学上的自由，认为制定各种课程顺序的规定、把一学科划分给不同的教师都是愚蠢的做法。④ 施莱尔马赫学术自由的大学理念，对柏林大学及德国其他大学的发展产生了极大影响，弗莱克斯纳认为，德国的教师，无论是编外讲师还是讲座教授，都可以不受限制地走自己的路，在准备讲题、决定讲授方式、组建习明纳和考虑生活方式等方面，他完全有选择的自由；德国的学生，由于证书的字面价值得到广泛的承认，他可以想到哪儿就去哪儿学习，他可以自己选择教师，可以从一所大学游学到另一所大学，从他被大学录取的第一天起，他就被当作一个成人对待。⑤ 换言

① 胡建华.思想的力量：影响 19 世纪初期德国大学改革的大学理念 [J].清华大学教育研究，2004（4）：1-6.

② Fallon D. The German University：A Heroic Ideal in Conflict with the Modern World [M]. Colo-rado：Colorado Associated University Press，1980：32-36.

③ 梯利，著. 伍德，增补. 西方哲学史（增补修订版）[M].葛力，译. 北京：商务印书馆，2004：503.

④ 陈洪捷.德国古典大学观及其对中国的影响（修订版）[M].北京：北京大学出版社，2006：40-41.

⑤ 弗莱克斯纳.现代大学论——美英德大学研究 [M].徐辉，陈晓菲，译. 杭州：浙江教育出版社，2001：277-280.

之，在德国大学中，教师教学的自由、教师研究的自由、学生学习的自由，共同组成了学术自由的基本外延。学术自由的这些外延，至今仍然深刻影响着大学的实践。

费希特把一切实在建立在自我的基础上，虽然他并不否认心外的世界即个体的个人意识以外的实在的存在，但是，他认为这个世界不是按时间、空间、因果秩序来安排的无生命事物的世界。时间、空间和因果秩序是绝对的基质在人类意识中的显现，如果没有普遍的自我，它就不能存在。[①] 费希特的这种主观唯心主义倾向，同时也表现在他的大学理念之中。1807年，应普鲁士国王的枢密顾问拜姆（Karl Friedrich Beime）的邀请，费希特完成了《在柏林创立一所与科学院紧密联系的高等教育机构的演绎计划》。仅从标题便可看出，费希特的大学论说，不是对已有大学办学经验之归纳，而是以他的大学基本理念为出发点演绎、推理而成的。费希特的演绎始自大学存在的目的和理由。在他看来，大学的存在理由，必须是它拥有其他机构所不具备的功能，亦即训练学生掌握探寻学问的方法。他认为，在众多探寻学问的方法中，哲学方法是最根本的。他把大学中进行的法学、医学、神学的教学内容分为学问知识和实务知识两类。他强调，大学所传授与学习的，应是学问知识，实务知识应该从大学中剥离出去。大学应当尽力做到纯粹，脱离实务知识，集中精力于自我。那些实务知识应当另外设立机构来承担。[②] 纵观19世纪德国大学发展史，不难看出，大学一直致力于"纯粹知识"的研究，而实用的科学技术则由大学之外的其他高等教育机构来承担。

三　德国传统大学的习俗惯例与柏林大学的继承

在19世纪至20世纪初期，德国柏林大学引领世界高等教育的发展百余年，柏林大学模式已成为世界研究型大学发展的典型范式。考察柏林

---

① 梯利，著.伍德，增补.西方哲学史（增补修订版）[M].葛力，译.北京：商务印书馆，2004：484.

② 胡建华.思想的力量：影响19世纪初期德国大学改革的大学理念 [J].清华大学教育研究，2004（4）：1-6.

大学的崛起以及缘何在英国、法国没有产生如此深刻的大学变革，必然涉及政治、经济、文化等诸多方面的影响，但是德国传统大学习俗惯例的影响，尤其是 18 世纪德国大学改革运动（哈勒大学和哥廷根大学）的影响，无疑是重要的因素之一。

事实上，就柏林大学的组织机构而言，它与德国 18 世纪时期的大学相差无几。柏林大学建校伊始，设有哲学院、神学院、法学院、医学院等四个学院，传统大学的组织模式在柏林大学得到了彻底继承。不同的是，在传统大学中，哲学院（亦即中世纪大学的科艺学院）在地位上不能够与神学院、法学院和医学院等同视之，它一般被视为进入其他学院的预备学院。但是，大学哲学院与神学院、法学院、医学院争取平等地位的斗争，早在哥廷根大学时期就开始了。从一定意义上说，柏林大学哲学院之所以能够取得高于其他学院的地位，得益于现代哲学和现代科学的精神已经渗透到柏林大学之前的传统大学的教学领域中。哲学院主导地位的合法性，已经得到之前大学的习俗性认可。柏林大学教学与研究的主体机构——习明纳和研究所也不是由其首创。早在 18 世纪中叶，哥廷根大学的海涅（Chr. G. Heyne）就开始进行他的古典语言学的演讲，从而使演讲逐步代替了阅读教规文本。如果说系列演讲尚不能称为接纳新知识的固定的组织机构，那么语言研究所的成立，无疑是海涅任职期间的重要突破。同期，哥廷根大学的格斯纳（J. M. Gesner）也开始采用崭新的研究、教学方法，他抛弃了以前强制学生模仿西塞罗文体而练习拉丁文写作的方法，取而代之的是，引导学生对古典文献进行分析批判和历史探寻，从而赋予古典著作新的意义。[①] 这种习明纳的教学形式，实质上已经开启"教学与研究相结合"的先声。伯顿·克拉克认为，分析德国大学在 19 世纪前半期和中期所发生的变化，可以看出，它是在前一个世纪就已经开始的一个更长时期发展的一部分。起始，阅读教规文本部分地被系统的、可改变内容的演讲所取代；而后，系统的演讲逐渐演进为论坛、学生和教授的小型集会，对批评性的讨论更加开放，学生的主动性更强；最后，这种私人性质的小型集会，逐步合法化为国家资助

---

① 鲍尔生. 德国教育史 [M]. 滕大春，滕大生，译. 北京：人民教育出版社，1986：83.

的大学单位——习明纳和研究所。这种机构在很大程度上是自下而上生成的。① 换言之，德国大学内的习明纳和研究所，不是国家正式制度强制的结果，而是大学内部习俗惯例自然演进的产物。

　　新的教学机构的产生导致了教学方法的变革，而这种教学方法的逐步演变在客观上又促进了首创性研究的产生，这是洪堡"教学与研究相统一"的大学理念的根源之一。另外，洪堡"学术自由"的原则，早在哈勒大学时期就已经出现。德国教育家包尔生（F. Paulsen，又译作"鲍尔生"）认为，1694 年成立的哈勒大学，不但是德国第一所现代大学，而且是欧洲的第一所具有现代意义的大学。哈勒大学之所以声名卓著，是因为它有两个特点。其一，它采纳了现代哲学和现代科学；其二，它以思想自由和教学自由为基本原则。在哈勒大学教师托马西乌斯（Chr. Thomasius）、弗兰克（A. H. Francke）、沃尔弗（Christian Wolff）的影响下，哈勒大学成为学术自由的第一个发祥地。在当时，"研究自由和教学自由已成为人所公认的原则，除偶尔发生过倒退情形之外，已经政府认可为大学的基本法权"②。哈勒大学和哥廷根大学为柏林大学的产生在办学理念、组织机构、教学方法等方面夯实了基础。相比较而言，同时期最先发生工业革命的英国的高等教育，一直处于牛津大学和剑桥大学的垄断之下，机构僵化、教学保守、宗教氛围浓厚。在法国，传统大学遭受了致命的打击，包括巴黎大学在内的 22 所传统大学被强行关闭，则标志着法国高等教育与本土大学传统的根本断裂。英国高等教育的过于因循守旧和法国高等教育的过于激进变革，是其失去世界高等教育中心地位的原因之一。

　　应当承认，在政治生活上特别强调按法律规章办事的德国，正式制度无疑也渗透到大学组织之中。在整个 19 世纪到纳粹统治之前的一段时间里，德国大学法令虽然不断增多，但是实际上变化却很小。另外，法令之间留有许多空白，所以大学越来越多地依靠那些未见诸文字的惯例和人们共同遵守的做法行事。③ 而德意志民族意识形态，康德、谢林、施

---

① 克拉克. 探究的场所——现代大学的科研和研究生教育 [M]. 王承绪，译. 杭州：浙江教育出版社，2001：30-31.
② 鲍尔生. 德国教育史 [M]. 滕大春，滕大生，译. 北京：人民教育出版社，1986：79-83.
③ 范德格拉夫，等. 学术权力——七国高等教育管理体制比较 [M]. 王承绪，等，译. 杭州：浙江教育出版社，2001：21.

莱尔马赫、费希特等唯心主义大师的思想力量，以及传统大学的习俗惯例等，无疑是影响柏林大学产生、发展和变革的重要的非正式制度因素。

第四节　启示与借鉴

20 世纪 80 年代以降，我国进行了新一轮的大学制度改革。改革发展到今天，一方面，其成绩是有目共睹的；另一方面，大学发展也面临理念迷茫、学术不彰、经费短缺、就业紧张等多重困境。构建一流大学，建设教育强国，是国人奋斗的共同目标，审视 19 世纪柏林大学之崛起，反思当下中国大学之发展，我们可以得出以下几点启示。

一　大学服务国家，国家支持大学

伴随大学民族化、国家化进程，正确处理大学与国家的关系，对于中西方大学之发展都是至关重要的因素。身处国家网络之内的大学，必须树立为国家服务的信念，唯此，大学才不至于失去合法性存在的前提。同时，大学作为公益性质的非营利性组织，也理应由国家提供必要的运营经费和政策支持。同时，国家在增加高等教育投入、实施宏观调控的基础上，还应与高校建立必要的协商机制，给予高校应有的自治权限。19 世纪德国大学教授之所以能够保持充分的学术自由，在一定程度上得益于与政府建立的"利益商谈机制"。一旦这种机制被破坏，大学的学术自由就将面临严重威胁。20 世纪初期的"贝恩哈德（Ludwig Bernhard）事件"①，一方面证明了这种协商机制开始出现断层，另一方面也证明了普鲁士政府对大学学术团结和独立的肆意践踏。"窥一斑而知全豹"，该事件也预示着德国大学从此要走向衰落。

---

① 1908 年，贝恩哈德被普鲁士教育部大学事务部门负责人阿尔特霍夫擅自任命为柏林大学经济学讲座教授。这一任命并未与该大学的相关院系进行协商，从而破坏了整个 19 世纪形成的大学与政府"利益商谈机制"惯例，遭到马克斯·韦伯（Max Weber）等人的强烈批判。参见韦伯. 韦伯论大学［M］. 孙传钊，译. 南京：江苏人民出版社，2006：1-6.

二 探寻高深知识，协调大学内部关系

当今大学已经告别昔日的"象牙塔"，步入社会的中心，成为社会发展的"孵化器"和"轴心机构"。关注社会发展，将教学科研与社会实践相结合，已经成为大学基业长青的必要条件和责无旁贷的社会责任。但是，对高深知识的追问和探求，仍然是大学区别于其他组织机构的一个重要条件。探求高深知识，发掘客观真理，有其自身内在的逻辑。在一定程度上，它需要研究者与寂寞、沉思为伴。这就需要大学尤其是研究型大学与社会保持一定的距离，不为社会表面现象而随波逐流，不为个人名利而涉于浮浅。唯此，世界一流大学的梦想才有可能成为现实，教育强国的理想才能更有根基。高等教育机构在发展中更应该注重办学分类，而不是为大学名利而单纯注重分层。只有让大学和技术性高等教育机构拥有同等的地位，追求"纯粹知识"者和服务社会需求者才能各安其所、相得益彰，高等教育办学才不至于出现趋同化现象，高校毕业生才不至于结构性失业。大学不是名利场，若一味追逐名利，高深知识必然会被世俗利益所蒙蔽，大学的良性发展和内部关系整合也只能是纸上谈兵。所谓大学内部关系整合，无外乎竞争与合作两个方面。失去了竞争，大学的学术发展也就失去了鲜活性，20世纪初期德国大学编外讲师制度的全面崩溃就是一个明证；缺失了合作，大学也就不可能成为学者们教学、研究的乐园，同时也有悖于学科互涉、边界跨越的知识发展客观规律。

三 弘扬民族精神，赓续近代大学传统

当面临生存危机时，大学必须实施变革，只有变革才能实现发展转向，给大学带来生机。但是，对于变革措施，高等教育管理者及研究者多把目光转向高等教育发达国家的大学体制和中世纪传承下来的大学理念，倡导移植或借鉴，而往往忽视本土大学传统的继承，以及大学发展背后民族精神的张扬。前者固然重要，但是如果缺失了民族精神的发扬

和本土大学传统的继承，移植来的大学制度就有可能出现"南橘北枳"的后果，引进来的大学理念也就有可能只是流于形式。审视当下中国的大学，仍有部分学生存在功利性学习的思想，个别大学的办学理念也未与时俱进。这些都表明，中国大学仍需注重进一步弘扬民族精神，发掘和坚守本土大学传统，学习和借鉴西方大学先进理念和制度，走上在继承中发展、在发展中创新的良性运营轨道。

第七章

高等教育强国之路：学术资本
与 19 世纪德国大学

在中世纪欧洲，相比法国、英国和意大利，德国大学产生要晚二百多年。换句话说，在巴黎大学、牛津大学、萨莱诺大学和博洛尼亚大学存在的很长一段时间里，德国本土是没有大学的。因此，德国学生不得不跋山涉水，前往外地的大学学习。没有大学存在，当然也就无所谓高等教育强国。在中世纪西欧，尽管诸侯国林立，但是高等教育强国大致可以说是三分天下，亦即，以巴黎大学为代表的法国，以萨莱诺大学和博洛尼亚大学为代表的意大利，以及以牛津大学和剑桥大学为代表的英格兰。然而，从 19 世纪初开始，德国高等教育迅速崛起，并占据世界高等教育之巅百年之久。无论是研究西方大学发展史，还是探寻研究型大学的起源，19 世纪的德国大学发展史都是不可绕开的重要环节。与英国和法国的大学不同，在重商主义影响下，意大利的大学具有强烈的功利主义倾向，无论是博洛尼亚大学还是萨莱诺大学，都强调实用单科性的学科发展取向，前者以法学教学为中心，后者以医学教学为中心。萨莱诺大学由于结构上的固化、知识上的保守，在强盛二百多年后最终走向衰落；博洛尼亚大学由于是学生型大学，教师在大学管理中处于相对弱势的地位，不符合大学内部治理的发展趋势，在中世纪后期逐渐丧失了早期的学术声誉。在一定意义上，萨莱诺大学和博洛尼亚大学的由盛转衰，代表着意大利高等教育的由强转弱。因此，本章将主要以法国和英国的高等教育发展为参照，来论述 19 世纪德国高等教育强国之路。

关于德国高等教育崛起的原因，学者们站在不同立场给出了多样解读，笔者也在上一章从社会资本的视角对德国柏林大学进行了分析。事实上，从资本多样性来看，通过学术资本的视角更能够抓住德国大学崛起的本质，这主要是基于大学的职责和使命而言的。大学不是公司企业，经济资本并非其基本的资本形式；大学不是中介组织，社会资本也非其基本的资本形式；大学不是政府组织，政治资本亦非其基本的资本形式。大学是从事高深知识探索与传播的机构，学术资本是其最原初、最基本的资本形式。因此，相较于其他资本形式，从学术资本的视角分析德国大学崛起的原因及过程，更具有适切性。

19 世纪以降，大学已经走出中世纪宗教的掌控，逐渐成为世俗性的组织，国家对大学的学术资本直接产生重要作用。换句话说，国家已经成为大学学术资本外部交易的主要对象。因此，从学术资本的视角进行分析，除了要分析高深知识的创新、传授、应用，以及由此产生的学术声望外，不能脱离国家对大学学术资本发展的影响。这也是本章分析架构的基本理路。换言之，相对欧洲高等教育先发国家，德国大学在学术资本的外部生成环境上有何特征？在高深知识的创新、传授以及应用等方面，存在哪些特点？声望感召成为学术资本积累的动力表现在哪些方面？对这些问题的梳理和澄清，无疑将有助于认识 19 世纪德国大学崛起和德国高等教育强国之路的基本规律，从而对当下高等教育发展有所镜鉴。

第一节　政府主导：大学学术资本的生成环境

与中世纪自然生成型大学不同，德国大学是由政府直接创办的，带有明显的世俗性。包尔生认为，由政府直接创办的德国大学，以及同一时期由市政当局建立的地方学校，"实际上就构成了教育世俗化的开端"①。大学教育世俗化，不但打破了宗教组织的羁绊，使高深知识服务于民族国家，而且打破了神学对大学的统摄。作为学术资本生产和积累的主体，大学、教师及学生在政府主导下呈现出不同的生存样态。

---

① 包尔生.德国大学与大学学习 [M].张弛，等，译.北京：人民教育出版社，2009：26-27.

一　政府主导下的大学管理

在整个 19 世纪，德国大学和法国大学都是政府主导的模式。但因主导方式不同，产生了截然不同的效果。"德国政府控制着大学，但是 19 世纪的德国并没有一个像法国那样的全匡性的官僚机构控制大学，大学的管理被分配到各邦政府之中。"① 柏林大学创办之初，为确保大学静心于科学，享受最大限度的独立和自由，避免大学发展中的财政不稳定和外部权力的潜在威胁，洪堡甚至向国王建议为大学提供永久性的资金支持，并得到原则性同意。洪堡关于崇尚科学和自由的精神，被后继者不断继承和发扬。相反，拿破仑式的"大学"，不但毫无自由可言，而且以大学校为代表的精英高等教育机构醉心于技术，远离科学。不能不说，正是政府主导形式的不同，最终使德国高等教育和法国高等教育走向了不同的道路，德国高等教育迅速崛起，法国高等教育则因政府掌控过于严格而逐渐失去中世纪时期高等教育的辉煌。

19 世纪的德国大学是自我管理（self-administering）而非自治（self-governing）的法人社团。少数资深教授是自我管理的核心力量。教育部部长代表邦政府利益，在每所大学设有代理人（curator）。② 通常情况下，代理人并不直接介入大学内部的学术权力。他有权查看大学是否按照章程和政府的期望办学并提供建议，当讲座教职（chairs，亦即讲座教授）空缺时，有权推荐合适人选。他负责接收大学管理者年度选举报告，以及每学期的学习计划、课程清单，并将这些材料呈交给教育部部长。此外，代理人的一项重要职责是，维护大学教授的利益，保护他们的特权不被国家其他权力部门干涉，充当教授和政府之间的调停者。③ 可见，德国大学既保留了中世纪大学自我管理的传统，同时又进行了制度创新。

---

① McClelland C E. State, Society, and University in Germany, 1700–1914 [M]. Cambridge: Cambridge University Press, 1980: 3–5.

② Rudy W. The Universities of Europe, 1100–1914: A History [M]. Rutherford: Fairleigh Dickinson University Press; London: Associated University Press, 1984: 103–104.

③ Perry W C. German University Education, or the Professors and Students of Germany (second edition) [M]. London: Longman, Brown, Green, and Longmans, 1846: 30–32.

与德国大学不同，19 世纪法国大学完全丢掉了自治传统。1791~1793 年，革命当局取缔了全部 22 所传统大学，没收了它们的全部财产，取而代之的是碎片式的、非住宿的、目标单一的大学校和国家研究所。在教育部之下，校长（recteurs）控制着法国所有高等教育机构，致力于为国家训练忠诚于君主和国家的市民，所有教师必须穿戴标准化服装，并配有能够明确区分职衔的军队式肩章。强权政府不允许有教师对其进行批评和挑剔。① 可见，同为政府主导，德国的模式倾向于自由，法国的模式倾向于控制，两国大学的生存状态形成了鲜明对比。

二 政府主导下的教师管理

德国大学的教职生涯始自编外讲师。他们不拿政府薪水，而是依靠收取学费进入职业生涯，因此一开始就具有独立于大学和政府的教学和研究自由。编外讲师制度源自中世纪大学，但在彼时，学生只要获得了硕士或博士学位，就意味着获得了教学许可证，无须增加额外考试便可任教。早在 1799 年，德国一些邦政府就开始在招募大学职员时设置特殊条件，博士获得者要想成为编外讲师，需要其论文得到同行认可。柏林大学成立后，正式引入了第二次考试，亦即大学授课资格考试。而后，编外讲师的入职条件不断提高。申请者除进行公开授课外，还需提供除博士学位论文之外的研究成果，1831 年哥廷根大学、1834 年波恩大学、1838 年柏林大学、1840 年布雷斯劳（Breslau）大学、1842 年巴伐利亚（Bavaria）大学，1883 年蒂宾根大学等，均对此做出了明确规定。及至 19 世纪末期，德国大学几乎都采纳了这一规定。② 本-戴维（Joseph Ben-David）认为，德国非常重视任命学术职位的高质量。与德国大学不同，法国大学为了确认入职者资格，每年都要举行一次困难的竞争性考核。③

---

① Rudy W. The Universities of Europe, 1100-1914: A History [M]. Rutherford: Fairleigh Dickinson University Press; London: Associated University Press, 1984: 101-102.

② Rüegg W. A History of the University in Europe · Volume Ⅲ · Universities in the Nineteenth and Early Twentieth Centuries (1800-1945) [M]. Cambridge: Cambridge University Press, 2004: 137-138.

③ 本-戴维. 科学家在社会中的角色 [M]. 沈力，译. 台北: 结构群文化事业有限公司，1990: 177.

这种竞争性考核，不是对教学能力和学术水平的衡量，而是以职业获取为目的。直到 19 世纪末期，法国大学对新入职教师的学术考核才开始确立。在一定意义上，德国大学强调新入职者的学术创新能力，相较于法国大学强调新入职者的应对考试能力，无疑使德国高等教育储备了更多而且更加具有创新性的年轻教师队伍。

与编外讲师不同，德国大学讲座教授是拿薪水的政府公务员。与同时期欧洲传统大学相仿，17～18 世纪的德国大学也普遍存在教授任命的姻亲化。据统计，在规模不大的林特恩（Rinteln）大学，1621～1809 年的 171 名教授中，有 68 名可以很容易地辨识出血缘或姻亲上的联系。此外，大学教授跳槽和兼职在这一时期也较为普遍。为了避免这些现象，德国政府让每名教授固定担任一个教职并定期加薪。18 世纪 70 年代，美因茨（Mainz）大学明令禁止按照资历加薪，其认为，只有当一个人表现出学识、授课能力以及职业道德时，他才能获得学术晋升。[①] 这一做法得到德国其他大学的广泛认同。19 世纪上半叶，德国大学教授的遴选，通常由内部全体人员共同选择。1850 年前后，讲座教授任命逐渐制度化。当讲座教授出现空缺时，所在学院召开会议，共同商讨教职的增补。会前，教授们向同行征求意见，并认真审阅申请者的推荐意见，在此基础上提出推荐人选。经过反复研讨，学院向政府推荐几名（通常是三名）候选人，并提供佐证材料。教育部部长收到材料后，着手对被提名者进行调查。大部分情况下，学院推荐名单中的一名成员会被聘任。据统计，1817～1895 年，普鲁士大学聘任的法学讲座教授中，政府完全按照学院推荐意见进行任命的超过 69%。需要指出的是，教育部部长没有遵照学院意见，并不能过度解读为对学术自由和专业标准的践踏，学院本身也不能确保在遴选教授方面的专业化，甚至可能存在官僚化现象。19 世纪初，德国化学教授李比希（Justus von Liebig）认为，在大学，学术和个人利益总是纠缠在一起，每名教授的投票都或多或少受到个人或者经济利益的影响。因此，他们必须受到具有更高层次智力者的领导，而非教授

---

① 克拉克. 象牙塔的变迁——学术卡里斯玛与研究性大学的起源 [M].徐震宇，译. 北京：商务印书馆，2013：286.

们自己决断。① 事实上，早在柏林大学创办之初，洪堡就认为，对学术自由的威胁，不仅来自大学外部，还可能来自大学内部的小团体和教条思想。施莱尔马赫也认为，将教授的任命全部交给大学是不明智的、不恰当的。② 在一定意义上，政府有限介入教授聘任，不但可以避免学术共同体被血缘或姻亲侵蚀，也可以避免盲目排外的弊端。

德国大学系统能够为教师提供法国大学系统所不能提供的学术自由。包尔生认为，从实践层面来看，如果一所学院或大学对学术自由进行控制，教授可以聘任到其他大学；如果一个邦国对学术自由进行践踏，教授可以聘任到其他邦国。从感知层面来看，教授本人基本上感觉不到教育部对大学教授监管的存在，他比其他任何政府雇员都更少有被监管的体会，除非是他的工作违反了公共秩序。③ 在德国，大学知识分子和国家达成了一种社会契约，这就是文化国家（Kulturstaat）的理念。国家不但应该为大学和文化的寄托者提供服务和支持，还要保障他们的学术自由，从而使文化的保存和发展成为可能。④ 19 世纪，德国政府与教授并非没有冲突，政府对学术自由的侵蚀也不乏案例。1837 年，汉诺威国王奥古斯塔斯（Ernest Augustus）实行专制政策，要求民众宣誓效忠王权。哥廷根大学的一些著名学者严词拒绝，包括格林兄弟在内的七位学者被剥夺教职，这就是著名的"哥廷根七君子（Gottingen Seven）事件"。他们虽然全部被解雇，但却获得德国民众的同情，被致以英雄般的礼遇，很快又获得了其他大学讲座教授的教职。19 世纪上半叶，梅特涅（Klemens von Metternich）政府实施高压统治，学术自由遭受沉重打压。1848 年，德意志三月革命爆发，终结了梅特涅的复辟时代，颁布了《德意志帝国宪法》，明确规定"学术及其教学是自由的"，这一规定被 1851 年制定的普鲁士宪法采纳。自此，保障学术自由成为德国宪法特色，被誉为德国的

---

① McClelland C E. State, Society, and University in Germany, 1700-1914 [M]. Cambridge: Cambridge University Press, 1980: 182-187.
② Lilge F. The Abuse of Learning: The Failure of the German University [M]. New York: The Macamillan Company, 1949: 19.
③ 包尔生. 德国大学与大学学习 [M]. 张弛，等，译. 北京：人民教育出版社，2009: 81.
④ 沃森. 德国天才（2）：受教育中间阶层的崛起 [M]. 王志华，译. 北京：商务印书馆，2016: 22.

发明。①对于国家统治下的德国大学而言，其学术自由是一种天然的成分。在德语语境中，自由只有一个词来表示，亦即 freiheit，而在英语词汇中，自由则有两个词来表示，亦即 freedom 和 liberty。换言之，在德国大学中，一旦承认了学术自由，也就包括了学者和大学所应得到的内在自由（freedom）和外在自由（liberty）。②因此，相对英国和美国的大学，德国大学教授的学术自由不但内涵丰富，而且外延更加宽广。

三　政府主导下的学生管理

19 世纪德国大学学生的学习，不再像中世纪大学那样为职业生活做准备，学生被看作需要通过无所禁忌的科学学习，在思考独立、思想自由和道德自由的环境中得到培养的年轻人。与德国大学鼓励学习自由相反，法国以大学校为代表的高等教育模式，不但通过专制来统辖课程学习及学位授予，要求学生观点与官方学说保持一致，而且严格管理学生的习惯，比如禁止学生留须。③是否留须这样的琐事都由国家来统一规定，法国大学对学生的禁锢由此可见一斑。

19 世纪德国大学改革的主要力量是新人文主义者（Neo-humanism），他们是中产阶层的中坚力量，但阶层情结并不明显。其解放性和进步性集中表现在号召个人努力，而非外部阶层的集体性社会重构，强调教育和自我发展是一个真正受尊敬的人（mensch）步入精英阶层的首要标志。据统计，1797 年德国大学的贵族学生约占学生总数的 18%，到了 1847 年，下降到 15%。此后，伴随大学入学人数增加，贵族学生不足 10%。1867 年，贵族学生在大学中的比例已经下降到 5% ~ 10%。④这充分体现出德国大学在校学生的现代性、平等性和进步性。与德国大学学生阶层

① 王德志. 论我国学术自由的宪法基础 [J]. 中国法学，2012（5）：5-23.
② 沃森. 德国天才（1）：德意志的命运大转折　第三次文艺复兴 [M]. 张弢，孟钟捷，译. 北京：商务印书馆，2016：119.
③ 吕埃格. 欧洲大学史·第三卷·19 世纪和 20 世纪早期的大学 [M]. 张斌贤，杨克瑞，译. 保定：河北大学出版社，2014：5.
④ McClelland C E. State, Society, and University in Germany, 1700-1914 [M]. Cambridge: Cambridge University Press, 1980：114-244.

分布不同，法国大学的学生来自中上层家庭的占到了压倒性的多数。同时期的牛津大学和剑桥大学，贵族化特征更为突出，几乎没有学生来自底层社会。德国大学学生来源的开放性，为贫穷子弟阶层上升提供了机遇。他们依靠自己的学术努力和贡献，同其他社会阶层有科学天赋的人员一起，创造了德国高等教育的辉煌。在 19 世纪德国高等教育发展史上，许多声望卓著的大学教授来自贫困家庭，无论是康德、赫德（Herder）、费希特，还是温克尔曼（Wincklemann）、海涅、福斯（Voss）等，都是出身贫寒的底层民众子弟。

第二节　知识创新：大学学术资本的逻辑起点

一　哲学代替神学：知识创新的基石

中世纪大学内部的所有学科均受到神学的统摄，知识为宗教神学服务，是一切学科发展的出发点和归宿。伴随文艺复兴、宗教改革和启蒙运动在欧洲范围内的次第兴起，英国、法国和德国的大学面对社会环境的急剧变革，学科统摄开始走向不同的道路。

在德国现代大学构建过程中，哲学家沃尔弗起到了重要影响，他明确否定了哲学对神学的依赖。沃尔弗的成功，意味着大学内部经院哲学的终结，同时意味着以沃尔弗系统为形式的现代哲学的崛起，其在德国大学成为主流。[①] 此外，康德、谢林、施莱尔马赫、费希特等早期德国哲学家，对于哲学地位的树立都发挥了重要作用。他们认为，科艺学院应当居于神学院、法学院和医学院之上，因为后三者是为教会和国家培养未来的仆从，因而是不自由的；而前者，从其本质来看，纯粹是为了追求知识，因而是自觉的和自由的，应当处于学科最高级。在这些思想影响下，传统的科艺学院逐步演变为哲学院，并从"大学学术"的女仆上

---

① Paulsen F. The German Universities and University Study［M］. translated by F. Thilly and W. Elwang. New York：Charles Scribner's Sons，1906：45.

升为"大学学术"的主人。① 哲学院对内部的"三科""四艺"进行了改造，使它们成为能够授予哲学博士学位的崭新学科。在此之前，这些学科只能够授予学士学位。在哲学院的影响下，自然科学改造了传统的医学，人文社会科学改造了传统的法学，神学在知识和思想的深度、高度和广度上也开启了学习和研究的新进程。与德国不同，在英国，经历过文艺复兴、宗教改革之后，强调绅士教育的古典学科仍然在大学占据支配地位，法学、医学分别设在大学之外的伦敦（London）律师学院和伦敦医院等专门机构。维多利亚工程师则在古老的师徒制沿袭下接受训练。大学仅仅关注闲暇生活的人文教育。② 以文学为统摄的英国大学，最终发展为贵族阶层"文化再生产"的温床。在法国，巴黎、奥尔良等传统大学被强行取缔后，科学研究被剥离出大学。受工业革命、国内外战争等影响，政府强调技术教育。1798 年大学建制消失以后，在长达一个世纪里，法国本土没有综合性大学存在。以技术为统摄的大学校系统最终使法国高等教育丧失了中世纪的辉煌。

二　自然科学兴起：知识创新的拓展

1822 年，在物理学家沃纳·西门子（Werner Siemens）的建议下，德国成立了科学和医学协会，这意味着德国现代科学的萌发。1826 年，李比希化学实验室在吉森（Giessen）大学创办，不但成为德国大学实验室建制的开端，也是大学实验科学教学的开端。李比希化学实验室的创办，直接导致 19 世纪早期德国浪漫主义思潮下运用形而上学方法解决自然现象和自然问题的自然哲学（Naturphilosophie）统摄下的化学研究与教学趋于瓦解。而后，海德堡大学建起了本森（Bunsen）实验室，莱比锡大学建起了科尔比（Kolbe）实验室，慕尼黑（München）大学建起了贝耶（Baeye）实验室，等等。及至 19 世纪中叶，伴随德国大学哲学院内部自

①　吕埃格. 欧洲大学史·第三卷·19 世纪和 20 世纪早期的大学［M］. 张斌贤，杨克瑞，译. 保定：河北大学出版社，2014：482-483.

②　Halsey A H & Trow M A. The British Academcis［M］. Cambridge：Harvard University Press，1971：47.

然科学家不断增多，他们强烈建议在哲学院之外组建新的教学研究组织。1863 年，蒂宾根大学率先将自然科学学院从哲学院中分离出来。这一决议是在医学教授、生理学家莫尔（Hugo von Mohl）的鼓动下做出的。莫尔认为："自然科学学院的建立，意味着打破了自中世纪开始只能从人文主义角度进行学习的学科文化，也意味着自然科学获得了同其他学科分支一样的认可和地位。自然科学必须按照自己的方法追求它们的特殊目标，以确保它们可以完成自己的目标任务而不被外部势力所误导。"① 而后，斯特拉斯堡（Strasbourg）大学、海德堡大学、弗赖堡（Freiburg）大学的数学与自然科学学院相继从哲学院中分离出来。

自然科学学院的成立，打破了中世纪大学数百年来科艺学、法学、神学、医学的学科束缚。由科艺学院提升为哲学院，并从哲学院甚至是自然科学学院中不断衍生出现代大学的新型学院，如物理学院、数学院、化学院、生命科学学院、历史学院、艺术学院等，大学内部按照学科划分组建学院呈离散式的状态不断发展，知识创新的领域不断拓宽。从一定意义上说，19 世纪德国大学开创了现代学院建制，也促进了现代学院的数量攀升。但是，这些学院仍然与哲学院保持着姻亲关系，这从各学院授予博士学位的称号便可看出。无论是物理学院、数学院还是历史学院、艺术学院，其授予的博士学位统称为哲学博士。这种以学术研究为旨向的哲学博士一直延续到当下的大学。哲学博士作为现代学位的一个主要类型，从 19 世纪初在柏林大学产生，到 20 世纪 20 年代哈佛大学首创教育专业博士，曾独自占领学位之巅一个多世纪之久。

三　习明纳与研究所：知识创新的组织

中世纪时期，大学内部组织一般有三种：按照学科进行划分的学院（faculty），由学生住宿场所演变而来的学院（college），按照地域进行划分的同乡会（nation）。及至 18 世纪末，德国大学内部生发出新的组织，即习明纳和研究所。如果说先期建立的语言学习明纳还旨在教育学意义

---

① Lilge F. The Abuse of Learning：The Failure of the German University［M］. New York：The Macamillan Company，1949：57~65.

上的古典学校教师培养，那么柏林大学成立之后，就逐渐发展成为旨在学术意义上的专业学者造就。在政府资助下，不同习明纳拥有各自的教室、图书馆等教学、研究设施。习明纳不但是科学研究的理论方法，而且成为学者科学创新的乐园。作为大学内部组织，习明纳更常见于哲学和历史学的诸多分支学科。对于自然科学和医学，其研究和教学更多是在研究所、实验室和诊所内进行。研究所最先起源于医学教学，并伴随战争不断扩展。在很长一段时间，研究所只是偶尔讲授课程，并向学生展示少量的医学示范，到了 18 世纪，才逐步进行解剖学的教学，直到 19 世纪，培养医生的教学内容才逐步完备。在医学影响下，物理学和化学等自然科学开始引进实证性的研究和教学，而后又拓展到动物学、植物学、矿物学等领域。① 与习明纳和研究所的学科拓展相应的，是德国政府拨款额度的持续增加。在柏林大学，教师薪水在 1860 年年度预算中份额最大，接近 250000 马克，所有的习明纳和研究所共计花费 170000 马克。1890 年，研究所和习明纳的运营经费已经是教师工资的两倍。1910 年，达到了 3 倍。② 政府对大学习明纳和研究所的巨额投资，为德国大学科学研究的崛起注入了强劲动力，并培养了大批声望卓著的学者。

与德国相比，法国自然科学的研究大多集中在巴黎的科学院、自然历史博物馆和法兰西学院中。由于政府对大学研究不支持，巴斯德（Louis Pasteur）为争取实验设备，不得不直接向拿破仑三世反复请求，最终还是从科学院中获得资助，直到 1888 年，巴斯德研究所（Pasteur Institute）才宣告成立。19 世纪的英国大学，同样不注重自然科学的研究，无论是达尔文（Charles Darwin）还是赫胥黎（Thomas Henry Huxley），都不曾在大学任教。③ 从 19 世纪德、法、英三个国家的自然科学研究来看，德国大学内部完整的习明纳和研究所组织，为其科学思想的碰撞与传播

---

① Paulsen F. The German Universities and University Study［M］. translated by F. Thilly and W. Elwang. New York：Charles Scribner's Sons, 1906：157-219.

② McClelland C E. State, Society, and University in Germany, 1700-1914［M］. Cambridge：Cambridge University Press, 1980：280-282.

③ Rüegg W. A History of the University in Europe · Volume Ⅲ · Universities in the Nineteenth and Early Twentieth Centuries（1800-1945）［M］. Cambridge：Cambridge University Press, 2004：528-531.

奠定了坚实基础，法国、英国的大学内部因为缺乏这种组织制度，自然科学的研究多在大学外部展开，不但缺乏政府支持，而且很难形成学术之间的交流和学术的代际传播。这不能不说是英、法两国高等教育国际地位整体下滑的重要原因。

四　强调独立原创：知识创新的导向

在中世纪大学后期，传统大学兜售学位的现象已普遍存在，大学新入职教师也往往有诸多的姻亲关系。非智力因素对中世纪传统大学的学位授予及教职遴选的侵袭，致使传统大学日趋走向没落。19 世纪德国大学一改中世纪大学的痼疾，逐步加强了学生学习、教师招募及晋升等方面的知识创新考量。

与法国实施普遍性的国家考试不同，德国大学强调的是更为自由、更为个性化的能力考试。这种考试不是把标准放在考生究竟吸收或熟记了多少前人知识上，而是要考量学生从已知探寻未知的能力。事实上，在 19 世纪德国高等教育发展史上，在博士学位授予中，倡议引入国家考试的大有人在，但是这些倡议都遇到强烈反抗。莱比锡大学化学家奥斯特瓦尔德（Ostwald）强烈反对那些在化学领域设置作为颁发文凭和头衔依据的国家考试的主张。他认为，化学这个学科在德国成功的秘诀，就是其教学和考试所具有的自由、纯理论、学术和个性化的特征，法国在国家考试方面有很大的优势，但是法国却失败了，主要是因为这种国家考试是以牺牲学生发展为代价的。如果一个人把自己人生中最美好的时光和最旺盛的精力都用在消化吸收别人的思想上，那么之后他就需要异乎寻常的精力才可能产生出原创性思想。通过这种方法培养出来的教师，也会自觉不自觉地把这种方法传递给学生。对德国哲学博士的全部考试，实际上就是看他进行一项独立研究的表现如何，他要懂得"如何把握未解决的问题，如何从已知的东西推导出未知的东西"。这正是他日后具有解决技术问题能力的原因，这种能力使他能够在世界的开放性竞争中获得胜利。[1] 奥斯特瓦尔德

① 包尔生. 德国大学与大学学习［M］. 张弛，等，译. 北京：人民教育出版社，2009：348-349.

关于国家考试的主张，不但适用于化学学科，而且适用于其他学科。即使是今天，这些思想对于回答"钱学森之问"仍然具有可资借鉴之处。

19 世纪的德国大学对新招募人员同样强调独立原创。早在 1749 年，普鲁士就颁布法令，明确规定发表著作是大学内部一切任职和晋升的基本条件。威廉·克拉克（William Clark）认为，这在某种程度上就是个"不出版就出局"（publish or perish）的命令。在 18 世纪中后期的哥廷根大学教师聘任中，以著作发表为标识的能够证明能力和学识的现代学术资本，逐步取代了以藏书和仪器为代表的传统的学术资本。大学不仅看重教授已经发表的著作，或者更确切地说，是已经发表著作的名气，而且一旦教授获得任命，他们还应该以符合时代精神和潮流的方式继续创作，不仅要创作传统类型的学术论文，还有发表评论、出版教科书以及编辑期刊等。① 一言以蔽之，在 19 世纪德国大学的学位授予、教师招聘和职称晋升中，知识原创能力是评价创新主体能否获得认可的主要衡量标准。

第三节　知识传授：大学学术资本的演绎基础

培养人才是大学的首要职能，知识传授是学术资本的演绎基础。相对中世纪以及同时期西方其他国家大学的教学，德国大学的教与学均具有鲜明特色，从而为德国高等教育强国之路提供了坚实基础和有力保障。

一　平等竞争的教师授课

马克斯·韦伯在"以学术为志业"的演讲中说，在德国大学里，每名受到召唤的有志从事学术工作的年轻人，都必须清楚地认识到他所肩负的重任具有双重面貌。他不仅需要具备学者的资格，同时也必须能够

---

① 克拉克. 象牙塔的变迁——学术卡里斯玛与研究性大学的起源 ［M］. 徐震宇，译. 北京：商务印书馆，2013：240-289.

做一名好教师。说某某教授是个糟糕的教师，通常无疑是宣布他学术生命的死刑，即使他是举世数一数二的学者。① 美国学者弗莱克斯纳详细比较了 19 世纪美国、英国和德国的大学教育，对通常认为的德国大学教授从大学性质出发仅仅关注研究而轻视教学提出了质疑。他认为，这种错误观点无疑缘于德国大学教学并非填鸭式（spoon-feeding）教学。维拉莫维茨（Ulrich von Wilamowitz-Moellendorff）著述丰硕，被外国人视为典型的受人尊敬的德国学者，但是，在回顾其职业生涯时，他声称他的所有著述均可以在职业发展中忽略，成为学者仅仅是附带性的产物，教学才是其至高无上（paramount importance）的职责。② 事实上，德国大学教师对教学的热爱，部分来自职业忠诚，部分来自酬金的考量。马修·阿诺德（Matthew Arnold）考察了当时德国大学讲座教授的收入，他们从邦政府获得的工资在 350~400 镑。如果加上考试和讲课费用，部分讲座教授的年度收入可以达到 1000 镑甚至 1500 镑。③ 可见，授课酬金直接决定着讲座教授的收入和生活水准。如果说德国大学的讲座教授尚有政府工资，对于编外讲师而言，其生活收入则完全来自学生缴纳的讲课费。因此，授课质量与选课人数无不直接关乎编外讲师的衣食生存。因此，讲座教授与编外讲师之间的教学竞争是不可避免的。

编外讲师与讲座教授的教学是建立在自由竞争基础之上的，这与德国大学建立的教师聘任、晋升等制度密切相关。所谓编外讲师，就是通过考核取得大学授课资格后，可以受雇于任何一所大学的学者，要想晋升为讲座教授是绝不允许在同一所学校进行的。因此，晋升讲座教授的决定权，并不在编外讲师任职大学的讲座教授群体的手中，而是在其想申请的另外任何一所大学的讲座教授群体手中。由于邦政府教育部部长具有在讲座教授聘任方面的直接决定权，编外讲师只要具有超凡的学术能力，便可以不经过教授委员会的推荐而被直接任命。这些无疑都为编外讲师能够并敢于同讲座教授进行教学上的公开竞争提供了充分的制度

① 韦伯. 韦伯论大学［M］.孙传钊，译. 南京：江苏人民出版社，2006：94-95.
② Flexner A. Universities: American, English, Gerrman［M］. New York: Oxford University Press, 1930: 318.
③ Arnold M. Higher Schools and Universities in Germany［M］. London: Macmillan and Co., 1874: 154-158.

保障。在黑格尔担任柏林大学讲座教授期间，编外讲师叔本华故意将其课程讲授安排在与黑格尔相同的时间进行，从而促使黑格尔不得不面对挑战和压力，认真对待课堂教学。韦伯认为，上了年纪的教师与年轻教师之间的竞争，对于年长的讲座教授来说，犹如在已经从业很久的持有"专利"的专卖店里引入自由竞争的机制那样具有冲击性。就连黑格尔也曾经将自己的学生数与宿敌康德学派的弗里斯的学生数相比较后忧喜交加。① 编外讲师由于没有薪水，完全依靠听课费生活，为了吸引学生，他们会认真对待每一次的课程讲授，及时融入新知。这又迫使讲座教授对待教学不能存有丝毫懈怠，从而教师整体重视教学的氛围在德国大学中得以形成。

二 自由交叉的学生学习

学习自由是德国大学的鲜明特色，学生可以完全决定自己的学习方式，根据自己的爱好制订学习方案，选择学习专业领域之外的知识或编外讲师通过研究讲授的学科新知。对于柏林大学的创办者而言，学习自由和自我负责不再是乌托邦的理念。② 从理论上说，德国大学的学生与教师享有同等的自由。由于证书的字面价值得到广泛的承认，学生可以想去哪里学习就去哪里学习。学生可以自主选择教师，也可以从一所大学游学到另一所大学，甚至是周游西方大学。从他被大学录取的第一天起，他就已经被认为能够自己照顾自己，并能够自己承担全部责任，简言之，他被当作一个成人对待。③ 应当说，德国大学学生的这种学习自由有其不利之处，比如学生互帮互助、母校情结、捐赠传统的氛围较难普及等。但是，如果从大学的学术资本来看，这种学习自由有其独特优势，尤其是对那些勤奋好学而且智力超群的学生来说，他们可选择最感兴趣或最具实力的学科和大学，从而更加有利于个性化的人才培养。换句话说，

---

① 韦伯. 韦伯论大学 [M].孙传钊，译. 南京：江苏人民出版社，2006：122-123.
② 吕埃格. 欧洲大学史·第三卷·19 世纪和 20 世纪早期的大学 [M].张斌贤，杨克瑞，译. 保定：河北大学出版社，2014：22.
③ 弗莱克斯纳. 现代大学论——美英德大学研究 [M].徐辉，陈晓菲，译. 杭州：浙江教育出版社，2001：280-286.

德国大学的学生游学，从大学社会资本积累来看是不利的，但是从大学学术资本积累来看则是有利的。由于在大学多样资本中，学术资本处于基础性的主导地位，德国大学的学生游学传统无疑对德国高等教育强国建设是有利的。

19 世纪德国大学的课程设置具有以下特点。一是学科的共融性。神学院内部的新教神学和天主教神学是相互融洽的，法学院内部同时开设世俗法学和教会法学，而教会法学也同时包括了天主教和新教法律知识。这种共融性不但在中世纪大学的神学院（不能容忍宗教异端，遑论新教神学）和法学院（法学严格区分为教会法学和世俗法学）中是不存在的，而且同时期的欧洲其他大学也不多见。二是学科的交叉性。在神学院内部有法学院的教会法学，在法学院内部有哲学院的自然法学；无论新教神学院还是天主教神学院，都要学习考古方面的知识。这种学科交叉，不但可以打破学院之间的学科壁垒，而且可以形成学科上的相互促进。三是学科的现代性。无论是神学院开设的实践神学、圣经考古学，还是法学院开设的德国法、普鲁士法，抑或是医学院开设的心理学、矿物学、植物学、动物学、物理学、化学、解剖、外科等课程，无不透露出现代知识的气息。四是学科的多样性。这不但表现在专业学院的课程设置方面，在具有学科统摄地位的哲学院更是如此。佩里（Walter C. Perry）强调，我们千万不要错误地将"哲学"理解为学问的一个分支，也不能将其简单等同于学院教育的基础。在德国学术语境中，哲学类似于英文语系中的"文学"（Arts）①，包括精神和道德哲学、语言学、人类学、历史地理学、编年学、政治哲学、经济、金融、外交、数学和自然科学。② 在一定意义上，正是德国大学各学院的学科共融性、交叉性、现代性以及多样性，为学生自由学习创造了更为广泛的选择空间，同时也为创新性人才培养提供了更为广阔的知识平台。

---

① Arts 一词，在中文语境中可以对应多种译法，比如文科、文学、艺学等，由于在中世纪大学时期，它包含"三科"（语法、逻辑、修辞）和"四艺"（算术、几何、天文、音乐），本研究大部分情况下将其翻译为"科艺学"。但是，为了更加突出英国传统的牛津大学和剑桥大学在绅士教育中强调文学修养，此处则采用"文学"的译法。

② Perry W C. German University Education, or the Professors and Students of Germany（second edition）[M]. London：Longman, Brown, Green, and Longmans, 1846：70-71.

三 交流互动的研究与教学

统览德国大学系统，可以看出教师是自由的，学生是自由的，他们都系统地追求科学的纯粹性，这是大学的基本理念。相比较而言，同时期的法国，其教学是没有自由的；同时期的英国，其教学是没有科学的。而德国，两者兼具。① 德国大学教师专心致志于科研，他们各自科研活动的具体见解和成果，直接地成为他们教学的财产。② 相反，无论是法国还是英国，都是非大学研究机构在研究中扮演着重要角色，大学从事科学研究的角色并不明显，通过研究促进教学更是起步很晚。严格来说，在法国大学，将研究与教学结合起来并形成一个全国性的发展局面，直到 1968 年才开始出现。强调研究的师生教学直接促进了德国大学师生在教学上的互动。

"陈旧的大学教育，无论在何处，都建立在这样一种假设之上：真理是已经确定了的东西，教学只是传播真理，管理当局的职责就是监督教学，以避免教授错误的教义。而新的大学的前提则是：真理是一定会被发现的，教学的任务就是让学生具备发现真理的能力，并指导他们完成这种使命。"③ 在德国大学，习明纳在教学规定中最为强调的，是对方法论技巧的掌握以及对辩论和写作的实践。

事实上，辩论法在中世纪大学中早已存在。但是，中世纪大学的辩论是一种口舌之争。它的目的不在于生产新知识，而在于演练已经确立的原理。与中世纪大学的辩论法不同，在习明纳里，方法论训练、语法分析实践、文本解读和文本批判都不是抽象的理论，而是来自对材料本身的研究。以文本解读和诠释为主的练习，非常有助于培养学员的独特个性。因为通过富有戏剧效果的角色扮演与角色交换，每个学员都会像演员一般，从合唱队里走到台前担任领唱，而在整个过程中，教师只起指导和最终评审的作用。无论是在哥根廷大学、基尔（keele）大学、莱

① Arnold M. Higher Schools and Universities in Germany ［M］. London：Macmillan and Co.，1874：165-166.
② 克拉克. 研究生教育的科学研究基础 ［M］. 王承绪，译. 浙江教育出版社，2001：3.
③ 包尔生. 德国大学与大学学习 ［M］. 张弛，等，译. 北京：人民教育出版社，2009：47-48.

比锡大学，还是在哈勒大学、柏林大学、波恩大学和哥尼斯堡大学等，教师都要求学生除通过考试之外，必须提交书面作品，方可进入习明纳开始研究性的学习。教师要求学生提交原创作品，终结了中世纪通过辩论进行排名和评估的方式。习明纳的辩论内容不再选自教师的课堂讲授，而是选自学生撰写的论文。通常情况下，学生至少要提前一周完成论文。这样才可以供一两名辩论对手事先研读并准备好驳论。如有可能，论文还会在其他学生之间传阅。学生们一个接一个地成为众人瞩目的焦点，也有助于培养个人的学术方向和风格。最后，发表一份最终的或许已经尽善尽美的论文，将其文章确认为原创作品，使其得以进入学术工作的新世界。① 正是通过习明纳和辩论的方式，德国大学的学生在教师的指导下，一步步由学习者转变为研究者，由知识接受者转变为知识创新者。事实上，交流互动的研究与教学不仅仅使学生受益，对教师同样如此。质言之，教学相长一定是在师生互动的基础上实现和完成的。

第四节　知识应用：大学学术资本的理性拓展

"纯粹知识"是 19 世纪德国大学的主流追求。康德在《纯粹理性批判》中明确区分了纯粹知识和经验知识，他强调，尽管我们的一切知识皆自经验始，但并不能就此推导出一切知识皆自经验发生。在来自后天的经验之经验知识外，还有一种并非从经验得出，而是从普遍规律得出的"先天的知识"。与仅由经验而可能的经验知识不同，纯粹知识是先天的知识，是没有夹杂经验事物的知识，是绝对离开一切经验而独立自存的知识。② 简言之，在康德看来，经验知识是后天的、个别的、有限性的知识，纯粹知识则是先天的、普遍的、规律性的知识。受康德思想的影响，德国大学有天然的对实用性知识的蔑视和排斥。然而，伴随大学内部知识结构的演变，以及英法重视技术教育的冲击，应用性知识逐渐在

---

① 克拉克. 象牙塔的变迁——学术卡里斯玛与研究性大学的起源 [M]. 徐震宇，译. 北京：商务印书馆，2013：92-202.

② 康德. 纯粹理性批判 [M]. 蓝公武，译. 北京：商务印书馆，2009：31-32.

德国高等教育中获得理性拓展。

一 从古典学科到自然科学：大学知识重点的转换

早在 18 世纪时期，古典学的研究在德国大学中就占有绝对优势，相对而言自然科学的研究明显不足。19 世纪中期，德国大学出现了机构性质的、有财政预算的研究性实验室。19 世纪晚期，这方面的财政支出已经相当可观。在实验室普遍用于自然科学教育之前，教授们经常难以找到合适的论文题目，许多论文都倾向于理论空谈或以文本为中心，就和古典学一样。直到 19 世纪中后期，自然科学的学术地位才得以普遍提高。这当然与立足于科学的技术和工业的繁荣有密切关系，技术和工业对诸如物理学这样古怪疑难领域的高端毕业生产生了新的需求。① 事实上，在外部环境需求的影响下，19 世纪德国大学一个鲜明的特色是，无论是在语言学、历史学、数学、物理学等哲学领域，还是在法学、医学、自然科学等领域，都出现了前所未有的创新热情，学科知识不断向外延扩展。这从"柏林大学习明纳、研究所、临床机构数量之发展（1810~1899年）"以及"1910 年柏林大学神学院、法学院、医学院、哲学院的基本情况"（见表 7-1、表 7-2）中便可见一斑。

表 7-1　柏林大学习明纳、研究所、临床机构数量之发展（1810~1899 年）

单位：个

年份	1810~1819	1820~1829	1830~1839	1840~1849	1850~1859	1860~1869	1870~1879	1880~1889	1890~1899
医学研究所	1	1	1	2	4	4	4	6	7
医学临床机构	6	7	8	8	10	11	12	14	19
自然科学研究所	2	3	4	4	4	6	10	17	18
哲学习明纳	1	1	1	1	2	2	3	8	12

资料来源：Lundgreen P. Differentiation in German Higher Education. Jarausch K H. The Transformation of Higher Learning, 1860-1930: Expansion, Diversification, Social Opening and Professionalization in England, Germany, Russia and the United States [M]. Stuttgart: Klett Cotta, 1983: 157-173.

---

① 克拉克. 象牙塔的变迁——学术卡里斯玛与研究性大学的起源 [M]. 徐震宇，译. 商务印书馆，2013：256-257.

由表 7-1 可以看出，相较于 1810 年初创时期，柏林大学的医学研究所、医学临床机构、自然科学研究所和哲学习明纳在 1899 年均获得了长足发展，其中医学研究所由 1 个发展为 7 个，医学临床机构由 6 个增长到 19 个，自然科学研究所由 2 个增长到 18 个，哲学习明纳由 1 个增长到 12 个。仅从数量的增加来看，以 1869 年为拐点，19 世纪柏林大学后 30 年的发展速度远远超过前 60 年的发展速度：医学研究所前 60 年增加了 3 个，后 30 年增加了 3 个；医学临床机构前 60 年增加了 5 个，后 30 年增加了 8 个；自然科学研究所前 60 年增加了 4 个，后 30 年增加了 12 个；哲学习明纳则前 60 年仅增加 1 个，后 30 年急剧增加了 10 个。一个研究所或者习明纳的成立，就意味着一个新的学科的产生和崛起。这些新的崛起学科，也在改变着大学内部学科发展侧重点的整体布局。换言之，及至 1899 年，自然科学的机构发展，已经远远超过古典学科的机构发展。

表 7-2　1910 年柏林大学神学院、法学院、医学院、哲学院的基本情况

单位：个，人

神学院		法学院		医学院				哲学院			
				研究所		临床机构		人文科学		自然科学	
机构数量	学术人员	机构数量	学术人员	机构数量	学术人员	机构数量	学术人员	机构数量	学术人员	机构数量	学术人员
2	2	2	—	10	72	20	76	14	31	12	90

资料来源：Lundgreen P. Differentiation in German Higher Education. Jarausch K H. The Transformation of Higher Learning, 1860–1930：Expansion, Diversification, Social Opening and Professionalization in England, Germany, Russia and the United States [M]. Stuttgart：Klett Cotta, 1983：163.

由表 7-2 不难看出，1910 年柏林大学的神学院和法学院，经过一个世纪的发展，无论是从组织机构的数量来看，还是从学术人员的数量来看，其增长都微乎其微，甚至可以忽略不计。而医学院和哲学院的组织机构数量和学术人员数量则占了整个柏林大学的绝大部分。尽管在哲学院中，人文科学的组织机构有 14 个，超过了自然科学组织机构的 12 个，但是从学术人员的数量来看，自然科学为 90 人，人文科学为 31 人，自然

科学是人文科学的近三倍。如果我们把神学院、法学院和哲学院中的人文科学类归入古典人文学的范畴，把医学院、哲学院中的自然科学类归入自然科学的范畴，[①] 可以看出，古典人文学共计有组织机构 18 个，学术人员为 33 人；自然科学共计有组织机构 42 个，学术人员为 238 人。可见，自然科学不但在组织机构上远远超过了古典人文学，而且在学术人员方面也远远超过了古典人文学。德国大学内部的学科发展趋势，从学生人数增长上也可见一斑。在柏林大学，便于将来谋取职业的医学博士占据了压倒性的主流地位。在 1860 年后的十年里，有超过 80% 的博士选择了医学。其次是哲学博士获得了持续的稳定增长，从 1820 年的 7% 提高到 1870 年的超过 14%。法律博士也从 1% 增长到了 7%。而神学博士则一直维持在博士总人数的 0.5%~2%。在哲学博士中，从事自然科学和数学研究的人员持续性增加。1870 年以后，有大约 1/3 的哲学博士选择了自然科学和数学。[②] 可见，德国 18 世纪时期大学古典人文学独占鳌头的学科布局已经不复存在，取而代之的，是更加侧重于应用性相对较强的自然科学。

二 从技术学院到工科大学：技术知识地位的确立

有感于法国和英国对技术教育的重视，德国开始在各主要城市建立技术学院。这些技术学院本质上属于职业教育的范畴，并不属于大学教育。技术教育之于国家发展的重大贡献，使德国政府不断强化对其财力支持，并进一步推动了德国工业的飞速发展。1860~1900 年，德国把原来的国立专门学院或私立专门学院改造组建成 9 所工科大学（technische hochschulen）。这些大学的建立，适应了德国产业革命的发展要求，为推进德国的工业化进程发挥了重要作用。它们起初并没有获得与传统大学等同的学术地位，但是在政府支持下，1865 年获得了大学自治权，1899

---

① 事实上这样分类并不完全精确，因为如果从课程讲授等层面来看，它们之间是略有交叉的。但是，从学院及学科的整体属性来看，这样分类也是有其合理之处的。

② McClelland C E. State, Society, and University in Germany, 1700–1914［M］. Cambridge：Cambridge University Press, 1980：196.

年获得了授予博士学位的权利，从而与大学获得同等地位，招生也获得了较大增长，从 1871 年到 1903 年，工科大学的学生数量增长了三倍多，而同期普通大学的学生数量仅仅增长了两倍。[①] 德国之重视技术知识由此可见一斑。

　　弗莱克斯纳对德国政府将工业专门学院升格为大学这一重要改革举措进行了精辟概括。在当时，政府完全可以在大学内部增设工程学部，与其他学部具有同等地位。但是一旦将工程学部纳入大学内部，其他学部强调"纯粹知识"的学术精神就会受到伤害，同时工程学部的技术培训也会受到忽视。于是，德国政府选择了另外一条道路——新建或将原来的技术学院改建成为具有大学地位的工科大学。这些工科大学为了证明其成功，必须不断提升自己的学术水平，从而形成了工科大学与普通大学相互竞争的健康发展态势。为了增强专业竞争的优势，工科大学不但增设了化学、物理学以及数学的讲座教授职位，而且增加了具有人文性质的哲学甚至是语言学的教席。[②] 竞争是个人或组织产生活力的重要条件，大学和学术发展亦然。同质化的系统是造成组织惰性的一个重要因素。19 世纪德国高等教育强国之路，正是在普通大学和工科大学的相互竞争中螺旋上升的。此外，德国工科大学获得快速发展还受益于实验科学的发展。卡尔·冯·林德（Carl von Linde）是欧洲机械工程学实验室教学的开拓者，19 世纪 80 年代，德国的工科大学开始广泛采用这种方法。与车间培训不同，实验室教学意味着完成学生的理论准备，更加有利于技术革新。相对而言，法国的高等技术教育革新远不如德国。作为工业革命的故乡，英国在工程和科学教育方面发展异常缓慢。经过 19 世纪工科高等教育的快速发展，德国迅速赶超英国和法国，摆脱了技术教育落后国家的地位。工科大学群落的形成，为德国成为世界高等教育强国做出了重要贡献。

---

①　吕埃格. 欧洲大学史·第三卷·19 世纪和 20 世纪早期的大学 [M]. 张斌贤，杨克瑞，译. 保定：河北大学出版社，2014：59-60.

②　Flexner A. Universities：American，English，Gerrman [M]. New York：Oxford University Press，1930：330-331.

三　从激烈反对到理性认可：大学对应用科学的态度

从 19 世纪德国普通大学和工科大学的发展来看，一旦工科大学与普通大学的地位开始平等，双方便开始微妙的"学术漂移"，亦即工科大学为了证明自己的实力和水准，在确保自身特色的情况下，努力向理论性靠拢；普通大学在工科大学的竞争压力以及国家政治经济需求的推动下，开始调整"纯粹知识"与应用科学的关系，以使自己适应具有实践性的应用科学的冲击。在工科大学的竞争压力下，普通大学不得不调整工程学和"纯粹知识"的关系，应用型的电子技术学、数学、化学和物理学得以进入普通大学。新的农学研究所也将科学和农业有机结合起来。最终，德国商业家资助普通大学，并在大学内开设了经济学的习明纳。① 与德国工科大学不同，在法国，直到 1968 年才由埃德加·富尔（Edgar Faure）的《方向法》（Loi d'orientation）授予大学法律、管理、财政和教育的自治权；直到 1984 年，由教育部管理的其他高等教育机构才被《萨瓦里法》（Loi Savary）授权颁发学术学位。② 德法两国尽管都是自上而下的大学管理模式，但是法国政府对大学管理更多的是牵制和约束；德国政府对大学管理更多的是包容和开放。在法国，大学校与大学之间长期不能在同等的条件下进行竞争，无疑会造成对理论性知识的忽视，以及理论性知识与实践性知识的相互脱节，这不能不说是法国高等教育落后于德国高等教育的一个重要原因。

德国大学对纯粹知识的重视，直接影响了美国研究型大学的创办及崛起，也深深影响了赠地学院的产生。19 世纪留学德国的美国人，看到农业、采矿业和工程学院等在国民建设中的重要作用，回国后他们促进了农工学院理念在美国的迅速传播。美国内战后，政府根据农业及工业发展的需要，及时提出了向教育机构赠予公共土地的资助方案，1862 年

①　McClelland C E. State, Society, and University in Germany, 1700-1914 ［M］. Cambridge: Cambridge University Press, 1980: 284.

②　吕埃格. 欧洲大学史·第三卷·19 世纪和 20 世纪早期的大学 ［M］. 张斌贤，杨克瑞，译. 保定：河北大学出版社，2014：125-126.

《莫里尔法案》（Morrill Act）的颁布使众多赠地学院迅速创办并扩张。这为 20 世纪美国成为世界高等教育强国奠定了坚实的基础。20 世纪 30 年代，弗莱克斯纳曾对美国部分大学过度热衷于低层次的应用知识、成人教育和大学推广教育的做法提出严厉批评。他高度认可德国哲学家、心理学家爱德华·斯普朗格（Eduard Spranger）关于大学教授应当如何看待应用性知识的观点，亦即，现代大学的教授不能无视现代生活的社会环境需求，但是如果这种想法过于宽泛，比如假期和闲暇时间都在致力于讲授大众课程，那么大学作为学术组织将面临险境。大学教师必须努力向上、追求卓越，同时还要经受住商业利益带来的诱惑。如果被商业利益所牵制，他将会很快丢掉自己的科学价值观，去追逐商业的或者社会的价值。① 斯普朗格的告诫，不但适用于大学教授对于纯粹知识和应用知识的理解，同时也适用于应用知识和商业价值之间关系的判断。

第五节　声望感召：大学学术资本的积累动力

马克斯·韦伯在论述以政治为业的演说中说，以政治为业有两种方式：一是"为"政治而生存，二是"靠"政治而生存。② 按照韦伯的思路，我们也可以将以学术为业划分为两种方式，即一是"为"学术而生存，二是"靠"学术而生存。就 19 世纪的德国大学而言，无论是从国家层面还是从大学层面，无论是从教师层面还是从学生层面来说，"为"学术而生存的思想理念和生活实践，相较于"靠"学术而生存的思想理念和生活实践，都更为重要而凸显。即使是在"靠"学术而生存的思想理念指导下，也需要具备"为"学术而生存的能力和声望，这样才能赢得"靠"学术而生存的多样资本。除了学术能力之外，学术声望同样是影响学术资本的重要因素。在一定程度上，学术声望是学术能力的翅膀，拥

---

① Flexner A. Universities：American，English，Gerrman［M］. New York：Oxford University Press，1930：339.
② 韦伯. 学术与政治：韦伯的两篇演说［M］.冯克利，译. 北京：生活·读书·新知三联书店，2005：63.

有广泛学术声望的学术能力才能够飞得更高、更远。当然，学术能力无疑是学术声望的躯体，离开了学术能力的支撑，学术声望只能是飘浮在空中的羽毛，不但会摇摆下坠，而且会随风消散。反观 19 世纪德国大学，声望学术资本不但获得了国家、政府乃至民众的大力支持，而且获得了大学、教师和学生的高度认同。

一　从大学外部来看

包尔生认为，在 19 世纪的德国，全民高度重视学习，这是其他任何国家所无法企及的，而且这完全归因于有这样一个令人愉快的环境：在这里，科学的伟人都曾经给青年一代面对面地讲过课，而大学自身也有充分的理由期待在他们之后能够人才辈出。这些伟人具有超凡力量，其秘密在于他们能够聚拢和维持这个国家的前沿精神。而且只要他们能够做到这一点，也就能够稳固他们在德国人民当中业已赢得的崇高地位。[①] 在包尔生看来，具有卓越学术能力的教师，不但被赋予了"科学伟人"的称号，而且被认为是在凝聚国家精神方面"具有超凡力量"的群体，前者侧重于科研方面的学术声望，后者则更加强调教学方面的学术声望。为了充分尊重大学教授的劳动，在欧洲，德国率先赋予大学教授公务员的身份，这无疑为大学教师的学术声望增添了一层制度化的色彩。如果按照马克斯·韦伯所创造的三大政治权威类型分析德国大学教师的声望基础，不难看出，在包尔生的笔下，"科学伟人"具有"传统型"的声望特色，"超凡力量"具有"卡里斯玛型"的声望特色，大学教授的公务员身份则具有"法理型"的声望特色。

事实上，早在 18 世纪中后期，在德国大学中，能力和学识就取代了传统的学术资本观念，亦即著作发表取代了学者藏书。中世纪时期，拥有羊皮卷制成的藏书，在一定程度上也就拥有了相应的学术资本。伴随印刷术的出现，书籍已经不再难以获取，德国率先打破了依靠有形的藏书和仪器来衡量学术资本多寡的惯例。政府聘任教授主要看重申请人所

---

① 包尔生.德国大学与大学学习［M］.张弛，等，译.北京：人民教育出版社，2009：9.

发表的著作，或者更确切地说，是这些著作所产生的学术声望。通过著作的学术声望来评判申请人的学术声望，使学术成果与教授聘任产生了直接关联。更为重要的是，教授在获得政府认可赢得大学讲座教席以后，仍然不能止步不前，他们还需要以符合时代精神和潮流的方式继续他们的学术创造，不但要发表学术论文、出版学术专著，而且要出版教科书甚至是编辑期刊。威廉·克拉克认为，教科书和期刊使德国大学教授成为全欧洲学术界的裁判者。在德国大学中，政府非常看重学者所获得的"掌声"，获得"掌声"就是获得名声。一个人获得掌声部分取决于课程讲授的规模和成功，亦即取决于学生们的手掌所造就的赞誉。以"教学时伴随掌声"而闻名的学者具有获得认可的学术声望。学者获得的掌声还来自校外，并最终超过了课堂上的"掌声"。政府将加入精英学术会社以及科学学会的邀请视为来自校外的赞誉。其他学校发来的任职邀请更是最有力的声音。[①] 可见，在19世纪德国对大学教授学术声誉的考量中，教师发表成果并获得同行认可，是科研学术声望的条件；讲课能吸引学生并获得"掌声"，是教学学术声望的标准；加入精英学会并收到任职邀请，则是社会声望的基础。这些措施，无疑为无形学术声望的考量提供了可操作的手段。

德国政府和民众赋予学术声望的充分尊重和褒奖，无疑激励了大学不断追求卓越。与之相比，经过大革命的洗礼，法国传统大学已被完全破坏，昔日巴黎大学的学术辉煌已成过眼云烟，新崛起的大学校群落，由于重视技术培养、强调贵族精英，其学术影响也无法与德国抗衡。同时期，以牛津、剑桥为代表的英国大学沉醉在绅士教育之中，从政府到民间，对牛津、剑桥的贵族化、宗教化教育均表现出强烈不满。外部世界对学术声望的判若云泥，无疑是德国高等教育超越英法的文化土壤。

二 从大学教师来看

19世纪的德国大学被誉为知识的主体，是学者从事研究和教学的乐

---

① 克拉克.象牙塔的变迁——学术卡里斯玛与研究性大学的起源 [M].徐震宇，译.北京：商务印书馆，2013：289-310.

园。当时德国著名的学者都热衷于到大学参加工作，而不是像法国学者那样热衷于去研究院或科学院从事研究，或者像英国学者那样在大学之外从事研究。包尔生对德国、法国和英国的大学对杰出学者的吸引力进行了精彩的对比与描述。他认为，德国大学所沿用的模式，介于英国式大学和法国式大学之间。与法国大学相比，德国大学保留了更多的大学原初性的特征；与英国大学相比，德国大学更多地回应了现代社会的需求。德国大学不但承担着传统大学培养人才的职能，而且创造性地承担着发展科学的职能，这是无数杰出德国学者献身于大学事业的重要因素。德国所有的大学教授都是研究者和学者，所有的研究者和学者都是大学里的教师。的确，有一些很优秀的学者并非大学教授，比如洪堡兄弟，而且在德国文科中学的教师中，也能找到不少学术上相当出色的人的名字。同样无疑的是，在教授当中不仅有从不做任何重要学术工作的人，而且有唯一志愿就是做个好教师的人。但所有这些都是例外的个案。在19世纪德国大学史上，杰出的学者往往与大学密切相连，从康德、沃尔弗到费希特、谢林、黑格尔和施莱尔马赫，从哲学家海涅、赫尔曼（Got-tfried Hermann）到历史学家兰克（Ranke）、魏茨（Waitz），从自然科学家高斯（Gauss）、李比希、赫尔姆霍茨（Hermann von Helmholtz）、基尔霍夫（Kirchhoff）到声名远扬的诗人乌兰德（Unland）、吕克特（Rückert）、毕尔格（Bürger）、席勒、盖勒特（Gellert）和哈勒（Haller），都是大学教授。相反，当时英国许多杰出的学者，如达尔文、斯宾塞（Spencer）、吉本、边沁（Bentham）、李嘉图（Ricardo）、休谟、洛克（Locke）以及培根，都与大学毫无关系。在法国，科学研究者、伟大的学者都属于研究院，这些人或许同时也是法兰西学院或者索邦学院的一员，这样他们就可以开设公共讲座，任何人都可以来听课。但是，与德国的大学教授不同，他们并不是与学生朝夕相处的教师。① 大学依靠名师而产生学术声望，名师依靠大学来扩大学术声望，是自中世纪开始就形成的基本规律，19世纪德国大学对于名师的追求又达到了一个新的境界。

在19世纪初期的德国大学，对于没有学术成果的教师，政府聘任时

---

① 包尔生. 德国大学与大学学习［M］.张弛，等，译. 北京：人民教育出版社，2009：4-6.

已经不再关注。1802 年，哥尼斯堡大学的讲座教授孟道夫（Mangelsdorff）去世后，在没有薪水的情况下执教 33 年的傅罗秀（Wlochatious）曾经是哥尼斯堡政府关注的一个重要候选人。但是，当考察了傅罗秀没有任何与教席有关的著作之后，波茨坦（Potsdam）和哥尼斯堡政府都做了同一个决定：傅罗秀不行。尽管有学院和大学的强烈推荐（将其列为候选人名单的第一位），傅罗秀本人不断上书柏林，哥尼斯堡大学的监督员试图为其争取，哥尼斯堡政府最终还是选择了其他人。伴随大学对学术卓越的不断追求，在大批符合聘任条件的教师开始出现，而学术蛋糕增长有限的情况下，教师学术水平的高低就成为是否能够被聘任的一个重要尺度。当哈勒大学发现政府任命的教授蒲克尔（Peucker）的著作和出版物被学院贬低到一无是处的时候，又重新要求蒲克尔撰写一篇执教资格论文。蒲克尔的论文提交给学院后，被认为质量极为低劣，每页都有语法错误。虽然蒲克尔是被政府任命的，他的后台至少是一位伯爵，但一切都是无用的，可怜的蒲克尔不得不辞去哈勒大学的教职。在政府和学院的双重规制下，教师想通过自我推销和耍手段的方法来获得加薪或者其他益处也是徒劳的。[①] 学术工作是永无止境的艰难攀升过程，每一次的"完满"，就意味着"新问题的诞生"。学术工作者不但要在研究和教学中持续超越他者，而且要不断地自我否定和超越。马克斯·韦伯认为，以学术为志业的人，在这种无止境的探索过程中，只有保持"为学术而学术"的人生态度，才有可能将学术工作不断坚持下去。[②] 19 世纪德国大学的教师，正是在"为学术而学术"的精神感召下，不断推陈出新，不断赢得声望。

三 从大学学生来看

无论是大学的学术声望，还是教师的学术声望，学生的口口相传无疑是非常重要的传播途径。因此，大学内部学生组成的多样性，无疑是

---

① 克拉克. 象牙塔的变迁——学术卡里斯玛与研究性大学的起源［M］. 徐震宇，译. 北京：商务印书馆，2013：327-330.
② 韦伯. 韦伯论大学［M］. 孙传钊，译. 南京：江苏人民出版社，2006：101-102.

衡量学术声望的重要标准。相对于英国和法国的大学，19世纪德国大学的学生组成，已经打破贵族特权的樊篱。此外，德意志在研究和科学领域的成就享誉海外，从而吸引了来自世界范围的学子求学。19世纪上半叶，美国到德国大学留学的人数不多，1825~1850年，在德国学习的美国人仅55人，19世纪50年代超过了100人，60年代增长了至少3倍，70年代又增长了3倍，超过千人，到了90年代则超过2000人。从地理位置分析，美国人留学应当首选英国和法国。美国人之所以没有选英、法，尽管原因多样，但首要的是，德国大学和学者拥有更高的学术声望。事实上，当时的牛津、剑桥也不乏著名学者，卡文迪什实验室是当时世界上最好的研究机构之一。但是，正如康拉德（J. Conrad）所说，这些状况和成就是个人性的，而非学院性、集体性和制度性的。[①] 由于19世纪德国大学的学术声望极高，来自各国的学生不断增多。也正是19世纪德国大学的崇高学术声望，深深影响了世界范围内的大学发展。除了美国、英国、法国，日本、希腊、荷兰、比利时、俄国、丹麦、挪威和瑞典等国家的高等教育发展，都可以找到德国高等教育影响的痕迹。

第六节 余论

中世纪以降，伴随民族国家的形成，大学逐步走出"教权—王权—学权"三权分立的治理环境，不断走向民族国家的控制与裹挟。民族国家治理下的大学，其外部环境和内部因素纷繁多样，19世纪的德国、法国、英国大学也分别走向了不同的发展道路。尽管大学之间的竞争是多方面的，大学具有的与他者竞争的资本亦是多样性的，但是，从学术资本的视角研究和分析以学术为业的大学间的竞争因素，却又是最为核心、最为关键的，因为大学之间的竞争，归根结底是学术的竞争，学术资本的多寡决定着大学在竞争中的序列。反思19世纪德国大学所走过的学术资本积累历程，至少有以下几点仍然对于当下高等教育发展具有重要的

---

① Thwing C F. The American and the German University：One Hundred Years of History ［M］. New York：The Macmillan company，1928：42-73.

指导意义。

一　政府支持是大学学术资本生成的外部保障

相对企业、公司等营利性组织，大学是以知识为业的公益性组织。如果说在中世纪时期，行会性质的大学规模较小，既无图书馆也无实验室，无须花费巨额资金，因此大学和教师通过收取学生学费尚可以维持生存的话，到了 19 世纪，伴随大学规模的不断扩大，习明纳、研究所、图书馆和实验室等组织和设施的不断增加，如果没有国家和政府的支持，大学的健康发展是很难维持的。在英、法、美等国家尚未大幅度介入高等教育资助的情况下，19 世纪的德国政府率先实施了向高等教育注入大量资金的措施。正是在国王的直接支持下，1810 年成立的柏林大学很快会集了一批硕学鸿儒，聚集起了自身雄厚的学术资本。教授纳入国家公职人员管理，由政府给予薪水，不但能够使他们的生活得到保障，也避免了校外兼职现象，使之能够安心于教学和科研。值得关注的是，19 世纪德国政府并没有因为对大学拨付巨额经费而将其视为自己可以随意掌控、介入的附属机构。相反，无论是大学的内部运营还是大学的外部管理，政府都赋予了大学组织充分的自由和自治。这与同样在政府管理体制下的法国大学形成了鲜明对照。

二　学术自由是大学学术资本生成的源头活水

知识传承与创新是学术价值体现的一个重要方面，无论是从传承的角度来看，还是从创新的角度来说，自由都是最为关键的因素。学术自由是从中世纪大学产生之日起就与之相伴而生的基本发展理念。以牛津、剑桥为代表的英国大学，继续秉承中世纪大学的宗教保守传统。尽管对政府而言，牛津、剑桥几乎是学术上的"飞地"，但是宗教特色使其在学术上并无整体的较大进展。相对于英国政府对大学的放任，法国政府对大学管控过严，从摧毁到创立，从课程到教学，从入学到就业，所有这些事无巨细皆有政府插手，学术自由无从谈起。相比较而言，同时期德国大学的学术自由有效地做到了自由与责任的完美结合。无论是教师教的自由、学生学的自由，还是科学研究的自由，德国政府都给予了较为合理的制度设计。当教师教的自由受到外部权力挑战时，他们可以从一个邦的大学游走到另外一个邦的大学；当学生学的自由受到大学或教师权威挑战时，他们可以从一所大学自由转移到另外一所大学。只要拥有足够的学术能力，就有相应程度的学术自由，这是 19 世纪德国大学以学术为业的生动体现。

三　教授治校是大学学术资本生成的组织保障

从本质上来说，教授治校是教师学术自由的自然延伸，也是教师学术自由的具体体现。教授治校主要是针对校内官僚治校和校外官僚治校而言的。教授治校之于官僚治校的合理之处在于，学术是一项专门的、特殊的事业，应当交由行家来管理。19 世纪德国大学的实际情况是，讲座教授一旦获得聘任，就成为该习明纳或研究所的负责人。无论是校内的大学校长，还是校外的政府人员，对于教授及其所在机构的发展均无权干涉。也正是在这种制度运行下，整个 19 世纪柏林大学的校长尽管每年一换，大学仍然能够保持健康平稳发展。但是，教授治校并不代表教授权力的无限扩张，讲座教授的聘任并不完全掌握在教授手中，编外讲师制度使青年人可以就教学能力向讲座教授随时发起挑战，异地寻找教职的制度也有效避免了讲座教授学术"小帮派"的形成。

四　教研结合是大学学术资本提升的基本途径

培养人才是自中世纪以来大学就具有的基本职能，19 世纪德国大学开创了大学第二种重要职能——发展科学。严格来说，在现代社会中，只有具备以科研为基础的人才培养，方能真正有资格称为大学。与以中小学为主体的基础教育不同，以大学为主体的高等教育不能仅仅是知识的传授，学生也不能仅仅是知识的接受者，无论是对于研究型大学还是教学型大学来说，传授创新型知识都是大学强校之路的不二法门。教学和研究相结合，通过研究促进教学，是 19 世纪德国大学为后世大学保留下来的一份宝贵的精神和制度遗产。没有研究的教学，无疑又回归到中世纪大学时期的照本宣科（reading）；缺少创新的教师，很难培养出具有创新意识的学生；缺少反思的学生，很难成长为国家和民族未来的精英；没有研究的大学，也只能称为培训学校或者技术学校。同样，没有教学的研究，仅仅是专门研究机构的事情，既缺乏学生与教师之间思想上的碰撞，也很难存在多学科人员之间的交流，这样的人员只能称为研究员，这样的机构不能称为大学。

五　学术声望是大学学术资本积累的重要内容

康德在《实践理性批判》的结论中开篇提出："有两样东西，人们越是经常持久地对之凝神思索，它们就越是使内心充满常新而日增的惊奇和敬畏：我头上的星空和我心中的道德律。"① 星空代表着外部感官世界的无限，同时也对应着人作为动物性被造物的生命力的短暂，既是"生也有涯，而知也无涯"的日知日新，也是"以有涯随无涯，殆已"的现实无奈；道德律则是理智者的价值不断提升的重要凭借，它不依赖于感性世界而存在，并能够使合目的的理性不断走向无限。康德之后，追求"纯粹知识"一直是德国大学学者的重要信条，即使是合乎应用性的工科大学的创办及运行，也是在理性范围内的适度拓展。换言之，工科大学在脚踏实地的同时，也没有忘记仰望星空。这样的学术发展才有别于低层次的技术培训，才有别于沉陷于世俗的蝇营狗苟，才能够走向长远并不断达至无限。用当下流行的话来说，这个世界不只有眼前的苟且，还有诗与远方。尽管是一句心灵鸡汤，但也是对当下物欲横流的现实的批判。学术声望的形成复杂多样，但是不断探索星空，不断将知识推陈出新，时刻坚守着心中的道德律，无疑是学术声望形成的重要条件，这也是 19 世纪德国大学能够创造出诸多辉煌，能够吸引世界范围的学子负笈求学的重要原因。

---

① 康德. 实践理性批判［M］.邓晓芒，译. 杨祖陶，校. 北京：人民出版社，2003：220.

总之，大学兴则高等教育兴，大学强则高等教育强，大学的兴盛强大与否，学术资本无疑是最为重要的衡量指标，这是 19 世纪德国高等教育强国建设的基本经验。无论是国家对大学的资助，还是国家对大学的宽容，无论是德国高等教育的革新，还是德国高等教育的传承，无论是德国普通大学系统的发展，还是德国工业大学系统的发展，19 世纪德国大学的崛起之路，都为世界范围内的大学提供了原创性的经典范例；19 世纪德国高等教育强国建设之路，都为世界高等教育强国建设提供了可资借鉴的宝贵经验。

第八章

从巅峰走向没落：学术资本与德国
大学（1870~1940）

第一节　引言

在国内学术界，谈及德国大学，大都聚焦于 19 世纪德国大学的崛起。学术自由、教授治校、通过研究促进教学、教学与科研相统一、哲学博士、讲座教授制、编外讲师制等制度措施，至今仍为学界津津乐道，相比较而言，鲜有专门论述德国大学如何从辉煌走向衰落的成果。即使有论及德国大学从辉煌走向衰落的研究成果，也往往将历史的拐点定位于第一次世界大战爆发的 1914 年，或者是希特勒（Adolf Hitler）上台后至二战结束这段时间。这样的分析有其合理之处，毕竟战争期间，大量学生弃学从军，教授生活颠沛流离，城市遭受炮火摧毁，大学遭遇战争打击，大学的经济资本、文化资本、社会资本乃至学术资本均遭遇重创。但是，德国大学在世界大学中的衰落，并不能全部归咎于战争。事实上，两次世界大战，之所以称为世界大战，就意味着参加战争的国家具有世界范围的广泛性。正是因为参战，美国政府才认识到大学的重要性，政府一改往日不介入大学的做法，资助大学科学研究，从而推动了芝加哥（Chicago）大学、麻省理工学院（Massachusetts Institute of Technology，MIT）、斯坦福（Stanford）大学等美国研究型大学群体的崛起；战争即将结束之际，美国国会颁布了《退伍军人权利法案》（Servicemen's Readjust-ment Act），给予参战士兵优惠政策，使他们能够重返大学校园，进而有力推动了美国高等教育发展，使美国在欧美国家中率先实现了高等教育大众化乃至普及化的目标。从德国高等教育自身发展的历史来看，正是在 1806 年耶拿战役失败的废墟上，崛起了以柏林大学为代表的 19 世纪德国大学群落，进而使德国高等教育实现了占领世界高等教育之巅一个多世纪之久的历史辉煌。因此，解读德国大学从辉煌走向衰落，战争尽管是一个重要的因素和视角，但并非最为重要的因素和视角。

从学术资本的视角来看，如果把德国大学的辉煌界定在从 1810 年柏林大学创立到 1914 年第一次世界大战爆发的百年时间，那么德国大学开始没落的起点，恰恰是在"铁血宰相"俾斯麦（Otto Eduard Leopold von Bismarck，1815~1898）执政之后，尤其是在 1870 年至 1871 年普法战争胜利、德意志帝国崛起之时。德国学者塞巴斯蒂安·哈夫纳（Sebastian Haffner）认为："俾斯麦的最高胜利已经暗藏着失败的根源，德意志国的覆亡已随着建国而萌芽。"[①] 从学术资本的视角分析德国大学的兴衰起伏，同样可以看出这一历史发展趋势。换句话说，德国高等教育伴随德意志帝国崛起，经过半个世纪的发展，在俾斯麦执政时期，德国大学发展到顶峰。所谓"日中则昃，月满则亏"，恰恰是在德国高等教育发展的巅峰时期，暗藏着德国大学走向没落的根源。换言之，如果把德国大学的百年辉煌历程，比喻成一个下开口抛物线，那么俾斯麦时期就可以看作抛物线的顶点，1810 年柏林大学的创办和第一次世界大战则可以视作抛物线的两端，待到希特勒执政时期，德国大学则继续滑入深渊。伴随大洋彼岸美国大学群体的迅速崛起，德国高等教育强国的地位最终被美国取而代之，并一直延续到现在。

大学是从事高深学问研究与传播的机构，学术强盛则大学强盛，学术衰弱则大学衰弱。从大学发展的本质来看，在大学多样资本中，大学之间的竞争和大学的发展所凭借的主要是学术资本的多寡；大学组织的起伏或兴衰，主要应该衡量学术资本的富饶或贫瘠。与社会资本、文化资本等资本形态一样，学术资本尽管很难通过量化指标进行像经济资本那样的精确测量，但是无论从组织层面还是从国家层面，学术资本的多

---

① 哈夫纳．从俾斯麦到希特勒［M］．周全，译．南京：译林出版社，2016：33．

寡大致是能够做出基本判断的，比如创新性成果的质与量、学术声望的普遍认可度等。因此，从学术资本的视角分析德国大学的没落历程，无论是对于解读德国大学没落的原因，还是对于探索高等教育发展的规律，都具有非常重要的理论意义和现实价值。学术资本的外延包括学术成果和学术声望，而学术成果和学术声望的造就，要从大学发展的内外部环境进行分析。换言之，大学的外部管理体制、内部组织结构、师生生存状态、学术成就与声望等，都是影响学术资本运营与积累的重要因素。本章正是从这些影响因素出发，探索德国大学走向没落的根本原因的。为分析德国大学半个多世纪的没落历程，我们把从俾斯麦时代到希特勒时代德国大学的学术资本发展大致划分为三个阶段，亦即俾斯麦时代、一战前后和希特勒时代。需要特别指出的是，因为比较的需要，每一个时代并不完全拘泥于特定的时间点，在集中论述一个时代的同时，也会涉及其他相近时代的事实或数据。同时，在分析德国大学从辉煌走向衰落的同时，辅以比较同时期美国大学从"后发"走向崛起的表现，这样更能凸显出学术资本之于大学发展的重要性。

第二节 巅峰下的危机：俾斯麦时代德国大学的学术

俾斯麦建立德意志帝国，可以看作 19 世纪德国内政外交上的一个分水岭。此前，德国人所居住的欧洲中央地带，一直由众多大小不等的松散联邦组成。依靠"铁与血"建立起来的德意志帝国，一开始就具备了中央集权性质的君主主义、贵族地主性质的容克主义以及对外侵略扩张的军国主义特征。巨大的政治变局，为德国大学学术资本的发展带来了严峻挑战。

一 国家官僚学术管理的弊端

19 世纪初，在耶拿战役失败，国家割地赔款情况下，德意志民族意识不断觉醒，以普鲁士国王和威廉·冯·洪堡为代表的政治精英，以费希特、施莱尔马赫等为代表的文化精英，对于大学发展的理念达到高度统一。即使是在政府一元资助体制下，以柏林大学为代表的德国大学群落仍然能够异军突起，不断发展壮大。但是，在德国，智力探索的兴旺发达如同温室里的花朵，大学的地位和特权是军事贵族等统治阶级恩赐的，而不是一项自由事业发展的结果。这是一种建立在统治者诺言基础之上的不稳定地位，大学不得不永远处于守势，以免遭到统治者猜疑。[1] 19世纪70年代，伴随德意志帝国成立，俾斯麦的铁血管理政策自然延伸到高等教育管理之中。及至阿尔特霍夫时代，教授聘任近乎完全掌握在政府手中。阿尔特霍夫事无巨细地介入大学管理，对教授咨询建议可随意处置，还通常会采取威逼利诱的手段强迫他们签订秘密协议。这种"本末倒置"（reverse）的做法，严重违反了德国大学的学术自由。[2] 正是在这种境遇下，德国政府不断挤压教授的教学和研究自由，并使教授治校或大学自治的空间逐渐萎缩。

教师的学术自由被国家权力赶出大学，其标志就是祸从口出和文字狱，尽管在德国历史上，沃尔夫（Christian Wolff）曾因此被驱逐出境，晚年的康德也因为宗教观点遭遇"笔祸"事件，哥廷根大学的七位教授也曾因为发表与邦政府不同的言论被迫流亡他乡，但是，他们依然具有教授的资格，可以成为学者"共和国"的一员。[3] 在俾斯麦政府之前，教师如果冒犯了政府权威，可以到其他邦政府的大学谋生，但是德意志帝国成立后，统一的政治管理、统一的财务制度，使那些冒犯邦政府权威的教师在德国境内无处可逃。此外，19世纪末期，一个普遍的趋势是政府对于教授双重薪酬制度的限制。1896年奥地利教育部不顾大学强烈反对，宣布废除"课酬薪金制度"。普鲁士政府也对其做了严格限制，一方面，引入根据教师服务年限定期增长教师工资的制度；另一方面，对超出3000马克（柏林为4500马克）的课酬，一半收归政府所有，将此作

① 本-戴维. 科学家在社会中的角色 [M]. 沈力，译. 台北：结构群文化事业有限公司，1990：198.
② McClelland C E. State, Society, and University in Germany, 1700 - 1914 [M]. Cambridge：Cambridge University Press, 1980：296.
③ 韦伯. 韦伯论大学 [M]. 孙传钊，译. 南京：江苏人民出版社，2006：141-142.

为政府增加教师工资支出的部分补偿。最终，双重薪酬制度只能名存实亡。包尔生认为，双重薪酬制度的消亡，是政府加强大学管理的表现，也为大学带来了不可消除的负面影响。教授完全依靠工资生活，其官员特征更加明显，通过教学吸引学生的动力消失，学生自由选课的空间被逐步压缩。[1] 教授完全依靠政府生活，不得不在学术上俯首帖耳；教授完全依靠工作年限来获得工资增长，无疑会养成学术创新的惰性；教学双重薪酬制度的限制乃至瓦解，打击了教授多劳多得的积极性，也降低了教授对教学精力的投入。

1870 年后，德国高等教育无论是从大学群体来看，还是从大学个体而言，都迎来了规模上的急剧扩张。据统计，1831~1841 年的入学注册人数为 12247 人，1861~1871 年为 13420 人，40 年内入学注册人数增幅仅为 9.6%。1864 年，普鲁士大约 2800 名居民中有一名大学生，在整个德国地区，平均 2600 人中有一名大学生被录取。[2] 应当说在前精英教育的时代，以国家支付为主的高等教育财政运行体制尚且可以有效运行，但是，从 1871 年开始，德国大学入学注册的人数迅速攀升，12 年内达到 24187 人，比 1831~1841 年翻了一番。[3] 尽管 1866 年之后，德国各邦对大学拨款的数额不断增加，但是从相对数量上看却不断减少，比如普鲁士大学，1866 年经费预算占到"文化"预算的 15%，但是在 1910 年，仅占到 6.4%；在萨克森（Saxony），大学和技术学校 1866 年经费预算占到教育总预算的 25%，在 1910 年仅仅占到 13%；在巴伐利亚，同样也是如此。[4] 可见，19 世纪后半期的德国政府对教育投资远远不如前半期重视。正如当时的教育部部长阿尔特霍夫所说："当我走进财政部部长米克尔（Johannes von Miquel）的办公室时，我要随身带一把枪，否则我不能从他那里获得大学需要的任何经费。"[5] 这与同时期美国大学资助系统形成了

---

① 包尔生. 德国大学与大学学习［M］.张弛，等，译. 北京：人民教育出版社，2009：94.
② Arnold M. Schools and Universities on the Continent ［M］. London：Macmillan and Co.，1868：223.
③ Conrad J. The German Universities for the Last Fifty Years ［M］. Glasgow：David Bryce，1885：17.
④ McClelland C E. State, Society, and University in Germany, 1700–1914 ［M］. Cambridge：Cambridge University Press，1980：308.
⑤ McClelland C E. State, Society, and University in Germany, 1700–1914 ［M］. Cambridge：Cambridge University Press，1980：298.

鲜明对比。1862 年，美国联邦政府颁布了《莫里尔法案》，政府资助催生了众多州立大学；长期形成的私人捐赠传统，也催生了诸如芝加哥、约翰·霍普金斯（Johns Hopkins）等众多私立研究型大学。它们与哈佛大学、耶鲁大学、普林斯顿大学等美国老牌大学一起，共同提升了美国高等教育在世界高等教育中的学术地位。

此外，19 世纪后期，德国大学开始出现排斥穷人的倾向。学生在进入大学学习之前，有九年文科中学的学习过程，大学之后又有一段实习期，而后也许在某种情况下，还会有一个非常漫长的等待期。服兵役的一年时间，由于需要经济上的支持，也必须考虑在内。综合以上因素，大学漫长的求学过程，对于穷人子弟来说，正变得越来越艰难。在学术职业上，显然存在一种越来越明显的倾向，就是要阻止来自较低社会阶层学生的加入。在过去，社会有很强烈的帮助贫困家庭天才儿童的愿望，而如今情况却发生了一百八十度的转变。① 与之相伴的是，19 世纪 80 年代，德意志帝国中的学生反犹（anti-Semitic）主义逐步流行。② 当读书成为某些阶层、身份、种族的特权，社会不再为优秀人才留有出口时，大学整体水平必然下降。与德国高等教育不同，此时，美国芝加哥大学已经开创性地设立两年制的初级学院（junior college）。一方面，两年制的初级学院可以授予终结性的副学士学位（associate degree），学生拿到学位后即可毕业参加工作，不但可以缩短学生求学的时间，而且更容易吸引贫寒子弟入学；另一方面，初级学院的毕业生可以纳入课程学分转换（transfer），不但可以进入四年制学院的三年级继续攻读学士学位，而且如果学有余力，还可进一步深造。及至 20 世纪 50 年代，初级学院创造性地发展为社区学院（community college），并逐渐使社区学院遍布全美各地。在美国，无论是早期的初级学院还是后来的社区学院，都为美国高等教育打破了阶层、身份、种族的樊篱，并通过课程学分转换为优秀人才成长留出了多样出口。

---

① 包尔生. 德国大学与大学学习 [M]. 张弛，等，译. 北京：人民教育出版社，2009：128-129.

② Jarausch K. Students, Society, and Politics in Imperial Germany：The Rise of Academic Illibe-ralism [M]. New Jersey：Princeton University Press, 1982：400.

二　大学学术组织发展的固化

1870 年之后的德国大学具有高度同质性。1863 年，蒂宾根大学在生理学家莫尔的倡议下，将自然科学学院从哲学院中分离出来，但是从整体来看，这种做法并未形成主流，反对莫尔的声音普遍存在，比如当时著名的科学家赫尔姆霍茨、保罗·杜布瓦-雷蒙德（Paul du Bois-Reymond）和埃米尔·杜布瓦-雷蒙德（Emil Du Bois-Reymond）兄弟、霍夫曼（August Wilhelm von Hofmann）等，这些人认为，一旦允许不同知识分支分离，将会导致大学整体的分离，从而使大学演变为狭窄的专业和技术学院。[①] 正是这些反对的声音，使德国一直到第二次世界大战结束，绝大部分大学仍然保持着哲学院、法学院、神学院和医学院四个学院的建制。这种学院建制的弊端是显而易见的，它不利于大学根据自身特点以及社会需求等开设新的学科专业，不利于德国各大学之间产生有效的自由竞争。与德国不同，美国大学在继承中世纪大学科艺学院、法学院、神学院、医学院四类学院的基础上，不但保留了科艺学院的基础地位，将法学院、神学院、医学院仍然设置为高级学院，还创造性地将科艺学院改造为文理学院或者本科学院，此外还设立了农学院、商学院、教育学院、管理学院等众多学科各异、类型不同的新型学院。在一所大学，农学院可能是其优势学院；在另一所大学，商学院则可能发展成龙头学院。正是不同学科间的错位发展，使美国大学都具有各自特色，从而形成了百花齐放、千帆竞发的勃勃生机。

19 世纪下半叶，世界范围的工业革命浪潮持续不断地向纵深发展，英美大学纷纷开启服务社会职能的新时代。相对而言，德国大学对工业革命以及社会发展的需求反应迟缓，其中一个重要原因，是大学内部的研究所和习明纳仍然坚持"纯粹知识"教学和研究的组织惯性。在习明纳里，学术生涯成功的标志，是在更为狭小的领域内取得创新性研究成果，培养的是持续追求"纯粹知识"的学徒，不但不适应现实经济社会

---

① Lilge F. The Abuse of Learning: The Failure of the German University [M]. New York: The Macamillan Company, 1949: 65-66.

发展的需求，而且不适应学术市场的需求。这种教学模式，还提升了学位获得者尤其是博士学位获得者的年龄。以柏林大学为例，在1810年博士学位获得者的平均年龄仅为21.6岁，1910年则跃升为26.7岁。19世纪中期以后，这种情况在德国其他大学也比较普遍。① 博士学位获得者年龄的上升，使本来持续增加的学生就业压力更加严峻。这种趋势严重削弱了德国大学高层次人才培养的效率和国际竞争力。与德国不同，美国大学不但在学士学位之下创造性地设置了副学士学位，还在学士之上分层级设置了硕士和博士学位，从而形成了"副学士—学士—硕士—博士"相互连接而又相互分开的学位授予制度，适应了经济社会市场对不同人才的需求，也有利于不同经济背景的学生自由选择学习的空间。及至20世纪20年代，美国大学率先实施了专业学位制度，并将其与学术学位打通，从而形成自下而上、专业学位与学术学位并举的学位授予体系。

为摆脱追求"纯粹知识"的大学学术固化惯性，应对外部世界变革，德国政府不得不在大学之外新建工科大学，企业组织也不得不另觅合作对象。德国大学不能适应工业化发展的需求，为其发展带来了诸多不利。首先，它弱化了大学在科学研究中的优势地位，将应用研究拱手让给其他组织；其次，它挤占了大学的生存空间，无论是政府、企业还是个人，都将应用研究经费注入了其他学术机构，大学对政府资金的依赖性变得更强，这意味着自身学术自由和自治的空间缩小；最后，大学及其教授对于应用科学的态度由无视到蔑视，最终影响到学生对现实世界的看法，从而对人才培养产生持续性的负面影响。1889年，在德国科学和医学协会年会上，曾有人建议在所有德国大学建立科学史讲座，改变大学学习的狭窄化和专业化，并解决科学和人文的冲突，然而这些建议并未得到重视。② 因此，在整个19世纪后半期，德国大学的研究所和习明纳只能不断发生机械性裂变，以柏林大学的医学研究所为例，1880年之前的70年建有4个，分别为解剖学研究所（1810）、药物学研究所（1840）、生

---

① McClelland C E. State, Society, and University in Germany, 1700-1914 [M]. Cambridge: Cambridge University Press, 1980: 181-195.

② Lilge F. The Abuse of Learning: The Failure of the German University [M]. New York: The Macamillan Company, 1949: 74-76.

理学研究所（1850）、病理学研究所（1850），1880 年之后的 20 年新增 4 个，分别为解剖生物学研究所（1880）、卫生学研究所（1880）、显微抗药射线研究所（1900）和神经生物学研究所（1900）。[①] 可见，这种机械性裂变毕竟是有限度的，而且每产生一个新的研究所或习明纳，就会有一个新的学术寡头，就需要配套更多资源，政府终究无力承担。德国研究所和习明纳的组织惯性，已经无法与同时期美国大学交叉融合的院系结构相匹敌。与德国研究所和习明纳的寡头制管理不同，美国大学的院系组织结构，在学院内部，可以根据知识发展和社会需求不断增设新兴学科，院长和系主任只是学科的管理者，既不存在任职上的终身性，也不存在管理上的寡头性，因此，相对德国大学内部学术组织的层级性固化，美国大学内部学术组织更加具有灵活性、民主性和平等性。

三　教师队伍双轨结构的冲突

19 世纪后半期，德国的编外讲师制度已岌岌可危。不拿工资的编外讲师几乎从政府得不到任何经济保障。通过比较当时美国初级教授相对丰厚的报酬，可以看出，德国高等教育系统在美国面前已经没有任何优越性。编外讲师不得不为获得职位攀升而投入更多研究。然而，讲座教授却有来自政府的保障性收入、充足的讲课费、完善的研究设备、助手以及更加自由的研究空间。如果说在 19 世纪早期，德国大学学术人员秉持自我依赖、自我更新换代的理念，那么到了 1900 年，则形成了双轨制：政府已经使讲座教授可以"脱离科学而生活"，编外讲师仍需"为科学而生活"。洪堡所秉持的"为科学而生活"只是针对编外讲师，对讲座教授则不然。[②] 在一定程度上，讲座教授逐渐成为学术上的"大老板"，编外讲师则成为学术上的"打工仔"。

---

① Lundgreen P. Differentiation in German Higher Education. Jarausch K H. The Transformation of Higher Learning, 1860-1930: Expansion, Diversification, Social Opening and Professionalization in England, Germany, Russia and the United States [M]. Stuttgart: Klett Cotta, 1983: 157-173.

② McClelland C E. State, Society, and University in Germany, 1700-1914 [M]. Cambridge: Cambridge University Press, 1980: 287-313.

德国大学教师队伍双轨结构是在 19 世纪缓慢形成的。柏林大学创办之初，拥有 36 名讲座教授和 11 名编外讲师，这样的梯次结构使编外讲师在建校之初就充满"热情和喜悦"。[①] 然而，1870 年之后，这种结构发生急剧逆转。在医学院，1870 年有讲座教授 166 人，1905 年为 246 人，增长了 80 人，助理教授和编外讲师从 246 人增长到 483 人，后者增长量是前者的近三倍；在哲学院，1870 年有讲座教授 383 人，1905 年为 636 人，增长了 253 人；助理教授和编外讲师从 344 人激增到 855 人，后者增长量是前者的两倍。[②] 这种结构使往日编外讲师的"热情和喜悦"不复存在。在政府看来，增加一名讲座教授，就意味着更多的物质和经济投入；增加一名编外讲师，不但不会拿出更多经费，还可以缓解规模扩张带来的教学压力。就这样，19 世纪末 20 世纪初，曾经为德国大学带来辉煌的编外讲师制度逐渐瓦解，其标志是讲座教授下面设立助理教授的新制度诞生了。总之，一名助理教授能够有朝一日晋升为讲座教授，甚至当上学术机构的主持人，纯粹靠运气。运气而非真才实学在教师晋升中发挥了重要作用。[③] 青年学者是大学学术资本的重要载体，一旦依靠运气来决定能否升迁，必然会对学术资本积累造成冲击。

第三节　动荡中的衰减：一战前后德国大学的学术

以第一次世界大战爆发为节点，之前的 20 余年（1890 年俾斯麦下台）和之后的近 20 年（1933 年希特勒担任德国元首）可以视为德国大学发展的动荡衰减期。在不到半个世纪的时间里，德国先后经历了威廉时代、第一次世界大战、1918 年战败帝制结束期、魏玛艾伯特（Friedrich Ebert）总统执政期（1919～1925）以及兴登堡（Paul von Hindenburg）总统执政期（1925～1933）等五个阶段。政局动荡不安、经济通货膨胀、战

① 吕埃格. 欧洲大学史·第三卷·19 世纪和 20 世纪早期的大学 [M]. 张斌贤，杨克瑞，译. 保定：河北大学出版社，2014：16.
② McClelland C E. State, Society, and University in Germany, 1700–1914 [M]. Cambridge：Cambridge University Press, 1980：259–266.
③ 韦伯. 韦伯论大学 [M]. 孙传钊，译. 南京：江苏人民出版社，2006：92–93.

争割地赔款等内政外交的困顿，直接造成德国大学学术竞争力的衰减。

一 大学学术遭遇经济政治冲击

在俾斯麦统治时期，德国在经济方面一直处于萧条状态。尽管德皇统治时期，经济一度复苏，但是伴随战争失败，德国经济因战争赔款等，重新陷入更加艰难的困境。1919～1922 年，为摆脱经济负担，德国大量印刷货币，从而造成严重的通货膨胀。大战刚结束时，马克对美元的汇率是 10：1。到了 1923 年 1 月，1 美元已经可以兑换 2 万马克，8 月美元汇率已经突破 100 万马克，又过了三个月突破千亿大关。1923 年底，1 美元竟能换得高达 4.2 兆马克。德国所有货币资产已经变得一文不值。① 在主要由国家为大学提供基本经济发展支撑的制度下，一旦国家的经济面临威胁，必然会殃及大学。与德国经济发展持续滑坡相伴的，是战后大量退伍军人进入校园，学生数由战前的 6 万增加到 1931 年的 10 万。麦克利兰（C. E. McClelland）认为，就当时的高等教育资源而言，德国大学充其量只能提供给在学人数的一半左右。教师职位的增长明显滞后于学生数量的增长，1910～1931 年，学生数增长了接近 50%，而教师数仅增长了 32%。毫无疑问，这直接导致大学教育质量的下滑。② 1925～1931 年，德国大学入学人数从 90000 人激增到 140000 人，这一急剧膨胀为劳动力市场带来巨大压力。③ 在激烈竞争的就业态势下，学生即使在毕业后能够找到工作，也会面临高度的通货膨胀，工资收入不断下滑，生活前景黯淡迷茫，群体抱怨随之而起。④ 经济上的打击无疑是大学质量滑坡的直接原因，这进而导致师生对政治体制的质疑和不满，德国大学与政府都处于风雨飘摇之中。

① 哈夫纳. 从俾斯麦到希特勒［M］.周全，译. 南京：译林出版社，2016：137-148.
② McClelland C E. State, Society, and University in Germany, 1700-1914［M］.Cambridge：Cambridge University Press, 1980：327-328.
③ Windolf P. Expansion and Structural Change: Higher Education in Germany, the United States, and Japan, 1870-1990［M］.Boulder：Westview Press, 1997：72.
④ McClelland C E. The German Experience of Professionalization: Modern Learned Professions and Their Organizations from the Nineteenth Century to the Hitler Era［M］.Cambridge：Cambridge University Press, 1991：133.

德皇时代，政府对大学教师发表政治观点的不容忍，达到德国大学历史发展上的一个顶峰。1890 年，阿伦斯（lex Arons）任柏林大学编外讲师，当年成为社会民主党成员不久，政府就试图解除其教职，柏林大学数次驳回政府要求。但是，威廉二世（Kaiser Wilhelm Ⅱ）强调"我不能容忍我们的青年教师作为社会主义者任教于皇家大学"，迫于压力，普鲁士政府不得不提出解决方案。因为政府没有直接任命和解雇编外讲师的权力，因此 1898 年 6 月通过了一个法案，使编外讲师服从于政府纪律，是为"阿伦斯法"。① 该法案改变了以前编外讲师只受大学内部管理的规则，赋予政府与学院对编外讲师进行处罚的同等权力。阿伦斯的遭遇，为德国大学教师敲响了警钟，任何大学内部成员都会因为政治上的不忠诚而被解聘。阿伦斯被解聘不到十年，1906 年 1 月，德国年轻的社会学学者米歇尔斯（Robert Michels）因其社会民主党党员身份，被政府不予任命教授资格，并被撵出德国学术界。马克斯·韦伯认为，这是德国政府对学术自由进行打压的典型案例。② 米歇尔斯被逐出德国学术界之后，在德意志帝国各邦已经无处可去，最终只能远走他乡。尽管 1919 年的魏玛共和国宪法第 142 条规定，艺术、科学及其教学是自由的，国家应予保护和扶持，但是在纳粹政权上台后，这些规定旋即名存实亡。在经济低迷、政治高压的环境下，德国大学教师逐渐丧失往日的自由。

总体来看，一战之后，德国大学遭遇的外部打压较战前不但范围有所拓展，而且程度上也加深了。哈佛大学哈茨霍恩（Edward Yarnall Hartshorne）认为，1914 年以后，德国大学不断遭遇学术外部力量——军事的、物质的、生理的、心理的、政治的和经济的——的打击，其中最为严峻的是学者们所遭遇的心理压力。③ 因此，如果说德国大学受到的外部经济、政治冲击和阻隔是表面的、可观察的，那么教师所遭遇的心理压力则是无形的、深层的，同时也是更加沉痛的。

---

① McClelland C E. State, Society, and University in Germany, 1700 – 1914 ［M］. Cambridge：Cambridge University Press, 1980：267.
② 韦伯. 韦伯论大学 ［M］. 孙传钊，译. 南京：江苏人民出版社，2006：143.
③ Hartshorne E Y. The German Universities and National Socialism ［M］. Cambridge：Harvard University Press, 1936：158.

二　大学学科及师生的生存发展困境

学科是大学学术的根基。学科分化与整合是近代以来世界高等教育知识生产中的整体趋势，不但意味着学术领域横向拓展，意味着学科边界地段新领域的滋生，也意味着学术不断走向纵深。一战前后的德国大学，无论是学科整合还是分化，都较之前表现出更多的不适应。从学科整合来看，讲座教授制使习明纳和研究所自成一体，整合阻力重重；从学科分化来看，伴随入学人数不断扩张，大学本应该乘势扩展学科领域，以避免造成结构性失业，但是德国大学反而采取了一种限制新的学科领域发展和旧的学科领域分化的紧缩方针。德国大学在自然科学领域取得进展，也许是因为研究机构的不断增加，但这些机构鼓励实验科学中的教授们把他们各自的领域看成私人领地。社会科学的生长受阻，主要原因是在那些意识形态敏感的领域中，很难把政治争论从经验探索中分离出来。所有这些都使个人在学术生涯中产生了一种受到挫折和没有希望的感觉。[①] 当学科分化和学科整合同时遭遇大学保守势力阻碍的时候，学科整体也就必然面临发展危机。

一个时代的大学，往往会有一个主流学科成为左右或者主宰大学其他学科发展的统摄学科。18世纪末19世纪初，德国大学率先冲破神学樊篱，将哲学提升为统摄学科，强调"纯粹知识"的探究。以哲学为统摄的德国大学，相对于以技术为统摄的法国大学和以文学为统摄的英国大学，顺应了经济、社会、文化以及大学自身的发展，为德国大学创造了辉煌。然而，一战前后的普鲁士大学内部仍然深受哲学统摄的影响。1893年，哥廷根大学数学教授费利克斯·克莱因（Felix Klein）出席在芝加哥举办的世界博览会并考察了几所美国大学。他发现，美国大学自然科学学科与工业技术运用相结合具有划时代意义。归国后，克莱因提倡"突破柏林大学模式中不合理的限制"，"向美国大学模式学习"，"走一

---

① 本-戴维．科学家在社会中的角色［M］．沈力，译．台北：结构群文化事业有限公司，1990：190-192.

条理论与实践相结合的道路",从而开启了哥廷根大学的新模式。① 但是,哥廷根大学模式仅仅是德意志帝国大学群落中的一枝独秀,这与同时期美国大学在科学发展上百花齐放不可相提并论。

教师是大学学术发展的主体。一战前后,德国大学的非教席人数已远远超过讲座教授的数量。从理论上来说,这也就意味着,无论超出的人员如何努力,都会因为讲座教席的缺少而无缘讲座教授职位。对政府而言,聘任助理教授是一笔极好的买卖,"一份微薄的工资雇佣到一位全职的大学教师。这年头,这些工资既雇不到中小学的教师,也雇不到铁路的护路工,事实上,只够雇佣到一名临时工(day-labourer)"。② 相比助理教授,编外讲师的经济困境更是堪忧。学生希望从编外讲师那里学习课程,但是他们不得不付费注册讲座教授的课程。在讲座教授们的鼓动下,学生普遍认为,讲座教授的课程是通过政府组织考试的必要条件,官僚化组织下的各种考试委员会已经与大学讲座教授紧密联系在一起。这不但破坏了学生学习的自由,而且实际上也削减了他们付费编外讲师课程的愿望。③ 这对于单纯依靠学生学费维持生活的编外讲师来说,无疑是关乎生存的重大问题。1909 年,助理教授为维护自身利益,成立了普鲁士助理教授联合会,编外讲师旋即参照该模式,于 1910 年成立了德意志编外讲师协会。1912 年,这两大协会合并其他机构,形成了德意志非教授联合会(Kartell Deutscher Nichtordinarien)。④ 显然,这些组织皆非出于学术发展的需求,而是主要出于自身经济和政治地位的考量,德国大学学术新生力量的生存困境由此可见一斑。

学生是大学学术发展的储备。1905 年,柏林大学神学家哈纳克(Adolph von Harnack)出版了《作为企业的大学》,声称此时的德国大学已经不再是精英教育的代表,而成为批量生产的企业。德国大学入学人数

---

① 李工真. 哥廷根大学的历史考察 [J]. 世界历史, 2004 (3): 72-84.

② 吕埃格. 欧洲大学史·第三卷·19 世纪和 20 世纪早期的大学 [M]. 张斌贤, 杨克瑞, 译. 保定: 河北大学出版社, 2014: 132-146.

③ McClelland C E. State, Society, and University in Germany, 1700-1914 [M]. Cambridge: Cambridge University Press, 1980: 271.

④ 吕埃格. 欧洲大学史·第三卷·19 世纪和 20 世纪早期的大学 [M]. 张斌贤, 杨克瑞, 译. 保定: 河北大学出版社, 2014: 143.

在 1900 年发展到 34000 人，1914 年则高达 61000 人。巴登（Baden）大学、弗赖堡大学等入学人数增长了 8 倍；埃朗根大学、吉森大学入学人数增长了 4 倍。[①] 这一时期，美国大学的学生人数也得到了迅速增长。但是，与德国大学学生人数不断攀升，而大学机构从 20 所增加到 23 所不同的是，美国大学从 1870 年的 560 所增加到 1930 年的 1400 所。[②] 伴随入学人数的持续扩张，资深学者越来越少地直接与学生接触，课程多由非全职教师讲授，学生与教师比例不断扩大。从普鲁士大学师生比来看，大学和技术大学在 1905 年和 1913 年就分别达到了 1∶13 和 1∶15，到了1920 年和 1930 年分别达到了 1∶18 和 1∶20。[③] 如此高的师生比，且不说与 20 世纪初期世界范围内的精英教育相比，就是与当下大众高等教育甚至普及高等教育的部分大学相比，也已远远超过。居高不下的师生比，已经严重影响到德国大学的人才培养质量，大学教育使命因为入学注册人数的攀升而不断受到威胁，所有大学的学生就业面临越来越多的困难。

三　学术共同体的声誉急剧下滑

1914 年 8 月，德军入侵比利时，放火焚烧了创办于 1442 年的鲁汶大学图书馆及其他古建筑。面对国际舆论的一致谴责，10 月 4 日，德国各大报纸上刊发了由 93 位顶级科学、艺术和文化界人士签署，以 10 种语言书写的《向文明世界呼吁书》。[④] 在呼吁书中，他们断然拒绝接受对德国人在比利时所犯下的野蛮罪行的所有指责，坚持认为，"倘若德意志文明不支持德意志军国主义，那么德意志文明早就被敌人从地球上抹去了。德意志军国主义崛起，来自保卫德意志文明的需求"。马克斯·韦伯在

① McClelland C E. State, Society, and University in Germany, 1700−1914 [M]. Cambridge: Cambridge University Press, 1980: 239−240.

② Jarausch K H. Higher Education and Social Change: Some Comparative Perspectives. Jarausch K H. The Transformation of Higher Learning, 1860−1930: Expansion, Diversification, Social Opening and Professionalization in England, Germany, Russia and the United States [M]. Stuttgart: Klett Cotta, 1983: 13.

③ Lundgreen P. Differentiation in German Higher Education. Jarausch K H. The Transformation of Higher Learning, 1860−1930: Expansion, Diversification, Social Opening and Professionalization in England, Germany, Russia and the United States [M]. Stuttgart: Klett Cotta, 1983: 152.

④ 胡成. 科学本应"无国界"[J]. 读书, 2018 (6): 4.

1916 年 8 月发表演说，声称："假如我们缺乏勇气去证明，无论是俄国式的野蛮、英国式的无聊，还是法国式的夸夸其谈，都不足以统治世界，那么这是值得羞愧的事。这就是这场战争何以发生的原因。"这些言说，在英法两国均激起强烈反响，其被视为德国"知识分子奴性"的充分体现，签署宣言的学者因此也被冠以"缺少客观性、精神懦弱"。① 德国知识分子对德军暴行的态度，充分展现出学术共同体的价值与信念危机。

战争期间，德国大学教师发布宣言，强调反对"以英格兰为首的德国的敌人"。与此相应，英国、法国的学术组织也相继开除了德国学术成员。一战失败后，德国人不能理解更不能相信科学如此发达的民族竟然没有取得胜利。《凡尔赛和约》（Treaty of Versailles）使德国人感到耻辱，被认为是不公正的，这给大学及教授带来了沉重的精神创伤。其失去的是帝国时期实现的极为理想的环境，失去的是德意志科学的黄金时代和学术自由。1918 年 10 月，在伦敦召开的国际科学学院（International A-cademy of Science）大会决定，在 20 年内，德国人不得参加任何国际会议。过去受人尊敬并居于领先地位的德国大学及其学术，不再像 19 世纪那样享誉世界了。② 由此来看，国际性知识共同体的瓦解，主要表现为德国大学学者被外部学术世界排斥和孤立。这种排斥和孤立一直持续到第二次世界大战爆发。伴随希特勒法西斯政权的进一步否定学术自由和大学自治，教师群体或远走他乡，或服膺纳粹，德国大学学术共同体不但遭遇精神危机，而且逐渐扩展到经济、政治乃至生存危机。

第四节　纳粹时的没落：希特勒时代德国大学的学术

一　学生入学受到种族政治冲击

1934 年，德国大学入学标准出台，主要包括智力、体力和道德政治

---

① 沃森. 德国天才（3）：现代性的痛苦与奇迹 [M].王琼颖，孟钟捷，译. 北京：商务印书馆，2016：221-229.
② 吕埃格. 欧洲大学史·第三卷·19 世纪和 20 世纪早期的大学 [M].张斌贤，杨克瑞，译. 保定：河北大学出版社，2014：690-694.

水平三个方面，1935 年又新增种族要求。学校校长根据标准提供证明信，连同申请书和其他文档交给邦政府高等教育部部长。高等教育部部长与国家社会主义德国工人党（Nationalsozialistische Deutsche Arbeiterpartei，简称"NSDAP"，即纳粹党）当地负责人就申请人的"政治可靠性"进行审核。如果 NSDAP 负责人认为申请人政治上不可靠（主要是种族原因），学生就会被取消入学资格。在严格审查之下，非雅利安（non-Aryan）学生的人数逐渐减少。纳粹党掌权后，一系列排除非雅利安学生的禁令相继颁布，比如，1933 年 11 月 25 日禁止非雅利安学生报考商科，1935 年 4 月 6 日禁止报考兽医，1935 年 2 月 5 日禁止报考普通医学，1935 年 5 月 15 日禁止报考牙医。为确认申请人的种族，入学者要提供出生证明、父母婚姻证明，确保父辈和祖辈具有雅利安血统。① 聪慧的非雅利安申请人明白，他们要想获得高等教育入学资格，证明学术上的发展潜力，就必须到海外求学。

种族或政治歧视不但使德国优秀生源大量外流，而且直接影响到在校学生人数。1931～1935 年，除天主教神学和制药学毕业人数略有增长之外，普通医学、法学、基督教神学、哲学、普通经济学毕业人数均出现了大幅度削减。其中普通医学毕业人数削减了 53.9%，法学毕业人数削减了 61.8%，基督教神学毕业人数削减了 56.7%，哲学毕业人数削减了 67.3%，普通经济学毕业人数削减了 72.4%。② 在纳粹党领导下，德意志学生组织于 1933 年 4 月 12 日发表了《反非德意志精神的十二条论纲》，犹太人和自由主义者的出版物遭到焚烧。随着希特勒上台，这些焚书活动在全德国范围内展开，从 1933 年的 4 月 26 日一直持续到 5 月 10 日。此外，德国大学学生还要肩负起各项"防务工作"，必须组编成团队，重复性地参加各种体力训练。当大学校长向政府抱怨留给学生们学习的时间太少时，帝国在 1933 年中止了学术自由的权利。③ 这也就意味

---

① Hartshorne E Y. The German Universities and National Socialism ［M］. Cambridge：Harvard University Press，1936：80-84.

② Hartshorne E Y. The German Universities and National Socialism ［M］. Cambridge：Harvard University Press，1936：106-109.

③ 吕埃格. 欧洲大学史·第三卷·19 世纪和 20 世纪早期的大学 ［M］. 张斌贤，杨克瑞，译. 保定：河北大学出版社，2014：367.

着，往昔值得德国大学骄傲的学生学习自由的制度被彻底取缔。

二　教师因种族政治问题而被解雇

1933 年 4 月 7 日，德国颁布《重设公职人员法》，宣布解雇所有与纳粹主义原则不相符合的公职人员，规定凡属共产党或共产主义辅助性组织的成员，凡在未来有可能从事马克思主义、社会民主主义或共产主义性质活动的人，凡在迄今为止的活动中不能证明自身会随时、无保留地支持这个民族国家的人，凡属非雅利安血统者，都将被解雇。[①] 1933 年 5 月，据伦敦学术援助委员会（Academic Aid Council in London）统计，被德国政府解除学术职位而接受该委员会学术保护的高达 1684 人，其中大学教师为 1145 人，占到被解雇总数的 68%；有教授职称的 781 人，占到被解雇大学教师总数的 68.2%。可见，在被解雇的人员中，大学属于"重灾区"，而教授又属"重中之重"。按照 1932～1933 年冬季学期德国大学教师总数的 7979 人测算，教师流失率为 14%；按照 1934～1935 年冬季学期德国大学教师总数的 7116 人测算，教师流失率为 16%。其中，杜塞尔多夫大学的教师流失率高达 50%，柏林大学、法兰克福大学超过 30%，海德堡大学、弗伦斯堡（Flensburg）大学和布雷斯劳大学也超过 20%。曾经为 19 世纪德国大学创下辉煌的柏林大学，以被解雇 242 人成为被解雇人数最多的大学。[②] 如此众多的大学教师被解雇，对于一所大学而言，无疑是毁灭性的打击。

被解雇人员绝大部分逃离德国，到其他国家避难。除不确定的 590 人、继续留在德国的 227 人（绝大部分居无定所）之外，德国大学学术人员所逃往的国家多达 41 个。据 1932～1933 年的统计数据，在已知被解雇原因的 896 人中，绝对非雅利安人、"政治上不可靠"者、犹太人共计 748 人，占到 83.5%。种族迫害和政治不容忍是学者被解雇的主要原因。[③]

---

① 李工真. 纳粹德国流亡科学家的洲际移转 [J]. 历史研究，2005（4）：145.

② Hartshorne E Y. The German Universities and National Socialism [M]. Cambridge：Harvard University Press，1936：93-95.

③ Hartshorne E Y. The German Universities and National Socialism [M]. Cambridge：Harvard University Press，1936：96-100；

1938 年初，德国又解雇了 160 多名"拥有非德意志配偶或非同种族配偶"的教师；1938 年 3 月吞并了奥地利后，又将 400 多名具有犹太血统或者有犹太配偶的奥地利科学家解雇。到 1939 年，整个德国大学教师岗位中的 45% 已被纳粹党内不学无术的党棍们占领。[1] 纳粹期间，大约有 1/3 的大学教师失去教席，一些人死于集中营，大多数则移居国外。[2] 整体来看，德国纳粹党在种族层面上对教师群体步步紧逼，从只考察教师本人的种族身份，到考察教师配偶的种族身份；从对本土大学的种族清洗，到对被占领国家的种族清洗。被解雇教师纷纷移民国外，其中又以美英居多。在一定意义上，20 世纪上半叶美国大学能够迅速崛起并代替德国大学在国际上的地位，与这些德国移民学者的学术贡献是分不开的。

三　未被解雇大学教师学术生活政治化

未被解雇的大学教师，其生活境遇也异常堪忧。据哈茨霍恩考证，这些人不得不在各个大学之间转移，在中心大学的杰出学者被迫转移到地方，或者从著名学院转移到普通学院。有人同一年内在三所大学任教，为避免搬家造成的麻烦，时间和精力都浪费在路上。他们要时刻面临生存考验和非智力批判，不得不满足狂热的准军国主义的（quasi militaris-tic）额外的课程需求，在成排的纳粹分子面前讲课，与成群的狂热纳粹青年教师举办习明纳和非正式讨论。每当想到同事被驱逐出境，他们备受煎熬。面对恐惧或犬儒般的未来，大学教师已经不再是一个值得羡慕的职业。知识共同体失去了知识的尊严，博学隐居被谴责为政治犯罪，这是对古老学术之城（civitas academica）的真正讽刺。那个在德国久为信奉的听从科学召唤、以学术为业的信条也失去了意义。[3] 在纳粹高压统治下，部分大学教师甚至知名学者在人格上已经发生极度扭曲。莱纳德（Philipp Eduard Anton von Lénárd）最引以为豪的不是获得诺贝尔物理学

---

①　李工真. 纳粹德国流亡科学家的洲际移转 [J]. 历史研究，2005（4）：147.

②　吕埃格. 欧洲大学史·第三卷·19 世纪和 20 世纪早期的大学 [M]. 张斌贤，杨克瑞，译. 保定：河北大学出版社，2014：135.

③　Hartshorne E Y. The German Universities and National Socialism [M]. Cambridge：Harvard University Press，1936：100-102.

奖,而是希特勒的登门拜访。他公开反对相对论,积极参与迫害爱因斯坦等犹太学者,完全停止了前沿的实验物理学研究,将主要精力用于撰写评论,目的在于从物理学中清除"犹太精神",建立"日耳曼物理学"。① 当大量科学家遭到解雇时,大学却向希特勒政府表达了集体忠诚,在《德意志大学对阿道夫·希特勒以及纳粹主义国家的表白书》中写道:"这个民族的阳光再度照亮了自己。我们将建设和扩展伟大的元首所开创的事业,并全心全意地追随这个新的国家。"② 可见,昔日德国大学教授追求的马克斯·韦伯意义上价值无涉的研究理念,在此时已经荡然无存(包括韦伯本人);大学教师的学术研究,无论是从目的、过程还是从结果来看,都深深受到纳粹政治化的侵袭。

为促进大学教师的社会化,柏林大学号召教授周三和周六上午从7点到9点参加健身操,并为教师设置了特殊训练课,每逢假日,教授们必须列队出演。③ 无休止的政治活动、特殊训练等,已经使教授们日渐脱离学术创造的场域。正如伯顿·克拉克所说,在纳粹德国,大学已不再是原先意义上的大学,非学术原则决定了大学的生活。领袖原则(Fuhrerprinzip)意味着师生管理权力被完全排除。教授和学生分别组织成"教联"(teaching-corps)和"学联"(student-corps),各自有一个"领袖发言人",直接对作为"大学领袖"的校长负责。大学没有一个官员是由教授民主选举产生的,全部由教育部部长直接任命。④ 当大学不再是"大学",而是蜕化为官方机构,学术权力在大学没有任何遗存的时候,再奢谈大学学术资本,无异于痴人说梦。

四 学术与学科最终走向没落或毁灭

1933 年 5 月 10 日夜晚,在柏林歌剧院广场上,纳粹德国人民教育与

---

① 王克迪. 从科学大师到灵魂出卖者——勒纳德其人其事 [J]. 自然辩证法通讯,2002(3):87.

② 李工真. 纳粹德国流亡科学家的洲际移转 [J]. 历史研究,2005(4):146.

③ Hartshorne E Y. The German Universities and National Socialism [M]. Cambridge:Harvard University Press,1936:126-127.

④ 克拉克. 研究生教育的科学研究基础 [M]. 王承绪,译. 杭州:浙江教育出版社,2001:14-15.

宣传部部长戈培尔（Paul Joseph Goebbels）亲自到场，主持了"对一个世纪的德国文化实施的火刑"。短短几个月内，有近 3000 种书被列为禁书，并被从全国所有的公共图书馆中清除。这不仅是对有形书籍的焚烧，也是对杰出文化的清除，更是对德国思想的禁锢和重整。数以千计的教师被解雇，这无疑是对德国文化思想和学科专业发展的沉重打击。按照学科分类，被解雇超过 100 人的，就有医学、社会科学、法学和物理学，其中医学被解雇者多达 412 人。另外，文献学、语言学、化学、技术学、历史学、数学、生物学、物理化学、心理学、艺术学等学科被解雇教师也在 50 人以上。[1] 1933 年 4～11 月，哥廷根大学数学研究所的多数教师纷纷迁至美国、英国和其他地方，其中理查德·冯·米塞斯（Richard von Mises）应土耳其政府邀请来到伊斯坦布尔，建立了理论与应用数学研究所。与数学一样，1933～1939 年，德国的物理学和化学也遭受重创，爱因斯坦、德拜（Peter Joseph Wilhelm Debye）、玻恩（Max Born）、费米（Enrico Fermi）和薛定谔（Erwin Schrödinger）等著名科学家被解雇甚至被驱逐。[2] 1934 年，教育部部长伯恩哈德·鲁斯特（Bernhard Rust）询问数学家大卫·希尔伯特（David Hilbert）：在清除犹太数学家之后，享誉世界二百年的数学中心哥廷根遭受了怎样的创伤？"创伤？"希尔伯特回答，"它没有遭受创伤，部长。它消失了！"[3] 纳粹之于学科发展的毁灭性由此可见一斑。

　　在德国科学家大量逃往国外的情况下，以美国人为代表的诸多人士，发起了轰轰烈烈的救助运动。1933 年 5 月，达根（Stephen P. Duggan）成立了"援助德国流亡学者紧急委员会"，旨在挽救流亡学者的知识和才能，为美国的科学和教育服务；约翰逊（Alvin Saunders Johnson）在曼哈顿（Manhattan）创办了"新学院"（The New School），接收前来逃难的

①　Hartshorne E Y. The German Universities and National Socialism［M］. Cambridge：Harvard University Press, 1936：98-107.

②　Rüegg W. A History of the University in Europe · Volume Ⅲ · Universities in the Nineteenth and Early Twentieth Centuries（1800-1945）［M］. Cambridge：Cambridge University Press, 2004：513.

③　沃森. 德国天才（4）：断裂与承续［M］. 王莹, 等, 译. 北京：商务印书馆, 2016：55-56.

社会科学学者，"新学院"因此被称为"流亡大学"（University in Exile）。① 纳粹期间，德国众多学科的种子不得不在异国他乡维持命脉、生根发芽。德国国内，在纳粹支持下，将科学明确划分为"德国科学"和"犹太科学"。这种分类在勒纳德四卷本著作《德国物理学》（Deutsche Physik）中得到鲜明体现。该著作对英国及其他国家科学家极尽嘲笑，并宣称"雅利安物理学"（Aryan Physics）是穿透现实和完成真理探索的物理学，那些认为科学无国界且无止境的看法是错误的，与人类的其他产出一样，科学世界是具有种族性并受制于血液的。纳粹理论家克里克（Ernst Krieck）认为，无论医生医术多么精湛，如果没有认清和执行政治种族哲学（political-racial philosophy），就不是好医生。② 在纳粹看来，"健康"意味着政治权力，意味着体质、基因和种族优生，为此，强制大学对课程做出调整，重视种族卫生学。1933 年，医学院被迫接受指令，彻底消灭那些影响种族优越性的遗传病基因携带者。这就是所谓的种族健康安乐死计划。这些行为，最终影响到二战后成立的医学院道德委员会。③ 当道德与学术不但分离，而且背道而驰时，学术必然会演变为刽子手的帮凶，学术资本也必然沦为罪恶的撒旦。

在外部政治伦理的干预下，德国大学教授治校和教师独立的学术体制轰然倒塌。在某种意义上，科学已经成为世俗神权政治的政治神学（political theology），哲学再次成为政治神学的女仆（ancilla theologiae）。意见分歧被视为异端邪说，反对国家信仰的异端邪说就是背叛。④ 出于种族原因，纳粹党驱赶了大量学者，直到战争结束，党魁和一些军事将领才意识到不应再继续无视科学及天才专家，但是悔之已晚。德国的文化思想和学科专业在纳粹政权的反复摧残下，不断走向没落，进而使德国大学群体不断走向没落，并最终使德国高等教育丧失了世界领先的地位。

---

① 李工真. 阿尔文·约翰逊与"流亡大学"的创办 ［J］. 世界历史，2007（1）：66-67.

② Hartshorne E Y. The German Universities and National Socialism ［M］. Cambridge：Harvard University Press，1936：111-114.

③ 吕埃格. 欧洲大学史·第三卷·19 世纪和 20 世纪早期的大学 ［M］. 张斌贤，杨克瑞，译. 保定：河北大学出版社，2014：635-638.

④ Hartshorne E Y. The German Universities and National Socialism ［M］. Cambridge：Harvard University Press，1936：153.

第五节　结语

一　国家资助并给予自由，民间社会多元介入，是现代大学学术资本的生存保障

国家支持、学术自由、教授治校是 19 世纪初以柏林大学成立为标志的德国高等教育发展的基本特点，也是德国一跃成为高等教育强国并蜚声世界的重要原因。但是学术自由和教授治校，在俾斯麦建立德意志帝国后便遭遇严重危机。1870 年之后，尽管德国大学拨款的数额不断增加，但是伴随入学人数扩张，大学经费相对数量不增反减。与之相对应的是，美国联邦政府开始为大学发展注入资金，一批赠地学院在政府呵护下茁壮成长。从此，高等教育重心的天平逐步向美国倾斜。希特勒时期，大学完全归由政府管理的弊端逐渐暴露。长时间在政府温室中生存的大学，一遇到外部社会的狂风暴雨便花落树折。因纳粹政府的种族歧视，德国不但流失了世界上最优秀的学者，而且丧失了世界上最优秀的学科。在一定程度上，美国正是吸纳了这些流失学者的多数，才能够迅速代替德国成为世界高等教育的中心。传统上，大学作为从事高深学问探索和传播的机构，其费用要么依靠政府，要么依靠学费和捐赠，要么兼而有之。当大学学术资本的交易对象只有政府且政府不可信赖时，大学必然陷入发展困境，俾斯麦之后的德国大学就是这样；当大学学术资本的交易对象除了政府，还有无数民间团体、公司企业时，大学发展的空间就会扩展，而政府再施以巨额资助，大学就会迎来发展的春天，1862 年之后的美国大学即是如此。

二　组织制度适当调整，学科发展交叉融合，是现代大学学术资本的生成途径

19 世纪上半叶，在政府财力支持下，德国大学内的学科以习明纳和

研究所为依托，以讲座教授制为统领，实现了学科发展上的欣欣向荣。然而，正是这种制度安排成为俾斯麦之后大学学科发展的桎梏。声名显赫的讲座教授作为习明纳和研究所的唯一领导者，逐渐形成学术寡头。这种"教授权威"高度膨胀，压制了底层学科分化的活力。每个讲座教授都要配备一套人员及设施，使政府无力支持学科的无限分化与整合。习明纳和研究所在讲座教授的带领下，逐渐形成大学内部的一个个堡垒，不利于学科交叉，也不利于学科融合。19世纪来到德国学习的美国人，把哲学博士、学术至上等理念带回美国，把习明纳的研究方法带回美国，但是并没有照搬讲座教授制，而是施行更加民主平等、充满活力的院系制，这为学科分化及整合提供了重要平台。美国人把哲学博士带入本土，但是并未形成以哲学院为统摄的学科发展样态。科学代替哲学成为美国大学高深知识发展的坐标，也正是基于此，美国大学的学科才能够突破哲学的樊篱，设立了一系列以职业应用为导向的专业学位。在德国大学坚持哲学博士独大之时，专业博士开始与哲学博士共同成为美国大学发展的车之两轮、鸟之两翼。

三　在公平中竞争，在竞争中包容，是现代大学学术资本的生长环境

大学学术的发展需要竞争，尤其是需要公平竞争。只有竞争才能够使学术永葆活力，只有公平竞争才能够百花齐放，尤其是当大学成为国家的组织部门，大学教师成为国家公务员的时候，公平竞争之于学术发展更为重要。俾斯麦之后的德国大学渐渐失去了竞争的氛围。伴随大学讲座教授权威逐渐增强，讲座教授职位相对减少，编外讲师数量越来越多，两者的公平竞争已成过眼云烟，讲座教授衣食无忧，编外讲师前途惨淡，能否晋升全靠运气。另外，在19世纪的德国，并没有形成诸如哈佛大学和耶鲁大学、牛津大学和剑桥大学、东京大学和京都大学、北京大学和清华大学等国内大学竞争架构，柏林大学一家独大。这种高等教育系统在发展过程中，一方面会造成独大者唯我独尊，另一方面也会造成组织发展的高度不确定性。18世纪末期，巴黎大学长期在法国一家独

大，其被强行取缔后，法国丧失了高等教育的领导地位。同样，希特勒战败后，伴随德意志民主共和国和联邦共和国的分离，德国形成了两种截然不同的教育体系。① 柏林大学也随之一分为二——柏林洪堡大学和柏林自由大学，再也没能创造出昔日柏林大学的辉煌。19 世纪后半期，德国大学入学人数不断攀升，然而与这种趋势相悖的是，大学越来越排斥穷人，更为严重的是，希特勒时期，种族成为学生进入大学不可逾越的障碍。学生是大学教师队伍的有力补充，是大学学术增长的生命力所在，以贫穷和种族将其排除在外，无异于大学自断后路。与这些政策相反，美国联邦政府和州政府不但对穷人子女进入大学提供资助，而且对少数族裔的子女予以倾斜。两国学术发展后劲判若云泥，高等教育中心地位发生转移也就不难理解了。

---

① Hearnden A. Education in the Two Germanies [M]. Oxford：Basil Blackwell，1974：59-60.

第九章

走向终结抑或重生：德国大学
讲座制的历史流变

在世界高等教育发展历史上，19 世纪德国大学具有里程碑式的地位和作用。它不仅开创了大学发展科学职能的先河，而且使德国成为当时世界高等教育的中心，对众多国家的高等教育模式都产生了极为深远的影响。讲座制作为德国大学基层组织制度，无疑成为众多学者研究的一个"热点"问题。伴随世界高等教育体制改革不断向纵深发展，在美国大学当阳称尊的局势下，大学讲座制将要走向终结，必然为学系制所取代的论断日趋占据主流。事实上，即便在当今的高等教育系统中，讲座（chair）制和学系（department）制，仍然共同扮演着大学内部最为底层的组织角色。

伯顿·克拉克认为，作为大学内部底层组织，与学系相比，讲座有更为久远的历史传承。尽管尚不能确定讲座职衔何时出现，但就大学讲座制的起源而言，则可上溯到中世纪时期的行会组织。① 可以说，这一与大学组织相伴而生的制度架构，在近千年的发展历程中，一方面为人类高深知识传承和发展创造了无数辉煌，另一方面也正面临诸多问题和挑战。在当下高等教育内部体制改革的浪潮中，重新审视和反思大学讲座制的形成、发展、困境以及变革历程，厘清讲座制组织背后的发展理念，对于大学内部次级组织尤其是底层组织的改革与重构，进而对于当下高等教育体制改革，无疑都具有较强的理论意义和现实价值。

---

① Clark B R. The Higher Education System：Academic Organization in Cross-National Perspective [M]. Berkeley：University of California Press, 1983：46~47.

第一节　讲座的含义及讲座制的形成

大学源自欧洲中世纪，讲座制亦可追溯于此。威廉·克拉克认为，中世纪时期，教师授课的座椅（cathedra），事实上就隐喻着讲座教职（professorial chair）。这种座椅，最先为基督教主教布道所专用。而后教会中的牧师，在获得高级职位后被称为讲座。当时的教师行会借用该称谓，在获得教授职位时亦称为讲座。[①] 可见，无论是从名称来看，还是从所代表的权威来看，中世纪大学讲座教职，都是世俗学术权威对宗教教化权威的移植和借用。

这种有形的座椅，在中世纪被赋予诸多无形的意涵。首先，它代表了对学术声望的追寻。在大学组织成立之前，负笈求学的莘莘学子追寻的是讲座教师的声望。有名师在的大教堂学校同样声名卓著。当名师从一所学校迁往另一所学校，学生也随之而动。教师讲座所在，也是学生聚集之处。[②] 考证巴黎大学、博洛尼亚大学、萨莱诺大学等中世纪大学的形成原因，无不与讲座名师的影响息息相关。其次，它代表了对学术教职的尊重。从中世纪流传下来的图片看，当时只有授课教师坐在带有靠背的椅子上，学生只能坐在简陋的长凳上，部分幸运者才可以靠在墙边听课。[③] 从文献记载来看，中世纪大学的教室，通常只为教师配备一把椅子和一张书桌，偶尔在神学院、法学院和医学院等高级学院，为学生配有长凳和书桌，但是基础性的科艺学院学生，通常只能席地而坐。巴黎大学的教室大都设在都弗奥拉路上，由于学生长期坐在铺有麦秸的地上，因此该路又被称为"麦秸街"。[④] 这种现象尽管存有早期大学物质条件的

---

① Clark W. Academic Charisma and the Origins of the Research University [M]. Chicago：The University of Chicago Press，2006：4-5.

② Schachner N. The Mediaeval Universities [M]. London：George Allen & Unwin Ltd.，1938：26.

③ Clark W. Academic Charisma and the Origins of the Research University [M]. Chicago：The University of Chicago Press，2006：5.

④ Pedersen O. The First Universities：Studium Generale and the Origins of University Education in Europe [M]. Cambridge：Cambridge University Press，1997：211.

限制性因素，但应当说，主要还是出于对学术教职的尊重。最后，它代表了对学术能力的认可。中世纪大学的学生获得学士学位后，除在教师监督下辅导新生，间或被允许听课时紧靠教师座椅坐下。这对于那些坐在麦秸上的学生而言，已经是无上荣光了。一般经过五六年时间，学士可以申请毕业进入教师行列。经过严格的公开答辩考试后，从教区校长手中领取教学许可证。但是，此时的学位候选人并不能立即授课，还需经过教师行会的仪式认可。在仪式上，他要面对全体教师进行一次正式的就职演讲，接受主持教师给予的方形帽、书本、戒指以及祝福之吻后，方可坐在教师座椅上，而后便可登台授课，享受中世纪赋予教师的特权。[①] 在中世纪，仪式所具有的力量异常强大，能够坐在教师座椅上，也就意味着其学术能力获得了同行认可。中世纪巴黎大学的教师行会，也正是通过这个手段，与隶属宗教组织的教区校长进行不懈斗争，并最终争取到了行会应该具有的组织权力。

如果说在中世纪大学时期，讲座还属于未经世俗权力认可的不成文的非正式制度，那么到了文艺复兴和宗教改革时期，伴随国家权力的迅速崛起，这种习俗惯例逐渐演化为政府掌控下的正式制度，其中相对后发的德国大学成为这种正式制度的开拓者和引领者。中世纪大学教师的生活来源，主要是收取学生的听课与考试费用，间或兼职赚取收入。成为一名中世纪大学的科艺学教师，也就意味着他能从事相应所有课程的教学。在大学内部，课程不同，收费标准及授课时间各异，这样就造成教师为争夺费用高昂、时间合理的课程而相互攻讦。为避免这一现象，大学逐渐不允许教师自由选课，而是按照抽签或按资历深浅进行安排。到了 16 世纪初期，抽签的方式多被弃而不用，而是由资深教师组成的学院学术委员会来决定。这些资深教师，就是德国大学讲座教授这些讲座持有者的雏形。

从 1558 年莱比锡大学的发展可以看出讲座制度已经基本成形，这主要表现为：第一，讲座教授及其薪金不再是按照课程进行划分，而是按照讲座进行划分；第二，每名讲座教授都持有一个讲座，所有讲座都拥

① Schachner N. The Mediaeval Universities [M]. London：George Allen & Unwin Ltd.，1938：128-131.

有法律认可的资金来源，讲座教授的薪金纳入政府年度预算，不得外部兼职；第三，编外教授（extraordinary professors）阶层开始出现，但其薪金最初只是来源于学生缴费。[①] 应当说，讲座资金来源于政府预算，是德国大学率先脱离中世纪大学的影响，向现代大学转型的一个重要标志。与此相反，英国的牛津大学、剑桥大学尽管也设有讲座，但是这些讲座的资金均来源于私人捐赠，即使捐赠来源于皇家，其私人性质亦未改变。及至18世纪末期，国家势力越来越强烈地介入德国大学，这使独立法团（corporation）意义上的讲座教授，逐渐被国家公务员（civil servant）意义上的讲座教授所代替。[②] 虽然大学讲座教授的任命、薪酬等被纳入政府管理范畴，但是强调讲座教授的学术能力和声望的本质并没有改变。1730年，教育部部长在评论哈勒大学入学人数下降时，强调讲座教授必须使那些不但拥有卓越才能，而且已经建立起世界性学术声望的纯粹（solid）教授来担当。如果说早期的讲座教授任命尚存有论资排辈的现象，那么到了18世纪中期这种现象被予以明确禁止。1756年，教育部部长在拒绝一名讲座教授申请者时，声明年长（seniority）不得成为晋升的因素，讲座教授任命的唯一标准是有价值的著述、理性的作品以及突出的教学。[③] 这种强调学术声望和能力的讲座制理念，在柏林大学成立后得到进一步强化。

第二节　大学讲座制的继承与发展

1806年，普鲁士—萨克森联军与法国爆发战争，联军惨败迫使普鲁士割地赔款，哈勒大学、耶拿大学等德国传统大学被强行关闭，德意志民族处于生死存亡的边缘。在法国大革命和德国唯心主义思想的强烈影

① Clark W. Academic Charisma and the Origins of the Research University [M]. Chicago：The University of Chicago Press，2006：44-46.
② McClelland C E. State，Society，and Univeristy in Germany，1700-1914 [M]. Cambridge：Cambridge University Press，1980：91-92.
③ Clark W. Academic Charisma and the Origins of the Research University [M]. Chicago：The University of Chicago Press，2006：279-280.

响下，德意志民族意识迅速觉醒。怀着用智慧的力量弥补物质资源损失的信念，德国政府很快于 1810 年建立起了柏林大学。剖析以柏林大学为代表的德国重建大学内部组织构成，不难发现讲座制不但得到彻底继承，而且得以持续发展巩固。

一　进一步强调讲座教授的学术能力

1807 年，现代哲学博士制度创设者、柏林大学首任校长、哲学家费希特完成了《在柏林创立一所与科学院紧密联系的高等教育机构的演绎计划》。他强调，作为一名学者，学术应该是安身立命之本。教授与学生，不应该再是照本宣科式的传授关系，而应该是建立在苏格拉底式的对话基础上的学术关系。学术对话与出版、发表论著，应该成为他们生活的主体。[①] 如果分析同时期德国其他唯心主义哲学家的学说，也不难看出这种强调"纯粹知识"探究的理念。这种理念经由洪堡及其以降政府官员的接受，迅速转化为讲座教授聘任的运行法则。1814 年费希特去世后，其柏林大学的哲学讲座空余数年，直至 1818 年黑格尔继任。在寻找讲座继任者时，普鲁士文化部部长认为，讲座教授应该毕其一生奉献学问，并享有崇高声誉。但是，寻找这样一名远离吊诡异常，学说经得起考验，没有政治或宗教偏见的教授，并非易事。经过长期考察，他坚信唯一可以担此重任的学者就是黑格尔教授。[②] 可以说，坚守学术水平，坚持宁缺毋滥，绝不降格以求的准则，已经深深植入德国大学讲座教授聘任者的思想。

二　将讲座制与习明纳或研究所相结合

在柏林大学产生之前，格斯纳和沃尔夫（F. A. Wolf）就分别在哥廷

---

① Clark W. Academic Charisma and the Origins of the Research University [M]. Chicago: The University of Chicago Press, 2006: 443.

② Clark W. Academic Charisma and the Origins of the Research University [M]. Chicago: The University of Chicago Press, 2006: 289.

根大学和哈勒大学创办了语言学习明纳。包尔生认为，习明纳是中世纪大学辩论教学的替代物，但两者存在根本不同。辩论是基于已经获得的知识在实践中进行应用，习明纳则侧重于探究未知的领域。习明纳的基本规则是，教师在专业领域内提出问题，学生自己寻求解决途径。学生提出观点相互评论后，在教师指导下集体讨论辨别是非。如果说先期建立的语言学习明纳，还是旨在教育学意义上的古典学校教师培养，那么柏林大学成立后，就逐渐发展成为旨在学术意义上的专业学者造就。在德国各邦政府的资助下，不同习明纳拥有各自的教室、图书馆等教学研究设施。这样一来，习明纳不但是科学研究的理论方法，而且成为科学研究的学者乐园。[1] 习明纳产生于哲学院，推广于神学、法学以及医学等学科领域。伴随学科分化，在自然科学领域，讲座制与研究所开始融合发展。每名讲座教授是一个习明纳或研究所的当然负责人，掌控着该学术组织的物质、人力资源和学术发展方向。尽管说这种结合为后期讲座制遭受诟病埋下伏笔，但是不能不承认，正是这种结合，为德国大学将教学和科研融为一体提供了方法上和制度上的组织基础。

三　促进讲座教授与编外讲师的教学竞争

人们谈及 19 世纪德国大学的辉煌时，往往把目光聚焦于学者们追求"纯粹知识"的科学研究，而较少关注大学内部的教学活动。事实上，德国经典大学理念所强调的教学与科研相统一、通过科研促进教学的原则，始终强调大学培养人才的重要性。这种理念的具体实施，同样也离不开讲座制的组织运作。在讲座制内部，除设有讲座教授和助理教授外，还设有编外讲师。作为教学生涯的起点，编外讲师仅仅拥有"大学授课资格"，并不享有政府薪俸，其生活唯一来源是收取学生听课费用。听课学生人数的多少，不但是衡量他们教学优劣的标尺，而且直接关乎他们的生活水准。年长博学的讲座教授尽管大权在握，但是面对年轻编外讲师的教学压力，并不能掉以轻心。因为在学习自由的制度和理念下，任何

---

① Paulsen F. The German Universities: Their Character and Historical Development [M]. New York: Macmillan and Co., 1895: 157-159.

事情都不能阻挡学生的选课自由。如果讲座教授不能时常注入新的授课内容，或者他们的授课方法不能吸引学生，或者他们忙于科研而忽视教学，那么很快就会因听课人数剧减而被敲响警钟。① 此外，相对于讲座教授而言，编外讲师在授课方面也并非完全处于劣势，如精力旺盛、思维活跃、更易于接近学生等，这就使讲座教授在教学上更不敢等闲视之。

讲座制进一步发展完善为 19 世纪德国大学的辉煌创造了坚实的根基，同时也使讲座制产生了世界性影响。英国大学教师向往德国同僚既是教师又是专业学者、哲学家，抱怨学术探究对他们而言只是一种临时性工作。尽管德国讲座制中的教授寡头遭到抨击，但是讲座与学院并存的折中模式最终在英国得以形成。② 更为重要的是，通过殖民强制性输入或自愿性借鉴的方式，讲座制经由德国、法国、意大利、西班牙、葡萄牙和英国，迅速传向亚洲、非洲以及拉丁美洲等各地的大学。③ 19 世纪，数以万计的美国学生前往德国留学，返国后结合本土实践，探索出一条独特的高等教育发展路径。讲座制并没有在美国大学生根，而是以"学系制"取而代之。美国学者特温（Charles F. Thwing）认为，虽然说原因多样，但是缺少声望卓著、成果丰硕的讲座教授，不能说不是一个重要因素。④ 尽管如此，德国大学讲座制所倡导的科学探究精神、习明纳教学方法以及学术自由理念，还是深深植根于美国大学。如果没有这些理念精神的继承，就不可能成就美国大学的辉煌。

第三节　大学讲座制的困境与挑战

如果说 19 世纪，讲座制作为大学底层组织的运营法则，在以德国柏

---

① Paulsen F. The German Universities: Their Character and Historical Development [M]. New York: Macmillan and Co., 1895: 171.

② Clark W. Academic Charisma and the Origins of the Research University [M]. Chicago: The University of Chicago Press, 2006: 457.

③ Clark B R. The Higher Education System: Academic Organization in Cross-National Perspective [M]. Berkeley: University of California Press, 1983: 47-48.

④ Thwing C F. The American and the German University: One Hundred Years of History [M]. New York: The Macmillan Company, 1928: 126.

林大学为代表的人才培养和科学发展中创造了无数辉煌的话，那么 20 世纪以降，伴随世界范围性的高等教育规模迅速扩张，在美国大学新建底层组织单位——学系的映衬下，讲座制表现出越来越多的组织发展不适应。换言之，讲座制遭遇了自产生以来最为艰难的困境和严峻挑战。概而述之，这些困境与挑战主要表现在以下三个方面。

一　学科发展方面

在学科制度的强烈影响下，19 世纪末期以后，专业分化现象在整个高等教育领域迅速蔓延，新兴学科层出不穷。中世纪大学乃至柏林大学创办时期的神学、法学或哲学一统大学的现象一去不复返，取而代之的是高度裂变的专业设置和学术机构。在这种背景下，一个教授持有一个讲座，一个讲座与一个研究所相连的体制，就暴露出组织发展的严重滞后性。范德格拉夫（J. H. Van de Graaff）认为，从德国讲座制的原初状态来看，与之相结合的研究所，基本上是自足的单位，也可称为大学的微型复制，它们拥有各自的图书馆、教室和实验室等。一个世纪前研究所可以将如此诸多资源集合在一起，由一名讲座教授领导运营。但是，在学科纵向专业化和横向联合化的趋势下，研究所这种相互分裂的组织架构越来越不堪重负。[1] 换言之，讲座制与研究所的结合，如果说在前期促进了学术研究的话，那么到了后期就转变成学科发展的障碍。

二　组织管理方面

由讲座教授来控制研究所学术、人事、财政等资源，进而形成的教授寡头统治，一直为讲座制反对者所抨击。绝对权力导致绝对腐败不幸在德国大学讲座制中上演。1972 年的"菲尔特胡特事件"（The Filthuth Affair）彻底暴露了讲座制存在的弊端。菲尔特胡特（Heinz Filthuth）是海德堡大学讲座教授、高能物理研究所负责人，在日内瓦欧洲粒子物理

---

① 　Van de Graaff J H. Can Department Structures Replace a Chair System? Comparative Perspectives ［R］. Yale Higher Education Research Group Working Paper，1980：20-21.

研究所（CERN）工作数年后，被召回海德堡大学。通过不懈努力，以及在州政府和联邦政府的大力支持下，菲尔特胡特在海德堡创办了一个现代的生产性物理研究所。较于其他物理学家，他拥有更多的经费、员工和设备，尤其是他的"管理"才能为同行们羡慕不已。1972年3月，当政府发现他无法对350万马克的研究经费支出做出明确解释时，他被依法拘捕。最终，200万马克被追回，在未追回的150万马克中，有23万马克被证明是用于私人消费，其余的虽然用于科学研究，但是因没有正常的账目记录而被认为是非法的。1973年11月，菲尔特胡特被判刑3年6个月。德国研究基金会主席迈尔-莱布尼兹（Heinz Maier-Leibnitz）将"菲尔特胡特事件"视为德国教授管理遭遇困境的一个起点。① 尽管在学部制、学院制等其他不同管理模式下，类似的"菲尔特胡特事件"都有可能发生，但是讲座教授的权力过大无疑是讲座制遭遇批判的一个重要原因。

三　学术梯队方面

长期以来，德国政府认为，每个学科领域在一所大学里应设有一名讲座教授。只有在学科界限划分明确且得到官方认可的情况下，一个新的讲座才可以开设。如果新产生一个讲座教职，政府就需要相应变动国家考试，并与讲座教授进行漫长的利益协商。基于以上原因，德国大学讲座教授人数的增长极为缓慢。与之形成鲜明对比的是，为适应规模扩充对教学的需求，大学需要不断补充新的教学人员，由此造成编外讲师人数剧增，于是一个顶部极其尖耸、底部异常庞大的学术金字塔在大学内部形成。② 毫无疑问，这种学术梯队结构，使本身对讲座教授依附性强的低级职员倍感前途渺茫，先期讲座制形成的编外讲师与讲座教授之间的学术竞争也逐渐淡化。这种职位的高选择性、工作的不稳定性和收入的不确定性，都严重阻碍了后学成长。日本按照德国模式建立起近代大

① Fallon D. The German University: A Heroic Ideal in Conflict with the Modern World [M]. Colorado: Colorado Associated University Press, 1980: 61-63.

② Ringer F K. The Decline of the German Mandarins: The German Academic Community, 1890-1933 [M]. Cambridge: Harvard University Press, 1969: 52-54.

学后，迅速将德国大学制度融入本土文化和社会发展，不但将追求"纯粹知识"的理念转化成为社会实践服务的思想，而且大学"讲座"在日本团队心理的作用下也演变为一劳永逸的"沙发"。① 在日本，每名讲座教授下均设有一名助理教授和一名助手（人文领域）或两名助手（自然科学领域）。因此，一旦成为助手，其未来的发展走向就得到了保证。终身雇佣和年功序列相结合，就形成了直筒状"臃肿烟囱式"（fat chimney）的学术梯队。② 毫无疑问，无论是在德国的大学还是在日本的大学，由讲座制的演变导致的学术梯队异化，都不利于大学更好地发挥培养人才和发展科学的职能。

第四节　大学讲座制的变革及走向

二战以后，为应对高等教育发展需求，破除大学讲座制带来的弊端，各国在借鉴他国尤其是美国大学组织发展的基础上，纷纷对本国大学及其内部组织进行调整和变革。从大学变革层面来看，无论是早在 1976 年德国政府颁布的《高等教育总纲法》，还是在 2003 年日本国会通过的《国立大学法人法》，都预示着实施大学讲座制的国家大学组织管理的民主化、自治性和绩效性的治理理念和治理趋势。这无疑会对大学内部底层的讲座制形成冲击。就大学底部基层组织而言，不同国家又有各自的变革路径。其中，以德国大学讲座制的变革最为典型。

一　改学院为学域，营造学科发展环境

19 世纪德国大学内部，除由讲座教授控制的习明纳或研究所之外，还设有哲学院、神学院、法学院和医学院等少数几个学院。在范德格拉

---

① Perkin H. History of Universities. Forest J & Altbach P. International Handbook of Higher Education［C］. Dordecht：Springer，2006：191.

② Nagai M. Higher Education in Japan：Its Take-Off and Crash［M］. Tokyo：University of Tokyo Press，1971：134.

夫看来，大学内部的次级组织不可过于庞大，因为其庞大带来的组织笨重，既不利于与外部有效合作，也不利于大学内部整合，且教员之间日常交流异常困难；同时，大学内部的次级组织也不可过于狭窄，虽然学科狭窄的组织具有灵活性，但是学科过于分散，既不利于多学科合作，也不利于催生新学科。为给学科发展创造有利环境，早在 20 世纪 60 年代，德国便着手进行大学讲座制调整。当时主要从两个路径入手：其一，改变每名讲座教授持有一个研究所的现象，转换成多名讲座教授共同持有；其二，改变过于庞大的学院（尤其是哲学和自然科学）规模，转换成更加高效的小型组织单位。前者进程相当缓慢，直到 1969 年，法兰克福大学 63％的研究所仍然只有一名讲座教授。后者进行得相对顺利，多数大学将学院划分为规模较小的"学域"（Fachbereich）。在此期间，诺贝尔奖获得者鲁道夫·穆斯堡尔（Rudolf Mössbauer）从美国返回后，在慕尼黑技术大学组建了物理系。该系由 5 名讲座教授及其研究所组合而成，一年后又有 6 名讲座教授加入。学系成立三人管理委员会，每年遴选主任。不过很快在国家整体变革影响下，"学系"被易名为"学域"。[①]而后，德国政府开始按照学科领域（subject areas）全面重整大学内部组织，在保留讲座的情况下，改学院为学域。一方面，采取自上而下的方式，将学院划分为规模较小的"学域"；另一方面，采取自下而上的方式，将几个相关的讲座合并为"学域"。通过这种整合，在不影响讲座教授学术权力的情况下，为德国大学的学科创造了较为广阔的发展空间。尽管说变革以后的德国大学讲座教授权力仍然很大，但是以"学域"代替讲座，使之成为大学内部基本的运作单位，无疑会在学科发展、民主管理等方面为德国大学发展注入新的活力。

二　扩大校长权力，推动讲座教授评估

将学院改为"学域"，不但为学科发展提供了组织基础，而且使讲座教授寡头控制转变为多人联合协商管理的运作模式。为进一步淡化讲座

---

① Van de Graaff J H. Can Department Structures Replace a Chair System? Comparative Perspectives [R]. Yale Higher Education Research Group Working Paper, 1980：2~15.

教授寡头控制，德国一方面扩大校长的管理权力，另一方面加强了对讲座教授的绩效评估。在 20 世纪 70 年代以前，德国大学校长一直是由德高望重的著名教授轮流担任，每届任期一年，权力极为有限。1976 年，德国通过了《高等教育总纲法》，明确规定了校长（任期 4~8 年）的职责和作用，使之成为"法律"和"学术"两个方面的领导人。原来代表政府管理大学的官员不再直接向州政府负责，转而向校长负责。校长作为大学最高首脑，对于限制讲座教授行政权力，促进民主治校发挥着越来越重要的作用。20 世纪 90 年代以后，在联邦政府和大学的联合推动下，一个集自我评估、外部同行评估和基于指标绩效评估的讲座多元评估体系逐渐定型。讲座教授长期专有研究所资源的制度同步废止，代之以 5~7 年一个轮回的教学科研综合成果评定。在此基础上，政府进一步构建了基本工资和多元绩效工资相结合的弹性讲座薪金制度，逐步将讲座教授控制政府财政预算转变为项目主持人和申请者联合管理的模式，对于绩效考核不合格者，将终止聘任或另行聘任。[①] 扩大校长权力，不但缓解了政府对大学讲座教授的直接控制，而且有力提升了大学自治的行动自觉；定期综合成果评估，不但使讲座教授不再一劳永逸，而且能够激发讲座教授的创新动力。

三　优化学术队伍，激励青年教师成长

针对讲座制长期形成的高选择性、依赖性和不稳定性等不利青年教师发展的弊端，从 20 世纪 70 年代起，德国政府通过每 10 年修订法律，致力于塑造新的、更为合理的学术梯队结构，着力于在高水平选择与非讲座教授队伍相对稳定之间寻找一个最佳平衡点。在教授职位整体增加的情况下，将教授自下而上划分为 C2（高级助理和大学讲师）、C3、C4 三级。除为博士学位获得者设置多元出口外，还为"大学授课资格"获得者晋升各级教授提供多样选择。从 1996 年德国高等教育学术职员的组成来看，教授（C2 至 C4）共计 40600 人，占 36.5%，非教授学术职员共

---

① Enders J. A Chair System in Transition: Appointments, Promotions, and Gate-Keeping in German Higher Education [J]. Higher Education, 2001, 41: 19, 11.

计70600人，占63.5%，学术金字塔的梯队形式得以根本缓解。此外，1996年经科学委员会（Science Council）提议，允许博士后人员不依赖讲座教授而单独组织研究项目申请政府资金。① 低级学术职员独立性进一步增强，其对讲座教授的依赖性逐渐缓解。值得一提的是，在整个学术队伍优化改革过程中，严格坚持学术标准，公开公平遴选讲座教授的学术晋升机制始终为德国大学所坚守。

此外，二战后，日本完全处于以美国为主导的联合国托管之下，大学组织形式也随之以美国为蓝本进行调整。但是，与美国不同，日本的"学系"只是一组讲座的捆绑式结合。长期以来，深受德国大学模式影响的讲座，仍然是日本大学内部教学研究的基本单位，讲座是拥有充分自主权的自足组织。20世纪90年代以后，日本开始了号称"第三次浪潮"的新一轮高等教育改革。为改变讲座制为大学带来的诸多困境，日本政府推出了一系列改革措施，主要包括以下三个方面。第一，在讲座之外建立新型组织。为不与既得利益者产生冲突，日本在新兴知识领域组建了研究中心和独立研究生院。前者如名古屋大学在工程领域组建的科学工程综合研究中心、尖端科学与技术研究中心、高能源转化研究中心等；后者如名古屋大学的国际发展研究生院（1991）、大阪大学的国际公共政策研究生院（1993）、北海道大学的地球环境科学研究生院（1994）等。第二，改变讲座的依附组织。传统上日本大学讲座依附于本科学院，经费也是按照本科生规模进行划拨。新体制将讲座上移至研究生院，讲座经费按照研究生规模进行划拨。第三，合并原有讲座，转换为"大讲座"。这种变革不但使讲座数目锐减，而且原有讲座名称也同时变更。如1999年，名古屋大学教育与发展研究生院共有24个讲座，一年后合并为8个讲座，其中原有的教育史、教育管理、成人及终身教育、技术教育和人类发展5个讲座合并为终身发展教育讲座。东北大学人文学院，也由原来的5个学系35个讲座合并为1个学系16个讲座。② 伴随以上变革的实

① Enders J. A Chair System in Transition：Appointments, Promotions, and Gate-Keeping in German Higher Education ［J］. Higher Education, 2001, 41：7-14.

② Ogawa Y. Challenging the Traditional Organization of Japanese Universities ［J］. Higher Education, 2002, 43：89-95.

施，阻碍学科发展的僵化体制被逐渐激活；由单个讲座教授把持的独裁现象为多元协商所取代；大学及其次级组织的利益不断重组，使一劳永逸的"沙发"遭到强烈冲击。

第五节 结语

在整个 20 世纪后半期，大学讲座制发生了世界范围的整体性变革。瑞典的大学在保留讲座的同时，强化了学系建制；法国的大学则以新建教学科研单位（UERs）取代了传统学院，讲座随之为学系所取代；在拉美各国的大学中，抛弃讲座已成大势所趋。[①] 讲座作为大学内部的基层组织，似乎已经完成自己的使命，将要走向历史的终结。但是，无论是从德国大学的组织变革来看，还是从日本大学的组织变革来看，我们尚且不能过早得出这样的结论；无论是从讲座制的产生来看，还是从讲座制的演变来看，组织背后的理念精神仍需我们坚守。尽管由于种种原因，讲座制没有能够在美国大学扎根，而是以学系制取而代之，但是如果当初美国大学的学系建制，没有吸收德国大学讲座制所倡导的科学探究精神，没有吸收讲座制教学与科研相结合的习明纳教学方法，没有吸收学术自由与大学自治的理念精神，就不可能成就今日美国大学群体的辉煌。

就像美国大学学系建制吸收德国大学讲座制之精华一样，德国大学讲座制的变革，也在不断吸收美国学系建制中民主绩效的管理思想。但是，这并不意味着大学讲座制必然会被学系制所取代，将要走向历史的终结。事实上，大学作为一个组织形式，学系制所倡导的民主、平等、高效，或许是其不可逆转的变革趋势，可是大学之所以为大学，尊重学术权威、强调学术能力、倡导学术自由等，仍然是大学及其内部组织必须坚守的基本底线。从这个意义上说，讲座制与学系制的有机融合，或许将成为未来高等教育内部组织变革的基本路向。中国作为现代高等教育的后发国家，欧美等地的高等教育先发国家的发展与变革为我们提供

---

① Clark B R. The Higher Education System：Academic Organization in Cross-National Perspective［M］．Berkeley：University of California Press，1983：188.

了诸多启示与经验借鉴。无论是对讲座制，还是对学系制，我们都不应该简单地加以肯定或否定，完全移植与照搬更不可取。纷纷攘攘的大学内部组织变革，绝非简单的人员再调整、利益再整合、权力再分配，其间充满诸多无形的精神力量。对于当下学术权力不彰的中国大学而言，更是如此。

正如哈灵顿（Fred Harvey Harrington）所言，任何一个成功的制度，都需要不断进行定期再评估、再调适。学系建制在发展中，同样也利弊参半。比如由学系分离造成的学科壁垒，由追求平等造成的学术平庸，由强调研究造成的教学滑坡等。① 应当说，这些困境都可以在讲座制发展中寻找到解决的理论启迪。从德国大学讲座制的产生、发展来看，讲座制恰似幸福的使者凤凰，为 19 世纪德国大学走向世界高等教育之巅带来了无限光环；从 20 世纪德国大学讲座制的困境与变革来看，讲座制又似凤凰涅槃，在浴火焚烧中也将获得重生。

---

① Harrington F H. Shortcomings of Conventional Departments. McHenry D E. Academic Departments：Problems，Variations，and Alternatives ［C］. San Francisco：Jossey-Bass Publishers，1977：55-59.

☆☆☆ 第三篇 ☆☆☆

英国大学的传统与现代

第十章

从传统到现代：纽曼、怀特海、
阿什比大学理念之比较

第一节 引言

对于任何时代的大学而言，大学理念始终都是大学发展的精神指向，然而，不同时代的大学却有不同的大学理念。换言之，不同的大学理念会产生不同的大学发展模式。如果从大学职能来看，历史上经典的大学理念主要包括：强调大学是培养人才的场所，这一理念以英国学者纽曼（John Henry Newman）为代表；强调大学是培养人才和发展科学的场所，这一理念以德国学者洪堡和美国学者弗莱克斯纳为代表；强调大学是培养人才、发展科学和服务社会的场所，这一理念以美国"赠地学院"时期的威斯康星（Wisconsin）思想和康奈尔（Cornell）理念为代表；强调大学是多元巨型大学（multiversity），这一理念以美国学者克拉克·克尔（Clark Kerr）为代表。换言之，在纽曼看来，大学不是发展科学的机构，更不用说具有服务社会的职能；在洪堡和弗莱克斯纳看来，大学不是服务社会的机构，洪堡受德国新人文主义思想影响，强调大学是探究"纯粹知识"的组织，弗莱克斯纳也曾对美国现代大学服务社会的现象予以强烈批判；在克尔看来，大学是多元巨型机构，具有教学、科研和服务社会等多种功能和目的。

如果从大学理念的传统与现代来衡量，纽曼和弗莱克斯纳的大学理念相对保守，也就是说，他们所强调的大学理念，都相对滞后于同时代大学发展的实践，比如纽曼在撰写《大学的理念》（也译作《大学的理想》）时，德国大学早在半个世纪前就已经开创发展科学的职能；弗莱克斯纳在撰写《现代大学论》时，美国的"赠地学院"运动也已经轰轰烈烈地开展了近半个世纪。相对而言，洪堡、威斯康星思想、康奈尔理念以及克尔的大学理念，则是紧跟大学发展的时代步伐，并在一定程度上引领了大学发展。但是，作为传统大学理念阐释者的代表，纽曼及其学术思想至今仍被不同领域的学者广泛关注，其代表性成果《大学的理念》也已成为高等教育研究领域的经典之作。如果从比较的视角来研究纽曼及其大学理念，一方面，可以从跨国别的历史视角进行比较分析，亦即将其理念同德国的洪堡理念，美国的弗莱克斯纳、克尔等人的大学理念进行比较分析；另一方面，也可以将研究的视野聚焦于英国，对纽曼与其后英国经典学者的大学理念加以比较，进而对同一国别大学理念的历史传承与创新进行比较分析。

众所周知，英国是中世纪西欧的高等教育重镇，牛津大学和剑桥大学在彼时已经是声名显赫的高等教育机构。相比较而言，中世纪法国的巴黎大学、意大利的博洛尼亚大学和萨莱诺大学，都没能延续昔日的辉煌，它们或者中间被强行取缔（如巴黎大学），或者过早地走向没落（如萨莱诺大学），或者相比后发崛起的柏林大学、哈佛大学、耶鲁大学等寂寂无闻（如博洛尼亚大学）。换言之，在早期中世纪大学中，唯有英国牛津大学和剑桥大学的学术声望和地位得以延续至今。这背后既有制度的力量，也有思想的力量。纽曼（1801~1890）、怀特海（Alfred North Whitehead，1861~1947）、阿什比（Eric Ashby，1904~1992）是19~20世纪不同时代的英国高等教育研究学者，他们的大学理念都曾对英国乃至世界大学理念的发展产生深远影响。比较分析三者的大学理念，不但能够加深对19世纪和20世纪英国大学理念以及大学制度发展的认识，而且会加深对世界大学理念变迁规律的认识。因为大学理念的复杂性，以及三位学者教育思想的广阔性，本章仅从大学内涵与大学职能、大学自由教育与专业教育、大学与宗教关系等三个层面展开比较分析。

第二节　大学内涵及职能的理念比较

何谓大学？大学的职能是什么？这是人们在论述大学理念时应该首先回答的基本问题。换言之，大学是什么以及能够做什么，是研究大学理念的逻辑起点。纽曼、怀特海、阿什比站在各自时代的不同立场上，就大学的内涵及职能分别进行了阐释。

纽曼生活的时代，是西方高等教育面临重大变革的时代。在英国国内，工业革命蓬勃兴起，但是，以牛津大学和剑桥大学为代表的英国大学，仍固守古典人文主义的教育传统，拒绝任何新的科学知识进入大学机构。为让科学知识在大学中占有一席之地，英国不得不发起第一次"新大学运动"。在英国国外，德国洪堡创办的柏林大学模式，倡导通过研究促进教学、教学与科研相结合的大学理念，正日益成为世界各国大学发展的典范；法国的高等教育机构，也开始用科学院来发展知识，以巴黎高师、巴黎中央理工学院等为代表的大学校，则是技术统摄高深知识发展的先声；美国的大学，在注重培养人才和发展科学的同时，以"赠地学院"的崛起为标志，开创了服务社会的大学职能。国内外大学制度快速变革的局势，使英国大学传统教育模式的基础开始发生动摇。为捍卫传统大学的地位，使其免受功利主义价值观的侵蚀，纽曼对大学的内涵及职能进行了旁征博引式的阐释。在《大学的理念》一书中，纽曼开篇提出，大学"是一个传授普遍知识的地方"[①]。关于什么是普遍知识，纽曼在《基督教与科学研究》一文中指出，大学要教授任何人类知识领域里任何必须教授的东西，没有什么东西太宏大、太微妙、太遥远、太细致、太离题、太准确，以至于它不关注。[②] 他认为，作为一种制度性存在，大学应该是所有知识的最高保护力量，大学应该在真理之间充当裁判。为进一步说明大学是什么，纽曼把大学称为"教育的场所"（place of

---

① 纽曼.大学的理想（节本）[M].徐辉，等，译.杭州：浙江教育出版社，2001："前言"1.
② 纽曼.大学的理念 [M].高师宁，等，译.贵阳：贵州教育出版社，2003：264-265.

education）而不是"教学的场所"（place of instruction）。因为"教育"表明了对智力品格以及性格形成所起的作用，它是个体化、永恒性的东西，通常与宗教和美德连在一起。大学应该是"丰饶之母"，而不应是铸造厂、制造厂，大学的工作也不应是单调的工作。在论述大学的职能时，纽曼认为，大学应该以传播和推广知识而非增扩知识为目的，如果大学的目的是科学和哲学发现，大学就不应该拥有学生。[①] 由此可以看出，纽曼的大学职能观，是仅注重培养良好的社会公民（绅士教育），而不关注大学发展科学的职能。之所以把发展科学排除在大学的职能之外，是因为他认为，首先，有许多其他机构比大学更适宜于发展科学，如意大利和法国的文学和科学学院等；其次，现实中许多伟大的发现不是在大学中获取的，如化学、电学、天文学等领域的重大发现；最后，发现和教学是两种不同的过程，也是两种不同的才能，一个人兼备这两种才能的情形并不多见，一个致力于向学生传授知识的人，不可能有时间和精力去探索新知。一方面，纽曼的大学理念是传统的，但是这种传统并不落后，而是对当时大学功利主义价值观的批判；另一方面，纽曼的大学理念是永恒的，即使在今天，大学应该"育人"（教育的场所）而非"制器"（教学的场所），仍然是大学作为大学最为根本的职能。

20世纪初，随着社会生产力的不断提高，教育尤其是高等教育在国家发展中的地位越来越受到西方世界的重视。此时，英国发起了第二次"新大学运动"，新成立一批"红砖大学"（red brick universities），与工业之间建立了密切的合作关系。1919年成立了大学拨款委员会（University Grants Committee），标志着政府开始正式干预高等教育。生活在这个时代的怀特海，早年曾就读于剑桥大学三一学院，毕业后先后任教于剑桥大学三一学院、哥尔德斯密斯（Goldsmith）学院、伦敦大学学院、帝国科技学院和美国哈佛大学等学校，是一名教育公理主义者，丰富的阅历为怀特海寻找大学发展"最普遍的原理"奠定了基础。关于什么是大学，怀特海在其《大学及其作用》一文中指出："大学是实施教育的机构，也是进行研究的机构。但大学之所以存在，主要原因并不在于仅仅向学生

① 纽曼. 大学的理想（节本）［M］. 徐辉，等，译. 杭州：浙江教育出版社，2001："前言"1.

们传播知识，也不在于仅向教师们提供研究的机会。""大学存在的理由是，它使青年和老年人融为一体，对学术进行充满想像力的探索，从而在知识和追求生命的热情之间架起桥梁。"① 在怀特海看来，想象力不能够脱离现实，它是阐明事实、使事实丰富多彩的一种方式。他认为："人类的悲剧在于，那些富有想像力的人缺少经验，而那些有经验的人则想像力贫乏。愚人没有知识却凭想像办事；书呆子缺乏想像力但凭知识行事。"② 大学的任务就是将想象力和经验融为一体。从怀特海对大学的界定可以看出，较于纽曼的大学职能观，怀特海的大学职能观不仅仅局限于培养人才，科学研究亦是大学的重要职能。但是，就大学培养人才来看，怀特海继承了纽曼的思想，强调大学是一个"教育"的场所；就大学发展科学来看，时代发展使怀特海超越了纽曼；就培养人才和发展科学的结合来看，怀特海更加强调通过师生融为一体的交流，以及知识与想象力的结合，对学术进行充满热情的探索。另外，怀特海曾在英国新大学的代表——伦敦大学任教长达 14 年，伦敦大学的办学理念改变了他对现代工业文明中高等教育的看法，他在晚年就曾对美国的大学模式给予充分肯定。从这一点来看，怀特海的大学职能观已经蕴含大学应服务社会的思想。因此，怀特海的大学理念，既受到时代发展的影响，也受到个人阅历的影响，既有对英国大学理念的传承，也有对美国大学理念的接受。

阿什比认为，20 世纪后半期，西方工业国家正处于一场史无前例的危机的开端。人类面临的种种危机正在按照复利③的速度不断增加，而经济增长和技术革新，不但未能促进人类改善这种状况，反而导致了持续的衰退。全世界的大学，在经过长期作为社会无足轻重的附属品之后，又一次像欧洲中世纪大学一样，成为影响未来世界大发展的重要学术机构。为了承担起历史赋予的新责任，大学必须根据自身特点，适应社会发展，做出相应的变革。作为生物学家的阿什比，从生态学的角度对大学教育的发展与变革进行了全面反思。在《科技发达时代的大学教育》一书中，阿什比在第一章就论述了"大学的理想"。关于什么是大学，阿

---

① 怀特海.教育的目的［M］.徐汝舟，译.北京：生活·读书·新知三联书店，2002：137.
② 怀特海.教育的目的［M］.徐汝舟，译.北京：生活·读书·新知三联书店，2002：138.
③ 复利，俗称"利滚利"，即以本金加上未付的利息为基数计算的利息。

什比指出："大学是继承西方文化的机构。它保存、传播和丰富了人类的文化。它象动物和植物一样地向前进化。所以任何类型的大学都是遗传与环境的产物。"① 所谓遗传，是指高等教育应该长期遵循的信条，它是大学发展的"内在逻辑"，"内在逻辑对高等教育体系的作用犹如基因对生物体系的作用，它要保持这种体系的特性；它是这种体系的内在回转仪"②。所谓环境，是指资助和支持大学的社会体系和政治体系，它是影响大学变革的外在因素。遗传与环境之间要保持"动态的平衡"，只有达到这种平衡，高等教育体系才能够更好地为社会服务。在论述大学的职能时，阿什比认为，首先，大学是社会人力投资的工具。为满足社会对人力投资的需求，高等教育必须研究现代化教学手段，改进并运用教育工艺学。高等教育的人才培养应该贯穿到人的一生，而不应是全部集中在高中毕业后的几年内。其次，大学是学术研究的神经中枢。大学作为科研机构，要比它作为培训专业人员的学校更为重要。最后，大学应该为社会服务。阿什比认为："大学为公众服务最需要的工作……是把大学独具的多种学科的多类智慧，用到解决适应社会变化的研究中去。"③ 由此可见，相对于纽曼、怀特海，阿什比的大学职能观的内涵和外延都更加丰富和多样。从培养人才来看，阿什比不但强调教育工艺学的作用，而且强调高等教育的终身教育作用；从发展科学来看，阿什比不但倡导大学的学术研究，而且将大学而非其他机构视为学术研究的神经中枢；从服务社会来看，阿什比并不看重大学以专业培训的方式服务社会，而是强调大学通过自身的学科智慧去研究、应对和解决外部社会的诸多问题。

第三节　自由教育与专业教育的理念比较

何谓自由教育（liberal education）？美国芝加哥大学教授列奥·施特

---

① 阿什比. 科技发达时代的大学教育 [M].滕大春，滕大生，译. 北京：人民教育出版社，1983：7.
② 阿什比. 科技发达时代的大学教育 [M].滕大春，滕大生，译. 北京：人民教育出版社，1983：139.
③ 阿什比. 科技发达时代的大学教育 [M].滕大春，滕大生，译. 北京：人民教育出版社，1983：148-149.

劳斯（Leo Strauss）在《什么是自由教育》一文中指出，自由教育是存在于教养之中或趋于教养的教育，自由教育的完美产品是有教养的人（a cultured human being）。① 在布鲁贝克（John Seiler Brubacher）看来，自由教育与普通教育（general education）是一对相关的概念，普通教育是由自由教育转化而来的；专业教育（professional education）和职业教育（vocational education）有内在联系，职业教育是为工作而接受专业训练的教育。② 由于东西方文化的语境不同，国内学者对于自由教育与专业教育的理解也存在差异。根据布鲁贝克的观点，自由教育或普通教育具有自由性、广博性、普遍性；专业教育或职业教育则具有专门性、特殊性、实用性。事实上，无论是自由教育还是普通教育，都直接源自中世纪时期的"自由七艺"，亦即中世纪大学基础性学院——科艺学院所开设的多样课程。如果从演变历程来看，从"自由七艺"到"自由教育"再到"普通教育"，是一脉相承的。但是，必须指出的是，在中世纪大学时期，无论是必备的基础性的科艺学各课程，还是高级性的法学、神学和医学各课程，都具有鲜明的职业教育导向，也就是说，这些专业知识的传授，主要是为学生未来职业发展做准备的。因此，从这个意义上来看，中世纪大学产生伊始，就具备了自由教育和专业教育相互杂糅的性质。

　　在西方国家，自由教育与专业教育的二元论，可以追溯到古希腊时期的亚里士多德。亚里士多德认为，懂得吹笛子是件好事，但不要学得太好，因为学吹笛子需要花费大量的时间和精力，这可能导致忽视其他有价值的活动的危险，尤其是理智或理性的活动。③ 纽曼继承了亚里士多德的教育理念，他是19世纪自由教育的伟大倡导者。首先，他强调自由教育的理性内容。他认为："自由教育从它本身来看，仅仅是对理智的培育。"④ 为了发展学生的理智，他强调知识的整体性，反对将知识割裂开来。"所有的知识是一个整体，单一的科学是整体的组成部分。""过分突

① Strauss L. What Is Liberal Education？[J]. Academic Questions，2003，17（1）：31-36.
② Brubacher J S. On the Philosophy of Higher Education [M]. San Francisco：Jossey-Bass Publishers，1982：81-89.
③ Brubacher J S. On the Philosophy of Higher Education [M]. San Francisco：Jossey-Bass Publishers，1982：81-82.
④ 纽曼. 大学的理想（节本）[M]. 徐辉，等，译. 杭州：浙江教育出版社，2001：41.

出一门科学，这对其余的科学是不公平的。忽视或取代一些科学，便会使另外一些科学偏离正确的目标。""如果学生读书只囿于一门学科，那么这种劳动会助长片面追求某种知识的倾向，这样做会限制学生的心智发展。"① 其次，他强调学习环境的熏陶作用，反对机械性的知识获取。他认为，大学是传授普遍知识的场所，学生置身其中，虽不能攻读所有学科，但耳濡目染，必将受益匪浅。在学习某个人的著作时，重要的是学习方法，而不是著作本身。因为靠学习方法，可以获得属于自己的某种能力，而单纯地接受知识，只能成为弱不禁风的模仿者。最后，他主张知识本身即为目的，反对狭隘的实用主义教育价值观。纽曼认为，"好"是一回事，"实用"是另一回事；实用的并不见得总是好的，但是好的却必定是实用的。因为自由教育是好的，那么自由教育必定是实用的。专业教育虽然实用，但是却限制学生的心智发展。

怀特海生活在西方资本主义大工业蓬勃发展时期，生产部门日益分化，社会迫切需要大量专门人才，这影响了他对自由教育与专业教育关系的认识。首先，他反对知识之间相互分离，强调要使知识充满活力。怀特海对"见树不见林"的教育方法进行了批评，他认为教育需要解决的问题，就是要使学生通过树木看见森林。教育一定要根除各科目之间那种致命的分离状况，因为它扼杀了现代课程的生命力。教育是教人们掌握运用知识的艺术，不能够使知识僵化，要使知识充满活力。其次，他强调技术教育与自由教育相结合，肯定实用教育及教育专门化。在《技术教育及其与科学和文学的关系》一文中，他说，英国目前迫切需要大量有技能的工人、有创造天赋的人才和关注新思想的雇主，对于雇主和工人来说，技术教育能够满足国家的实际需要。同时，他强调技术教育应该孕育在自由精神之中，对技术工人来说，几何、诗歌与旋转的车床同样重要。他反对讥笑实用教育的态度，认为："教育若无用，它又何成其为教育？"② 怀特海在反对知识相互割裂的同时，也肯定教育的专门化。"在教育中只要你排斥专门化，你就是在破坏生活。"这看似矛盾的

① 纽曼．大学的理想（节本）［M］．徐辉，等，译．杭州：浙江教育出版社，2001：20-21.
② 怀特海．教育的目的［M］．徐汝舟，译．北京：生活·读书·新知三联书店，2002：4.

两种观点，在怀特海看来并不是没有根据的，因为"没有矛盾，世界会变得更简单，也许更单调"。① 最后，他认为自由教育与专业教育并非截然对立的。自由教育旨在培养大脑的智力活动，专业教育则是利用这种活动。在自由教育过程中，学生会对特殊的问题产生兴趣；在专业教育过程中，学生则可以通过自由教育开阔视野。自由教育与专业教育是相辅相成的，它们之间存在内在的必然联系。可见，与纽曼的自由教育相比较，怀特海同样强调知识的整体性，亦即反对知识之间的相互分离，反对教育方法中的"见树不见林"。但是，相较于纽曼，怀特海并不排斥专业教育，反而更加肯定了教育专门化的作用。尽管教育专门化并不等同于专业教育，但是仍能够看出，怀特海在自由教育和专业教育之间进行了有机调和。

如果说纽曼是自由教育的倡导者，怀特海徘徊于自由教育和专业教育之间，那么相对而言，阿什比更倾向于专业或职业教育，这是因为阿什比在重视专业或职业教育的同时，也不忽视自由教育和人文学科的重要性。首先，阿什比认为，大学是专业人才的供应场所。正因为大学具有培养专业人才的职能，国家、社会才愿意向大学投资；正因为大学能够完成培养专业人才的职能，人们才会肯定大学的效能。一个人如果不懂得科技的基本原理（不能在工作中应用系统的科技知识），那么他就不能被称作受过适当教育的人。其次，阿什比认为，专业教育应该贯穿人的一生。在 19 世纪，由于社会变化不多，三年的古典教育可以使人终身受益。但是，随着科技与社会变革速度的加快，人们的学位和专业证书大部分会因落后而遭淘汰。因此，实施与劳动就业相结合的非全日制进修教育就显得非常重要。他预言："或许将有一天，学生的学位和专业证书将象通行证一样，仅具一定的有效期限；每届期满，人们还须参加系统的进修班，然后换领新证书。高等教育的任务是提供一种'其本身能够不断产生改革、更新和再生的结构'。……舍此将是无法满足人力投资的要求的。"② 最后，阿什比认为，应在科学教育中增设人文学科。科学

---

① 怀特海 . 教育的目的［M］. 徐汝舟，译 . 北京：生活·读书·新知三联书店，2002：18.
② 阿什比 . 科技发达时代的大学教育［M］. 滕大春，滕大生，译 . 北京：人民教育出版社，1983：36.

技术需要专门化，而文化则需要共同核心。协调二者的办法"不是去寻求什么永恒真理，因为基督教徒、犹太教徒、穆斯林和根本无宗教信仰的人，不太可能一致同意什么是永恒真理。但是有着从来没有象今天这样尖锐集中的永恒矛盾。例如，都市的腐败、种族的仇恨、地区之间的贫富悬殊以及国际风云和核战威胁所造成的恐怖等等。所有这些问题都因为科学和技术的成就而日益加剧。教育将如何有助于这些问题的了解和解决呢？唯一的办法是在科学教育中增设人文学科"①。因此，如果将纽曼、怀特海、阿什比三者的自由教育和专业教育思想比作自左而右的由自由教育发展到专业教育的思想线，那么纽曼的自由教育思想处于思想线的左端，阿什比的专业教育思想处在思想线的右端，怀特海的教育思想则处在两者的中间。换句话说，三者的教育思想既有鲜明的传承性，也有显著的创造性。也就是说，三者的教育思想之间，并没有发生明显的转型和断裂，这种从传统走向现代的大学理念，不但与英国传统的牛津大学和剑桥大学的发展理念基本一致，而且与英国从"牛剑大学"（亦即牛津大学和剑桥大学）到"红砖大学"再到"平板玻璃大学"（plate glass universities）的组织变革理念基本一致。

自由教育与专业教育的二元论有深刻的社会根源。在强调自由教育的社会里，教育是闲暇人的事情，受教育者不必为衣食所忧，因此博雅知识就成为大学教育的主要内容；在现代社会里，教育不但应对受教育者施以教化，而且要使受教育者掌握一定的工作技能。事实上，随着科学技术及现代社会的不断发展，单纯强调自由教育或专业教育，都不符合人的培养规律。唯有将两者有机结合起来，大学才能够适应人才培养的需求。自由教育与专业教育虽是二元的，但在教育实践中，不应是非此即彼、互相对立的。如果说 18 世纪英国的牛津大学和剑桥大学是自由教育的代表，那么 19 世纪英国的"红砖大学"可以说是强调专业教育的代表，而 20 世纪中期的"平板玻璃大学"则是试图将专业教育融入自由教育的代表。在历史发展中，传统的牛津大学和剑桥大学也在不断地融入专业教育，19 世纪的"红砖大学"也在不断地融入自由教育，由此，

---

① 阿什比. 科技发达时代的大学教育［M］. 滕大春，滕大生，译. 北京：人民教育出版社，1983：47.

英国各类大学在相互之间的"组织漂移"和"学科漂移"中，不断达到动态的调适和平衡。但是，时至今日，相对英国其他大学而言，传统的牛津大学和剑桥大学仍然可以被看作自由教育思想的集结地。

第四节　大学与基督教关系的理念比较

在西方基督教国家，讨论大学理念而不涉及科学与宗教的关系是不可能的。[①] 这是因为，西欧中世纪大学自产生之日起，就是在宗教的氛围中成长起来的。同样，探讨英国学者的大学理念，也必须考虑到大学与宗教的关系在他们理念中所处的位置。

纽曼的大学理念与其生平所处环境有密切关系，他的一生，有将近一半的时间是在英国国教会度过的，而另一半时间则是在罗马天主教教会度过的。换句话说，纽曼一生都未曾脱离宗教教会的影响。这种生活经历，直接影响到他的大学理念。关于大学与基督教的关系问题，他认为，第一，大学有其本质，但应由教会管辖。在《大学的理念》前言中，纽曼认为，大学的宗旨是传授普遍知识，这是大学的本质所在，这种本质独立于与教会的关系之外。但是，如果没有教会的帮助，大学就无法适当地传授普遍知识。他主张教会对大学教育进行"直接、积极的管辖和参与"[②]。第二，神学是各门学科的科学。纽曼将神学分为自然神学和形下神学。他指出，如果作为一门学科的话，形下神学是最不成熟的研究，它其实根本不是一门学科。但自然神学是关于上帝的学问，由于世间万物都来源于上帝，自然神学不但应该是普遍知识的一个部分，而且应该是普遍知识的一个条件，它应该对哲学、文学和任何心智的创造或发现发挥有力影响。第三，科学与神学并行不悖。纽曼认为，神学是超自然的、精神的哲学，科学是自然的、物质的哲学。因此，神学与科学，不论在各自概念上，还是在各自领域里，总体上是不能交流的，也就不可能发生冲突。他认为，科学家在研究科学时，应该享受充分的自由，

①　张岂之，谢阳举. 西方近现代大学理念评析［J］.高等教育研究，2003（4）：4.

②　纽曼. 大学的理念［M］.高师宁，等，译. 贵阳：贵州教育出版社，2003：186.

不必担心错误，因为他坚信"错误是通向真理之路，而且是惟一之路"。另外，科学家也不必担心科学研究对神学知识造成尴尬，他认为："真理实际上是不会与真理对立的，因为常常乍看'例外'（exception）的东西最终很明显会'被证明是规则'（probat regulam）。"① 总体来看，纽曼关于大学与宗教关系的理念，仍然停留于中世纪传统大学理念，无论是教会管辖大学，还是神学对其他学科的统摄，都与中世纪大学的理念基本一致。但是，针对科学与神学的关系，纽曼的思想较中世纪大学理念更为包容。在中世纪大学时期的很长一段时间里，科学与神学常常充满斗争，而且宗教往往表现出对科学的不容忍，即使是亚里士多德的学说进入中世纪巴黎大学，也并非一帆风顺。亚里士多德学说真正获得宗教认可，肇始于托马斯·阿奎那的《神学大全》，但是在阿奎那的思想中，哲学②（亦即科学）被神学所改造，最终生成为经院哲学。及至文艺复兴及宗教改革时期，无论是伽利略（Galileo Galilei）、布鲁诺（Giordano Bruno）的天文学，还是达尔文的进化论，都曾遭到宗教组织和宗教思想的强烈批判和反对，被宗教裁判迫害的所谓"宗教异端"更是俯拾皆是。纽曼的时代，伴随民族国家不断强大，宗教组织及其神学日渐式微，科学逐步走向高深知识的中心。神学与科学的竞争，已经失去往日优势，利用科学质疑、反对和批判神学，逐渐成为大学高深知识探究的主流。这时候纽曼主动调和两者的矛盾，并强调科学家在研究科学时的充分自由，无疑既具有鲜明的传统色彩，也具有一定的革新意识。

19世纪中期以后，英国政府对高等教育的控制日益加强，宗教对高等教育的影响则逐渐衰微。从1863年到第二次世界大战之前，英国"国会几乎每年都通过法案，取消传统大学中有关不利于发展科学、推动学术进步和有害于国家利益的某些宗教方面的规定"③。这段时间恰恰是怀特海生活的时代。另外，怀特海出生于教育世家，其父曾是当地"神职人员中一位有影响的人物"④。宗教传统与世俗社会的双重影响，在怀特

---

① 纽曼．大学的理念［M］.高师宁，等，译.贵阳：贵州教育出版社，2003：275-276.
② 中世纪大学时期的哲学，不同于当下哲学的概念。彼时的哲学包罗万象，相关学科涉及逻辑、语法、修辞、算术、几何、天文、音乐等。
③ 黄福涛．外国高等教育史［M］.上海：上海教育出版社，2003：150.
④ 怀特海．教育的目的［M］.徐汝舟，译.北京：生活·读书·新知三联书店，2002：155.

海的大学理念中表现得异常突出。首先，怀特海强调，大学应当为国家做出贡献，大学应当自治。他认为，大学是促进社会进步的有效工具，凡是不断前进的国家，其大学教育都在蓬勃发展。但是"只有当最高管理机构采取克制，牢记不可用管理商业公司的条例和政策来管理大学，那时，我们伟大民主国家的现代大学教育体制才能够取得成功"①。其次，怀特海肯定宗教性教育的重要性。他认为教育的本质在于虔诚的宗教性。宗教性的教育是这样一种教育：它谆谆教导受教育者要有责任感和崇敬感。最后，他承认科学与宗教经常发生冲突。在《科学与近代世界》中论述"宗教与科学"时，怀特海指出，宗教与科学的接触是促进宗教发展的一大因素，但是科学与宗教之间经常会发生冲突。宗教除非能和科学一样面对变化，否则就不能保持旧日权威。宗教的原则可能是永恒的，但表达这些原则的方式必须是不断发展的。② 不难看出，相对纽曼的大学理念，怀特海更进了一步。在怀特海看来，大学已经不再是宗教的机构，而应该是服务于国家的世俗机构，但是，当国家管理大学时，不可运用过于世俗化的管理手段，同时大学也不能忽视宗教性教育的重要性。此外，在处理科学与宗教的关系时，怀特海更加强调科学对宗教的促进和引领作用，而非纽曼式的极力调和。简言之，相对于纽曼关于大学与宗教关系的理念，怀特海关于大学与宗教关系的理念无疑具有重大进步。

20世纪后半期的阿什比，其大学理念已经完全摆脱宗教束缚。他认为，首先，决定大学发展的是政府、大学教育经费评议会和一些帮助大学搞专业研究的研究会，以及大学的内在逻辑力量，这就是阿什比所谓的"0点运动"理论。在《科技发达时代的大学教育》第四章"不要插手干预大学么?"中，他说："我相信，你能回忆起你在学校肄业时，课本中写有一个动力学的题目。即有一个0点，以三条一端带箭头的直线，表示作用于0点的三个力。每条线的长度表示力的大小。0点将向哪个方向移动呢? 与此相似，英国大学同样是在0点上，并且有三种动力加在它的身上。第一种力标明'政府'，有时指的是内阁，有时指的是国会，有时指的是国务大臣，有时指的是教育与科学部的官员。第二种力是大

① 怀特海.教育的目的［M］.徐汝舟，译.北京：生活·读书·新知三联书店，2002：149.
② 怀特海.科学与近代世界［M］.何钦，译.北京：商务印书馆，1959：174-180.

学教育经费评议会和一些帮助大学搞专业研究的研究会。第三种是大学本身内在逻辑所产生的力量。"① 阿什比认为，决定"0 点运动"的主力是每个大学自身的内在逻辑。其次，大学不再是"宗教的基地"，但是对于世俗性大学忘掉其古老的遗产——基督教伦理道德精神，他却深表担忧。"武断专横的宗教衰亡了，而基督教的伦理道德依然存在。……当然，呼吁今天的大学仍然保持培养绅士的社交教育学校的职能，是会引起嘲笑的，具有这种学习态度的学生目前几乎已经绝迹。但是，我们在庆幸从大学中清除这类令人厌恶的东西之前，还应想一想，如果我们在这从争霸世界转向稳定世界过渡中要想得以生存，在公共道德中渗入这种精神也许是必不可少的。"② 可见，相较纽曼和怀特海关于大学与宗教关系的理念，阿什比关于大学与宗教关系的理念又更进了一步。在决定大学发展的"0 点运动"中，宗教力量已经没有任何立足之地，大学已经完全成为世俗化的机构。但是，阿什比没有完全抛弃宗教思想，尤其是强调了基督教伦理道德精神对大学培养人才的重要性。因此，从这个意义上说，阿什比对纽曼和怀特海的理念，既有突破和超越，也有传承和坚守。

第五节　结语

综观纽曼、怀特海、阿什比的大学理念，可以看出，就大学职能而言，是逐步由一元走向多元，亦即，在纽曼那里，大学职能是一元化的培养人才；在怀特海那里，大学职能在培养人才的基础上，增加了发展科学；在阿什比那里，大学职能除了培养人才、发展科学之外，还增加了服务社会。就大学人才培养方式而言，三者的大学理念，是逐步由自由教育走向自由教育与专业教育相统一。就大学与宗教的关系而言，三

① 阿什比.科技发达时代的大学教育［M］.滕大春，滕大生，译.北京：人民教育出版社，1983：51.
② 阿什比.科技发达时代的大学教育［M］.滕大春，滕大生，译.北京：人民教育出版社，1983：150.

者的大学理念，是逐步摆脱宗教控制而步入世俗社会。如果把纽曼、怀特海、阿什比的大学理念，与相应时期其他欧美学者的大学理念相比较，基本可以判断出他们的大学理念相对传统，无论是纽曼与洪堡的思想相比较，还是阿什比与克尔的思想相比较，都大致如此。但是，如果把纽曼、怀特海、阿什比三者的大学理念相比较，很明显能够看出他们从传统走向现代的思想进路。

事实上，在 20 世纪 70 年代之前，相较其他欧美国家的大学，英国的大学在发展和变革中也一直保持着较为鲜明的传统个性。英国大学的理念及实践，在坚守传统中不断创新，在不断创新中又不忘传统，是其能够在世界大学之林中，既没有发生根本性的断裂，也没有被时代浪潮所湮没，而是历经近千年不衰的深层内因。但是，伴随 20 世纪 70 年代撒切尔夫人（M. H. Thatcher）的执政，英国高等教育开始逐渐摆脱传统，不断走向变革甚至是激进式变革的道路。尤其是在 20 世纪 90 年代以后，英国的高等教育无论是在组织层面还是在制度层面，都开启了高歌猛进式的转型发展。但是，无论组织转型还是制度创新，都既有大学内外部环境的推动，也有大学思想理念的推动。仅就大学理念而言，一个整体的趋势是，20 世纪 70 年代以后的英国，学者的大学理念影响日渐式微，政府的大学管理思想逐步强势，这或许是英国大学由现代走向激进的思想力量。

第十一章

传统之后的创新：英国"新大学"的历史演变

纵观英国高等教育史，不难发现"新大学"① 在 19 世纪以降扮演着极为重要的角色。就国内相关研究来看，有的集中对 19 世纪英国"新大学运动"展开论述，有的侧重对 20 世纪 60 年代英国创办的新大学进行分析。事实上，相对于中世纪牛津大学、剑桥大学、杜伦（Durham）大学和伦敦大学各学院而言，"新大学"一词最早是指 19 世纪的城市大学（civic universities），后被称为"红砖大学"；② 20 世纪 60 年代《罗宾斯报告》（Robbins Report）发表后，新大学主要是指"平板玻璃大学"；目前，新大学特指 1992 年英国颁布《继续教育和高等教育法》后，授予大学身份的多科技术学院（polytechnics）、高等教育学院（colleges of higher education）等，又称"1992 后大学"（post-1992 universities）或"现代大学"（modern universities）。本章将沿着英国"新大学"一词用于不同大学组织称谓的历史脉络，对各个时期新大学产生的历史背景、发展状况、组织特征等进行阐述，在对不同阶段"新大学"综合比较的基础上，总结出英国高等教育组织变革的基本特征。

---

① 这里"新大学"并非特指英国历史上某一类新大学，而是指"新大学"概念在英国本土正式提出后，伴随新的大学组织类型产生而不断演变的概念体系。

② Herklots H G G. The New Universities：An External Examination ［M］. London：Ernest Benn Limited，1928：3-5.

第一节 19 世纪中叶之前的英国传统大学

在城市大学产生之前，包括英国本土在内的学者并没有明确提出"新大学"的概念，这一时期既有古老的牛津大学、剑桥大学，也包括 1834 年获得学位授予权的杜伦大学和 1836 年获得学位授予权的伦敦大学。

自中世纪至 19 世纪 20 年代初，英格兰的高等教育机构仅有牛津大学和剑桥大学。迫于外界压力，这两所大学曾先后进行一些微弱的世俗化改革，如拓宽课程范围、严格考试制度，但其保守性、贵族性以及宗教排他性依然非常明显。大学和教会紧密联系在一起，各学院的大门只向国教徒开放。1830 年，大学每年的学习费用就有 200~250 英镑之多，只有贵族、绅士和富商的子弟才能享受如此昂贵的教育，而这种教育在课程方面依然以古典教育为主，缺乏实用价值。[①] 在牛津大学和剑桥大学之外增设大学，已经成为英国高等教育发展的历史和时代诉求。

事实上，早在 1654 年克伦威尔（Oliver Cromwell）执政期间，就曾动议在伦敦设立大学，并在英国北部曼彻斯特（Manchester）或杜伦设立大学学院。但在牛剑（Oxbridge）及保守势力的反对下，计划最终未能付诸实施。19 世纪 20 年代末，牛津大学和剑桥大学独霸英格兰高等教育的局面开始发生动摇。1828 年，不分教派招生、排除神学课程的伦敦大学宣布成立。1829 年，国教派为抵制伦敦大学的威胁，在其附近成立了英王学院（King's College）。无论是此时的伦敦大学还是英王学院，在成立之初并没有获得学位授予权。正当两校商讨是否合并，以争取学位授予权，却遭遇牛津大学和剑桥大学强烈反对之时，1832 年由英国国教徒创办的杜伦大学于 1834 年成功获得学位授予权。罗伯特·安德森（Robert Anderson）认为："杜伦大学之所以一开始就获得认可，主要因为它是英国国教的。"[②] 1836 年，非宗教色彩的原伦敦大学不得不易名为伦敦大学

① 贺国庆，等．外国高等教育史［M］．北京：人民教育出版社，2003：233．
② Anderson R. British Universities: Past and Present［M］. London: Hambledon Continuum, 2006：28.

学院，与具有浓厚宗教色彩的英王学院实行非实质性合并：两者独立办学，其学位授予权归属于新成立的伦敦大学。因此严格来说，获得学位授予权后的伦敦大学，并没有完全摆脱宗教束缚，它是国教徒、非国教徒、伦敦市政、英国皇家、牛津大学、剑桥大学等多方势力相互争执、最终妥协的混合产物。

所以，从完整意义上来说，尤其是从宗教属性和教育平等的层面来看，无论是杜伦大学还是伦敦大学，都不能称为"新大学"，充其量可将伦敦大学视为从传统大学到现代大学过渡的转型组织。当然，伦敦大学学院所开创的摒弃神学课程、传授现代学术和科学、不分教派招生等，其意义是不容抹杀的，这也为后期城市学院的兴起奠定了坚实的组织和制度基础。

概括来说，在这一时期，英国大学教育呈现以下几个特点。首先，贵族化色彩浓厚。据统计，1835 年牛津大学学生中仅有一名平民子弟，到了 1860 年就不存在任何平民子弟，所有学生均来自绅士、牧师等贵族家庭。在剑桥大学、伦敦大学和杜伦大学，穷人的孩子亦不多见，它们昂贵的学费，只有来自上层阶级的家庭才能够承担。同样，这时的大学教师也主要来自贵族阶层。以 1813～1830 年的牛津大学为例，有 45% 的教师来自牧师家庭，28% 的来自乡绅、骑士和绅士家庭，15% 的来自商业和专业人士家庭，只有 5% 的来自非贵族阶层。① 师生贵族化的组成，直接造成了大学教育内容、教学方式的精英化和贵族化。其次，人才培养不能适应工业发展。直到 19 世纪 70 年代，牛津大学和剑桥大学之外的英国高等教育发展都异常薄弱。由于缺少私人捐赠或公共资金，伦敦大学各学院只能在困境中生存，其通常只被认为是进入"牛剑"的补给站（staging post）。从 1836 年伦敦大学建立到 1858 年，所有学位类型仅仅授予了 1469 人。换句话说，整个伦敦大学所有附属学院的学生数量，平均每年只有约 70 人。② 1851 年，第一届世博会在伦敦成功举办，标志着英

---

① Jarausch K H. The Transformation of Higher Learning, 1860-1930: Expansion, Diversification, Social Opening and Professionalization in England, Germany, Russia and the United States [M]. Stuttgart: Klett Cotta, 1983: 208.

② Anderson R. British Universities: Past and Present [M]. London: Hambledon Continuum, 2006: 72.

国在工业国家中取得领先地位，但这几乎与大学无关。“维多利亚工程师的培养，不是基于大学而是基于先辈流传下来的、家庭作坊式的学徒制。”① 再次，大学区域发展严重失衡。伦敦大学获得学位授予权后，以“伦敦—牛剑”为轴心的东南地区压倒性地超过了北部和中部地区。位于东北部的杜伦大学由于招生人数较少（每年 50 人左右），且仅有文科和神学专业，势单力微，影响有限。与此同时，伴随英国工业革命的完成，一批大中型城市如曼彻斯特、伯明翰（Birmingham）、利物浦（Liverpool）、利兹（Leeds）等在英格兰北部和中部地区崛起。经济迅速发展与大学机构的缺失，越发显示出英国大学分布的区域失衡。最后，女性被排除在大学教育之外。这一时期，在英国没有任何大学为任何阶层的女性开放学位。伦敦大学在 1878 年、杜伦大学在 1890 年才分别向女性开放学位，而牛津大学、剑桥大学直到 20 世纪 20 年代才正式允许女性获得学位。

第二节　作为“新大学”的“红砖大学”

1850 年之前的英国大学和学院，其运营主要来自慈善捐赠和学费，政府运用财政拨款介入大学发展的制度尚未建立。在慈善捐赠盛行、政府管理缺位、经济社会发展需求增加，以及市民对大城市怀有强烈自豪感和责任感的多重作用下，部分富有商人、企业家先后捐资兴建了一些城市学院，如曼彻斯特学院（1851）、南安普敦学院（Southampton College，1862）、利兹学院（1874）、伯明翰学院（1880）、利物浦学院（1881）等，但是，这些学院起初均未获得学位授予权。这不仅严重制约了当地城市经济文化的发展，而且损伤了新兴城市市民的荣誉感，在他们看来，“大城市应该拥有一所大学，就像每个城市应当拥有一所教堂那样”②。可见，新建城市学院升格为大学，已经获得广泛的民众支持。

---

① Halsey A H & Trow M A. The British Academics ［M］. Cambridge：Harvard University Press，1971：206.

② Jarausch K H. The Transformation of Higher Learning，1860-1930：Expansion，Diversification，Social Opening and Professionalization in England，Germany，Russia and the United States ［M］．Stuttgart：Klett Cotta，1983：139.

1860 年以后，英国国土迅速扩张，国际贸易竞争激烈，制造业应用科学和大型工业公司急剧发展。城市工业尤其是化学、金属、合成纺织等，如果没有应用科学或高水平技术革新就很难运行；海外扩张带来的诸多新型专业领域，如矿产开发、机械工程、港口码头、铁路运输等，亟须培养高等教育专业人才。尽管城市学院在创办之初，就根据各地工业和科学发展实际情况，设置了相应的技术研究中心，但是，它们的学位授予权归属于伦敦大学，且授予范围狭窄（仅限于传统的文学、法律和医学），这严重制约了人才培养的灵活性和多样性。在 1867 年的巴黎世界博览会上，德国和法国的专业技术革新成果斐然，并对英国工业革命后的辉煌构成挑战，往昔世界博览会上英国一枝独秀的形势渐成明日黄花。1880~1890 年，德国的工业技术已明显超过英国。毋庸置疑，德国之所以能够取得如此骄人的成绩，主要在于拥有一个支持工业系统的科学及专业技术教育体系。而此时的英国传统大学依旧保守地进行古典人文教育，伦敦大学的有限变革也很难为新形势提供必要的智力支持。政府深知，要想重建并维持英国的经济地位，必须尽快效仿德国，建立一批能够培养多样性技术人才，而且能够独立授予学位的大学。城市学院的兴起及需求，恰恰迎合了国家意愿。

在多方合力促进下，英国很快授予了六所城市学院皇家委任状，承认其大学地位，分别为：曼彻斯特大学（1880）、伯明翰大学（1900）、利物浦大学（1903）、利兹大学（1904）、谢菲尔德大学（Sheffield University，1905）和布里斯托大学（Bristol University，1909）。获得皇家委任状伊始，新建大学便拓展了学位培养和授予的领域，并扩大了招生数量。比如，利物浦大学很快在外科学、建筑学、兽医医学、工程学等方面建立起自己的学位授予类型，学生人数在十年内以两倍的数量激增；伯明翰大学在酿造、有色金属冶炼，利兹大学在纺织、工商管理，谢菲尔德大学在采矿、钢铁冶炼等方面，均开设了新的学位授予类型并获得长足发展。[①] 不难看出，城市学院一经国家认可获得大学地位，便得到了

① Jarausch K H. The Transformation of Higher Learning, 1860-1930: Expansion, Diversification, Social Opening and Professionalization in England, Germany, Russia and the United States [M]. Stuttgart: Klett Cotta, 1983: 151.

迅猛发展。

这些"新大学"具有以下五个特点。第一，校园建筑主要由色调鲜明的红砖和红色涂料装饰而成；而牛津大学和剑桥大学则由色调灰白的石料和教堂式塔尖构成，两类大学建筑风格迥异。1943 年，利物浦大学教授皮尔斯（Edgar A. Peers）① 在描述城市大学发展时，根据其建筑特点，明确提出"红砖大学"之说。"红砖大学"随之成为"新大学"的代名词。第二，所有"红砖大学"均是由私人捐资兴办，国家只是提供皇家委任状，确认其大学地位。尽管有不少牛津大学和剑桥大学的学者先后来到这些大学任教，但是"新大学"的创办与国家以及牛津大学、剑桥大学并无关联，更不存在中世纪大学式的"母子关系"。② 第三，所有"红砖大学"都是从城市学院发展而来，自开办之初就不受宗教限制且对女性开放。校长开始作为主要管理者出现，市民代表（lay representative）和教师代表共同参与大学管理。这种"寡头政治和代表性民主相结合"的管理模式，与传统大学"直接民主"（direct democracy）的管理方式存在显著不同。③ 传统大学不仅不存在寡头统治，在参与人员、决策机制等方面也具有广泛的民主性，而且不含市民代表。第四，由于创办经费不足，"红砖大学"并没有实行传统大学的寄宿制，而是实行走读制。其学生也主要来自当地，这也为走读制带来方便。后来，尽管部分"红砖大学"为学生提供了住宿，但这种住宿更加类似于美国大学式的宿舍管理，与牛津大学和剑桥大学的寄宿制存在本质不同。④ 第五，"红砖大学"的内部组织，没有承袭传统大学的寄宿学院制（collegiate system）模式，而是按照学科学院（faculties）的模式进行划分。"新大学"的教学方式没有采用传统大学的导师制（tutorial system），而是实行注重规模效益的大班授课制。⑤ 从教学内容来说，这类"新大学"并不注重对学生

---

① 皮尔斯教授在撰写其专著《红砖大学》（*Redbrick University*）一书时，使用的是笔名 Bruce Truscot。参见 Silver H. The Universities' Speaking Conscience："Bruce Truscot" and Redbrick University [J]. History of Education，1999，28（2）：173.

② Warner D & Palfreyman D. The State of UK Higher Education：Managing Change and Diversity [M]. Buckingham：SRHE and Open University Press，2001：23-24.

③ Kneller G F. Higher Learning in Britain [M]. London：Cambridge University Press，1955：25.

④ Kneller G F. Higher Learning in Britain [M]. London：Cambridge University Press，1955：30.

⑤ Kneller G F. Higher Learning in Britain [M]. London：Cambridge University Press，1955：30.

进行自由教育式的心智训练，而是更加关注与当地工业发展密切相关的专业知识的技能传授。

从 1910 年到第二次世界大战结束，英国仅有雷丁大学（Reading University，1926）成立。战后，政府对科技毕业生的需求明显增加，由此形成英国第二次"红砖大学"的建设波峰，先后又有六所城市学院获得大学地位，分别为：诺丁汉大学（Nottingham University，1948）、南安普敦大学（1952）、赫尔大学（Hull University，1954）、埃克塞特大学（Exeter University，1955）、莱斯特大学（Leicester University，1957）和纽卡斯尔大学（Newcastle University，1963）①。这些"新大学"的成立极大地改变了英国高等教育的整体局势。

整体而言，相较传统大学时期，"红砖大学"建立后的英国高等教育呈现以下四个特点。第一，大学的民主化进程不断加快。这不仅表现在女性在大学教育中获得了应有权利，而且表现在中产阶层家庭开始在大学中获得一定地位。"红砖大学"建校伊始，就注重不分教派、不论性别招收当地学生，尤其是来自中产阶层的学生。据统计，1950~1951 年，英国大学全日制入学总人数为 85314 人，其中男性为 65831 人，女性为 19483 人，女性已经占据大学入学总人数的 23%。在利兹大学和利物浦大学，每年招生人数均在 3000 人左右，女性入学比例高达入学总人数的 1/3。② 男性独享大学教育的时代已经一去不复返。这一时期来自中产阶层家庭的子女占据了"红砖大学"学生的主体，1908 年利物浦大学有超过 3/4 的学生来自当地中产阶层家庭，到了 20 世纪 50 年代其比例仍然不低于 60%。中产阶层家庭子女入学人数的增多，直接导致大学教师中来自社会中层的人数增多。到了 20 世纪 60 年代中期，大学中来自非贵族家庭的教师已经超过教师总数的 2/3。③ 大学贵族化组成已经明显减弱。第

① 根据 1963 年 8 月的英国国会法案（Act of Parliament），纽卡斯尔大学获得独立大学身份。因此，有学者将其归入 20 世纪 60 年代"新大学"亦即"平板玻璃大学"之中。但是，作为典型的城市大学，无论从组织管理形式还是从教学内容方式而言，其都应被划分到"红砖大学"之列。

② Kneller G F. Higher Learning in Britain［M］. London：Cambridge University Press，1955：30-52.

③ Halsey A H & Trow M A. The British Academics［M］. Cambridge：Harvard University Press，1971：22.

二，大学学术上存在双向漂移现象。城市学院成立之初，主要集中发展适合当地社会经济需求的学科专业。为获得大学地位，它们确有向传统的牛津大学和剑桥大学逐渐靠拢的迹象，如增设文科专业、扩大生源范围、注重科学研究等。但如果说"红砖大学"已经为牛津大学和剑桥大学所"殖民"（colonized），确有夸张之嫌。有大量的证据表明，"红砖大学"拥有自己的办学理念：发展文科教学是专业训练和当地教师培养的自然需求，而大学内部各学科的侧重与牛津大学和剑桥大学存在很大差异。纽卡斯尔大学的采矿、伯明翰大学的酿造、谢菲尔德大学的冶金和玻璃技术、利兹大学的纺织等，都已经形成与各自所在城市发展密切相连的专业区域特色。① "新大学"不但所开专业与现实密切相关，顺应了国家需求，而且注重在英国本土尤其是本地区招收学生，顺应了当地需要。"红砖大学"办学的成功，不可避免地影响到了牛津大学和剑桥大学，其不受教派限制、招收女性学生、关注经济发展、开设应用型学位等，都可以说在一定程度上受到了"红砖大学"的影响。因此，乔治·F.内勒（George F. Kneller）认为："'红砖大学'事实上引领了牛津大学和剑桥大学更新的教育理念和实践。"② 所以，在传统大学和新大学之间的学术漂移并非单向的，而是双向影响、相辅相成的。第三，高等教育区域发展不平衡问题得到明显改善。传统大学时期，以"伦敦—牛剑"为轴心的东南地区高等教育独霸英国，北部的杜伦大学孤掌难鸣。"红砖大学"群体产生后，英国大学区域布局不平衡的问题得以改善，第一批"红砖大学"全部位于英国东南地区之外。在第二批 7 所"红砖大学"中，除了雷丁大学和南安普敦大学稍靠近东南地区外，其余 5 所也都位于东南地区之外。尤其是成立较早、发展迅速的曼彻斯特大学、利物浦大学、利兹大学和谢菲尔德大学等紧密相连的中北部城市大学群，已经构成与"伦敦—牛剑"分庭抗礼、南北制衡之势。第四，开创了不经皇家委任状而经国会立法授予大学地位的先河。在新成立的 13 所

---

① Anderson R. British Universities：Past and Present ［M］. London：Hambledon Continuum，2006：44-45.

② Kneller G F. Higher Learning in Britain ［M］. London：Cambridge University Press，1955：204.

"红砖大学"中，纽卡斯尔大学并不是通过获得皇家委任状，而是通过国会法案获得独立大学身份的。这不仅暗示着政府立法在大学管理中的作用日益增强，而且为以后英国"新大学"的成立尤其是为"1992 后大学"的成立提供了制度保障。

第三节　作为"新大学"的"平板玻璃大学"

大学培养人才的目标，绝不仅仅是让学生将来能够寻找一份好的工作，还应当指导他们更好地学会生活，尤其是怎样幸福地生活。每个步入社会的人，都要直面自己的生活环境，并对个人日常重要问题做出判断和选择，比如与谁结婚，送子女到哪所学校读书，参加哪个政治社团，等等。① 就这些方面而言，传统的牛津大学、剑桥大学因其民主管理的住宿学院制、师生交往的导师制度、强调教养促进全面发展的教育模式等，无疑会优于学科分割、大班授课、强调应用的"红砖大学"。

利兹大学教授多布里（Bonamy Dobree）认为，无论何种类型的教育，都应当启迪学生自由、好奇的心智，能够使他们发现事物之间的相互关系。他认为，"红砖大学"里大部分毕业生，都没有获得知识间内在关联的意识。偏向科技应用型人才培养，缺少对人的心智训练，无疑会造成学生身心的日渐分离。伦敦大学教育学院杰弗里（George B. Jeffery）也强调，当下大学越来越多地关注"教学"（instruction），越来越少地关注"教育"（education），其结果必然导致学科碎片化日趋严重。他呼吁每名教师把知识的整体传授作为首要任务。大学应当把众多的学科专门家按照知识的整合性集结起来，为他们进行学术交流提供方便，创造一个更为宽广、更为亲密的学术共同体（community），而不是众多的、相互割裂的离散学系（departments）。② 此外，美国教育学者、普林斯顿大学前

---

① Kneller G F. Higher Learning in Britain ［M］. London：Cambridge University Press，1955：101-108.

② Kneller G F. Higher Learning in Britain ［M］. London：Cambridge University Press，1955：206-208.

校长弗莱克斯纳，"红砖大学"一词的首倡者、利物浦大学教授皮尔斯，英国哲学家、曼彻斯特大学前副校长莫伯利（Walter H. Moberly）等都曾对"红砖大学"提出批判。1959 年，英国学者斯诺（C. P. Snow）在剑桥大学所做的题为《两种文化与科学革命》的著名演讲，则将人文与科学相互割裂的最终原因归结为当时的教育体制，进而将对"红砖大学"的批判推向高峰。① 可见，强调"育人"而非"制器"，已经成为彼时英国高等教育学界密切关注的重要话题。

为应对高等教育变革需求，英国政府在 20 世纪 60 年代初成立了以罗宾斯勋爵（Lord Robbins）为首的专门委员会，在考察本土和其他国家高等教育发展的基础上，于 1963 年形成了著名的《罗宾斯报告》。《罗宾斯报告》不仅建议创办适合多学科发展的新型大学，而且建议将高级技术学院升格为大学，同时要增设人文社会科学专业。

事实上，早在 1958 年英国政府就同意在南部布莱顿（Brighton）建立新型的萨塞克斯（Sussex）大学。1959 年该大学正式成立，1961 年获得皇家委任状，成为英国 20 世纪 60 年代第一所"新新大学"（new-new university）。② 建校之初，萨塞克斯大学就成立了多学科整合、跨学科教学与研究的"专业学院"（schools of study）。无独有偶，英国工党先驱林赛（A. D. Lindsay）从政府中获得公共基金，购置了纽卡斯尔莱姆河畔的一处私人住宅——基尔城堡（Keele Hall），作为新建大学的校园。1962 年，基尔大学获得皇家委任状，成为英国第二所"新新大学"。基尔大学创办之初，除实行多学科教学研究外，还一改"红砖大学"的走读制，实行全寄宿制，其首批聘任的教授也被要求住在学校宿舍内，以加强对学生的个人辅导。

伴随《罗宾斯报告》的发布，英国的新大学创建日趋高涨。先后创办了东安格利亚大学（East Anglia University，1963）、约克大学（York U-niversity，1963）、兰卡斯特大学（Lancaster University，1964）、肯特大学（Kent University，1965）、埃塞克斯大学（Essex University，1965）和沃里

---

① Kneller G F. Higher Learning in Britain [M]. London: Cambridge University Press, 1955: 25.
② 张建新. 高等教育体制变迁研究——英国高等教育从二元制向一元制转变探析 [M]. 北京: 教育科学出版社, 2006: 64.

克大学（Warwick University，1965，又译为华威大学）。1966～1967 年，英国政府在已有高级技术学院的基础上，先后升格了 8 所大学：罗浮堡大学（Loughborough University，1966）、阿斯顿大学（Aston University，1966）、布鲁内尔大学（Brunel University，1966）、萨里大学（Surrey University，1966）、巴斯大学（Bath University，1966）、布拉德福德大学（Bradford University，1966）、伦敦城市大学（City University of London，1966）和萨尔福大学（Salford University，1967）。此后直到 1992 年，英国除建立了一所远程大学（Open University，开放大学）和一所私立大学（University of Buckingham，白金汉大学）外，再未建立新的大学组织。

整体而言，这一时期创建的"新大学"具有以下四个特点。第一，从物理层面来说，新大学创建的先决条件是要有不低于 200 英亩的校园，以至于 20 世纪 60 年代的大学都坐落在拥有广阔"绿地"的城市边缘，而不像"红砖大学"那样坐落于城市中心，主要是因为城市边缘土地较为便宜，且拓展空间较大。这些学校的建筑属于现代化设计，在钢材或混凝土结构中广泛使用了平板玻璃，建成速度快且更加宽敞明亮，与传统大学和"红砖大学"的建筑风格迥异。这一时期的"新新大学"，因其独特的建筑风格，遂被称为"平板玻璃大学"。20 世纪末期，"新大学"特指"平板玻璃大学"，而"新新大学"也随之淡出学者或民众的话语。第二，从经费来源上看，"平板玻璃大学"打破了以往民间或个人办学的传统，国家在大学的设置和创建中发挥了重要作用。尽管早在第二次世界大战之前，大学就被英国视为当然的国家机构，但是，大学从政府获得的经费仅占 1/3 左右（1938 年为 36%）。1949 年，国家开始为大学教师提供薪水，同时拨款力度不断增加。"'平板玻璃大学'有 90% 的资金来源于英国大学拨款委员会（UGC），其自创建之初就志在成为国家甚至国际性的机构，而非地域性的城市大学。"[①] 1962 年，英国学生资助体系开始形成，国家奖学金、当地政府奖学金、大学和学院奖学金等为学生进入大学学习提供了丰厚的物质保障。学生资助体系使新大学的学生组成具有了明显的非地域性特征，比如在 1970 年，东安格利亚大学只有不

---

① Smith D. Eric James and the "Utopianist" Campus: Biography, Policy and the Building of a New University during the 1960s [J]. History of Education, 2008, 37 (1): 35.

到 4% 的学生来自当地。① 第三，注重住宿制与习明纳教学。有感于"红砖大学"的走读制和大班授课制造成的师生疏于交往，约克大学首任校长詹姆斯（Eric James）认为，如果我们过于懒散而不能提供个别指导，过于吝啬而不能提供寄宿，那么我们的大学将面临不能称为"真大学"（true universities）的危险。大班上课可能适合特定的目标，但制度化的师生面对面指导是不可替代的。因此，他最初的理想是效仿牛津大学和剑桥大学的学院寄宿模式。② 然而由于"新大学"的经费来自政府拨款，传统的大学拨款委员会不可能提供公共资金，去建造一个超过已获得大学地位水准的寄宿制大学（亦即牛津大学和剑桥大学）。最终，"新大学"的运行采取了折中方案，既非传统大学的寄宿制，也非"红砖大学"的走读制，而是提供多样性的住宿安排。与之相应，在教学方法上，既非传统大学一对一的导师制，也非"红砖大学"的大班授课制，而是以习明纳为主的多种方法结合。第四，强调跨学科教学与研究。为了在人文与科学之间搭建一座桥梁，这类新大学致力于自由教育而非专业教育，其发展路径又各具特色：萨塞克斯大学和沃里克大学从一开始就覆盖全部学科领域，东安格利亚大学、埃塞克斯大学和约克大学则集中资源发展前沿领域，萨塞克斯大学、埃塞克斯大学、东安格利亚大学等强调非传统学科的跨学科发展，约克大学则倡导不求新奇但求成功的传统学科的跨学科发展。区别于技术学院，这类新大学强调将教学与研究紧密联系在一起，扩大研究生规模。比如，埃塞克斯大学建校伊始，就计划将本科生与研究生在校比例提高到 3∶1 或 4∶1，而非当时的 7∶1。③ 所有新大学都旨在拓宽本科阶段的课程，将高水平的专业化发展放在研究生阶段。

以上特点为新大学注入了强大活力。20 世纪末，它们已发展成为英国最为成功的研究型机构，一些大学已经构成对牛津大学、剑桥大学和

① Anderson R. British Universities：Past and Present［M］. London：Hambledon Continuum，2006：74.

② Smith D. Eric James and the "Utopianist" Campus：Biography, Policy and the Building of a New University during the 1960s［J］. History of Education, 2008, 37（1）：37.

③ Warner D & Palfreyman D. The State of UK Higher Education：Managing Change and Diversity［M］. Buckingham：SRHE and Open University Press, 2001：51.

伦敦大学的"金三角"（golden triangle）地区的强有力挑战，同时也撼动了大型"红砖大学"的自足感。许多新大学从创建之初，就建成了国家和国际水准的研究专业，如东安格利亚大学的环境科学和创作，埃塞克斯大学的社会科学，兰卡斯特大学和沃里克大学的商业研究，约克大学的生物科学、计算机科学和心理学等。1996年，"平板玻璃大学"中有沃里克大学、兰卡斯特大学、约克大学、埃塞克斯大学和萨塞克斯大学等进入了英国研究型大学的前12位，其中约克大学被认为是教学质量仅次于剑桥大学的组织机构。[①] 政府财政的大力支持、新建大学的高点定位，为"平板玻璃大学"的迅速崛起提供了强大动力。

相对于"红砖大学"时期，"平板玻璃大学"时期的英国高等教育呈现以下三个特点。第一，高等教育由精英教育缓慢步入大众教育。长期以来，英国高等教育属于典型的精英模式，直到1970年仍未进入高等教育的大众化阶段。经过20年波动不大的发展，到1990年终于完成了从精英高等教育到大众高等教育的艰难蜕变。相对美国和欧洲大陆国家，英国高等教育大众化进程是非常艰难的。在美国，大学系统高度离散，包含多样的类型和标准，融合了公立和私立的资助体系，学生可通过市场运作在大学中找到合适位置，无论是联邦政府还是州政府，都不试图引导整个高等教育的发展；在欧洲大陆国家，大学系统在声望上或多或少是平等的，学生如果通过毕业考试则可进入任何一所大学，大学是开放的、非选择性的，其结果是大批学生充满大型演讲厅、实验室和图书馆。然而，英国大学早在20世纪初就被界定了共同标准，在政府监管下具有高度同质性，直到19世纪60年代大学系统仍被视为单一的、国家的尤其是公共的组织部门，牛津大学和剑桥大学始终占据着高等教育层级的顶端。限制入学人数，控制学习标准，不仅被牛津大学和剑桥大学视为大学自治的关键特征，而且被后来的其他大学所承袭。[②] 国家拨款、标准同质、精英选择，不仅造成英国高等教育发展缓慢，而且对低收入家庭、

① Warner D & Palfreyman D. The State of UK Higher Education: Managing Change and Diversity [M]. Buckingham: SRHE and Open University Press, 2001: 52.

② Anderson R. British Universities: Past and Present [M]. London: Hambledon Continuum, 2006: 141-142.

少数族裔家庭等弱势群体的子女入学直接造成不利影响。第二，高等教育二元制结构形成。英国高等教育历史上形成了两种风格迥异的传统：自治和服务。前者重视与社会相对分离，是一种孤独的、学术的、保守的、排外的精英教育，强调科学研究、追求真知、培养完人；后者则明确表示高等教育要服务于个人和社会，是一种回应社会的、职业性的、不断创新和开放的大众教育，其目的不是追求纯粹知识，而是解决现实问题。19 世纪初创办的城市学院，就属于典型的服务机构，但伴随"红砖大学"不断发展，其服务性已丧失殆尽。为维护自治传统，保留精英教育，保守党政府支持大学远离技术学院和底层民众的再度侵入；为回应城市对职业技术教育的现实需求，工党政府也倡导建立一批与大学避免冲突、并行不悖、相安无事的公共教育部门。1966 年，政府颁布《关于多科技术学院与其他学院的计划》白皮书，将 8 所高级技术学院升格为大学，并将原有 90 多所独立学院合并为 30 所与大学平起平坐的多科技术学院，成为高等教育中的"公共部门"。① 至此，英国高等教育二元制结构正式形成，并一直延续到 1992 年，不再升格新大学成为这一时期的一个显著特征。第三，存在隐性的单向学术漂移现象。《罗宾斯报告》一个基本原则是同等表现同等奖励，大学可根据功能不同划分出多种类型，但这种划分不应是基于传统和声望，而应当基于现实贡献，鼓励优秀者脱颖而出。当单个学院达到标准后，即可授予大学地位。然而，1966 年政府颁布白皮书宣布实行二元制高等教育改革以后，《罗宾斯报告》这一基本原则被完全抛弃。人为区分的二元政策一出台，就遭到包括大学校长委员会（CVCP）和罗宾斯本人在内的多方批评。在现实发展中，处于下层的多科技术学院并不甘于沦为二流的人为界定，也未严格遵守单一的职业性、地域性和教学性的发展策略，而是缓慢地、单向地向大学模式逐步漂移。由于人文社会科学花费相对低廉，多科技术学院纷纷设立了这些学科，它们的职业性身份不断退减；由于生存需求，多科技术学院不断扩大地区外学生的招生规模，它们的地域性身份开始突破；由于国家学位授予委员会（Council for National Academic Awards）控制，多科技术学

---

① 张建新，陈学飞. 从二元制到一元制——英国高等教育体制变迁的动因研究 [J]. 北京大学教育评论，2005（3）：81.

院努力保持与大学相同的质量，它们的学术性标准逐步提升。当这些隐性的单向学术漂移达到一定程度和规模，高等教育二元制的界限开始趋于模糊，最终走向一元制，发生"静悄悄的革命"[①] 也是情理之中的事情。

第四节　作为"新大学"的"1992后大学"

自20世纪70年代开始，美国、法国、德国等国家的高等教育先后由精英教育步入大众教育，而美国则率先实现了高等教育的普及化。英国政府出于经济、社会发展需求，亟须扩大高等教育的规模，以增强国际竞争力。与之相伴的是，经济危机下的"撒切尔主义"迫使政府对高等教育的投入不断锐减。大学拨款委员会为强调学术标准，一方面极力限制大学扩招；另一方面在资金分配时存在明显的学科歧视，并强行关闭或合并技术院系。这不仅与政府意愿相违背，而且与英国大学的服务传统相左。大学拨款委员会长期形成的精英大学理想的捍卫者、政府与大学之间的协调者角色逐渐消退，往昔捍卫学术自由的缓冲器（buffer）已成为阻碍高等教育发展的绊脚石。

20世纪60年代创办的"平板玻璃大学"一开始就走上了国家化甚至国际化的发展道路，传统的牛津大学和剑桥大学一直保持着精英主义的教育模式，早期成立的"红砖大学"在发展中也逐渐偏离为当地服务的原初目标，二元制高等教育中的这三类大学在高等教育规模扩大上空间有限。统计数据表明，1984～1993年，三类大学的注册入学学生数只增长了54%，即从30.5万增加到47万多。而多科技术学院的入学人数增长却异常迅猛，到了1991年，除非全日制（part-time）学生人数远远超过大学外，全日制（full-time）学生人数也已经超过三类大学，占到总数的一半多。[②] 经过长期的隐性学术漂移，一些多科技术学院已经达到较高学术水准，加之在高等教育规模发展中的贡献，使之不甘于承受地方政府

---

① 胡建华.19世纪以来英国大学制度改革的基本特征及其分析 [J].现代大学教育，2004（2）：61.

② Ainley P. Degrees of Difference：Higher Education in the 1990s [M].London：Lawrence & Wishart，1994：12.

控制，对人为的二元体制划分更是怨声载道。

伴随英国高等教育由精英教育缓慢步入大众教育，以及 20 世纪 70 年代爆发的学生骚乱，大学已经失去早期的荣光，高等教育已不再是一个时髦理想。坚守精英贵族主义的执政党——保守党越来越认识到，低收入家庭、残障群体、少数族裔等接受高等教育已成为不可阻挡的趋势，在强调职业性、实用性的同时，培养大量的人文与科技并重的高素质劳动者，是英国应对国际挑战难以回避的历史性课题。1988 年，政府颁布《教育改革法》，不但取消了"大学拨款委员会"，成立"大学基金委员会"（UFC），而且取消了负责高等教育公共部门拨款的"国家咨询委员会"（NAB），成立"多科技术学校和学院基金委员会"（PCFC）。1992 年《继续教育和高等教育法》通过，撤销刚刚成立的"大学基金委员会"和"多科技术学校和学院基金委员会"，成立统一的"英格兰高等教育基金委员会"（Higher Education Funding Council for England），允许多科技术学院更名为大学，自主授予学位。最后，英格兰 32 所多科技术学院更名为大学。2001 年开始，先后又有格洛斯特大学（Gloucestershire University，2001）、伦敦市立大学（London Metropolitan University，2002）、波尔顿大学（Bolton University，2004）等 21 所英格兰新大学获得认可，这些新大学均被称为"1992 后大学"或"现代大学"。

整体而言，"1992 后大学"具有以下共同特点。①从物理层面来看，一般拥有多个校区，且散布在城市各地甚至是多个城市。由于长期的融合与凝聚，经多所院校合并后的校园建筑，也与其他时期大学明显不同。"红砖大学"在创建之初，就得到富有财团的巨额投入，拥有大型的维多利亚时代建筑；罗宾斯时代的"平板玻璃大学"，一开始就建在广袤的绿地之上，不但拓展空间巨大，而且建筑也紧跟时代潮流；这类"新大学"则继承了不同时期、各种类型的建筑特色，只有少数大学拥有一个整体校园，这些大学更像由多个校区组成的松散联合体，很难有新的拓展空间，有时不得不等到某些工厂破产后，在"褐色土地"（brown field）上寻求发展。① 德蒙福特大学（De Montfort University，1992）、德比大学

---

① Warner D & Palfreyman D. The State of UK Higher Education：Managing Change and Diversity [M]. Buckingham：SRHE and Open University Press，2001：98.

（Derby University，1992）等是这一特征的代表性大学。②从管理层面来看，这类"新大学"起源于当地，政府官僚化色彩浓厚。大学成立之前，其长期处于地方政府管理之下；成立之后，其治理章程是在《教育改革法》和《继续教育和高等教育法》等法律法规的严格限制下编写的。"旧大学"治理章程因形成较早，不受这些法律约束，政府不仅无权对其章程进行修改，而且无权强行改革其已有的治理结构。在实际管理运作中，"旧大学"往往自恃优越，对政府介入持抵制态度；"新大学"因受制于政府，对其介入则往往表示认同和支持。前者过于傲慢、后者过于顺从的状态，直接导致在大学内部治理中，"旧大学"倾向于民主，"新大学"则趋于集中。③从功能层面来看，"新大学"更加强调教学和服务，对研究的关注远不如"旧大学"强烈。罗尔夫（H. Rolfe）调查研究认为，"旧大学"强调科学研究和追求学术卓越的意识，要远远高于"1992 后大学"，部分"新大学"至今尚未形成"研究文化"（research culture）。"旧大学"主要依靠以研究为基础的声望来提高教学质量和吸引生源。为吸引广大的成人教育、继续教育等非全日制学生，"新大学"一方面不得不积极扩展"以学生为中心"的教学性职业课程，另一方面还要不断扩大"次级学位"（sub-degree）的提供，如预科学位（foundation degrees）和国家高级专科文凭（HNDs）等。① 相对于"旧大学"而言，"新大学"有较高的师生比和较低的研究资助，动辄上万人的学生规模意味着其教学方法已不再单一，而是更加灵活多样。为提高教学效率，适应远程教育和终身教育需求，"新大学"更加注重成人教育方法和教育技术在教学中的广泛运用。

相对于"平板玻璃大学"时期，1992 年后的英国高等教育呈现以下特点。①高等教育由大众教育快速跨入普及教育。1991 年 5 月政府发布的白皮书《高等教育：一个新的框架》，成为英国高等教育快速增长的宣言书。白皮书不但建议废除高等教育二元制，扩大高校学位授予权，增加学生入学机会，而且时任首相的梅杰（John Major）还在前言中明确提出，青年升入高校的比例由当时的 1∶5 提高到 2000 年的每三人就有一人

---

① Rolfe H. University Strategy in an Age of Uncertainty: The Effect of Higher Education Funding on Old and New Universities [J]. Higher Education Quarterly, 2003, 57 (1): 26-37.

的目标。2003 年 1 月，政府在白皮书《高等教育的未来》中指出 2002 年英国高等教育毛入学率已经达到 43%，并提出到 2010 年毛入学率要达到 50% 的目标。事实上，到了 2004 年，整个英国的高等教育在校人数已达 224.74 万人，高等教育毛入学率为 60%，再一次提前完成预定目标，并步入高等教育普及化阶段。① 尽管这一时期英国高等教育规模跨越式发展受到学龄人口减少、国际高等教育竞争加剧、知识经济推动等方面的影响，但 1992 年后新大学群落的贡献也是毋庸置疑的一个重要方面。②一元体制下的多元发展。伴随《继续教育和高等教育法》的通过以及"1992 后大学"的相继成立，长期形成的、人为的二元制高等教育划分走向终结，所有拥有大学身份的组织机构在法律面前得到平等认可。之前形成的大学校长委员会也相应更名为"英国大学联合体"（Universities UK），并将"1992 后大学"群体纳入其中。但是，传统所造成的声望差别并不能为法律所消除，不同大学本质目标的等级边界依然明显。尽管所有大学都对研究与教学相统一做出了承诺，但是对何谓研究、怎样教学、如何均衡等诸多问题的不同解读，使各类大学很难走向统一。简言之，一元体制下的英国大学内部分裂依旧明显。一种新的形式上的学术漂移正逐步侵蚀众多新大学的发展。有些新大学仍然坚守着旧的工艺学校本质；也有不少新大学则怀有更大抱负，渴盼跻身精英大学的行列。但是传统大学的精英意识依然强劲，1994 年由 19 所研究型大学自发成立的罗素集团（Russell Group）中，只有一所是 20 世纪 60 年代成立的大学（沃里克大学），其他成员皆为更早时期成立的大学。② 高等教育一元体制下的多元发展，已经成为英国 1992 年后的一个不争事实。③政府管理与市场引导的双重介入。自中世纪始，牛津大学和剑桥大学就形成了自治传统，严格来说，20 世纪以前，英国政府对大学发展的介入是极其微弱的。第一次世界大战改变了这种关系，1919 年大学拨款委员会成立，英国开始运用政府拨款来影响大学发展。而此时的大学拨款委员会，也只

---

① 高书国.从徘徊到跨越：英国高等教育普及化模式及成因分析 [J].外国教育研究，2007，34（2）：58.

② Anderson R.British Universities：Past and Present [M].London：Hambledon Continuum，2006：97-98.

是扮演着协调者角色，是维护大学自治、协调政府与大学关系的缓冲器。第二次世界大战后，英国政府增加了大学拨款，从而使政府拨款在大学运营中占有了较高份额。在"谁付账谁点唱"[①] 的市场逻辑下，政府对大学管理力度日益加大。1988 年，大学拨款委员会被强行取缔，则见证了政府对大学的深度介入，取而代之的大学基金委员会已不再完全由学者组成，而是增加了工商和财政等方面的人员，在管理上不仅具有较强的行政特点，而且具有明显的市场色彩。与国家介入不断增强相悖的是，政府拨款自撒切尔夫人时代开始却不断缩减，与工业联姻、从雇主手中获取运营经费就成为英国大学不得不采取的发展路径。"1992 后大学"则成为以市场为引导的首批先驱。1996 年，在商人迪尔英（Sir Dearing）的带领下，组成调查委员会，论证英国未来二十年高等教育应当如何发展。这是继《罗宾斯报告》之后，英国政府再次对高等教育进行大范围的调查研究。与罗宾斯委员会不同，迪尔英委员会（Dearing Committee）全部由商业领袖和大学领导而不是由学者和教师组成；与《罗宾斯报告》不同，《迪尔英报告》（The Dearing Report）几乎不顺从大学自治问题。[②] 在迪尔英被告知政府没有多余经费支持高等教育的情况下，《迪尔英报告》运用大量篇幅论证了建立筹措高等教育经费的新机制，如吸引工业部门资金、收取学生学费、竞标地方基金项目，以及通过立法评估提高经费使用效益等。不难看出，市场运作逻辑已在英国高等教育管理中体现得淋漓尽致。

第五节　英国各类"新大学"的特征比较

纵观英国"新大学"的历史演变，不难看出，不同时期的"新大学"在建筑风格、创办者及管理方式、教育目的、教育内容、教育方式以及

---

① 克拉克. 高等教育新论——多学科的研究［M］. 王承绪，等，译. 杭州：浙江教育出版社，2001：79.

② Anderson R. British Universities：Past and Present［M］. London：Hambledon Continuum，2006：92-93.

主要受教育群体等方面均表现出了不同的特征。表11-1试图对这些重要指标上的表现进行归纳，并与传统大学进行比较。需要特别指出的是，因历史沧海桑田的变换，四类大学组织在发展中会或多或少地相互漂移借鉴，因此本节侧重对大学初创时期的基本特征进行比较。

表 11-1　不同时期英国"新大学"的基本特征比较

	传统大学	红砖大学	平板玻璃大学	1992 后大学
产生时间	12、13 世纪	19 世纪末	1961 年	1992 年
代表性学校（数量）	牛津大学 剑桥大学 （3）	利物浦大学 利兹大学 （13）	萨塞克斯大学 约克大学 （16）	伯明翰城市大学 格林尼治大学 （53）
建筑风格	灰白石料 教堂式塔尖	红砖 红色涂料	钢材、混凝土 平板玻璃、广阔绿地	多个校区 不同时期各类建筑
创办者及管理方式	学者社团 大学自治	民间捐资 校外人士参与管理	政府创建 国家管理	地方政府创办 国家管理、市场引导
教育目的	培养绅士， 服务上层建筑	培养技术工人， 服务城市发展	培养跨学科人才， 为国家发展服务	培养高素质劳动者， 为区域发展服务
教育内容	理智教育 博雅教育	单科性技术教育 职业和应用学科	文化与科学相融 跨学科教学研究	以学生需求为中心 教学性职业课程
教育方式	学院制 寄宿制 导师制	学系制 走读制 大班教学	学科学院制 住宿制 习明纳、小班上课	灵活的学系或学院 住宿制 强调信息技术运用
主要受教育群体	精英阶层	当地中产阶级	地区外中产阶级	低收入家庭、 残障群体、 少数族裔等

通过上述比较，可以将英国"新大学"的历史演变的基本特征归纳如下。

第一，从产生时间与大学数量来看，"红砖大学"产生之前的6个多世纪中，英国大学处于相对保守和有限变革时期，仅有牛津大学、剑桥大学和杜伦大学等3所传统意义上的大学，以及伦敦大学这一从传统到现代过渡的组织机构。而后，英国先后在19世纪末至1963年产生了13所"红砖大学"，在20世纪60年代产生了16所"平板玻璃大学"，这一时期属于英国大学平稳发展时期。1992年以后，英国大学则进入高歌猛进的快速发展时期，至 2004 年新建大学数量就达 53 所，比英国之前历史上所有大学数量的总和还要多。

第二，四类大学具有各自鲜明的时代物理特征。因受基督教教会影响，传统大学建筑带有明显的宗教色彩，灰白石料配以教堂式塔尖的风格，不难让人联想到英国大学的历史久远，学者自治是其至今坚守的不二法门。"红砖大学"与"平板玻璃大学"则因其物理建筑风格而得名，两类大学建筑都与当时英国的经济社会发展水平密切相关，所不同的是，前者由当地民间财团出资筹建，由校外人士介入管理；后者则直接由政府拨款创建，由国家垂直管理。创办者从学者社团到民间组织再到国家政府，清晰地展现出英国大学的设置由自下而上逐步到自上而下的历史变迁。如果把前三类大学比喻为参天大树，那么"1992 后大学"则是由低矮小树和灌木丛林组成的混合群体，由国家按照地域进行划分并赋予大学地位。不同院校组成、多个校区设置、各类建筑风格杂糅是"1992 后大学"的鲜明特征，其中有的新大学志在追寻旧大学的发展路径，由低矮小树逐渐成长为参天大树；有的新大学则志在扎根本土服务当地，成为保持水土和防风固沙的灌木林。

第三，与鲜明的时代物理特征相应的，是各类大学都承担了不同的历史使命。传统大学旨在进行精英高等教育，培养绅士以服务于上层建筑，受教育群体主要来自上层社会。"红砖大学"和"平板玻璃大学"承担了大众高等教育的历史使命，受教育群体主要来自中产阶层，所不同的是，前者着重于服务当地城市发展，培养熟练技术工人，受教育群体主要来自当地中产阶层；后者着重于服务国家建设，培养跨学科人才，受教育群体主要来自地区外中产阶层。"1992 后大学"则承担了普及高等教育的历史使命，旨在立足当地，提高全体劳动者素质，受教育群体主要由低收入家庭、残障群体和少数族裔等组成。与从传统到近代再到现代明显的"年轮"特征对应，各类大学也表现出从精英教育到大众教育再到普及教育，即从上层到中层再到底层民众的由里及外的"波纹"推广特征。

第四，与"年轮""波纹"特征相应的，是四类大学在教育内容和方式上各具特色。传统大学旨在进行以文科为导向促进学生全面发展的理智教育和博雅教育，其教育方式则是昂贵的寄宿学院制和"一对一"的导师制；"红砖大学"一改传统大学的精英教育模式，着重发展以职业和应用学科为导向的单科性技术教育，设立狭窄的学系而非学院，实施走读制而非寄宿制，大班授课而非"一对一"指导是其鲜明特色；"平板玻璃大学"试图对传统大学的教育内容和方式进行回归，倡导文化与科学相融，进行跨学科教学研究，但是由于受到经济、政治、传统等条件影响，其教育方式最终采取折中的方法，既非寄宿学院制也非学系制，而是学科学院制；既非寄宿制也非走读制，而是更加灵活的住宿制；既非导师制也非大班授课制，而是适合研究特点的习明纳和小班授课制。"1992 后大学"主动适应高等教育普及化，强调以学生需求为中心，开设教学性职业课程，以满足广大底层民众接受高等教育的需求。在教育方式上，"1992 后大学"吸取了以往大学的长处，采取更加灵活多样的教育教学组织形式和校园住宿安排，同时适合终身教育、成人教育的现代信息技术运用成为其教育方式的一个重要方面。

第六节　结论与启示

如果把"新大学"一词放置在英国高等教育的历史长河中去考察，可以清晰地看出每一类"新大学"都是不同时代的特定产物，适应着当时政治、经济、文化等发展的不同需求，都具有各自不同的时代特点和办学风格。当"旧大学"不适应社会发展，但其传统地位又不便动摇之时，"新大学"组织便应运而生。除"平板玻璃大学"中部分新大学是由国家直接创立外，其余时期的"新大学"都是在原有学院的基础上演变而成的，都经过一种自下而上的渐进式变革，在不危及传统大学地位的基础上获得大学身份。这种明显的"年轮"和"波纹"推广特征，恰恰印证了传统与变革之间的二元张力在英国高等教育发展中的特色驱动。尽管说"学术漂移"与"模式趋同"是任何一类"新大学"自产生之日起就或多或少存在的发展现象，但各类大学的边界和特色至今仍清晰可见。牛津大学和剑桥大学为适应社会发展也逐步进行自身变革，但其精英教育地位仍不可撼动。即使一个学生获得了"红砖大学"的学位，其仍然希望研究生教育能在牛津大学或剑桥大学进行；即使政府、市场等外部权力不断入侵，大学自治与学术自由早已深深植入机体，这些原则仍为牛津大学和剑桥大学所坚守。

任何一个时期的新大学产生都会遭遇旧大学的反抗和歧视，冠名为"现代大学"的"1992后大学"也不例外。相对于其他时期的"新大学"，"1992后大学"所面临的生存问题将更加严峻。正如约翰·格莱德希尔（John Gledhill）所言，一胞多胎是困难的，一些孩子未必能够出世，其他孩子或许在紧张中迎接新生，但是在法律的规定下，这一新大学群落最终得以降临。① 尽管这些大学被冠以"现代"之名，但绝非现代化意义上的新大学；尽管它们常以"职业"特色自居，但是与传统大学的法学、神学、医学职业性毫无关联；尽管它们特别强调应用研究，却以研究"不纯粹"而遭到传统大学的蔑视。一言以蔽之，"1992后大学"要想真正融入英国大学群落，仍然需要艰难而漫长的征程。

大学发展是不断前进的，而绝非静止不动的，群体意义上的大学如此，单个意义上的大学亦然。英国的高等教育机构，目前正处于新旧大学相融相离、相引相斥的微妙平衡点上，创新不断，传统不丢。尽管当下意义上的新大学——"1992后大学"面临诸多问题，但是排在它们后面的非大学机构仍然存在。可以预言，若干年后，历史上早已存在的"新新大学"或许还会再一次重演。

---

① Warner D & Palfreyman D. The State of UK Higher Education：Managing Change and Diversity [M]. Buckingham：SRHE and Open University Press，2001：95.

第十二章

英国实践博士：形成、特征及启示

第一节　引言

　　博士作为学位制度，起源于欧洲中世纪大学。19世纪初，德国柏林大学首次设立哲学博士学位（Ph. D），从而开启了现代博士制度的先河。1861年，耶鲁大学率先引进这一制度，并在北美大学衍生出诸多专业博士的类型。相对而言，英国现代博士学位的引入却是较为晚近的事情。1917年，牛津大学才首次设立哲学博士学位。直到20世纪90年代初，这种单一类型的博士学位都未曾改变。90年代以降，英国开始对博士学位进行激进式变革，除了博士培养单位迅速增多，博士招生数量急剧扩大，还表现为新的博士类型不断增加。

　　1992年，布里斯托大学首次设立了教育博士（Ed. D）专业学位。目前，除传统的哲学博士之外，在英国大学中，还有论著博士（PhD by Published Work）、新制博士（New Route PhD）、实践博士（Practice-Based Doctorate）和一批专业博士（an array of professional doctorates）等。[①] 传统的哲学博士和论著博士学位，都是为发展学术，培养或认可学术性研究人员（academic researchers）而设立的，其主要区别是，前者需要正式注册学习，其检验成果是对知识具有原创性贡献的8万～10万字的学术论

---

　　① Brabazon T & Dagli Z. Putting the Doctorate into Practice, and the Practice into Doctorates: Creating a New Space for Quality Scholarship Through Creativity [J]. Nebula, 2010, 7 (1-2): 23-27.

文；后者一般无须正式注册学习，其检验成果是已经出版或即将出版的学术论著。新制博士是结合了哲学博士、专业博士和英国经济与社会研究委员会（ESRC）推出的"1+3"博士培养模式形成的"综合博士"（Integrated PhD）。众所周知，专业博士学位本身就是以实践为导向而设立的，而且近几年英国的专业博士已经扩展到多数大学的众多学科领域。据英国研究生教育协会（UK Council for Graduate Education，简称"UKCGE"）每五年一次的专业学位授予情况统计，2010年，在125所成员单位的71所大学中，已经有308个专业博士项目，比2000年的151个翻了一番还多，其中还有2005年反馈了信息的28所大学此次没有提供相应信息。由此可见，在英国能够授予专业博士学位的单位至少占到英国大学总数的74.4%。[①] 而且，英国大学的专业博士已经涉及工程、教育、临床心理、工商管理、护理等广泛领域。不难看出，经过不到20年的发展历程，以实践为导向的专业博士已经在英国获得极大发展。

这里的问题是，既然以实践为导向的专业博士在英国已经获得长足发展，那么为什么英国大学还要增设实践博士？相对于哲学博士和专业博士，实践博士又有哪些基本特征？哲学博士和专业博士之外，又增设实践博士，是否意味着博士学位的某种发展趋势？英国实践博士能够为当下我国高等教育改革带来哪些启示与借鉴？针对这些基本问题的剖析，无论是对于国内研究不多的实践博士来说，还是对于当下中国博士制度变革乃至高等教育制度变革而言，都无疑具有较强的理论意义和实践价值。

第二节　英国实践博士的形成

应当说，在高等教育先发国家中，英国高等教育变革向来是以传统和保守而著称的。20世纪90年代是英国高等教育走向激进式变革的一个重要拐点，不但英国的高等教育由大众教育迅速进入普及教育，催生出

---

① Brown K & Cooke C. Professional Doctorate Awards in the UK［R］. Lichfield: UK Council for Graduate Education, 2010: 6-9.

众多新的大学组织（"1992 后大学"），而且政府和市场的双重介入使英国大学呈现出一元体制下的多元发展。仅就研究生教育而言，不但出现了研究生院这一管理组织，而且产生了多样的学位类型。究其原因，既有英国本土政治、经济、文化发展的内部因素，也有应对高等教育全球化竞争的外部因素。英国的实践博士学位正是在这种宏观背景下设立的，其形成因素主要有以下四个方面。

一 知识生产转型是英国实践博士形成的内因

伴随知识经济的迅猛发展，大学、政府和社会之间的动力关系不断变化。一方面，传统的、精英式的人才培养方式不断受到冲击，高层次学历教育不断下移，日渐走向社会大众，已经成为全球化时代的一种趋势；另一方面，书斋式的、纯粹的理论研究越来越不适应经济社会发展的时代需要，人们对传统哲学博士的批评不断增加。作为博士培养基地的大学，正面临来自政府、用人单位、学生、家长等不同利益相关者的压力、诉求和期待。尤其是针对哲学博士理论与实践脱节的现象，大学必须寻找新的博士培养途径来提供新的研究训练。

英国学者吉本斯（Michael Gibbons）等早在 1994 年就明确提出了知识生产的两种模式。"模式 1"是指牛顿式（Newtonian model）的科学研究，其建立在单一学科内严格的学术规范之上，强调知识产出的"为我性"（for its own sake），聚焦"知其然"，理解"是什么"，知识生产的组织具有同质性、等级性和形式固定性等特征。"模式 2"则强调在应用背景下而非在学科结构内部解决问题，是跨学科的，而非单一学科或多学科的，强调知识产出的弥散性和"社会责任"，关注"知道如何做"，知识生产的组织具有异质性、非等级性和灵活性等特征。[①] 简言之，知识生产的模式 1 以理论知识产出为宗旨，而模式 2 则以实用知识产出为依归。

如果将吉本斯的知识生产模式理论放置在博士学位发展上，毫无疑

---

① Gibbons M, Limoges C, Nowotny H, et al. The New Production of Knowledge: The Dynamics of Science and Research in Contemporary Societies [M]. London: Sage Publications Ltd., 1994: 8-79.

问，传统哲学博士应该处在模式 1 的一端，然而，专业博士是否就代表了模式 2 的一端？事实上，专业博士自产生之日起，就没有完全脱离传统哲学博士的影响。仅从博士学位质量评价模式来看，专业博士对传统哲学博士的依赖是显而易见的，两者都通过有一定字数要求的博士学位论文来评价，无非是在培养过程中，专业博士在哲学博士基础之上注入了教学和实践元素。因此，如果按照知识生产模式来划分，专业博士充其量只能是赫夫（Anne Sigismund Huff）所说的知识生产"模式 1.5"，既保留了模式 1 中的理论元素，同时也融入了模式 2 中的实践元素。① 从以上分析中不难看出，处于知识生产模式 2 的博士培养类型尚处于空白，而英国的实践博士恰恰是知识生产模式 2 的一个有效对应学位类型。事实上，只有哲学博士、专业博士和实践博士共存共生，理论研究者（哲学博士）才能不断走向纯粹，为实践提供支撑；实践探索者（实践博士）才能不断深入现实，产出多样性知识作品；而理论和实践兼顾者（专业博士）则为两者架起了沟通的桥梁。

二 大学竞争发展是英国实践博士形成的动力

就大学外部环境而言，伴随高等教育全球化趋势，国际高等教育机构的竞争日趋激烈，多样化已经成为各国高等教育适应竞争的一个重要表征，不但要求大学组织类型的多样化，而且要求高等教育人才培养类型的多样化，尤其是高层次人才培养类型的多样化。为应对高等教育全球化竞争和高层次人才培养多样化的现实需求，英国政府在 1993 年发布了《实现我们的潜能：科学、工程与技术战略》（*Realizing our potential：A Strategy for Science, Engineering and Technology*）白皮书，明确提出："政府欢迎多样的研究生培养类型产生，也就是说，传统的哲学博士并不能适应大学或工业研究实验室之外的职业需求。"② 英国实践博士的产生

① Banerjee S & Morley C. Professional Doctorates in Management：Toward a Practice-Based Approach to Doctoral Education ［J］. Academy of Management Learning & Education, 2013, 12 （2）：176.

② Treasury H M. Realizing Our Potential：A Strategy for Science, Engineering and Technology ［N］. Norwich：H. M. S. O, 1993：57.

原因，除了政府的推力之外，市场的推动力同样重要。众所周知，撒切尔夫人时代以降，英国高等教育变革的一个最为重要的特征是市场化因素不断增强。在市场化浪潮的冲击下，传统的以牛津大学和剑桥大学为代表的自治模式已不复存在，大学不再也不能固守在象牙塔内，而是要将发展的眼光放在更为广阔的社会和市场需求方面。其中，学习者的需求占据大学竞争发展的主导地位，如果不能适应各类学习者的多样需求，那么大学在竞争中必然会逐步失去发展空间。换句话说，如果本土的高等教育不能适应各类学习者的多样需求，那么他们将不得不到域外求学，这无疑会造成本土生源的流失，而且不能适应各类学习者多样需求的国度也很难吸引域外的生源前来求学。

就高校内部环境而言，实践博士的产生是为了应对新兴学科尤其是设计、创作、表演艺术等领域的发展需求。早在 20 世纪 70 年代，许多美国大学就开设了艺术设计专业，并将艺术创作硕士（Master of Fine Arts，简称 "MFA"）作为大学艺术设计实践领域的终结性学位（terminal degree）。"尽管 MFA 不是学术型的，但是在美国大学艺术设计学院中，教师获得终身教职（tenure）和职称晋升是依靠 MFA 作为最高学位，而不是传统的哲学博士。这一原则被美国艺术设计教师和教授的核心专业组织——美国大学艺术联合会（The College Art Association）进行了明确规定。"[①] 与美国不同，英国大学内的艺术设计院系产生于 20 世纪 90 年代。艺术设计院系产生后，最迫切的需求是解决如何评定艺术设计院系中教师的聘用和晋升问题。没有相应的高层次学位设置，也就很难衡量哪些教师能够聘用，哪些教师能够晋升职称等。进一步来说，是否在艺术设计领域设置高层次学位，不但会影响到教学人员的质量，而且会影响到培养学生的质量以及学科存在的合法性等。事实上，英国大学艺术设计院系内的许多设计家和艺术家也渴望融入研究，因为长期以来在英国的艺术设计领域是不存在研究训练模块的。设计家和艺术家对高层次学位的强烈诉求无疑加速了实践博士产生的步伐。

---

① Durling D, Friedman K, Gutherson P. Debating the Practice-Based PhD [J]. International Journal of Design Sciences and Technology, 2002, 10 (2): 8.

三 现代网络媒体是英国实践博士形成的保障

几乎在所有的研究领域内存有普遍共识，亦即应当将文字性的长篇学术论文作为传统的哲学博士最终获得学位的一个必要条件。博士学位论文不但应当方便同行学者进行检索和获取，而且应当是能够长期保存的，以方便同行学者随时检验其学术贡献性。

传统上，英国大学的博士学位论文要求印刷出来，一般不超过 200份，有时候少至 25份。这些文本主要存放在大学图书馆和主要的研究图书馆中，以便于馆际互借。美国大学的博士学位论文，则是通过大学缩微制品公司（University Microfilms International，简称"UMI"）进行存储。UMI 以前通过书本形式、散装形式（loose form）、微胶卷形式、单片胶卷形式，现在通过 PDF 形式进行长期保留，并能通过互联网进行检索。实践博士的产生，给博士最终成果的存储带来了挑战。1998 年，英国萨里大学温布顿艺术学院前院长科林·佩因特（Colin Painter）在一次研讨会上提出，根据萨里大学的规定，学院允许艺术和设计专业博士学位申请者提供一次艺术品展览即可获得博士学位。[1] 由此带来的问题是，新型博士的实物型成果，能不能像博士学位论文那样获得学术合法性，以及如何像博士学位论文那样易于保存、获取，方便同行审查检验等。

事实上，早在实践博士产生之前，英国国家学位授予委员会就曾指出，工艺院校在授予高级学位时，书面论文可以用非书面的实物形式来补充。[2] 这也就意味着，能够证明其创新性的艺术作品、音乐作品等，可以作为申请博士学位的一个重要条件，单纯的、书本式的博士学位论文要求开始有所突破。伴随现代网络媒体的不断发展，以实践为基础而产生的实物型成果，也会通过 3D 制作、计算机存储等技术手段，与传统的纸质文本一样，可供长久保存、容易获取并随时接受同行学者的评价检验，这也为实践博士的产生提供了技术保障。

① Durling D，Friedman K，Gutherson P. Debating the Practice-Based PhD［J］. International Journal of Design Sciences and Technology，2002，10（2）：9-12.

② Candy L. Practice Based Research：A Guide［J］. CCS Report，2006（1）：4.

四　国外发展经验是英国实践博士形成的外因

20 世纪 80 年代末，在英国，过于专门的艺术专业如摄影、电影和电视等，甚至不能授予学位，而只能授予毕业文凭或研究生证书。① 因何在短短数年之内，英国就为这些专业以及戏剧表演、文学创作、工艺设计等设立了与哲学博士学位相当的实践博士学位？其中也不乏国际高等教育现实发展的经验借鉴。

"早在 1984 年，澳大利亚的伍伦贡大学（University of Wollongong）和悉尼科技大学（UTS）在创作（creative writing）领域设立了实践博士学位。毕业于悉尼科技大学的哈珀（Graeme Harper）成为澳大利亚第一个实践博士学位获得者，目前他在英格兰的普利茅斯大学（University of Plymouth）任教，并一直致力于在英国推广实践博士。在此之前，悉尼科技大学的两位教授——莱文（Theo van Leeuwen）和埃德蒙兹（Ernest Edmonds）也曾对推动英国实践博士的发展做出积极贡献。"② 而此时，英国的专业博士和哲学博士的边界也日渐模糊。许多大学的哲学博士开始要求融入教学课程和实践元素，所以设立一个更加强调实践的新型博士学位很快在英国大学中得到普遍认可。

在美国，尽管没有将实践博士单独列为一个新的博士类型，但是作为专业学位的变种，聚焦于实践的博士（practice-focused doctorate）或专业实践博士（professional practice doctorate）的说法与做法却由来已久。"1978 年，施菲尔德（Schlotfeldt）和她的同事就在凯斯西储大学（Case Western Reserve University）开设了第一个以实践为核心的护理博士学位。"③ 事实上，这就是所谓的第二代专业博士，它更加强化了专业博士的实践性。20 世纪 90 年代，为应对高等教育全球化和市场化的挑战，英国开始全面借鉴美国高等教育，其实践博士学位的设立不能不说也是受

---

① Clark B R. The Research Foundations of Graduate Education：Germany，Britain，France，United States，Japan［M］. Berkeley：University of California Press，1993：95.

② Candy L. Practice Based Research：A Guide［J］. CCS Report，2006（1）：4.

③ Lenz E R. The Practice Doctorate in Nursing：An Idea Whose Time Has Come［J］. Online Journal of Issues in Nursing，2005，10（3）：2.

到了美国的影响。2009 年，哈佛大学融合教育学院、商学院和肯尼迪管理学院三院师资力量而开设的教育领导博士（Doctor of Education Leadership Program）学位则直接被称为崭新的、具有开创性的实践博士。[①] 可见，由哲学博士到专业博士再到实践博士，是欧美博士类型发展的一个普遍趋势。

第三节　英国实践博士的特征

尽管实践博士最早脱胎于哲学博士，但是，它从产生之日起就与哲学博士渐行渐远；尽管实践博士与专业博士同样强调实践，但是，两者的差别依然非常明显。本节将在比对哲学博士和专业博士的基础上分析实践博士的基本特征。由于国内关于英国哲学博士和专业博士的比较研究成果较多，本节在论述的过程中将着重分析实践博士与哲学博士相比较以及实践博士与专业博士相比较的特征。

一　实践博士的专业特征

设置哲学博士的原初目的是培养学术性的研究人员，致力于具有学科前沿重大原创性研究能力的高层次人才培养，其专业一般不包含工商管理等实践性较强的领域。与哲学博士不同，专业博士设置目的是在某一特定专业领域内而非在学术领域内提高博士的能力。所以，专业博士吸引了那些工作在专业环境内并且希望进一步提高他们的知识、技能和专业实践的学生，他们在增进大学与工商业的衔接中扮演着重要角色。

在英国，从产生顺序来看，专业博士学位最早是在教育、工程和临床心理学三个领域开设的，而后是工商管理和护理专业，再扩展到其他诸多领域。UKCGE 2010 年统计结果显示，2009 年英国专业博士在校生共

---

① Harvard University to Offer Groundbreaking Doctoral Program for Education Leaders ［EB/OL］. http：//news. harvard. edu/gazette/story/2009/09/harvard-university-to-offer-groundbreaking-doctoral-program-for-education-leaders/2015－08－21.

计 7882 人，其中教育 2228 人，心理 2007 人，商业金融管理和旅游 1058 人，医药 752 人，工程 609 人，健康、社会健康科学 598 人。① 以上六类共计占到专业博士在校生总数的 90% 以上。也就是说，从在校人数来看，与专业博士学位领域开设的先后顺序基本一致，教育、心理、工商管理、医药、工程等同样占据着专业博士学科领域的主流。

与哲学博士、专业博士的设置不同，在过去的十多年间，实践博士主要是在设计、创作和表演领域内设置的。1997 年，UKCGE 对实践博士的多样性进行了分析，在《艺术和设计创造表演领域的实践博士》报告中指出，实践博士的领域包括建筑艺术（Architecture）、创作、设计（Design）、音乐（Music）、表演艺术（Performing arts）和视觉艺术（Visual arts）。早在 1996 年，UKCGE 对其 116 所大学成员单位进行了调查，90 所大学反馈信息显示共有 45 所大学开设了这类学位。② 因此，相对于哲学博士专业设置强调探究的理论性和学术性，专业博士设置强调职业的应用性和反思性，实践博士专业设置更加强调艺术创作的视听性和直观性。比如，在表演艺术中，又可以细分为舞蹈表演、戏剧表演和音乐表演等；在视觉艺术中，又可以细分为彩绘、复合媒材、素描、数字媒体、摄影和雕刻等。

综合比较英国哲学博士、专业博士和实践博士的专业特征，不难看出，哲学博士的最终成果是完全可以通过文本来呈现的；教育、心理、工商管理、医药、工程等领域的专业博士，其最终成果也主要通过系列文本来呈现；相对而言，设计、创作和表演领域的实践博士，其最终成果则很难完全通过文本来呈现，必须附以具体的创作实物。

二　实践博士的研究特征

就专业设置目的而言，哲学博士、专业博士和实践博士都强调"研

---

① Brown K & Cooke C. Professional Doctorate Awards in the UK［R］. Lichfield：UK Council for Graduate Education，2010：9-11.

② UK Council for Graduate Education，Frayling C，Burgess R G. Practice-Based Doctorates in the Creative and Performing Arts and Design［M］. Lichfield：UK Council for Graduate Education，1997：7.

究"的重要性。缺失了研究元素，实践博士也就无法称为"博士"。但是三者强调研究的模式却是不同的。

英国学者克里斯托弗·弗瑞林（Christopher Frayling）认为，研究绝不限于传统的学科领域，艺术设计、工艺设计也同样存在研究。就艺术设计而言，其研究就可划分为"艺术设计领域的研究"（research into art and design）、"通过艺术设计的研究"（research through art and design）和"为艺术设计的研究"（research for art and design）三种形式。弗瑞林进一步分析认为，第一种研究是理论性的，通过哲学博士学位论文的形式来体现；第二种研究理论性相对较弱，如材料研究、研发工作和行动研究等；第三种理论性更弱，更加强调实际成果的产出，思想主要融于产品之中。① 如果我们将这三种研究形式与三种博士类型相对应的话，可以清晰地看出，哲学博士属于第一种研究形式，专业博士属于第二种研究形式，实践博士则属于第三种研究形式。

因此，UKCGE 将实践博士界定为：包含一个原初性的创造作品（creative work），作品本身能够证明对该领域的原创度、熟识度和贡献度。这里的"原创"可以解释为强调艺术创新，也可以是通过呈现特定认知内容进行创新。当然，也有人就实践博士作品的原创度及其与传统博士学位论文原创度的等值性提出质疑，这种质疑在一定意义上也是对实践博士学位设立合法性的质疑。事实上，正如佩克斯（Anna Pakes）所指出的，我们不能要求实践博士作品的原创性与历史上马塞尔·杜尚（Marcel Duchamp）的《喷泉》（Fountain，1917）、毕加索（Picasso）的《格尔尼卡》（Guernica，1937）和尼金斯基（Nijinski）的《牧神午后》（L'Apre's-Midi d'un Faune，1912）相比较，就如同我们不能拿哲学博士学位论文的原创性与历史上笛卡儿（Descartes）的《沉思录》（Meditations，1641-1642）、维特根斯坦（Wittgenstein）的《哲学研究》（Philosophical Investigations，1958）和德里达（Derrida）的《论文字学》（Of Grammatology，1967）相比较一样。② 质言之，同文本性的哲学博士学位论文、专业博士

---

① Frayling C. Research in Art and Design［M］. London：Royal College of Art，1993：1-5.

② Pakes A. Original Embodied Knowledge：The Epistemology of the New in Dance Practice as Research［J］. Research in Dance Education，2003，4（2）：132.

学位论文一样，实物性的作品也可以通过方法创新、内容创新和形式创新等实现实践博士的研究创新。

三 实践博士的实践特征

除研究元素之外，"实践"是实践博士另外一个重要特征。缺失了实践性，实践博士也同样不能称为"实践"博士。

英国普利茅斯大学学者麦克劳德（Katie MacLeod）认为，高层次实践存在三种类型：类型 A 是定位实践（positioning a practice），是对实践的一种审视，这种审视可以是历史的、文化的或者当下的，也可能是三者融合的；类型 B 是理论化实践（theorising a practice），也就是说，学生的文本所提出的理论能够驱动他们的创造性工作；类型 C 是呈现实践（revealing a practice），也就是说，创作实物和写作文本能够彼此相互支撑，产生相互观照的跷跷板效应（seesaw effect）。[①] 应当说，在哲学博士、专业博士和实践博士的最终学术成果中，都可能含有实践的元素，但是，三者对实践的关注点是截然不同的。按照麦克劳德的分析，哲学博士应当属于类型 A 的高层次实践，专业博士则属于类型 B 的高层次实践，而实践博士则属于类型 C 的高层次实践。

在当下，关于专业博士和实践博士争论最多的，是"以实践为导向"（practice-led）还是"以实践为基础"（practice-based）。尽管两者并非截然分明的，但还是存在诸多不同之处。第一，以实践为导向的研究关注的是实践的本质，并引出对该实践有实际操作意义的新知识。研究的重点是推进知识实践，或在实践中推进知识。在一篇博士学位论文里，实践导向研究结果可能完全用文本形式描述，而无须包含一个创造性实物作品。第二，以实践为基础的研究，是指在一定程度上依靠实践和实践结果获得新知识而进行的一种原始调查研究。通过创造性实物作品，可以证明研究的原创性和对知识的贡献，创造性实物作品可能包括图像、音乐、设计、模型、数字媒体等研究产物或其他类似成果，同时原创性

---

① MacLeod K. The Functions of the Written Text in Practice-Based PhD Submissions [J]. Working Papers in Art and Design, 2000, 1 (1): 1-3.

的声明、意义及背景是用文字描述的。这是实践博士与其他博士的区别所在。① 简言之，如果研究主要通往对实践的新理解，那么这种研究就是实践导向的研究；如果知识贡献的基础是创作性实物作品（附之以文字性分析描述），那么这种研究就是基于实践的研究。可以看出，专业博士尽管也关注实践，但是应当属于以实践为导向的，与以实践为基础的实践博士具有明显不同。

四　实践博士的培养特征

由以上分析可以看出，尽管哲学博士或许也关注实践研究，专业博士以工作实践为导向进行研究，但是实践博士却是依靠实践（by means of practice）而非运用实践（use practice）或在实践内（within practice）推进知识。UKCGE 规定，一个原创性的实物作品一定要包含在实践博士研究成果之内。同时，实践博士的最终成果也必须包括与创作成果内容密切相关的文本性分析。这一文本性分析不但要厘定实物作品的原创性定位，而且要能为同行评议提供一个综合判断的基础，能够让同行专家更容易了解其成果的知识贡献度，以及其分析能力水平、背景知识掌握的熟练程度等。② 这一总体要求，为实践博士的培养带来了新的挑战。实践博士不但要在学习中产出实物性的作品，而且要具备相当的文字分析能力。也就是说，实践博士申请人需要同时完成实物创作和研究分析的双重任务，方可获得博士学位。

实践博士申请人在开始攻读博士学位之前，已经掌握一系列关于实践的方法和技巧。"按照布尔迪厄（Pierre Bourdieu）的说法，他们已经掌握实践'场域'内的'惯习'。当他们进入高等教育场域内攻读博士时，还需要发展其研究的惯习。对于多数实践博士而言，他们不担心实践设计，而是为撰写分析而担心。他们先前所受教育（本科和硕士阶段）

---

① Candy L. Practice Based Research: A Guide [J]. CCS Report, 2006 (1): 2.
② UK Council for Graduate Education, Frayling C, Burgess R G. Practice-Based Doctorates in the Creative and Performing Arts and Design [M]. Lichfield: UK Council for Graduate Education, 1997: 13-14.

也是将重点放在了制作（making）方面，很少有写作（writing）要求。因此，相对于前者，后者属于实践博士的弱项。"① 进一步讲，实践博士申请人所要解决的主要问题，在于制作和写作的结合，是两者多样张力的平衡。"由于之前学生已经具备相关的实践技能，最终要达到博士学位授予的要求，写作就成了一项费力的工作。"② 这就给实践博士的培养指导带来一个现实问题，导师既要注意学生的写作水平提高，又不能把精力过多地集中在理论和研究层面，从而阻碍了实践性。

实践博士产生以来，所有大学对实践博士的导师安排都有相似的规则，亦即都指定一定数量合格的、富有经验的导师指导。一般而言，大学为实践博士指定两名导师，分别承担其学术和实践方面的指导。③ 需要特别指出的是，实践博士这种双导师制与我们日常理解的专业博士双导师制有明显不同。实践博士的两名导师一般均来自校内。专业博士的两名导师，一般是一名来自校内，一名来自校外，校内导师主要负责学术层面的指导，校外导师主要负责实践层面的指导。

伴随实践博士的不断发展，英国及欧洲其他国家大学也在逐步完善并细化其培养过程。比如，爱尔兰国立高威大学（NUI Galway）的休斯敦电影与数字媒体学院开设的"电影、电视和数字媒体实践博士学位"规定，实践博士的指导，由一名主要导师负责下组成的指导委员会负责。该委员会的成员包括其他学科、院系或大学的专家。在指导任何一名新的实践博士之前，数个指导教师需要就指导细节进行商定。④ 2005 年，由7 所英国大学共同发起的受英国艺术与人文研究理事会（Arts and Humanities Research Council）资助设立的"设计高级研究训练"（DART）项目，

① Collinson J A. Artistry and Analysis: Student Experiences of UK Practice-Based Doctorates in Art and Design [J]. International Journal of Qualitative Studies in Education, 2005, 18 (6): 716-723.

② Hockey J. Art and Design Practice-Based Research Degree Supervision Some Empirical Findings [J]. Arts and Humanities in Higher Education, 2003, 2 (2): 175-176.

③ UK Council for Graduate Education, Frayling C, Burgess R G. Practice-Based Doctorates in the Creative and Performing Arts and Design [M]. Lichfield: UK Council for Graduate Education, 1997: 25.

④ Huston School of Film & Digital Media: PhD Practice-Based [EB/OL]. http://filmschool.ie/programmes/phd-practice-based /2015-10-01.

将实践博士不但推向了跨院校，而且推向了跨学科的联合培养模式，提出了拼凑和组装式的方法，不但结合了定性和定量分析，而且结合了社会科学、人文科学和自然科学等众多学科方法。[①] 可以看出，吉本斯所提出的知识生产模式 2 的跨院校、跨学科等特征，在实践博士培养中已日渐彰显。

五　实践博士的学位授予特征

与哲学博士、专业博士学位申请人一样，实践博士申请人要想获得学位，应当符合通用的三项基本规则：首先，提交的独立完成的原创性成果，必须能够证明对知识做出贡献，而且对该研究领域有深刻理解；其次，必须证明已经掌握该领域批判性知识的研究方法；最后，必须通过答辩。除了这些通用的规则之外，实践博士还有一些特别要求。以艺术和设计实践博士为例，其最终提交成果应当符合以下条件：第一，必须在经过注册的研究项目下进行；第二，最终成果必须有可长久保留的创造性作品；第三，创造性作品必须植根于相关理论的、历史的、批判的或视觉的背景；第四，必须有一篇论文；第五，论文长度通常在 3 万~4 万字，音乐作曲除外（3000~5000 字）；第六，必须是独立性和原创性的知识贡献；第七，论文必须能够证明对相关研究方法的掌握；第八，必须通过答辩；第九，论文和创造性作品是同等或接近同等重要的，音乐作曲除外（作品集更为重要）。[②] 在一定程度上，这些学位授予要求基本上代表了实践博士学位授予的普遍要求。

可以看出，实践博士除要提供创造性作品之外，其文本性论文的要求也不同于哲学博士和专业博士。一般情况下，实践博士的学位论文字数普遍少于哲学博士和专业博士。事实上，当前英国各大学对实践博士学位论文的长度要求各不相同，从布莱顿大学的最少 1 万字到赫特福德

---

① Yee J S R. Methodological Innovation in Practice-Based Design Doctorates [J]. Journal of Research Practice, 2010, 6 (2): 2-16.

② UK Council for Graduate Education, Frayling C, Burgess R G. Practice-Based Doctorates in the Creative and Performing Arts and Design [M]. Lichfield: UK Council for Graduate Education, 1997: 9-12.

大学（Hertfordshire University）的最多 8 万字都存在。① 此外，实践博士所提供的创造性作品也形式多样，以艺术和设计专业为例，这些创造性作品可以是绘画、图案设计、摄影、陶艺、版画制作等。② 这种论文和创造性作品要求的多样性，在一定意义上，也说明了实践博士作为一种新生事物的不成熟性。

实践博士的考核一般要有两名以上的考官，其中至少有一名校外人员。考官必须在该领域有丰富的研究经验，至少一位（一般是校外）考官具有同等水平的考核经验，要确保学术水平的外部判断以及相关领域的创造标准判断。对于创作作品的评判，目前尚并没有特别规定。考官通常提前收到写作文本，也包括照片、图纸或者其他证明等，但是创造性作品通常答辩时才提供。博士学位答辩必须经过两人小组考核，其中一名是领域相同或相近的学术人员，另一名是至今活跃在实践领域且被认为具有大学教授相当水平的非学术人员。实践博士的考核最终结果，分为通过、补考后通过、重修后通过、低一级授予和不通过等几种形式。通常情况下，不通过的原因并非论文写作有问题，而是所提供的创造性作品有问题。③ 这也体现出实践博士学位授予中对能够直观体现实践的创造性作品的重视度。

第四节　启示与借鉴

研究英国实践博士的主要目的，最终要回归到当下中国博士制度乃至高等教育制度变革之中。所谓"他山之石，可以攻玉"，我们应当在借鉴高等教育先发国家经验的基础上，结合本土传统和实践，积极提出应

---

① Melles G. Practice, Profession and Project in Interdisciplinary Doctorates of Design: New Responses [EB/OL]. http：∥baohouse. org/Melles. pdf /2015-10-01.

② Hockey J. Art and Design Practice-Based Research Degree Supervision Some Empirical Findings [J]. Arts and Humanities in Higher Education, 2003, 2（2）：174.

③ UK Council for Graduate Education, Frayling C, Burgess R G. Practice-Based Doctorates in the Creative and Performing Arts and Design [M]. Lichfield：UK Council for Graduate Education, 1997：25-26.

对时代变革的方案，以达到迎头赶上的现实功效。

一　在思想认识上，要打破理论与应用的高下之别

《周易·系辞》云"形而上者谓之道，形而下者谓之器"，这一原初的哲学思辨，影响了中国古代社会中市民阶层的划分。在"士、农、工、商"之中，从事"形而上"的知识探究的读书人排在了社会阶层的最前面，这也就是所谓的"万般皆下品，唯有读书高"。绵延千余年的科举制度，将技艺性、实用性的知识体系排除在外，从而造成"巫医乐师，百工之人，君子不齿"（韩愈《师说》）的思想观念。在"重道轻艺"的文化价值观影响下，那些从事金、石、竹、漆、土、木等行业者，一直被视为社会的底层或边缘。一言以蔽之，理论被视为"阳春白雪"，应用被视为"下里巴人"。如果比较一下英国实践博士学位所开设的专业领域以及其考核规则，不难看出诸如建筑设计、雕刻、表演、陶艺等大都属于"下里巴人"的范畴。

近来有不少学者和一线管理人员在探讨我们国家的职业院校因何一直不温不火，甚至部分职业院校面临招生困难、关门倒闭的危险。造成这种现象的原因可能很多，但是如果不能从人们的思想认识上改变理论与应用的高下之分，不能给技术应用型人才打开高层次培养的出口，职业院校发展的春天仍将前路漫漫。思想认识转变的过程是缓慢的，且必须由政府来推动。历史上，德国技术学院也曾长期遭受大学排挤，不被民众认可。"1892年，德皇威廉二世要求技术学院的教授应该享有与大学教授同样的地位。1900年，技术学院获得工程学博士学位授予权。无疑，这是技术学院取得与传统大学同等地位的重要标志。"① 从当下中国职业学院的学科发展来看，众多技术性强、以动手为主的学科，学士学位大多成为终结性学位。现有的专业硕士学位设置，也大都没有打通到博士阶段的路径。这不能不说是阻碍我国职业技术高等教育发展的重要原因。

---

① 贺国庆. 西方大学改革史略 [M]. 石家庄：河北教育出版社，2011：16-17.

二　在学位制度上，要突破学术与专业的二元划分

改革开放以后，我国自 1981 年实行学位制度，1991 年开始专业学位试点以来，学位与研究生教育发展取得了举世瞩目的成就。但是，也要看到，现行的学位制度存在一些不适应时代发展的地方。其中，学术学位与专业学位的二元划分，已经成为摆在我国高等教育发展面前的一项制度性障碍。无论是从知识生产转型来看，还是从高校竞争发展来说，尽快在博士教育中真正融入实践元素，甚至根据学科特点设置新型博士，已经成为我国博士制度变革的一项重要课题。

一是在传统哲学博士培养的基础上，适当在部分学科融入实践元素。除了英国等国家的大学将实践元素融入哲学博士外，欧洲其他国家的大学的不少哲学博士项目也已经开始强调基于实践的研究路径。如荷兰的蒂尔堡大学（Tilburg University）的哲学博士就旨在培养专业人才，提供更多的实践取向（practice-oriented）的科学研究机会。瑞士圣加仑大学（Universitat Saint Gallen）则将哲学博士培养分为两个路径：一是职业生涯导向，二是学术生涯导向。[①] 从哲学博士未来的就业去向来看，并不必然每一个学位获得者将来都要从事学术研究工作，因此为哲学博士培养注入实践元素，对于提高哲学博士走向社会的适应力无疑是非常重要的。

二是在现有专业博士基础上，实现部分专业博士向实践博士转型。从我国目前开设的教育、工程、兽医、临床医学和口腔医学等专业博士学位来看，其培养模式大都还处于第一代专业博士的阶段，部分专业博士甚至还停留在传统的培养模式上，跨学科、跨院系的联合培养机制，学术性成果与实践性成果多样认可机制等还没有真正建立起来。正如前面所言，除了美国哈佛大学的教育领导博士转型为实践博士之外，英国的工商管理博士等也开始向实践路径转移。诸多专业博士的称谓已经逐渐被实践博士、专业实践博士等所替代，换句话说，培养实践者（practi-

---

① Banerjee S & Morley C. Professional Doctorates in Management: Toward a Practice-Based Approach to Doctoral Education [J]. Academy of Management Learning & Education, 2013, 12 (2): 177.

tioner）已经成为欧美专业博士的整体发展趋势。

三是在部分实践性强的领域进行实践博士学位试点。从国内专业硕士与专业博士设置比较来看，专业博士设置的数量和范围要远远少于专业硕士设置的数量和范围；与国外专业博士设置相比较，国内专业博士设置的数量与范围要远远少于高等教育先发国家专业博士设置的数量与范围。伴随国家政治、经济、文化和社会的迅速发展，诸多应用性强、实践特色突出的学科领域也在不断兴起。因此，一方面，要在传统学科领域内选择一些学科如建筑设计、艺术表演等增设实践博士学位；另一方面，要在一些新兴学科如数字媒体、复合媒材等方面增设实践博士学位。

三　在试点运行上，要注重质量与效益的双重兼顾

尽管"实践"与"博士"均已耳熟能详，但是"实践博士"作为新生事物，无论是对于广大民众而言，还是对于高等教育研究者和实践者来说，都还知之甚少。因此，实践博士的试点运行，要确保质量与效益的双重兼顾。作为国民教育序列中的最高层级，博士学位一直充当着"金本位"的角色。我们决不能因为"跟风"而刻意降低授予标准，从而影响到博士质量。质量是博士培养的生命线，缺失了质量，博士也就失去了其生存的合法性。同样，我们也不能打着"质量"的旗号故步自封，无视知识转型和高等教育全球化竞争所带来的挑战。从哲学博士到专业博士再到实践博士，已经成为博士类型发展的规律性变革；从单一类型博士到类型多样化，已经成为博士学位获得新的生命力的一个重要元素。

中华民族伟大复兴的中国梦这一宏伟目标已经提出，其需要来自社会各行各业的精英人士来引导并躬身践行。作为知识精英生产者的高等教育，更应当肩负起历史责任，为各学科、各类型的精英提供进一步发展的平台。只有打破理论与应用的高下之别，突破学术与专业的二元划分，注重质量与效益的双重兼顾，我们国家的博士学位制度才能呈现百舸争流、千帆竞发的劲头，才能产生百花齐放、争相夺艳的态势。

第十三章

英国新制博士：形成、特征及启示

在中国，尽管早在秦汉时期就存在博士称谓，但是彼时的博士仅是一种官职。博士作为一种学位制度，最早产生于中世纪大学。早在 1160年，意大利的博洛尼亚大学就存在由博士组成的学者行会，1170～1175年，法国的巴黎大学也存在由硕士组成的学者行会。而后，硕士学位经由巴黎大学传播到英国的牛津大学和剑桥大学；博士学位则通过博洛尼亚大学传遍意大利，并进而为德国大学所使用。[①] 19 世纪初，费希特在柏林大学设立哲学博士学位，开现代博士学位制度的先河。1861 年，耶鲁大学率先引进德国哲学博士学位制度，不但使该制度在北美生根发芽，而且衍生出诸多专业博士学位类型。相对而言，英国哲学博士的引入却是较为晚近的事情，1917 年，牛津大学才突破重重阻力首次设立哲学博士学位；直到 1992 年，这种单一类型的博士学位制度始终为英国大学所坚守，未曾有实质性进展。但是，1992 年以后，英国大学在较短的时间内便突破了哲学博士学位单一化的状况，迅速衍生出诸多博士学位类型。

第一节　英国新制博士学位的产生原因

20 世纪 90 年代以降，迫于全球竞争、市场介入、知识转型等压力，英国一改往日传统的保守做法，开始对博士学位进行大刀阔斧的制度变

---

① Harriman P L. The Bachelor's Degree [J]. The Journal of Higher Education, 1936, 7 (6): 302.

革。1992 年，英国历史上第一个专业博士学位，亦即教育博士在布里斯托大学诞生后，不但专业博士学位的种类迅速拓展，而且博士学位的类型日趋多元，诸如课程博士（Taught Doctorate）、论著博士、实践博士等如雨后春笋般破土而出。2001 年，在英国政府、英格兰高等教育基金委员会和英国文化教育协会（British Council）的全力支持下，英国 10 所著名研究型大学发起了一种名为新制博士的新型研究生教育模式。英国在哲学博士之外增设新制博士，原因复杂多样，但是，整体来看，20 世纪 90 年代早期英国博士学位致力于研究而非应对国民经济建设的需求招致国家利益相关者（national stakeholder）的强烈不满，是新制博士产生最为根本的动因。具体而言，博士制度变革的动力主要源自三个方面。

一 英国博士学位的国际竞争力明显降低

20 世纪 90 年代初期，在英国大学中，海外学生约占英国研究生总数的 1/3 左右，学费收入已经成为英国高等教育经费补充的一个重要来源。1992~1993 年度，英国大约有 25100 名国际研究生，其中 8% 来自本国，92% 来自其他国家。1997~1998 年度，英国国际研究生增至 81000 名，但是，却有 33% 来自本国，其他国家研究生的比例降至 67%。与海外研究生所占比例日益紧缩相伴的是，英国博士学位授予人数增长异常缓慢。从表 13-1 中不难看出，英国博士学位授予的年增长率不断锐减，从 1997 年的 9.8% 直线降至 2002 年的 0.7%。事实上，表格数据统计中还包含 1992 年以后设立的专业博士学位授予数，哲学博士作为英国博士学位授予的重要组成部分，引起政府、资助团体以及高等教育机构等各方面的不满。尽快改革国内博士学位授予类型，提高英国博士学位的国际竞争力，避免大量国际生源流向北美大学，已经在英国上下成为广泛共识。

表 13-1 1996~2002 年英国高校授予博士学位总数

单位：人，%

年份	总数	年增长率
1996	10800	

续表

年份	总数	年增长率
1997	11860	9.8
1998	12660	6.7
1999	13140	3.8
2000	13670	4.0
2001	14115	3.3
2002	14210	0.7

资料来源：Green H & Powell S. Doctoral Study in Contemporary Higher Education ［M］. Bristol：Society for Research into Higher Education & Open University Press，2005：8.

二　博士学位获得者的专业技能极其匮乏

长期以来，在英国形成的以单一学术性为指向的哲学博士培养，已经越来越不适应研究生以及雇主的需求。传统哲学博士旨在培养未来的学术研究人员，他们的就业趋向集中在各高等教育机构，主要从事研究和教学。但是，大学教职员的需求不可能无限增长，许多博士获得者不得不在大学之外寻找其他类型的工作。以 2003 年英国本土博士毕业生的去向为例，在教育部门者仅占 47.8%，在财政、商业和 IT 业者占 9.1%，从事卫生和社会工作者占 15.5%，从事制造业者占 16.3%，在公共管理部门工作者占 5.7%，在其他部门工作者占 5.7%。而且，在教育部门占总就业人数的 47.8%中，又有 47%的人员是作为以教学为主的博士后人员参加就业的。① 这也就是说，博士毕业生真正在大学从事研究工作的，尚不足博士毕业生总数的 1/4。1997 年，迪尔英委员会下设的贝特委员会（Bett Committee）调查指出，同等职位在学术部门工作人员的薪水远低于工业部门，其差距一般为 10%~30%。这也是博士毕业人员考虑不在学术部门工作，另谋高就的一个重要原因。② 总之，哲学博士学位培养的学术

---

① What Do PhDs Do？［EB/OL］. http：//www. vitae. ac. uk/policy-practice/14769/What-Do-PhDs-Do. html/2010-9-3.

② Huisman J，de Weert E，Bartelse J. Academic Careers from a European Perspective：The Declining Desirability of the Faculty Position ［J］. The Journal of Higher Education，2002，73（1）：145-146.

单一性、博士毕业生去向的多样性和不确定性、大学教职的相对低薪以及供应的有限性等，促使英国政府不得不考虑改革现行哲学博士制度，设置能够融教学、研究、技能于一体的新型博士学位制度。

三　令人失望的博士毕业时间及毕业率

一般而言，英国哲学博士应在三年或至多四年内提交博士学位论文进行答辩，但是，实际情况远非如此，其中人文社会科学领域尤为突出。1983 年，由 6 所大学提交的报告表明，社会科学哲学博士能够在四年内提交博士学位论文的，仅占 6.6%~30.5%。博士学位获取的时间跨度往往延长至五年甚至更长。由于英国政府资助博士生的期限为三年，很少有特例可以延续到四年，且平均三名博士生中仅有一名能够获得资助，不能按照规定时间正常提交论文，也就意味着，博士生一方面要承受更多经济上的负担，另一方面还要更长地推迟就业时间。博士学位攻读超过四年后，学生会失去正常接受指导的权利，这使原本在一对一（one on one）指导模式下产生的学术孤独感更甚于前。对于一些已经找到工作的博士生来说，其主要精力开始转移，学位获得与否对于他们而言已经显得无关紧要。于是，中途退学（dropout）、不能完成学业（non comple-tion）等现象在英国博士教育中并不鲜见。① 对于学生来说，过长的博士修业年限意味着要付出更多的学习费用，过低的博士毕业率意味着要承担更大的学习风险。因此，从学生角度来看，明确限定博士教育的毕业时间，尽可能提高博士毕业率，适当融入团队式指导，减少博士的学术孤独感等，都是英国博士教育改革面临的重要课题。

第二节　英国新制博士学位的产生过程

专业博士在英国产生后，英国政府在 1993 年发布了《实现我们的潜

---

① Clark B R. The Research Foundations of Graduate Education: Germany, Britain, France, United States, Japan [M]. Berkeley: University of California Press, 1993: 104-141.

能：科学、工程与技术战略》白皮书，宣布传统哲学博士并不能总是适应工业研究试验的需求，公共资金对博士训练的注入，意味着博士教育不但要符合申请者个人需要，而且要符合纳税人的利益。而后，英国贸工部科技办公室（OST）、英国工业协会（CBI）等相继响应，声称博士教育应当讲授未来雇主所需的各类技能，这些技能既包括学术技能，也包括基本的交流技能和管理技能。2001 年，英国经济与社会研究委员会（ESRC）推出了一项"1+3"博士培养模式：在任何被认可的 3 年博士培养之前增加 1 年的全日制硕士课程学习，其中硕士学习必须具有实质性的通用以及专题研究训练诸要素。① 英国经济与社会研究委员会的"1+3"模式，不但明确了博士四年学制的规定，而且为英国哲学博士培养注入了教学成分，强调博士研究生不仅是研究者（researcher），而且是学习者（learner）。新制博士学位正是在结合传统哲学博士、专业博士以及"1+3"博士培养模式的基础上形成和发展起来的。英国斯特拉斯克莱德（Strathclyde）大学的埃金斯（Heather Eggins）将新制博士学位形成路线绘制如图 13-1 所示。

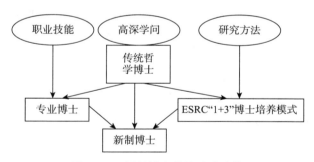

图 13-1　新制博士学位形成路线

资料来源：Eggins H. Professional Doctorates.［EB/OL］. http：www. web. abo. fi/fa/ie/coimbra2007/ProfessionalDoctoratesfinal%20Eggins. ppt/2010-9-3.

如图 13-1 所示，强调高深学问的传统哲学博士与强调职业技能相结合，产生了专业博士学位；强调高深学问的传统哲学博士与强调研究方法的教学成分相结合，产生了"1+3"博士培养模式；传统哲学博士、专

---

① Green H & Powell S. Doctoral Study in Contemporary Higher Education［M］. Bristol：Society for Research into Higher Education & Open University Press, 2005：25.

业博士以及"1+3"博士培养模式相结合，产生了新制博士学位。因此，新制博士学位在英国许多大学又称为"综合博士学位"。由于新制博士学位融合了职业技能、高深学问、研究方法等诸多元素，其产生后发展迅猛。2003 年 9 月，培养单位已经由最初的 10 所大学扩展到 34 所大学，学科专业领域也超过 120 个。① 就发展态势而言，新制博士学位越来越成为英国一项重要的博士学位类型。

第三节　英国新制博士学位的基本特征

新制博士学位究竟"新"在何处，换句话说，它与哲学博士、专业博士、"1+3"博士、课程博士、实践博士等究竟存在哪些相似性和差异性，这不但是英国政府、大学机构以及海内外学生所密切关注的问题，而且直接关乎新制博士学位的健康发展。因新制博士成立时间较短，加之培养机构、学位类型和学科专业的多样性，很难对该问题做出全面回答。这里仅从专业设置、培养模式、监督评估等几个方面，就英国新制博士、哲学博士和专业博士的不同特征进行比较。

一　新制博士的专业设置特征

（一）设置目的

受 19 世纪德国洪堡的大学理念影响，英国传统哲学博士学位旨在发展学术，是以培养学术性研究人员特别是大学师资为目的而设立的。换言之，哲学博士教育并不包含工、商、管等实践性职业高级人才所需求的专业技能知识传授与培训。20 世纪 90 年代以后，受美国博士学位设置影响，为应对知识经济、市场竞争等各种压力，弥补传统哲学博士职业技能培训的缺失，英国相继设置了教育博士、工程博士（EngD）、建筑博士（DArch）、工商管理博士（DBA）等专业博士学位类型，其目的不再

---

① What Is the New Route PhD? ［EB/OL］. http：//www. visionedu. co. uk/New%20Route%20PhD. html/2010-9-3.

是培养学术研究人员，而是造就研究型的实践工作者。仅就设置名称而言，不难看出各专业博士学位职业技能培养的明确指向性，如教育博士旨在培养教育专门家，工程博士旨在培养高级工程师，建筑博士旨在培养高级建筑师，等等。这些专业博士学位的技能培训高度专门化，缺乏通约性，同时也丢失了传统哲学博士强调学术研究的哲学（Philosophy）成分，仅仅保留了博士（Doctor）称谓。新制博士学位正是兼取哲学博士和专业博士之长、避其所短而设立的。首先，它保留了哲学博士强调学术研究的哲学成分；其次，它保留了专业博士强调技能培训的成分，且这些技能往往是可供学生选择的通用技能；最后，它避免了哲学博士和专业博士就业的单一指向性，博士毕业后可以胜任大学教学、工商管理以及政府和公共服务等工作。

（二）培养目标

传统哲学博士教育致力于立足学科前沿进行重大原创性研究能力的培养。专业博士学位因类型划分的多样性，其培养目标也相应非常宽泛。较之于哲学博士，专业博士更侧重于在本专业领域内进行高水平的职业技能培养，而非立足学术前沿；更侧重于解决实际问题的能力，而非进行理论研究。新制博士学位的培养目标主要为：第一，通过学科专业的组合来加深知识，通过跨学科的研究来拓宽知识；第二，培养授课技能和演讲交流技能；第三，培养团队工作技能和问题解决技能；第四，提高传媒技能，培养资深IT专家；第五，培养成功的"筹款"技能、工商管理技能以及知识产权保护和技术转让技能；第六，熟悉分公司、高技术公司的构成，体验一般以及精密仪器的先进技术。不难看出，新制博士不但强调学生知识的拓宽和加深，而且为学生提供多样性技能培养。当然，这些技能并不要求全部选修，学生可以根据自己学习的学科领域如生物科学（Biological Sciences）、计算机科学（Computer Science）、工程技术（Engineering Technology）等进行有针对性的选择学习。

（三）入学标准

新制博士的入学条件与英国传统的哲学博士入学条件相同，主要是学术和英语语言方面的要求。新制博士学位开设的所有学科专业领域对英国本土以及国际学生开放。相对而言，专业博士与新制博士、哲学博士的入学条件存在较大不同。专业博士主要是为培养实践人才而设置的，因此，具有一定时限（一般为 3 年）的相关工作经验是专业博士学位候选人所必需的。

二　新制博士的培养模式特征

（一）学习时间

正如前面论述博士毕业时间时所指出的，英国哲学博士的学习时间弹性较大，一般来说全日制哲学博士学习持续的时间至少为 24 个月，最多要 60 个月；对于非全日制的哲学博士来说，学习持续时间至少为 36 个月，最多要 72 个月。专业博士学习时间倾向于标准化。但是，大多数专业博士的学习是非全日制的，攻读专业博士学位的学生希望一边学习，一边参与工业或其他组织的专业工作；即使个别专业博士是以全日制方式注册入学的，他们实际上也将大部分时间花在大学之外的专业工作方面。因此，他们的学习时间仍然是不确定的。一般来说，全日制专业博士学习持续时间为 2~5 年；非全日制专业博士学习持续时间为 3~8 年，学习时间长短需要视学科领域、学生承诺和研究计划而定。相对于哲学博士和专业博士学业完成时间的不确定性，攻读新制博士学位的学生可以确定在 4 年之内完成学业，因此新制博士又称为"四年制哲学博士"（4 Year PhDs）。[1] 对于那些要自己支付学费和住宿费的海外学生来说，完成学业的时间越长，就意味着付出的成本越高；完成学业的时间越不确定，也就意味着需要承担的风险越大。因此，新制博士学位能够确定在 4 年内完成学业，这对于吸引更多的海外学生，提高英国博士教育的国际竞争力，无疑是一项重要举措。

（二）研究教学

尽管各类博士学位均冠以博士称谓，但是，在实际培养过程中对研究

---

① Professional Doctorates Explained ［EB/OL］. http://www.professionaldoctorates.com/explained. asp#4/2010-9-5.

和教学的侧重却存在很大不同。传统的哲学博士致力于学术研究，通常不包含教学因素，即使有少量的课程讲授存在，也是将其视为研究训练的一个部分。霍戴尔（Stephen Hoddell）认为，在过去 15 年的英国博士教育变革中，一个突出的特征就是在培养中正式引入了教学因素。[①] 专业博士率先将教学因素融入培养过程，而后"1+3"博士、新制博士也相继借鉴。即便三者都引入了教学因素，但从教学内容、时间安排来看，也存在很大不同。"1+3"博士将所有教学成分集中安排在第一年，其内容以研究方法教学为主；专业博士将教学分布在整个培养过程中，其内容以专业技能教学为主；新制博士将教学主要安排在第一年，但是其余三年也含有教学成分（见图 13-2），只是教学所占的比重逐年递减，其教学内容既包括研究方法的教学，也包括各类技能的培养与训练。

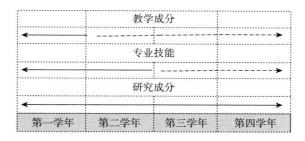

图 13-2　新制博士研究、实践、教学的关系

资料来源：What Is the New Route PhD？［EB/OL］. http：//www. visionedu. co. uk/New%20Route%20PhD. html/2010-9-3.

以布鲁内尔大学新制博士培养方案为例：在第一学年，经过通用和相关学科研究方法教学模块，学生可以轻松进入本学科领域，并着手初期论文撰写，设计写作（Proposal Writing）教学模块可以帮助学生为论文大纲做准备。从第二学年开始，学生需要提交学术会议论文和期刊论文，交流技能（Communication Skills）教学模块（演讲、写作、计算机、信息检索等）可以对此提供帮助。研究生院通常会资助学生参加至少一个国内和一个国际性学术会议。为确保学生熟悉外界知识背景，学校还为他

①　Hoddell S. NewRoutePhD[TM]-A Niche Market or the Tone for the Future？［EB/OL］. http：//www. vitae. ac. uk/cms/files/UK-GRAD-conference-report-September-2004. pdf/2010-9-5.

们设计了全球语境（Global Context）教学模块（政治、经济、社会等）。第三学年，同行评审（Peer Review）教学模块可以帮助学生在更为广阔的背景下对自己的论文进行批判性反思；研究传播（Research Dissemination）和财经世界（Business World）教学模块可以激励学生出版发表论著，帮助他们进行职业规划、培训、发展，熟悉知识产权保护等相关事宜。在第四学年，学生提交博士学位论文并答辩。① 由此可见，布鲁内尔大学新制博士中的学术研究和课程教学（研究方法和技能培养）这两条主线是相互交织、共同促进、密不可分的。

（三）指导关系

英国传统哲学博士采用"师徒式"的个别指导方式，学生与导师是一对一的关系，每名博士生都配有一名导师（supervisor）。在专业博士培养中，导师对学生的指导不再建立在一对一的"师徒式"关系上，而是建立在以团队为基础（Group-based）的合作研究之上。专业博士教师不再被称为导师，而是被称作咨询者（advisor）。与哲学博士和专业博士不同，每名新制博士通常拥有两名导师，其中一名被指定为责任导师（director），负责监督学生的教学计划、个人研究并协调指导，为学生提供学术和生活帮助，对博士候选人的学术研究负有首要责任；另一名被指定为第二导师（second supervisor），负责对学生的学术研究提供必要的专门知识补充和帮助。② 新制博士在借鉴了专业博士以团队为基础进行合作指导的基础上，保留了哲学博士"导师制"所含有的亲密的师生指导关系。两名导师必须定期单独或一起与学生会面，学生每周或每两周就研究进展、学术发现等向导师汇报，倾听他们的意见和建议。由此来看，新制博士不但没有降低哲学博士的指导力度，反而具有某种程度上的加强。因此，新制博士又被称为"提高哲学博士"（Enhanced PhD）不是没有道理的。

---

① New Route PhD［EB/OL］. http：//www. brunel. ac. uk/courses/pg/research/newroutephd/2010-9-3.

② The New Route PhD：Programme Handbook（August 2008 Edition）［EB/OL］. http：//www. derby. ac. uk/files/new_ route_ phd_ programme_ handbook. pdf/2010-9-3.

三　新制博士学位的监督评估特征

（一）从监督模式来看

传统哲学博士在完成第一学年的博士学习前，需要提交一篇书面作业和今后研究计划大纲。在大部分情况下，学校把这些材料提交给导师之外的专业教师评定，也有的直接交由导师进行修正。此后，博士候选人的培养监督工作主要交给导师负责。与哲学博士教育重点强调终点评估（final assessment）不同，强调过程评估（progression assessment）是专业博士教育的一个重要特征，而中期评估（interim assessment）是专业博士教育不可或缺的一环。尽管通过中期评估并不必然保证专业博士候选人能够获得学位，但是如果不能通过中期评估，就不能提交论文进入答辩环节。与哲学博士主要由导师负责监督工作不同，专业博士需要接受校内导师和校外联合导师的共同指导和监督。相对于哲学博士和专业博士，新制博士培养的监督更加明晰化。以森德兰大学（Sunderland University）为例，新生入学 4 个月内，需要在指导小组的监督下完成一份详细的研究计划。这份研究计划经大学研究委员会审定后，还要接受年度审查（annual reviews）。在审查中，学生需要提交一份包含专业发展在内的年度进展报告，并进行 20 分钟的口头陈述和 20 分钟的答辩质疑。[1]不难看出，新制博士的监督模式相对规范，监督力度逐步加大，这也是学生 4 年内能够顺利拿到博士学位的重要保障。

（二）从评估标准来看

2001 年英国政府委托高等教育质量保证署（Quality Assurance Agency，QAA）发布了高等教育资格框架（Framework for Higher Education Qualifications，FHEQ），对博士学位应该达到的标准进行了统一界定。就哲学博士而言，FHEQ 规定其评估标准为对知识有重大的原创性贡献。但

---

[1]　New Route PhD［EB/OL］. http://www.cet.sunderland.ac.uk/postgrad/html/new_route_phd.html/2010-9-3.

是，这一指标相当模糊，各高等教育机构对该标准的阐释也不尽相同，有的着重参照"知识贡献"，有的着重强调"学术出版"。无论是从定性还是从定量的角度，对知识贡献和学术出版的评定都很难明确区分出高低上下。评估指标的模糊性，不但造成各高等教育机构评价标准的不一致性，而且带来评定成绩话语表述的不精确性，如在评价博士候选人的概念界定、论文设计、研究计划进展等一般能力方面，往往只能运用"多数"（most）、"主要"（main）和"多半"（majority）等词语来表述。因此，在一定程度上，哲学博士评估类似于常模参照（norm referenced）评估，而非标准参照（criterion referenced）评估。专业博士由于引入了教学因素，强调课程学习和技能培养等可量化的元素，能够设置参数（parameters）进行评估。QAA 高等教育资格框架关于高等教育 5 级即博士教育应当获得540 个学分（含论文 360 个学分）的标准发布后，旋即为各高等教育机构所采用。毫无疑问，专业博士以学分等级（credit rating）为基础的评价标准，要比没有学分规定的哲学博士（non-credit-rated PhD）评价标准更为清晰明确。新制博士借鉴了专业博士基于学分等级评定的做法，同时吸收了哲学博士对学位论文不做学分评定的惯例，参照 2002 年英国研究生教育协会的建议，规定培养单位根据教学工作量在 120～270 分范围内设置博士学分。譬如赫尔大学规定新制博士（工程）需要取得 200 个学分，利兹大学规定新制博士（商业经济管理）需要取得 180 个学分，利物浦约翰摩尔斯大学（Liverpool JMU）规定新制博士（保健科学）需要取得 220 个学分等。

（三）从论文答辩来看

无论何种博士，提交学位论文并进行答辩都是授予博士学位不可或缺的先决条件，同时，也是博士教育监督和评估的最后环节。传统的哲学博士需要提交一篇能够证明其学术水平和能力的且有一定字数限制的毕业论文。一般情况下，理工科专业的博士学位论文不得超过 4 万字，其他专业的博士学位论文不得超过 8 万字。论文答辩主考人通常为两人（有些例外为三人），其中校外一人，校内一人。为避免学术派别纷争给博士候选人带来的敌对处罚，答辩主考人通常由导师和候选人充分酝酿后提出名单。论文模式（thesis model）通常仍然在专业博士学位最终评估时存在，但是以组合模式（portfolio model）对专业博士学位进行最终评估的方法日渐增加。换言之，专业博士学位候选人可以提交一篇不超过 6 万字的学位论文，也可提交两篇甚至多篇能够证明自己学术水平、工作量大致相当的组合式研究成果。专业博士学位论文答辩主考人沿袭哲学博士的做法，通常由校内、校外两名专家组成。主考人通常由研究生院指定，而不再由导师和候选人商定，他们不再仅仅对学位论文进行评定，还要对博士候选人的整个学习过程进行评定，其中既包括课程学习，也包括专业技能等方面。新制博士通常由一名校外专家对其课程学习阶段进行评定，经考试团（board of examiners）审核通过后方可进入论文研究阶段。新制博士学位论文的工作量要求，通常与本校的哲学博士学位论文一致，如利物浦约翰摩尔斯大学规定哲学博士学位论文最多不超过 8 万字，专业博士（工商管理）学位论文为 4 万~7 万字，新制博士（保健科学）学位论文最多不超过 8 万字；诺丁汉大学教育学院规定哲学博士学位论文最多不超过 10 万字，专业博士学位论文为 5 万~6 万字，新制博士学位论文最多不超过 10 万字；等等。新制博士学位论文答辩主考人仍由两人组成，其中一名为国际主考（international examiner），一名为校外主考。由此不难看出，无论从论文工作量来看，还是从博士答辩主考人组成来看，新制博士学位的学术要求都不但没有降低，反而有了一定程度的提升。

第四节　英国新制博士学位的启示借鉴

相对于英国的哲学博士和专业博士，新制博士学位设立较晚，但是，基于哲学博士、专业博士和新制博士特征的比较分析，不难看出，新制博士至少具有以下比较优势。

第一，从教学模块来看，新制博士可提供专为个人设计的系统研究课程，不但可以在研究技能方面使学生得到迅速提升，而且可以在通用技能和专业技能方面使学生获得长足发展。团队式的跨学科教学，不但可以缓解新制博士的学术孤独，开阔他们的学术视野，而且可以拓展他们在国际学术界的人脉关系。新制博士毕业后，不但可以选择在大学从事教学和研究工作，而且可以选择工业或政府部门从事高层管理工作，相对于哲学博士和专业博士，这无疑拓宽了学生的就业渠道。每年一次的年度审查，不但可以确保新制博士候选人的培养质量，而且可以使学生在规定的 4 年内完成学业，提高了学生毕业率，降低了学生学习风险。

第二，从研究模块来看，新制博士教育都是在英国各顶尖研究型大学中开展。这些大学都以高端的人才培养质量、浓郁的学术研究氛围、高效的科研监督指导而闻名遐迩。目前，新制博士的学科专业已经涉及人文科学、生物科学、商科、传播学、教育学、工程学、环境科学、法律、语言学、医学、政治学和社会学等众多学科领域，可供学生选择的学科广泛。无论从博士生导师的指导力度来看，还是从博士学位论文撰写和答辩要求来看，新制博士相对于哲学博士和专业博士而言，都不但没有降低反而有不同程度的加强和提升。这对于维护新制博士学位的学术声誉，促进新制博士学位在今后时期的良性发展，都是至关重要的。

由于在教学、研究等方面的诸多优势，近年来新制博士不但在授予单位、学科专业等方面迅速扩展，而且其生源也已经扩及东盟国家、中国、东南亚、印度次大陆及各岛、欧盟、中东和北美各地。这些国家和地区连同英国本土的毕业生已经在教育学、语言学、管理科学、环境科学、生物科学以及一系列工程学科中开始职业生涯。[①] 有关数据显示，受英国经济不景气影响，去英国就业的移民人数出现下滑。截至 2010 年 6 月，工作签证减少 14% 至 16.1 万个，但学生签证却继续保持明显增长势头，同比增长 35%，总数超过 36 万。如果剔除不足六个月的短期学生签证，同期增长仍然保持在 19% 的势头。海外学生每年给英国政府带来大约 80 亿英镑的收入，这也是英国高等院校的一项重要财源。[②] 从英国发展新制博士的动机和目的出发，不难看出这种增长势头背后的深层原因。

---

① New Route PhD Leaflet Chinese ［EB/OL］. http：//www. newroutephd. ac. uk/index. php？ option＝com_ content&task＝view&id＝27&rmenu＝right/2010-9-23.

② 英留学签证骤增 35% 数据遭质疑，影响英签证政策 ［EB/OL］. http：//goabroad. sohu. com/20100830/n274574303. shtml/2010-9-23.

全球竞争、市场介入、知识转型等都是当今高等教育不可逆转的发展趋势。置身于世界高等教育发展浪潮中的我国博士教育，也要直面这一客观现实，借鉴英国发展新制博士学位的经验，对当下我国博士教育进行深度变革。

一　增加博士学位授予类型

长期以来，我国是以学术博士（亦即哲学博士）为单一类型进行高层次人才培养的。2009 年，国务院学位办批准北京大学、清华大学等 15 所高校试办"教育博士"学位试点，可以说，在一定程度上开启了这种探索的破冰之旅。但是，截至 2013 年，我国博士学位授予类型仍然相对单一，仅有学术博士学位和专业博士学位两种。从 2011 年 4 月国务院学位委员会、教育部发布的《学位授予和人才培养学科目录》中不难看出，专业博士学位也仅仅设有教育、工程、兽医、临床医学和口腔医学这五种类型。从培养目标来看，学术博士存在强调理论、轻视实践，注重研究、忽视教学等问题；专业博士不但授予专业领域有限，而且存在高度专门化、缺乏通约性等问题。能够将理论与实践有机结合，将教学和研究融会贯通，类似于英国新制博士的学位类型至今尚未在我国本土产生。这势必影响到我国博士教育在国际上的竞争力：当本土学生在国内找不到适合自己发展志向的博士学位类型时，他们定会将求学的目光投向国外大学；当外域学生欲来我国留学，但又找不到多样性、可供选择的博士学位类型时，他们也将会改变主意选择留在本土或者到其他国家的大学深造。因此，政府应积极鼓励和扶持有条件的大学适当拓宽博士培养类型。

二　适度扩大博士招生规模

1999 年之后，我国高等教育规模进入了快速发展阶段，在普通本专科生招生数量迅速增加的同时，硕士研究生的招生数量也获得较快增长，相对而言博士研究生的招生规模发展缓慢。《2002 年全国教育事业发展统计公报》数据显示，2002 年博士招生 3.83 万人，硕士招生 16.43 万人；《2011 年全国教育事业发展统计公报》数据显示，2011 年博士招生 6.56 万人，硕士招生 49.46 万人。[①] 经过十年的发展，我国的硕士研究生年度招生增加了 33 万多人，而博士研究生的年度招生仅仅增加不到 3 万人。毋庸置疑，如果这一态势长期持续下去，不但不能满足更多硕士毕业生继续攻读高层次学位的现实需求，而且与国家建设高等教育强国和文化强国的战略发展目标相背离。基于此，政府和高校应当有计划地适度扩大博士研究生的招生规模，尤其是应当扩大学术博士之外的其他类型博士的招生规模。

三 严格博士学位培养质量要求

质量是研究生教育的生命线，这始终是博士教育应当坚守的一个基本底线。为此，政府要协同利益相关者，对不同博士学位类型的设置目的、培养目标、入学标准等进行严格的审查和论证，一方面要确保新型博士学位的培养层次和质量，另一方面要避免新型博士学位与传统博士学位"名异实同"的现象。政府和博士培养单位需要通过制度安排，对各类博士学位的教学要求、研究水准、修业时限、指导关系等进行较为明确清晰的厘定，要从监督模式、评估标准、学位论文及答辩等方面入手，进一步加大各类博士培养的监督和评估力度，确保最高层级学位的培养质量。

---

① 教育部 . 2002 年全国教育事业发展统计公报 ［EB/OL］. http：//www. moe. gov. cn/jyb_sjzl/sjzl_fztjgb/tnull_1553. html/2003 - 5 - 13；教育部 . 2011 年全国教育事业发展统计公报 ［EB/OL］. http：//www. moe. gov. cn/srcsite/A03/s180/moe_633/201208/t20120830_141305. html/2012 - 8 - 30.

第十四章

从依附到自主：学术资本与创业型
大学的兴起

　　20 世纪 70 年代以降，创业型大学作为新型大学组织，已经引起国内外学者的广泛关注。埃兹科维茨（H. Etzkowitz）认为，随着知识被专门用来产生收益，科学本身从消耗社会盈余的文化过程转变为一种从文化的某一方面产生收益的生产力。当任何一种有形或无形的东西以创造经济价值为意图被使用时，它就成为一种资本而不是消费品。文化，包括科学，当它产生一连串收益时，就成为资本。[①] 换言之，在埃兹科维茨看来，科学知识生产已经不再是纯粹消耗社会资源的消费过程，而是转变为能够为社会带来收益的生产过程。就大学组织而言，高深知识是其生存和发展的逻辑起点，也是其生存和发展的主要资源依赖。高深知识的生产、传播能够产生一连串的收益，也就意味着高深知识完成了由资源向资本的蝶变。简言之，正是学术资本使大学组织具备了演变为创业型大学的条件。伯顿·克拉克认为，创业型大学是凭借自己的力量，积极探索如何干事创业，寻求成为"站得住脚"的大学，能够按照自己的主张行事的重要行动者。[②] 20 世纪 70 年代以后，世界范围内的大学都面临政府拨款不断锐减，经费、运营堪忧的境遇，由此催生了"学术资本主义"和"创业型大学"这对孪生概念。从大学长远发展来看，能够成为凭借自己的力量"站得住脚"的大学，不但有利于学术自由和大学自治

---

①　埃兹科维茨. 企业性大学和民主协作主义的出现. 埃兹科维茨，雷德斯多夫. 大学与全球知识经济 [M]. 夏道源，等，译. 南昌：江西教育出版社，1999：230.

②　克拉克. 建立创业型大学：组织上转型的途径 [M]. 王承绪，译. 北京：人民教育出版社，2003：2.

等经典理念的传承，而且能够促使大学发展基业长青。

本章研究所涉及的大学，是以欧美国家大学为主的多国大学。其中，关于创业型大学生成的途径，强调英国创业型大学是以教学为主的学术资本转换，美国创业型大学是以研究为主的学术资本转换。因此，从这个意义上讲，本章既是第三篇"英国大学的传统与现代"的收尾章，也是接下来的第四篇"美国大学的演绎与变迁"的过渡章。换句话说，本章既是对第三篇英国大学研究的承前，也是对第四篇美国大学研究的启后。

第一节　文献综述、问题提出及理论架构

一　文献综述

从当前学界对"学术资本"和"创业型大学"的研究成果数量来看，对两者分别展开论述的占有绝对优势。以"中国知网"（CNKI）数据库为例（截止时间为 2020 年 6 月），以"学术资本"为关键词进行检索，可以得到相关文献 58 篇（文献始于 2005 年[①]）；以"创业型大学"为关键词进行检索，可以得到相关文献 991 篇（文献始于 2000 年[②]），剔除重复和无关文献后，仍然高达 974 篇；以"创业型大学"为关键词进行检索，在结果中再以"学术资本"为关键词进行二次检索，仅可得到相关文献 12 篇。不难看出，学界对于两者关联性的研究不但起步较晚（文献始于 2012 年[③]），而且存在明显的数量不足（年均发文 1.5 篇）。但是，如果对以上成果做进一步分析，在以"创业型大学"为关键词发表的 974 篇文献中，"中文社会科学引文索引"（CSSCI，以下简称"C刊"）文献为 280 篇，C刊发表率为 29%；在以"学术资本"为关键词发表的 58

①　Husa S & Kinos J. Academisation of Early Childhood Education [J]. Scandinavian Journal of Educational Research, 2005, 49 (2).

②　Etzkowitz H, et al. The Future of the University and the University of the Future: Evolution of Ivory Tower to Entrepreneurial Paradigm [J]. Research Policy, 2000, 29 (2).

③　黄英杰. 走向创业型大学：中国的应对与挑战 [J]. 清华大学教育研究, 2012, 33 (2): 37-41.

篇文献中，C刊文献为40篇，C刊发表率为69%；在以"创业型大学""学术资本"为共同关键词发表的12篇文献中，C刊文献为11篇，C刊发表率高达92%。可以看出，对二者关联性的研究尽管起步较晚、文献数量偏少，但是发文的层次和质量明显要高出许多，这在一定程度上也反映出学界对两者关联性研究的学术认可度。

分析数量不多的关联性研究文献，可以从以下两个维度展开：一是研究内容的维度，二是研究视角的维度。从研究内容来看，又可以分为侧重"学理解释"和侧重"本土建构"两个维度。从学理解释来看，有学者围绕"学术资本转化"系统分析了创业型大学的文化冲突与融合、组织特性以及分类体系等。[①] 从本土建构来看，有学者分析创业型大学本土化的内涵，在结合中国高等学校发展现状的基础上，研究学术资本转化机制，分析创业型大学创办的困境及变革出路。[②] 在研究视角方面，可分为"模型视角"和"评述视角"。模型视角主要表现为研究者通过借鉴生态环境指标项目的PSR模型，分析我国创业型大学学术资本转化的压力、状态及响应。[③] 评述视角主要表现为研究者通过对国内外学者观点的系统梳理，强调学术资本转化是创业型大学的灵魂所在。[④]

二　问题提出

本章论及的问题是在文献梳理基础上提出的。现有文献主要存在以下几个尚需澄清和解决的问题。

其一，学者研究大多聚焦于"学术资本"或"创业型大学"，对于两

---

① 宣勇，付八军.创业型大学的文化冲突与融合——基于学术资本转化的维度 [J].中国高教研究，2013（9）；付八军.学术资本转化：创业型大学的组织特性 [J].教育研究，2016，37（2）；付八军.创业型大学分类体系的探讨与构建 [J].高校教育管理，2018，12（6）.

② 付八军.创业型大学本土化的内涵诠释 [J].教育研究，2019，40（8）；毛慧芳，林荣日.创业型大学学术资本转化机制研究 [J].高等农业教育，2017（6）；陈丹，高珊珊.创业型大学建设的困境与变革路径 [J].中国高校科技，2019（7）.

③ 陈良雨，汤志伟.创业型大学建设中的学术资本转化问题研究——基于压力-状态-响应的分析 [J].中国高教研究，2017（10）.

④ 付八军.创业型大学研究述评 [J].黑龙江高教研究，2012，30（7）；付八军.关于创业型大学研究的八个基本观点 [J].黑龙江高教研究，2016（9）.

者内在关联的研究明显薄弱和滞后。这一研究现状带来的问题是，如果将两者割裂开来进行分析，既难清晰回答创业型大学为什么要不断积累自身的学术资本，也难以系统回答创业型大学主要依靠什么走向创业。在没有抓住事物本质的情况下，生硬移植国外大学创业的体制机制，往往在现实中很难奏效，比如，单向度地模仿斯坦福大学的"硅谷"模式，倡导国内大学建设科技园的本土化建议，现在看来，似乎并不能对创业型大学在中国扎根产生明显效应。国内许多已建大学科技园的冷清甚至凋敝就是最为鲜明的例证。

其二，在现有将"学术资本""创业型大学"相结合的研究成果中，鲜有对欧美创业型大学兴起进行系统研究的。"学术资本"和"创业型大学"作为两个原发性的西方舶来概念，如果仅仅关注"学理解释"和"本土建构"，往往既不能厘清创业型大学是因何产生的，也不易系统总结出创业型大学普遍具有的基本方式和特点。如果不能认识到创业型大学是欧美高等教育发展的历史必然，不能从根本上把握创业型大学在发展演变中的基本方式和组织特点，那么，不但会在学理层面局限于知识价值的公益性和无私性，对创业型大学乃至学术资本产生怀疑，而且会在实践层面排斥大学的创业行为。从目前研究成果来看，关于"创业型大学""学术资本"的争论在学界一直未曾间断，在一定程度上，这既是因为没有厘清创业型大学产生的先发经验，也是因为没有弄清创业型大学的组织特点，或者是二者兼而有之造成的。

其三，在现有将"学术资本""创业型大学"相结合的研究成果中，鲜有通过历史与比较的视角进行研究的。运用"模型视角"或"评述视角"进行分析，固然有其理论的自洽之处，但是，也有不可避免的学术缺憾。"模型视角"往往局限于理论模型的框架，不能或不易具有更加宽阔的学术视野，而且极易造成学术观点上的以偏概全或削足适履；"评述视角"往往局限于前人成果的梳理，不能或不易具有扎根入地的本土关怀。无论是"学术资本"还是"创业型大学"，都是高等教育历史发展中的实践概念，前者强调在大学发展竞争中，学术资本在高等学校多样资本之中的基础性；后者强调在外部世界不能或者不愿为大学无偿供血的情况下，创业型大学自主创业的主动性。因此，我们有必要将"学术资

本"和"创业型大学"这两个概念放置到世界高等教育发展的历史潮流
当中，辅以不同时代、不同国家、不同大学的纵横向比较，进一步澄清
创业型大学的前世与今生，把握创业型大学在历史演变中的基本规律与
发展走向，以期从欧美高等教育已经走过的路程中寻求服务于我们国家
大学发展的启示与借鉴。

三　理论架构

本研究的理论框架是建立在系统回答及澄清以上问题基础之上的。
以大学发展的前世（传统大学）、转型（20世纪70年代后大学）与今生
（创业型大学）为"经"，以学术资本运营为"纬"，将"传统大学""20
世纪70年代后大学""创业型大学"与"学术资本"有机钩联，系统回
答创业型大学产生之前，传统大学的学术资本运营处于何种生存样态，
具有什么样的基本走向；面对政府拨款锐减，传统大学深陷经费危机，
大学自治和学术自由遭遇困境之时，创业型大学主要通过何种学术资本
运营模式走向创业之路；具有何种学术资本运营基本特征的大学才能够
真正称得上创业型大学；等等。概言之，创业型大学只有不断积累自身
的学术成就和学术声望，才能逐步摆脱依附走向自主；大学只有通过学
术资本运营摆脱依附走向自主，才能真正称得上创业型大学；创业型大
学的产生绝非横空出世，而是传统大学发展的历史必然。无论是传统大
学还是创业型大学，在创业之路上，都要时刻规避学术资本主义的侵袭，
在多元共济的学术资本运营下，履行自己的学术责任与使命担当。这既
是本章试图通过学术资本运营的视角论述创业型大学兴起的逻辑起点，
也是希望通过历史与比较的方法探寻创业型大学变革途径及组织特点的
理论归宿，同时，也是本研究的基本思路和理论架构。

第二节　传统大学学术资本运营的依附性
及其基本走向

大学是从事高深知识探索与传播的机构，维持其生存发展的经济资

源主要来自外部。早期大学的生存和发展，由学生学费、慈善捐赠、政府资助等提供支持，不需要直接与产业发生联系。大学学术资本表现出高度的依附性，要么主要依靠学费，如中世纪时期的巴黎大学、博洛尼亚大学和萨莱诺大学等；要么主要依靠教会支持或慈善捐赠，如欧美的一些教会大学，以及初创时的芝加哥大学、约翰·霍普金斯大学等；要么主要依靠政府资助，如 19 世纪以后的德国大学、法国大学等。传统大学学术资本依附性的整体发展趋势是，大学越来越多地依附于政府公共资金的支持，即使学费、教会或者慈善捐赠仍然发挥着作用，相对而言也不再显得那么重要。

一　学生学费

早在中世纪欧洲，针对教育收费问题就有过激烈讨论。尽管基督教反对教育收费，但是在教会无力全部承担教师薪水的情况下，教师行会最终与其他手工业行会一样，开业收徒，按章收费。高等教育发展到近代，学费成为各个国家讨论的共同话题。大多数西欧国家，直到 20 世纪 90 年代中期，实际上不存在私立大学，公立大学也不收取学费。美国、加拿大、日本、印度、韩国等，公立高等教育都采取了适度的收费政策。与公立大学不同，学费是私立大学维持生存发展的主要经费来源。执行比较典型的私立大学学费政策的国家，是那些私立大学在高等教育中占有相当比例的国家，如美国、日本、巴西、哥伦比亚、菲律宾、印度、韩国、印度尼西亚、阿根廷、墨西哥、土耳其等。[①] 事实上，多数国家的公立大学，大部分是一段时间不收费，另一段时间收费，是否收费主要参照当时国家经济发展所能够承受的高等教育发展速度和规模。德国大学自中世纪开始就有收取"听课费"的惯例，即使是 19 世纪大学改革以后，这一收费制度也没有发生根本改变，其中不拿政府薪水的编外讲师就完全依靠听课费来维持生活。这一制度在 20 世纪 70 年代受到猛烈抨击。1970 年 4 月 16 日，德国联邦州州长联席会议一致通过决定，自 1970~

---

① 约翰斯通. 高等教育财政问题与出路 [M]. 沈红，李红桃，译. 北京：人民教育出版社，2004：52-62.

1971 年的冬季学期起取消大学的学费。但是，伴随德国大学的不断扩建，政府越来越难以承担沉重的财政负担，高等教育完全免费被认为有失公允，同时，免收学费也增加了学生学习的倦怠感，2005 年，德国联邦宪法法院经审核宣布，禁止征收大学学费的决议与宪法精神相违背。① 联邦宪法法院通过决议后，尽管各邦对决议的实施保持了不同态度，但是德国大学开始恢复收费制度已经不可逆转。

在传统上，当高等教育机构的运营经费发生短缺时，往往诉诸学费提升。这在一定程度上也说明，学术资本是高等学校拥有的主要资本形式。20 世纪初期，英国大学的学费基本上是稳定的。但是，伴随运营费用的增加，大学不得不决定增加学费。1920 年，伦敦大学学院、利兹大学先后公布增加学费规定。利兹大学的文科增收学费 3 英镑 9 先令，共为23 英镑；理科从 27 英镑 11 先令增加到 31 英镑；技师科增加 3 英镑 8 先令，共为 35 英镑；医科从入学到获得医学士学位为止，共需 134 英镑，比从前增加 20 英镑；牙科学费虽然没有增加，但须支出登录费 2 英镑。各科试验费从 1 英镑增至 2 英镑。② 第二次世界大战结束后，伴随政府对高等教育投资力度加大，英国颁布了《1944 年教育法》，强调大学免征学费，在校大学生的学费、在外住宿费和生活费都由生源所在的地方当局来支付。1960 年，《安德森报告》再次强调，大学生不仅不需要交学费，而且可以获得地方当局的其他补助，如生活费、服装费、图书费和家校往返费等。③ 然而，伴随撒切尔夫人执政后教育财政拨款的锐减，英国大学学习的免费政策也被取缔。

从传统大学学术资本运营依附于学费的整体情况来看，大学收取学费的目的在于维持学校运营，而非寻求干事创业。是否收取学费，往往是判断公立还是私立大学的重要标准，传统大学在经费短缺时，表现出明显的学费依附性。能否收取学费，往往受到诸如教会、政府等外部权力的干涉，大学很难按照自己的主张行事。一段时间内，传统大学施行收

① 宋健飞，高翔翔. 当代德国大学学费制的历史与现状［J］. 全球教育展望，2007，36（12）：48-50.
② 欧美教育新潮·英国大学增收学费［J］. 教育杂志，1920，12（12）：2-3.
③ Mountford S J. British Universities［M］. London：Oxford University Press，1966：101.

费政策，在另外一段时间内，这种政策可能随时被外部权力取缔。即使是依靠学费生存的私立大学，往往也不会主动到外部尤其是到海外寻求更多生源。虽然大学存在创业行为，但是并不具有普遍性。

二 慈善捐赠

慈善捐赠与大学发展相伴而生。学院（college）的产生就与慈善捐赠有紧密关联。1180 年，英国教士龙德去耶路撒冷朝圣，在返回途中经过法国巴黎圣玛丽医院，出资为 18 名贫困学生在医院内提供安居之所。1231 年，在医院之外建成了独立寓所，遂命名为"十八人学院"，这是中世纪最早的学院。[①] 据不完全统计，在中世纪，仅巴黎就有这种慈善性质的学院 67 所。[②] 中世纪之后，大学逐步由宗教性组织演变为世俗机构，大学运营经费也随之演变为主要由政府来承担，除少数个案外，捐赠之风自 1800 年始在欧洲各地逐渐萎缩。与之相反的是，捐赠高等教育的风尚传到了北美，并得到进一步发展。私人捐赠一直是美国高等教育的重要来源。无论是哈佛大学、耶鲁大学，还是布朗大学（Brown University）、杜克大学（Duke University），学校的命名都与捐赠者密切相关。1869 年，康奈尔（E. Cornell）捐赠了 50 万美元，这在当时是一笔巨额捐赠。但很快就被范德比尔特大学（Vanderbilt University）获得的 100 万美元捐赠所超越。之后，约翰·霍普金斯大学获得的 350 万美元捐赠、斯坦福大学获得的 2000 万美元财产捐赠和洛克菲勒（J. D. Rockefeller）捐赠给芝加哥大学的 3000 万美元，相继刷新了私人捐助大学的纪录。1920 年，美国大学总共获得的捐赠为 6500 万美元，到 1930 年超过该数额的 2 倍，达到 14800 万美元。[③] 而后，美国大学接受捐赠的额度不断刷新。

如果说早期的约翰·哈佛（John Harvard）、耶鲁（Elihu Yale）、康奈尔等人的捐赠属于个人层面的捐赠，那么到了 19 世纪后半期，美国本土

① Daly L J. The Medieval University, 1200-1400 ［M］. New York: Sheed and Ward, 1961: 183-184.

② Cobban A B. The Medieval Universities: Their Development and Organization ［M］. London: Methuen & Co. Ltd., 1975: 128.

③ 科恩. 美国高等教育通史 ［M］. 李子江，译. 北京：北京大学出版社，2010：144-149.

发展出了以基金会为代表的组织捐赠。1867 年，皮博迪（G. Peabody）在马萨诸塞州（Massachusetts）成立"皮博迪教育基金会"，开私人基金会资助教育的先河。① 此后，由卡内基（A. Carnegie）捐赠的"华盛顿卡内基慈善会"（Carnegie Institution of Washington）、由洛克菲勒捐赠的"普通教育慈善会"（General Education Board）相继成立。个人和组织捐赠大学的动机，除了宗教信仰之外，还有对教育现状不满，渴望建立新机构的教育诉求。19 世纪 20 年代，为了抵制牛津大学和剑桥大学的保守，在政府运用财政拨款介入大学发展的制度尚未建立之时，英国的私人慈善力量不仅在 1828 年成立了伦敦大学，而且在英格兰的北部城市捐资兴建了城市学院。这些城市学院后来成为英国历史上著名的"红砖大学"。

此外，美国的耶鲁大学、康奈尔大学等高等教育机构的捐资兴建，也与捐赠人对当时教育机构的不满有密切关系。在慈善捐赠中，校友捐赠一直是美国大学学术资本运营的重要经费来源。19 世纪 20 年代，耶鲁学院的财政陷入困境，当时捐赠总收入仅有 1800 美元，而欠债却超过了 19000 美元。大学不得不求助于州议会（General Assembly），声称自 1822 年向州政府申请资金以来，学院招生人数和花费激增，需要增加经费。但是，州政府置之不理，学院不得不自谋出路。1827 年，耶鲁学院成立了耶鲁学院校友会，每人捐款 2 美元。1890 年 6 月 23 日，耶鲁大学决定成立大学校友基金会，正如柯蒂（M. Curti）所说，这是美国大学校友慈善捐赠组织化的开端。基金会成立第一年，就有 385 名耶鲁校友捐赠总额超过 11000 美元，此后 15 年里，耶鲁校友年度捐款达到了 100000 美元。② 正是耶鲁大学校友基金会的成功，使美国众多大学纷纷效仿，并为其他国家的大学所借鉴。

从传统大学学术资本运营依附于慈善捐赠的整体情况来看，捐赠大多集中在组织创办之初。即使捐赠发生在大学发展历程之中，也往往具有时段性、不可持续性以及类型单一性特征。长期依靠慈善捐赠生存的大学组织基本上是不存在的，即使有，一般规模也不大，且很难仅仅依

---

① Sears J B. Philanthropy in the History of American Higher Education ［M］. New Brunswick：Transaction Publishers，1990：82.

② Kelley B M. Yale：A History ［M］. New Haven：Yale University Press，1974：150-277.

靠捐赠走向卓越。在"谁付账谁点唱"的逻辑下，捐赠者往往会介入大学的学术自由和自治，大学按照自己的主张行事几乎是不可能的。20 世纪初，斯坦福大学的捐资创办者斯坦福夫人（J. L. Stanford）解聘社会学教授罗斯（E. Ross），就足以说明这种依附性为大学发展带来的困局。

三　政府资助

18 世纪末 19 世纪初，民族国家逐渐取代教会在精神和知识界的统治地位。以德国柏林大学创办和法国拿破仑高等教育改革为标志，西欧大多数国家的政府成为高等教育资助的主体。国家控制高等教育并不一定意味着由国家来提供高等教育的经费（如日本的私立大学），但是，由国家来提供高等教育经费可以更容易实现对高等教育的控制。因此，从 19 世纪开始，由国家提供公办大学的经费成为高等教育经费运行的主要模式。[①] 在法国，早在 1834 年，高等教育预算就已经成为公共教育部预算的一部分，1898 年，在 17 所法国大学中，政府资助占到 74%；在省府大学中，来自政府的拨款占比则更高，弗朗什-孔泰大学有 93.5% 的收入来自政府拨款，第戎大学（Dijon University）是 86%，普罗旺斯（Provence）地区的艾克斯-马赛大学（Aix-Marseille University）是 85.5%。1880 年以后，德国政府接管了高等教育的所有开支。1935 年，两所瑞典大学即乌普萨拉大学（Uppsala University）和隆德大学（Lund University），有将近 92% 的资金依赖于政府。此外，在俄国、意大利等国家也是如此。[②] 有些国家不但对公立大学提供全面资助，而且对私立大学也提供近乎全部资助，资助额度可以占到私立大学全部经费的 75%~95%，这些国家包括比利时、丹麦、德国、法国、卢森堡、新西兰、挪威等。[③] 在英国，1919 年财政部设立了大学拨款委员会，从此开启了政府通过拨款干预大

---

① 亨克尔，里特. 国家、高等教育与市场 [M].谷贤林，等，译. 北京：教育科学出版社，2005：137.
② 吕埃格. 欧洲大学史. 第三卷·19 世纪和 20 世纪早期的大学 [M].张赋贤,杨克瑞,译. 保定：河北大学出版社，2014：88-117.
③ 吴忠魁. 私立学校比较研究——与国家关系角度的分析 [M].北京：北京师范大学出版社，1999：119.

学发展的历程。20 世纪 60 年代，伴随《罗宾斯报告》发布，英国政府兴起创办新大学的热潮，从而形成了"红砖大学"之后的英国又一个新大学群落——"平板玻璃大学"。与"红砖大学"的创办是由城市慈善家捐赠不同，"平板玻璃大学" 90% 的资金来自政府。① 可以说，政府提供资助已经成为整个欧洲大学学术资本运营的主流方式。

第二次世界大战以后，美国政府加强了对高等教育的资金投入，州政府拨款从 1940 年的 1.5 亿美元增长到 1975 年的 122 亿美元；联邦政府高等教育开支（资助学生除外）在 1940 年不到 4000 万美元，1975 年达到 55 亿美元。无论是公立大学还是私立大学，政府资助为主的态势都非常突出，私立大学的政府提供经费由 1949~1950 年的 16% 提升到 1975~1976 年的 29%；公立大学的政府提供经费由 1949~1950 年的 69% 提升到 1975~1976 年的 79%。相比较而言，尽管从 1949~1950 年到 1975~1976 年，慈善捐赠总额从 2.4 亿美元增加到 24.1 亿美元，增加了 9 倍，但是慈善捐赠在大学总体收入中的比例却从 9% 下降到 5.5%。② 捐赠收入占比下降的主要原因是政府拨款在大学中所占比例越来越高。

20 世纪中叶以后，受人力资本理论的影响，各国相信对教育尤其是高等教育的投资将会推动本国经济财富的增长。据统计，1960~1974 年，几乎每个国家的国家教育预算占国家总预算的比例都增长很多，这说明教育日益获得政府总预算的较大份额。③ 但是，与政府资助相伴而生的，是对大学管理和控制的加强。其中，19 世纪法国政府对大学的控制最为典型，从宏观管理到组织运营，从课程设置到授课方式，从教师聘任到院校招生乃至师生的日常行为，政府控制几乎无所不在。19 世纪德国大学在政府资助下虽然享有一定程度的自治权，但是这种自治犹如温室里的花朵，一旦遭遇外部变局，自治也就随之而逝，俾斯麦执政及以后，德国大学的自治便日渐萎缩。可以说，政府资助下的大学，其官僚化管理一直为学界所抨击，但又是很难去除的顽疾。在外部官僚化的管理下，

① Smith D. Eric James and the "Utopianist" Campus：Biography，Policy and the Building of a New University During the 1960s ［J］. History of Education，2008，37（1）：35.

② 科恩 . 美国高等教育通史 ［M］. 李子江，译 . 北京：北京大学出版社，2010：224-234.

③ 库姆斯 . 世界教育危机 ［M］. 赵宝恒，李环，等，译 . 北京：人民教育出版社，2001：146-147.

大学学术资本运营表现出强烈的依附性，在这种境遇下要求大学自主创业，无异于痴人说梦。

此外，从这个时段各个国家高等教育发展的规模可以看出，除了美国高等教育进入了后大众化时期并于 1971 年进入普及化阶段，大部分国家仍然处于高等教育精英化或大众化初级阶段。在一定意义上，也正是基于高等教育精英化和大众化初级阶段，国家才更加重视高等教育的发展，愿意而且能够投入大量的公共资金发展高等教育。及至 20 世纪 70 年代，伴随世界范围内高等教育后大众化乃至普及化的发展，政府资助高等教育的态度和力度都发生了根本转变。

第三节　传统大学学术资本运营的困境及市场行为

一　政府对大学财政支持的下降

第二次世界大战以后到 20 世纪 70 年代，是美国高等教育发展的黄金时期。在这一时期，无论是联邦政府还是州政府，对大学拨款的热情和力度都不断增加。然而这种趋势在 20 世纪 70 年代戛然而止，政府经费开始逐步减少。联邦政府的经费从 1975～1976 年占高等教育机构收入总来源的 16% 下降到 1994～1995 年的 12%，州政府的经费从 1975～1976 年的 31% 下降到 1994～1995 年的 23%，地方政府的经费从 1975～1976 年的 4% 下降到 1994～1995 年的 3%。学杂费则从 1975～1976 年的 21% 上升到 1994～1995 年的 27%，其中私立大学的学杂费提升到 42%；大学的销售和服务收入从 1975～1976 年的 19% 提升到 1994～1995 年的 23%。[1] 从拨款数额来看，无论是联邦政府还是州政府，均呈现资助总额增加态势，但是，如果考虑通货膨胀和规模扩张，事实并非如此，比如，美国联邦政府对高校的年度资助从 1967 年的 331100 万美元增至 1976 年的 539900 万美元，然而如果按照 1972 年的定值美元计算的话，联邦政府拨款的实

---

① 科恩. 美国高等教育通史 [M]. 李子江，译. 北京：北京大学出版社，2010：346-348.

际数额，从 1967 年的 417000 万美元降至 1976 年的 404700 万美元。最为关键的是，联邦政府对美国高等学校的资助，主要投向了少数精英型的高等教育机构。在 1975 年，有 100 所大学每所获得联邦政府资助份额超过了 1100 万美元，占到联邦政府资助高校总额的 65%，其余的 2900 所高等学校，有 1800 所每所获得不足 50 万美元的资助，有 500 所一无所获。① 另外，20 世纪 80 年代以后，美国高等教育在校学生数量急剧扩大，高等教育毛入学率经过 1965 年到 1983 年的平稳增长（从 51% 上升到 53%）后，从 1984 年开始迅速上升，到 1995 年达到了 62%，教师总数也翻了一倍，达到 932000 人。② 少量增加的政府拨款，面对 3000 多所美国高等学校，以及师生数量的急剧扩张，无异于杯水车薪。

英国高等学校面临政府经费削减的状态与美国高等学校几乎同步。1979 年，撒切尔夫人就职三天内，大学预算就被砍掉 1 亿英镑。1980 年到 1984 年，政府给大学拨款委员会的经费有 17% 被挪走，4000 个学术岗位没有了，大部分是由政府资助的岗位教师提前退休导致的。③ 此前，英国大学拨款委员会作为大学与政府之间的缓冲器，作为捍卫学术自由与大学自治的防火墙，曾受到英国学界乃至世界高等教育研究者和实践者的追捧。如今，大学拨款委员会总是强调学术标准，限制大学扩招，在资金分配时存在明显学科歧视，都与政府减资高效的意愿相违背，往昔捍卫学术自由的防火墙已成为阻碍高等教育发展的绊脚石。最终，大学拨款委员会被政府强行取缔。英国政府对大学的拨款危机在 1999~2000 年达到高峰，拨款亏空骤升至 8 亿英镑。同时，拨款减少与控制加强相伴而行，政府对大学的干预达到顶峰，不但加强了对大学的绩效评估和考核，而且开始进行以政府为主导的高等教育规模扩张。④ 2003 年 1 月，英国政府在《高等教育的未来》白皮书中指出 2002 年高等教育毛入学率

① Finn C E. Scholars, Dollars, and Bureaucrats [M]. Washington：Brookings Institution, 1978：105-108.
② 科恩. 美国高等教育通史 [M]. 李子江，译. 北京：北京大学出版社, 2010：285-299.
③ 斯劳特，莱斯利. 学术资本主义：政治、政策和创业型大学 [M]. 梁骁，黎丽，译. 北京：北京大学出版社, 2008：37.
④ 亨克尔，里特. 国家、高等教育与市场 [M]. 谷贤林，等，译. 北京：教育科学出版社, 2005：157-159.

已经达到 43%，并提出到 2010 年毛入学率要达到 50% 的目标。事实上，到了 2004 年，整个英国的高等教育在校人数已达 224.74 万人，高等教育毛入学率为 60%。① 可以看出，不到两年的时间，英国高等教育毛入学率就迅速从后大众化阶段步入了普及化阶段。政府预算削减，控制力度加大，以及大学规模扩张，不但使英国大学往日自治的传统不再，而且使大学群体面临资金困境。

二 大学组织普遍遭遇资金困境

大学在产生、发展过程中，时常会遇到资金困境。20 世纪初，麻省理工学院（MIT）就曾失去自创立开始所得到的州政府资助而陷入经费拮据的境地。在马萨诸塞州一次立宪会议上，州政府宣布只支持处于州的控制之下的机构。尽管 MIT 辩解称它接受州的宪章和赠地，因而与州政府有密切的关系，最后州政府补助金还是被取消了。当法庭解除 MIT 与哈佛大学的一项协议，亦即 MIT 为哈佛大学培养工程学的学生，以此得到一些哈佛捐赠的资金时，MIT 的财政更加恶化了。② 正是 20 世纪初期一连串的经费危机迫使 MIT 主动出击，设法自己解决资金缺口，MIT 才不断走向自强之路。这可能是埃兹科维茨等学者将 MIT 视作美国最早的创业型大学典范的一个重要原因。

伴随联邦政府提供奖学金和贷款，各大学开始竞相增加学费。20 世纪 70 年代初期，大学深感通过大幅度提高学费增加收入已经走到尽头，便开始降低教师工资的增长速度，削减日常开支，并寻找其他节省开销的途径，如扩大班级规模、雇用兼职教员、开展远程教育等。尽管建筑物的表面涂层脱落，也没有人去管理。关于一味节省资金是否会影响教学质量的争论愈演愈烈，但财政预算人员别无选择。③ 美国各高等院校普遍遭遇经费危机，大学校长发现减少开支并不能解决根本问题，有时甚

---

① 高书国. 从徘徊到跨越：英国高等教育普及化模式及成因分析 [J]. 外国教育研究，2007，34（2）：58.

② 埃兹科维茨. 麻省理工学院与创业科学的兴起 [M]. 王孙禺，袁本涛，等，译. 北京：清华大学出版社，2007：59-63.

③ 科恩. 美国高等教育通史 [M]. 李子江，译. 北京：北京大学出版社，2010：226-241.

至适得其反。例如，一个脏乱不堪的校园如果为了减少开支而停止整修，因此失去了一些学生和家长的青睐，那就是一种错误的节省；在两位数的通货膨胀率的时代，推迟对校园道路的整修和维护意味着将来要面对更高的开销。① 高等学校资金增加空间有限，大学校园人满为患，通货膨胀居高不下，削减开支适得其反，伴随 1968 年后全美乃至世界范围的学生骚乱，一系列现实境遇使 20 世纪 70 年代的美国大学陷入困境之中，《衰落中的美国高等教育》（1979）、《黄昏前的猫头鹰》（1975）、《被遗忘的美国大学：州立大学和地区大学简介》（1969）、《美国大学的陨落》（1973）、《高等教育新萧条：41 所高校财务状况研究》（1971）等著作②，都充分反映了这一时期学者们对美国高等教育财政状况的悲观论调。

　　传统上，英国形成了以牛津大学和剑桥大学倡导古典教育为代表的精英培养模式，大学与工业具有较远的距离。沃里克大学因与工业亲密接触，曾被学术同行指责为被工业占领的"商业大学"。在一些英国教授看来，大学以任何方式与工业联系都是被工业占领，甚至被"资本主义"统治，都是把自己出卖给魔鬼。沃里克大学甚至被称为"山上的克里姆林宫"，至少是势利的大学教师和期待革命的激进学生新筑的一个巢穴。沃里克大学备受新闻舆论的苛刻批评，同时也激起来自多方的敌对行动。③对当时多数英国大学而言，想要摆脱这种思想的束缚异常艰难。知识生

---

① 塞林. 美国高等教育史（第二版）[M].孙益，等，译. 北京：北京大学出版社，2014：295.

② 参见 Ashworth K H. American Higher Education in Decline [M]. College Station and London：Texas A & M University Press，1979；Nagai M. An Owl Before Dusk [M]. Berkeley：The Carnegie Commission on Higher Education，1975；Henry D D. Challenges Past Challenges Present：An Analysis of American Higher Education Since 1930 [M]. San Francisco：Jossey-Bass Publishers，1975；Dunham E A，et al. Colleges of the Forgotten Americans：A Profile of State Colleges and Regional Universities [M]. New York：McGraw-Hill Book Company，1969；The Carnegie Commission on Higher Education. Higher Education：Who Pays? Who Benefits? Who Should Pay? [M]. Berkeley：The Carnegie Commission on Higher Education，1973；Nisbet R. The Degradation of the Academic Dogma：The University in America，1945–1970 [M]. New York：Basci Books Inc.，1971；Ulam A. The Fall of the American University [M]. La Salle：The Library Press，1973；Cheit E F. The New Depression in Higher Education：A Study of Financial Conditions at 41 Colleges and Universities [M]. New York：McGraw-Hill Book Company，1971.

③ 克拉克. 建立创业型大学：组织上转型的途径 [M].王承绪，译. 北京：人民教育出版社，2003：13.

产重在应用。服从这种逻辑，对于生产部门来说，是不言而喻的事情。但是对于大学来说，过于强调直接用途，无疑是杀掉一只下金蛋的鹅。① 也正是这种思想上的束缚，使英国大学群体逐渐陷入发展困境。20世纪70年代，对很多大学来说，财政限制已经成为一个严重问题，但是直到70年代末，其仍希望事态能够发生转变，政府能够"醒悟"，为大学增加经费。但是，现实正好相反，所有大学都面临如何处理迫在眉睫的预算削减问题，特别是如何面对未来主渠道拨款很可能继续削减的问题。这一严酷现实在大学界引起了深刻震动和广泛愤怒。② 在撒切尔夫人之前，每一名牛津大学毕业的英国首相均被该校授予荣誉博士学位，但是，因为撒切尔夫人执政期间削减经费带来的教育系统的混乱，即使她从牛津大学毕业，大学也没有执行这一传统的惯例授予其荣誉博士学位。1985年1月，牛津大学对是否授予撒切尔夫人荣誉博士学位进行投票，结果以738票反对319票同意决定不授予其荣誉博士学位。③ 无论教授群体如何不满，也不管大学群体如何抵制，政府给予大学的拨款持续削减已经成为不可逆转之势。库姆斯（P. Coombs）认为，无论在工业先进的国家还是在发展中国家，对其所有的教育体系来说，平静的日子实际已经过去。同20世纪50年代与60年代教育管理者能较容易地获得政府资助的情况形成对照，他们及其教育体系将很快处于一方面费用上涨，另一方面财政预算难以增加的困境。有组织的教育系统，不是靠口号与良好的意愿来运行的，而是靠资金来发展的。当然，不是所有的问题都能靠钱来解决，但是没有资金来保证教育上所需的人力与物力，有组织的教育系统就会成为子虚乌有。④ 学术自由和自治是大学发展中形成的经典理念，然而面对发展资金的困境，大学如果要保有这些经典理念，就不得不把自治和自由建立在自我发展的基础之上，以减少对政府或任何一个

---

① 苏兹. 大学在生产部门的新任务. 埃兹科维茨，雷德斯多夫. 大学与全球知识经济［M］. 夏道源，等，译. 南昌：江西教育出版社，1999：18.

② 克拉克. 建立创业型大学：组织上转型的途径［M］. 王承绪，译. 北京：人民教育出版社，2003：15.

③ Soares J A. The Decline of Privilege：The Modernization of Oxford University［M］. Stanford：Stanford University Press，1999：240-245.

④ 库姆斯. 世界教育危机［M］. 赵宝恒，李环，等，译. 北京：人民教育出版社，2001：140-141.

单独主体的经费依赖。

三　市场活动逐步介入大学发展

20 世纪 80 年代，支持国家高等教育系统的多样性被认为是西方政策制定者最主要的目标之一。他们通常认为市场机制是增加高等教育系统多样性的最优方式。尽管市场化的竞争也会为高等教育发展带来一些不利因素，但是在政策制定者看来，市场化的竞争而不是中央集权政府的控制，可以使高等教育更加有效。有评论认为，中央调控是官僚主义的、没有效率的。[①] 伴随各国政府对大学财政拨款的削减，成本分担开始在世界范围内的大学中得到强化。在美国，高等教育成本一直很高且增长迅速，而家长和学生以缴纳学费的形式所分担的成本增长更快。英国、荷兰以及奥地利也开始收取学费，而这些国家以前的高等教育是免费的。在澳大利亚，"高等教育贡献方案"始于 1989 年，这个方案被官方描述为"让学生分担高等教育成本既公平又公正的方案"。在俄罗斯，法律规定高等教育免收学费，但事实上，学费收入占大学收入的比例高于20%。[②] 传统上，英国政府将拨款直接给予大学，20 世纪 80 年代以后，政府转变了拨款方式，开始向学生发放"学券"，这些学券可以支付他们1/3 的学费。1988 年《教育改革法》通过，标志着英国政府越来越把其和大学的关系理解成顾客和承包人的关系。政府不再为了大学出钱，而是为了购买大学的产品出钱。换言之，政府对大学拨款是为了交换其教学和研究的成果，并根据大学的服务做出决定。[③] 在政府市场导向的管理政策下，英国高等教育规模迅速扩张，大学数量也不断增加，每一所大学都想通过招收更多的学生来提高政府的资助金额。

美国联邦政府对学生资助的方法，也采取了市场化运作方式，并且

---

① 亨克尔，里特. 国家、高等教育与市场 [M].谷贤林，等，译. 北京：教育科学出版社，2005：21-29.

② 约翰斯通. 高等教育财政问题与出路 [M].沈红，李红桃，译. 北京：人民教育出版社，2004：175-177.

③ 亨克尔，里特. 国家、高等教育与市场 [M].谷贤林，等，译. 北京：教育科学出版社，2005：151-153.

允许私立营利性大学参与竞争。学生拿到联邦政府的佩尔奖学金（Pell Grant）以后，选择上什么样的大学完全是学生自己的事情。这无形中增加了非营利性大学的危机感，大学不得不采取积极的姿态迎接高等教育市场的冲击。面对日益减少的资源，学校试图筹集更多资金，如让学费上涨的幅度远远高于通货膨胀，并雇用更多招生人员、更多开发人员、更多学生事务人员，以及雇用更多财务人员提高收入，很快发现，这些做法只会增加成本。为了削减成本，学校又开始全面削减预算，冻结招聘，推迟维修。结果发现这种做法只会惩罚学生和降低学术质量，并没有节省足够经费。于是学校开始采取第三种应对策略，选择优先事项，确定机构使命的核心领域，减少或消除更多的边缘活动。1997 年，哥伦比亚大学（Columbia University）教师学院院长莱文（A. Levine）认为，这是高等教育对公司企业的拙劣模仿，造成了政府对高等教育的严重不满，像"傲慢"（arrogant）和"自私"（self-serving）这样的词语，在州议会中通常用来描述学院和大学。莱文最后向大学呼吁："我们必须做得更好！真的别无选择！"① 换句话说，高等教育面对市场活动的强势介入，如何才能做得更好，是摆在大学群体面前的一个生死攸关的问题。

第四节 创业型大学学术资本运营的 途径与基本特点

苏兹（J. Sutz）认为："以前，大学（极少例外）不执行公司或企业特有的功能：它不向市场推销能力，不签订定期送货合同，也不同大学或非大学代理机构进行出卖知识产品的竞争。"② 近代以来，大学之所以很少有知识交易的情况，主要是因为其运营经费或由政府来承担，或由

---

① Levine A. Higher Education Becomes a Mature Industry [J]. The Chronicle of Higher Education. 1997，2（3）：31-32.
② 苏兹. 大学在生产部门的新任务. 埃兹科维茨，雷德斯多夫. 大学与全球知识经济 [M]. 夏道源，等，译. 南昌：江西教育出版社，1999：17-18.

拥有巨资的私人财团来承担。一般来说，大学走向市场也就意味着两条道路，一条是走向学术资本主义，一条是走向创业型大学。前者为了金钱可以牺牲自己的灵魂，后者为了争取更多资源和自由奋发图强。正如埃兹科维茨在总结三螺旋的特点时所指出的，资本的形式是可以相互转化的，金融资本的筹集就要基于智力资本和社会资本的积累。当公司与大学和政府相联系时，人力资本、社会资本和智力资本的需求就有了新的定义。① 事实上，大学之所以能够发展成为创业型大学，主要依靠的是大学所拥有的高深知识和学术声望。没有基于高深知识和学术声望的学术资本转换，埃兹科维茨所强调的智力资本、社会资本乃至金融资本的积累，都会成为无源之水、无本之木。

一　创业型大学学术资本运营的主要途径

按照学术资本转换的途径，结合学者们的研究结论和创业型大学的发展道路，总体而言，可以将英国创业型大学视为以教学为主的学术资本转换，将美国创业型大学视为以研究为主的学术资本转换。

（一）以教学为主的学术资本转换

斯劳特（S. Slaughter）和莱斯利（L. L. Leslie）认为，在英国，高等教育被看作一种出口的商品，能创收外汇。英国的高等教育被视为有价值的国家财产，将同原材料和制成品一样得到开发利用。② 关于英国创业型大学是以教学为主的学术资本转换，可以从英国创业型大学的典范——沃里克大学的发展中得到佐证。面对20世纪80年代英国政府对大学拨款的锐减，沃里克大学试图以"省一半、赚一半"的政策来弥补被政府削减的10%经费。在三年的实际运作中，前一部分失败了，节约很少，但是在创收方面却出人意料获得成功，总收入提高了12%。沃里克

---

① 埃兹科维茨. 麻省理工学院与创业科学的兴起［M］. 王孙禺，袁本涛，等，译. 北京：清华大学出版社，2007：198.

② 斯劳特，莱斯利. 学术资本主义：政治、政策和创业型大学［M］. 梁骁，黎丽，译. 北京：北京大学出版社，2008：94.

商学院在英国国内开设的一系列工商管理硕士和行政官员训练课程，使大学获得了长足发展。20 世纪 90 年代中期，商学院每年授予 400 多个工商管理硕士学位、160 个博士学位，其获得者来自 25 个以上国家，不但为沃里克大学创造了更多发展经费，而且使沃里克大学的学术声望走向世界。① 沃里克大学以教学转化为主的创业之路的成功，从 2017~2018 年度收入的情况即可看出。当年，沃里克大学的年度总收入为 63150 万英镑，其中学费和教育合同收入为 31660 万英镑，占 50.1%，超过总收入的一半，其中留学生注册课程学费和国际预科课程学费的总额为 15290 万英镑，占到学费和教育合同收入的 48.3%。相比较而言，沃里克大学的研究补助和合同资金为 12650 万英镑，占比仅仅为大学年度收入的 20%。② 可见，通过教育教学活动获得外部运营资金，是沃里克大学作为创业型大学的鲜明特征。在以教学为主的学术资本运营中，依靠国家资助而成立的沃里克大学，逐步摆脱了对政府资助的依赖，发展成为能够自食其力、自主行事的创业型大学。

（二）以研究为主的学术资本转换

斯坦福大学和 MIT 被称为美国创业型大学的典范。早在 20 世纪 30 年代，斯坦福大学教务长特曼（F. Terman）就推动了研究的外部合作模式。院系（包括历史和古典科学专业）如果不能为学校带来研究合同，就要接受审查甚至惩罚，即使是获得诺贝尔奖的生物学家，也因为没有为大学带来外部资金而受到批评。1934 届的帕卡德（D. Packard）和几名校友组建团队，租用斯坦福大学校园附近的一个车库开发电子电路，为把电子工程应用于计算机开发提供了基础，这直接促使了"硅谷"的形成。③ 斯坦福大学利用硅谷获得了源源不断的巨额收入，又利用这些收

---

① 克拉克. 建立创业型大学：组织上转型的途径［M］.王承绪，译. 北京：人民教育出版社，2003：15-19.

② Warwick Finance Office. The University of Warwick Financial Statements for the Year Ended 31 July 2018［EB/OL］. https：//warwick. ac. uk/services/finance/resources/accounts/accounts-1718. pdf/2019-10-6.

③ 塞林. 美国高等教育史（第二版）［M］.孙益，等，译. 北京：北京大学出版社，2014：231-232.

入，在所有人文科学、社会科学、自然科学、生命科学、表演艺术方面，以及诸如医学、法律和教育等主要专业学院的各系争取最高地位。① 与斯坦福大学不同，MIT 最早是作为赠地学院在享有州政府基金的基础上建立的。伴随州政府不再愿意为其提供公共基金支持，MIT 不得不走向创业道路。MIT 以建立与政府的契约关系为出发点，争取政府科研经费的支持。在这种关系中，即使有大量研究资金流入校园，大学还是保持了它的独立地位。这是因为资助是在竞争的基础上通过科学质量的评估决定的。② 可见，MIT 并没有因为获得政府资助而丧失大学自治。2016 年，MIT 的财政收入为 355180 万美元，其中来自研究的收入为 170950 万美元，占到总收入的 48.1%，相比较而言，MIT 的学费净收入为 36150 万美元，仅占总收入的 10%。③ 通过科学研究走向创业之路，是 MIT 作为创业型大学的鲜明特色。事实证明，无论是依靠慈善捐赠而创办的斯坦福大学，还是仿照赠地学院模式而成立的 MIT，都是通过以研究为主的学术资本运营，逐步走向独立自主，最终发展成为享誉世界的创业型大学的。

二 创业型大学学术资本运营的基本特点

（一）追求自主创业

传统大学的学术资本运营表现出高度的依附性，大学很少考虑自主创业的问题，政府资助下的大学更是如此。伴随政府资助力度下降，多数大学迫于经费压力，不得不走向创业之路。在克拉克提供的五个创业型大学经典案例中，瑞典的恰尔默斯技术大学（Chalmers University of Technology）是唯一不是由于政府削减拨款而变革的高等学校。与其他国家不同，高度福利化的瑞典政府对高等教育的资助一直非常慷慨。政府指定，资助大学的费用约 1/3 用于本科教育，2/3 用于科研和高级训练。

① 克拉克. 大学的持续变革：创业型大学新案例和新概念 [M]. 王承绪，译. 北京：人民教育出版社，2008：176—180.
② 埃兹科维茨. 麻省理工学院与创业科学的兴起 [M]. 王孙禺，袁本涛，等，译. 北京：清华大学出版社，2007：74.
③ MIT. 2018 MIT Facts-Financial Data [EB/OL]. http://web.mit.edu/facts/financial.html/2019-11-6.

在这种情况下，究竟是何种动力促使恰尔默斯技术大学开始组织转型？1993 年，恰尔默斯技术大学在向政府提交的简报中阐述了三点理由：第一，大学希望取得所有资源配置权；第二，大学希望成为一个更加灵活的组织，能够在组织上和财政上进行充分的自主创新；第三，大学希望在招聘和任用工作人员时有更大的灵活性。[①] 三点理由可以归结为一点，亦即大学试图主动摆脱政府控制，寻求能够自己决断事务的自治之路。恰尔默斯技术大学及早认识到，在政府的全面控制下，大学很难"在技术教育和研究领域"成为国际领袖。克拉克认为，创业型大学转型至少具备五个要素：强有力的驾驭核心，拓宽的发展外围，多元化的资助基地，激活的学术心脏地带，一体化的创业文化。[②] 事实上，这五种要素都强调自主创业的精神。没有强有力的驾驭核心，就只能唯赞助者马首是瞻；没有拓宽的发展外围，就没有自主创业的广阔空间；缺少多元化的资助，就没有自主创业的雄厚实力；没有激活的学术组织，就没有自主创业的讨价砝码；缺少众志成城的创业文化，就没有自主创业的凝聚力量。因此，在一定意义上，追求自主创业是创业型大学最为重要的基本特征。

（二）强调多元共济

在传统上，私立大学学术资本的运营主要依靠学费和慈善捐赠，公立大学学术资本的运营主要来源于政府拨款。创业型大学学术资本运营的一个主要特点，是跨越了公私二元分野，形成了多元共济的学术资本运营模式。一个整体趋势是，创业型大学从政府获得拨款的份额在不断减少。从沃里克大学的年度收入变化来看，2014~2015 年，沃里克大学的总收入是 51320 万英镑，其中，政府拨款为 5910 万英镑，占比 11.5%；2015~2016 年，沃里克大学的总收入是 57360 万英镑，其中，政府拨款为 5790 万英镑，占比 10.1%；2016~2017 年，沃里克大学的总收入是 59100

---

① 克拉克.建立创业型大学：组织上转型的途径［M］.王承绪，译.北京：人民教育出版社，2003：120.

② 克拉克.建立创业型大学：组织上转型的途径［M］.王承绪，译.北京：人民教育出版社，2003：3-4.

万英镑，其中，政府拨款为 5840 万英镑，占比 9.9%；2017～2018 年，沃里克大学的总收入是 63150 万英镑，其中，政府拨款为 5960 万英镑，占比 9.4%。[①] 可见，伴随沃里克大学年度收入的不断增加，政府拨款尽管有升有降、数额变化不大，但是政府拨款的占比却连年降低。这也意味着沃里克大学多元资助的能力不断增强。事实上，无论是 MIT、斯坦福大学、密歇根大学（Michigan University）等美国创业型大学，还是沃里克大学、约恩苏大学（Jensuu University）、恰尔默斯技术大学等欧洲创业型大学，一个共同的特征是大学的经费来源越来越多元化。从多个渠道获得资助对大学发展是有利的，不仅因为多个渠道资助可以为大学发展提供更好的物质条件，还因为一旦某项资助中断，会有其他的资助来替代。因此，多元共济是确保创业型大学摆脱传统依附性角色的经济基础，是创业型大学区别于传统大学的组织特色。

（三）旨在发展学术

被誉为"硅谷之父"的特曼，在带领斯坦福大学走向创业型大学的过程中，明确提出斯坦福大学应该按照两个原则将所有的资源集中到特定的学术领域：该领域是否对大多数学生有益，是否与该地区重要的产业相关。[②] 如果说斯坦福大学的创业之路坚持以学生和区域需求为中心，那么沃里克大学的创业之路则旨在不断提升师资力量和国际化办学水平。通过创业型大学的发展，沃里克大学在人才培养、发展科学及服务社会等方面都创造了新的辉煌。20 世纪 90 年代中期，沃里克大学已经成为学生心目中"英国最受欢迎的大学之一"，在科研评级中居于同时期成立的"平板玻璃大学"之首。1994～1995 年，沃里克大学利用创业资金，提出了沃里克研究员计划（Warwick Research Fellowships），决定在全球范围内聘请高质量研究人员。经过严格的学术筛选，在录取的 36 人中，自然科学 17 人、人文科学 11 人、社会科学 8 人，有 44% 来自海外，33% 是女

---

① Warwick Finance Office. The University of Warwick Financial Statements for the Year Ended 31 July 2018 ［EB/OL］. https：//warwick. ac. uk/services/finance/resources/accounts/accounts-1718. pdf/2019-10-6.

② 埃兹科维茨. 麻省理工学院与创业科学的兴起 ［M］. 王孙禺，袁本涛，等，译. 北京：清华大学出版社，2007：152-153.

性。沃里克大学的成功做法在英国引起强烈反响。1994 年 9 月,《泰晤士报高等教育副刊》发表社论,认为沃里克大学利用非政府资助的活动赢得足够利润,是一个令人鼓舞的范例。"这是对学术质量的一次投入,这种投入过去曾经来自公共的资金,但是公共资金不再足够地为卓越提供资金。沃里克曾经因商业态度而受到诽谤中伤,这种态度被认为损害学术的完善,而现在有了资金用于增进学术,不同寻常,这是一个极大的嘲弄。"① 沃里克大学的学术发展之路,不但为英国创业型大学树立了典范,也为世界范围内的大学创业树立了标杆。

大学之所以称为大学,能够历经千年而不衰,主要是因为不断传承、创新和运用高深知识,这也是大学区别于其他组织的根本特征。创业型大学的学术资本运营,归根结底要为发展学术服务,唯有此,大学才能够向社会证明自身存在的价值,不为社会所抛弃。在一定意义上,无论是传统大学还是创业型大学,在学术资本运营中,旨在发展学术都是组织生存的不竭动力。与传统大学发展学术对外部资源高度依附的状态不同,创业型大学因其多元资助,发展学术也就具有更为宽松的内外部环境,具有更为灵活的应对策略,学术自由和大学自治也就更容易实现,学术创新也就更加具有主动性和灵活性。

(四) 避免商业侵蚀

密歇根大学前校长杜德斯达 (J. Duderstadt) 等认为,大学的角色和使命不同于企业。后者想着怎样赚钱,提高股票的价值,它的大部分决策都是短期行为,重点在每个季度的收入报表和股票价格。相反,大学不仅要通过培养人才、发展科学的成果更好地为社会服务,还有责任管理好以前的成就,做好为未来一代服务的准备。② 换句话说,创业型大学绝不应该紧紧盯住眼前利益而不顾长远发展,绝不应该为了经济利益而放弃或侵害学术发展。创业型大学在寻求政府核心部门之外的支持时,

---

① 克拉克. 建立创业型大学:组织上转型的途径 [M].王承绪,译. 北京:人民教育出版社, 2003:35-42.

② 杜德斯达,沃马克. 美国公立大学的未来 [M].刘济良,译. 王定华,校. 北京:北京大学出版社,2006:12.

绝非只寻求企业的支持。政府核心部门以外的很多其他机构，都想与大学联系并获得有用的服务。这在各国越来越寻常，其包括全国及地方致力于国防、卫生、运输、农业和林业、经济发展和技术开发的机构，以及欧盟其他超国家公共部门。事实上，这些大学在创业的道路上，不但没有被"商业化"，反而在更高层次上为公共福祉服务。恰尔默斯技术大学2000年来自"其他国家资助""公共基金会资助""欧盟资助"的收入合计占总收入的25%以上，而来自私人公司的收入则少于10%。① 因此，在政府部门看来，创业型大学不再是只知要钱，不懂得付出和奉献的乞讨者；在私人公司看来，创业型大学是能够为其带来技术转型升级的智囊团。无论是公共部门还是私营部门，都不可能用金钱购买创业型大学的灵魂。质言之，只有避免商业化侵蚀，大学在创业道路上才能走得更为坚实久远。因此，"创业型大学"与"学术资本主义"是完全相左的两个概念，前者"君子爱财，取之有道"；后者出卖学术，唯利是图。

（五）履行责任担当

斯劳特、莱斯利在总结大学以科学研究为主创业过程中的利弊得失时指出，那些能够为大学和教师带来声誉的经费是大学最喜欢的经费。这些经费之所以增加教学科研人员、单位和院校的声誉，是因为其专门拨给研究使用，而研究则是在大学之间有区别作用的职能。这些经费受到同等的评价，因为它们都有助于与外部团体建立更好的关系。② 其实，这种情况不仅适用于以研究为主的创业型大学，那些以教学为主的创业型大学同样如此。只顾招生赚钱的大学、人满为患的大学、不顾声誉四处广告函授的大学，看似短时期内能够换来较多经费，实际上丢掉的却是很难再用金钱买回来的学术声誉。学术与声望密切相关，学术资本是学术成就和学术声望的结合体。通过学术的创新、发表、转化等途径，科学家寻求学术声望，积累资源以使自己创造更大的学术成就。他们能

---

① 克拉克. 大学的持续变革：创业型大学新案例和新概念 [M]. 王承绪，译. 北京：人民教育出版社，2008：97.
② 斯劳特，莱斯利. 学术资本主义：政治、政策和创业型大学 [M]. 梁骁，黎丽，译. 北京：北京大学出版社，2008：125.

够维持甚至增加获取资源的途径，主要是建立在学术成就和学术声望之上的。如果一个科学家的声望评价下降太多，由于不能再获得资助，获取资源的途径就会消失，该科学家可能不得不放弃研究或至少是研究的辅助条件。这就是埃兹科维茨所强调的"声望循环"。① 个人的学术发展如此，大学的学术发展亦然。因此，创业型大学要想走得更远，必须从管理者到教师都履行责任担当。知识作为资本，绝不是建立在取代科学无私性的基础之上，而是为了使公益性的知识获得更好的发展。2018 年，沃里克大学官方网站显示，在校长克罗夫特（S. Croft）的带领下，该大学的年度运营经费已经高达 6 亿英镑。2017 年 11 月 22 日召开的沃里克大学理事会会议，决定将克罗夫特校长的年薪由 287892 英镑增加到 297105 英镑，增加了 9213 英镑。克罗夫特校长立即通知大学，将捐赠 10000 英镑用于支持大学的"难民奖学金计划"和沃里克艺术中心的"20：20 重建项目"（Warwick Arts Centre's 20：20 Redevelopment Project），并声称在担任校长期间还将进一步为大学捐款。② 相比许多打着知识公益性旗帜的公立大学校长的腐败案件，作为创业型大学校长的克罗夫特，其公益性正是带领该大学不断实现创业的基本前提。

与旨在发展学术一样，履行责任担当是所有传统大学和创业型大学的共同义务。不同的是，传统大学责任担当的评价主体，往往主要是其所依附的对象，大学只需要达到出资者的心理期待，一般不必考虑其他群体的态度。创业型大学因其市场行为的运作，必然会面对更加多样的经济或（和）社会价值的诱惑，因其利益相关者复杂多样，参与评价责任担当的主体也随之增多。某一个评价主体的否定，可能对于创业型大学的生存影响不大，但多个评价主体的否定，则可能为大学发展蒙上阴影。因此，相对于传统大学而言，那些旨在发展成为创业型大学的组织，必然会面对更为多样的利益关切，具备评判何种利益优先的行动标准，具有更为强劲、更为灵活的担当能力。

---

① 埃兹科维茨. 企业性大学和民主协作主义的出现. 埃兹科维茨，雷德斯多夫. 大学与全球知识经济 ［M］. 夏道源，等，译. 南昌：江西教育出版社，1999：234.
② University Executive Office. Remuneration ［EB/OL］. https：//warwick. ac. uk/services/vco/vc/ remuneration/2019-10-26.

第五节　启示与借鉴

近代以降，民族国家逐渐承担起大学发展的费用，教师或拥有终身教职或成为国家公务人员，无论是教师还是大学，都无须为生存而担忧。20 世纪 70 年代以后，以英美为代表的国家，对大学财政拨款几乎同时采取紧缩态度。面对经费困境，大学发展不得不走向转型：或是为了获取外部经济利益不惜牺牲学术声誉，这是典型的学术资本主义道路；或是励精图治、精心谋划，通过自身的高深知识不断赢得外部信任和资助，创业型大学逐步成形。事实上，考量学术资本主义和创业型大学的行动边界并不复杂，按照埃兹科维茨的"声望循环"理论完全可以做出判断。

在一定意义上，当今世界大学正处于选择何去何从的十字路口。当政府不能或不愿再承担大学发展运营经费的时候，大学是走向学术资本主义还是走向创业型大学，将会影响深远。根据历史规律，如果走向学术资本主义，大学的命运将会与中世纪欧洲传统大学的命运一样，走向灭亡，巴黎大学等 22 所传统大学被强行取缔就是鲜明例证。从创业型大学产生与发展的历程来看，现代大学自觉走向创业之路，是使自己不断强大的根本保证。瑞典的恰尔默斯技术大学在政府拨款没有削减的情况下毅然走向创业之路，更加彰显了大学的行动自觉。这种行动自觉背后的逻辑是，大学能够在更高层次上实现学术自由和大学自治，能够在更高层次上获得学术成就和学术声望，能够成为摆脱外部牵制，按照自己主张行事，更好地干事创业的大学。

从欧美创业型大学兴起的历程来看，这一新型大学组织的出现实属历史发展的必然。这些创业型大学之所以能够异军突起，不断追求和走向卓越，主要在于其能够时刻坚守大学组织的基本底线：追求自主创业，强调多元共济，旨在发展学术，避免商业侵蚀，履行责任担当。这些组织特点，都是中国乃至世界高等教育后发国家的大学在走向创业之路时应该吸取的成功经验。如果把创业型大学兴起之路放置于更加宏大的历史发展背景之下，我们还应当谨记，大学终究不是商业公司，而是公益性的高深知识探索与传播组织，但知识公益性的实现不能一厢情愿地完全依靠大学。回顾世界高等教育发展史，不难看出，某个国家开始重视高等教育，大力资助大学之时，这个国家的高等教育就会全面崛起，无论是 19 世纪的德国大学还是 20 世纪的美国大学，都是如此。21 世纪，我国已经明确提出建设高等教育强国的目标。要想实现这一目标，既需要政府为大学不断注入资金并给予一定程度的自主权，也需要大学主动借鉴创业型大学的特征，并养成创业型大学的精神，不单纯依赖政府而走向自主创业，不依赖单一资助而走向多元共济，远离商业侵蚀，应对多元诉求，履行责任担当，致力于发展学术。

☆ ☆ ☆ 第四篇 ☆ ☆ ☆

美国大学的演绎与变迁

第十五章

美国大学学术自由演绎的文化视角

学术自由①是西欧中世纪以来，欧美大学发展中形成的经典大学理念。一方面，学术自由是有限的，也就是说，任何时期大学的学术自由，都有明确的行动边界。这种行动边界既包括知识层面的行动边界，也包括权力层面的行动边界。两种边界的自觉结合，形成了大学和学者的学术责任。比如，就知识的行动边界而言，中世纪大学的学术发展是在神学统摄下进行的，换言之，无论是大学还是学者，其在传承和发展高深知识过程中，都并养成不能逾越或者挑战神学正统。托马斯·阿奎那正是将哲学知识与宗教权力的行动边界有机结合，最终成为中世纪经院哲学的集大成者。这种中世纪知识的行动边界，只有到了18世纪德国的康德时期，才开始真正突破，但是，即便如此，康德在论述不同系科之争时，也强调这种争执"决不能破坏政府的威望"②。换句话说，在宗教权力日渐式微和边缘化，世俗权力日益强势和中心化的时代，康德在批判神学统摄地位的同时，不能不顾及世俗政府的威望，不能逾越世俗权力的行动边界。

另一方面，学术自由是必要的，无论是对于大学组织而言，还是对于大学师生而言，都是如此。这种学术自由既包括精神层面的自由，也包括思想层面的自由；既包括知识层面的自由，也包括行动层面的自由。

---

① 国内外学者关于学术自由的定义有多种，这里不再重复种种界定。为论述清晰，本章的学术自由涉及教学自由、研究自由、学习自由三个部分，学术自由的主体涉及大学、教师、学生。

② 康德.论教育学（附系科之争）［M].赵鹏，何兆武，译.上海：上海人民出版社，2005：75.

如果没有精神和思想层面的自由，大学传承和创新高深知识就会成为无源之水；如果没有知识和行动层面的自由，大学传承和创新高深知识就会成为无本之木。学术自由对于大学发展如此重要，以至于从世界高等教育发展史来看，凡是大学的学术自由空间广阔时，大学发展就会呈现百舸争流之势；凡是大学的学术自由受到严格限制时，大学发展就会陷入风刀霜剑之境。就当今世界高等教育发展而言，美国大学群体无疑占据着世界高等教育之巅。因此，系统梳理学术自由与美国大学发展的关系，对于总结高等教育发展规律，启示大学发展，无疑具有重要的理论意义和现实价值。制约学术自由发展的客观条件多种多样，既有经济的因素也有政治的因素，既有社会的因素也有文化的因素。其中，从文化的视角来审视美国大学①学术自由的前世与今生，无疑更加具有适切性，因为从范畴上来看，学术自由本身就是一种文化现象。

第一节　崇尚自由：美国大学学术自由发端的动力

美国哥伦比亚大学历史学家埃里克·方纳（Eric Foner）教授指出："无论作为个人还是一个民族，在美国人的自我感觉和意识中，没有任何其他的概念比自由更为至关重要。"② 从精神文化层面而言，崇尚自由是美国大学学术自由发端的动力。

17 世纪初期，西欧清教徒为追求宗教自由，避免天主教势力的迫害，追求美好生活，纷纷迁居北美。"当他们踏上北美荒原时，展现在眼前的尽管是杂草丛生的荒原，但这里没有国王，没有教会，没有等级制度，一切都像空气一样自由。"③ 为了培养有文化的牧师来教化新移民，崇尚自由的美国人在这自由的空气中，先后创建了哈佛学院、威廉·玛丽学院、耶鲁学院等九所殖民地学院。但是，自由并不是一个固定不变的哲

---

① 本章所指美国大学，包括美国"学院时期"（美国独立战争之前的时期）创办的学院，以及至今仍然冠以"Institute"（如麻省理工学院）、"College"（如威廉·玛丽学院、社区学院等）的大学。

② 方纳. 美国自由的故事［M］. 王希，译. 北京：商务印书馆，2002："序" 8.

③ 张应强. 文化视野中的高等教育［M］. 南京：南京师范大学出版社，1999：113.

学范畴，自由的内涵总是在不断受到挑战，自由的历史始终是充满辩论、分歧和斗争的历史。① 美国大学的学术自由史，正是信仰自由的美国学者和大学不断为争取自由而斗争的历史，是美国自由发展史的一个缩影。

美国的自由精神渗透到资助和创办大学上。1638 年，约翰·哈佛将其财产的一半和所有的藏书捐献给了彼时的"剑桥学院"（Cambridge College），自此剑桥学院更名为哈佛学院。哈佛学院的创办，开美国私人捐助大学之先河。而后美国民间资助高等教育的模式逐步趋于制度化，任何团体或教派都可以尝试建立学院。许多分散的小学院纷纷建立，1800～1860 年由各州批准发特许状建立的小学院有 500 多所。到 1900 年，小型的私立学院已经发展到近 900 所，遍布美国。② 民间资金注入高等教育，使大学在一定时期内、一定程度上摆脱了资金的束缚，为摆脱政府以及教会的控制打下了经济基础，从而维护了大学的相对独立，进而维护了大学的学术自由。

自由精神渗透到大学的管理模式上。殖民地时期，美国的学院是仿照英国传统大学的模式建立起来的，这些学院是由各种各样的宗教团体如公理会、长老会、浸礼会、圣公会等举办的，它们是经过批准获得特许状的法人。学院管理人员不是学术人员，也不是政府部门的人员，但必须是"创办团体的人员"，由此建立的控制机构是董事会，在董事会中，董事们由地方名流组成，代表"公众利益"。董事会管理捐赠、财产、校长任命等工作。董事会管理下的美国大学自治模式，体现了多元参与、民主管理的特征。但是，董事会也不免会对大学的学术自由产生负面影响，伯顿·克拉克认为，董事会"不仅在物质上而且在思想上都与学院有着密切联系，能够并且愿意对他们所雇用的人在政策方面施加影响，并对他们的行动进行检查，以免其偏离政策"③。这种管理模式为20 世纪初期美国大学学术自由的争端埋下了隐患。

自由精神体现在美国大学的教学之中，这一点从哈佛大学创办初期

① 方纳．美国自由的故事 ［M］.王希，译.北京：商务印书馆，2002：4.
② 范德格拉夫，等．学术权力——七国高等教育管理体制比较 ［M］.王承绪，等，译.杭州：浙江教育出版社，2001：107-108.
③ 范德格拉夫，等．学术权力——七国高等教育管理体制比较 ［M］.王承绪，等，译.杭州：浙江教育出版社，2001：106-107.

的课程设置上就可体现出来。哈佛大学创办后的一个半世纪里，美国的大学基本上都是以教学为主。大学工作的重点放在学生身上，教学是学校的中心工作，所以此时大学的学术自由主要表现在教学自由上。1640年亨利·邓斯特（Henry Dunster）出任哈佛校长，他开拓进取，在学院设立了一个三年制的文科班，教授三门哲学（物理、伦理学、形而上学）和学者语言（拉丁语和希腊语）。而后，在他和其继任者查尔斯·昌西（Charles Chauncy）的领导下，哈佛大学不顾州众议会对异教的镇压，向哥白尼理论敞开了大门。"哈佛大学比欧洲大学提前了一百多年讲授这个理论，在那时欧洲大学学者们的话语权还被西班牙的宗教裁判所紧紧控制。"① 1725年，哈佛校长本杰明·沃兹沃斯（Benjamin Wadsworth）又增开了数学和自然科学课程，聘请了一个外来的教师用法语教学，还指导用学院自制的第一台望远镜观测天文。当牛津大学和剑桥大学仍是宗派机构的时候，哈佛大学早已冲破保守的思想。哈佛大学的这种自由主义倾向，引起了保守派的强烈不满，直接导致了他们在纽黑文（New Haven）重新建立一所大学——耶鲁大学（1701年初建时为康涅狄格学院，1718年更名为耶鲁学院）。耶鲁大学成立之后的近200年间，基本上保持其宗教特色，以培养有知识的正统牧师为主，课程以古典科目为主，教学完全依靠背诵，校园里充斥着宗教活动。相对于哈佛大学的开放精神，耶鲁大学的保守品格也是美国自由主义精神的一种体现。

第二节　实用主义：美国大学学术自由的价值取向

从发生学上的意义来说，实用主义的文化传统与美国崇尚自由的精神相伴而生。"贯穿于美国文化之中的是实用主义文化，它既是各个时期美国文化最为显著的特征，又是美国文化的根本精神所在，是美国社会的文化传统。"② 事实上，当美国人将德国大学经典办学理念引进美国后，

---

① 史密斯．哈佛世纪——锻造一所国家大学［M］．程方平，等，译．贵阳：贵州教育出版社，2004：13.

② 张应强．文化视野中的高等教育［M］．南京：南京师范大学出版社，1999：110.

实用主义的文化传统一直对大学学术自由的价值取向产生着重要影响。进一步而言，正是美国人将本土的实用主义与德国的纯粹科学研究相结合，使美国大学发生了重要的组织转型和变革，不但促成了美国大学内部学术组织的转型和变革，而且促成了美国研究型大学群体的产生和崛起，而其中学术自由一直起到至关重要的观念引领作用。

一 实用主义的文化传统与研究自由

德国大学模式对美国产生了深远影响。在 19 世纪初期到 20 世纪初期，万余名美国学生和学者先后到德国留学或从事教学研究工作。这些人员归国后，纷纷引进德国的大学理念——学术自由、大学自治、通过研究进行教学、教学与研究相结合等。自此，美国的大学除具有培养人才的职能外，还具有了科学研究的职能。但是，19 世纪自由市场式的美国高等教育体制与德国国家控制的大学体制截然不同。不同的文化背景，使留德归国人员的大学理念发生了深刻变化，德国科学研究中注重"沉思"的含义被忽略了，美国人为科学研究赋予新的含义。1876 年，美国第一所真正的大学——约翰·霍普金斯大学成立。首任校长吉尔曼（Daniel Gilman）在其就职典礼上说："我们的目标就是要鼓励研究，激励那些拥有卓越才能的学者，将他们追求的科学和生活的社会推向前进。最好的大学教师是那些自由、有能力且乐于在图书馆和实验室进行原创性研究的人员。"[①] 在吉尔曼的倡导下，约翰·霍普金斯大学一方面继承了德国大学学术自由的研究风气，另一方面也注重与美国的实用主义的文化环境相结合，开设了应用性的研究生课程，建立了全美首屈一指的医学院。在约翰·霍普金斯大学的影响下，哈佛大学、耶鲁大学、哥伦比亚大学、威斯康星大学等纷纷效仿，在建立研究生院组织的同时，将实用主义思想进一步在科学研究中推广。在科学研究中过于偏重实用主义思想的做法，也引起不少美国学者的担忧。弗莱克斯纳对斯坦福大学临床医学教授"在斯坦福医院的私人病房里干私活"深表担忧，对哈佛

---

① A Brief History of JHU［EB/OL］. http：//webapps. jhu. edu/jhuniverse/information_about_Hopkins/about_jhu/ 2015-4-6.

大学商学院的所谓"广告研究""广告科学"也深为不满。当谈到哈佛商学院年复一年地依赖"杰出的商界领袖"所提供的研究资金，所以不得不听命于他们时，他认为："那还有什么学术自由和科学精神呢？还能想得出比这更幼稚的事情吗？"① 尽管美国将实用主义引入大学组织的发展引来了国内外学者的诸多批评，但是不得不承认，正是实用主义的融入使美国大学发生了变革性的转型。

如果没有实用主义的融入，世界高等教育史上就不可能产生第一所农学院，也不可能进而产生第一所工学院、第一所商学院以及第一所新闻学院。在19世纪德国经典大学理念里，具有实用性的农学、工学、商学以及新闻学并没有生存和发展的空间，德国学者继承并强调的是康德式的与实用无涉的纯粹研究。但是，初次来到北美新大陆的新教移民首先遇到的问题是，面对广袤的土地，如何尽快生产粮食以维持生计，由此农学院在美国大学开始生根。由于土地广袤、人口稀少，农业的耕种和收获都非简单而传统的刀耕火种所能解决的，而是需要尽可能先进的机械设备进行规模化大生产，于是工学院在美国大学中逐渐产生。伴随美国西部开发，大量生产的农产品需要进行贸易往来，于是商学院开始在美国大学中产生。无论是现代化的农业、工业，还是现代化的商业贸易，都需要新闻宣传，于是新闻学院开始在美国大学中产生。当然，从农学院到工学院，再到商学院和新闻学院，它们的产生与发展绝非线性的，其间也夹杂着大学的抵制和反抗，而这些在他国学者看来难登大雅之堂的学科最终能够在美国大学生根发芽并茁壮成长，实用主义文化无疑发挥了重要作用。从学术自由的角度来看，也正是学术自由使这些学科最终获得了美国大学和学者的普遍认可。及至19世纪中后期，伴随美国"赠地学院"运动的兴起，一大批"赠地学院"在联邦政府的推动下破土而出，进而使美国实用主义与学术自由相结合，从大学内部组织延伸到大学整体。

二 实用主义的文化传统与教学自由

美国大学的实用主义与教学自由相结合，主要体现在开设大量的实

---

① 弗莱克斯纳. 现代大学论——美英德大学研究 [M]. 徐辉，陈晓菲，译. 杭州：浙江教育出版社，2001：151.

用性课程上。事实上，自中世纪大学产生开始，大学所开设的课程无不具有实用性，无论是基础性学院的"三科"（逻辑、语法、修辞）、"四艺"（算术、几何、天文、音乐），还是高级学院的法学、神学和医学，都是以实用为导向的。但是，这些实用性课程不但相对狭窄，而且数量不多。及至 19 世纪中后期，美国大学尤其是"赠地学院"所开设的实用性课程，不但在知识层面上不断拓展，而且在课程数量上不断增多，其中又以康奈尔大学和威斯康星大学为代表。1865 年创办的康奈尔大学，是私立属性与"赠地学院"公共属性相结合，具有双重性质的"常春藤"八大名校之一，创始人埃兹拉·康奈尔提出，要建立一所让任何人在任何学科都能受到教育的学校。在此后的办学过程中，康奈尔大学一直遵循这一办学宗旨，它是全美第一所开设酒店管理、工业暨劳工关系、兽医专业的研究型大学，11 个学院开设课程多至 4000 余门。[①] 威斯康星大学在开办之初，更是明确了"直接有利于促进农业以及工业的快速发展，以便更好地造福于政府"的实用主义办学思想。[②] 社会批评家林肯·斯蒂芬斯（Lincoln Steffens）在 1909 年参观威斯康星大学（麦迪逊分校）的时候说，在威斯康星，"大学与有文化的农民联系得如此紧密，就像他们的猪圈和工具房一样"[③]。同样，大量实用性课程的开设也引起了弗莱克斯纳的极力反对。他认为，大学开设的课程必须是严肃的，必须是没有私利的，威斯康星大学开设的诸如"商业算术""海报创作""缝纫"之类的特别课程，从长远来看"公众将招损而不是受益"。[④] 弗莱克斯纳对美国大学大量开设实用性课程进行强烈批评，是一种学术自由；同时康奈尔大学和威斯康星大学大量开设实用性课程，无疑也是一种学术自由。

从传统的大学理念来看，无论是纽曼，还是洪堡，无论是费希特，还是弗莱克斯纳，都曾对大学开设实用性课程展开批评，换句话说，无

---

①　About Cornell University［EB/OL］. http：//www. cornell. edu/about/ 2015-4-6.

②　Brubacher J S & Rudy W. Higher Education in Transition：A History of American Colleges and Universities，1636-1978［M］. New York：Harper & Row，1968：165.

③　博耶. 关于美国教育改革的演讲［M］.涂艳国，方彤，译. 北京：教育科学出版社，2002：70-71.

④　弗莱克斯纳. 现代大学论——美英德大学研究［M］.徐辉，陈晓菲，译. 杭州：浙江教育出版社，2001：108-131.

论是 19 世纪英国传统大学还是德国古典大学，都抛弃了中世纪大学形成的课程实用性传统。但是，在大洋彼岸的美国，经由实用主义和学术自由相结合，实用性课程不但最终获得美国大学内外部的制度化认可，而且获得从范围到数量的迅速扩张。从大学培养人才的层面来看，如果按照克拉克·克尔的观点，把现代大学比作"动力站"，那么大学就不应该只提供一种动力，亦即大学不但要提供高质量的理论性课程，同时也要提供实用性课程；如果把现代大学比作可供学生吸收营养的"餐厅"，那么大学就不应该只提供单一的菜肴，而是要提供能供自由选择的丰富菜品。事实上，只有在教学自由的思想引导下，才能真正体现学生的学习自由。

三 实用主义的文化传统与学习自由

德国经典大学理念中的"学习自由"，是指学生选择学什么的自由、决定什么时间学和怎样学的自由，其中，"游学"传统是德国大学学生学习自由的鲜明特色。相对德国大学而言，美国大学学生学习自由的实质，主要体现在课程自由选修制上。在美国，哈佛大学校长查尔斯·威廉·艾略特（Charles William Eliot）是自由选修制的发起人，他认为自由选修制能充分发挥学生的天赋，能提高自然与物理科学的地位，能扩大研究的领域，能加强学习与现实的有机结合，使拥有共同兴趣的教师与学生在一个真正的社团中关系更加紧密。1869 年艾略特初任校长时，哈佛大学仅有 32 名教授，开设 73 门课程，他离任时哈佛大学则拥有 169 名教授，开设了 400 门课程，到 1894 年，只有一门英语作文课是所有本科学生必修的，其余课程则是提供给学生自由选修。他在增加课程目录的同时，却把学生的规则手册从 40 页压缩到 5 页。艾略特的自由选修制改变了哈佛大学的教学重点，使哈佛大学教学内容从广泛的人文主义转到了专业的、实用的知识。自由选修制使学校开始注重实用性学科的建设，在很大程度上满足了各类学生对不同课程的需求，符合了学生毕业后参加工作的需要。然而，由于自由选修制对学生选择的课程没有任何要求，很多学生往往只选择内容有趣或者有明显实用功能的课程，因此，艾略特的这种做法遭到了包括自己阵营人员在内的学者的严厉批评。普林斯顿大学校长麦科什（James McCosh）抨击这样的课程是"浅薄的半瓶子醋课程"，哈佛大学的部分学者指责他造成了学术的放任主义。① 事实上，艾略特离任不久，其继任者劳伦斯·洛厄尔（Lawrence Lowell）校长即修改了自由选修制，以"集中与分配制"（concentration and distribution）取而代之。此外，美国密歇根大学、芝加哥大学、哥伦比亚大学等都曾对自由选修制进行探索和改造。

可以看出，实用主义作为美国传统的主流价值取向，对美国大学的学术自由产生了重要影响。无论是美国大学的研究自由、教学自由，还是学习自由，都与体现美国本土精神的实用主义文化传统有密切联系。同时，如何将实用主义文化融入大学的学术自由，也成为美国大学学术自由争论的一个重要话题，作为主流文化的实用主义一直受到其他文化思想的冲击。美国的大学学术自由正是在这种冲击和对抗中不断向前发展的。

第三节　组织制度：美国大学学术自由的规范保障

自 19 世纪中期美国将学术自由的大学理念从德国引入后，学术自由的内涵就不断发生变化。随着美国大学发展科学、服务社会职能的不断拓展，大学与社会的联系越来越密切，外界干预大学内部事务以及大学内部自身的学术争端不断发生，一次次学术自由的危机已经严重威胁到美国大学的发展。为维护学术自由，20 世纪初期以后，美国开始加强组织和制度文化建设，对学术自由加以保障的同时，也对其加以规范。

一　专业组织

1900 年，斯坦福大学社会学教授爱德华·罗斯发表关于劳工移民和铁路垄断的学术观点，因触怒斯坦福夫人而遭解雇。这一事件促使约翰·霍普金斯大学哲学家阿瑟·洛夫乔伊（Arthur Lovejoy）联合哥伦比

---

① 史密斯.哈佛世纪——锻造一所国家大学［M］.程方平，等，译.贵阳：贵州教育出版社，2004：30-78.

亚大学教授约翰·杜威（John Dewey）在 1915 年成立了美国大学教授联合会（American Association of University Professors，简称"AAUP"），自此"学术自由"概念开始在美国明确提出。美国大学教授联合会成立后，在 1915 年发表宣言，强调学术自由的原则，提出终身教职的原则，在 1940 年与美国学院学会（Association of American Colleges，简称"AAC"）联合发表声明，强调学术自由的合理性，重申并详细说明了终身教职的原则，1970 年又对终身教职原则做了补充说明。作为专业性组织，美国大学教授联合会在维护大学学术自由方面至今仍然发挥着重要作用，每年有数千名大学教员向其寻求帮助。① 在保障大学学术自由的同时，美国大学教授联合会也对其进行了规范，比如，在 1915 年宣言中，提出教师必须称职或不能有道德缺陷，其职位才能得到保障；在 1940 年声明中，强调学术自由与学术责任相依共存，教师在获得学术自由权利的同时，必须承担知识探索的责任、不干涉他人学术自由的责任等。正如 AAUP 计划与发展主管斯奈德（M. D. Snyder）所说："学术自由从来就不意味着，大学教师随心所欲地去做任何事⋯⋯他们有承担相应责任的义务。"② 专业组织在保护美国大学学术自由方面发挥着不可或缺的作用，但是作为一种非官方组织，也表现出明显的脆弱性，对于危害学术自由的事件，其只能向有关管理部门提出"责难"（censure），而不能从法律上予以保护。

二　法规条例

在美国，一种传统的观点是，学术自由源自宪法第一修正案。的确，当大学教师与政治、宗教、社团以及市民等发生冲突时，他们可以引用宪法第一修正案来保护自己的学术自由。但是，由于宪法第一修正案没有对学术自由做出明确界定，也没有从法理上有说服力地证明学术自由是正当的，加之学者是智力的探险者，他们应忠于真理而不是金钱、权

---

① About AAUP［EB/OL］. http：//www. aaup. org/aboutaaup/hist. HTM/ 2015-4-7.

② Snyder M D. A Question of Autonomy：The View from Salzburg［EB/OL］. http：//www. aaup. org/publications/Academe/2002/02mj/02mjsny. htm/ 2015-4-9.

力、宗教信条，宪法第一修正案对于保护学术自由是非常有限的。事实上，美国经常以司法案例来保护学术自由。1952 年，道格拉斯（William Orville Douglas）法官在"阿德勒诉教育委员会案"（*Adler v. Board of Education*）中指出，根据宪法第一修正案，最高法院应该考虑学术自由，这是美国司法界第一次明确提出"学术自由"的概念。1957 年，法兰克福特（Felix Frankfurter）法官在"斯威兹诉新罕布什尔州案"（*Sweezy v. New Hampshire*）中指出，大学的学术自由有四个方面，即谁来教、教什么、怎样教、谁来学，这是美国最高法院对学术自由做出的最为明确的界定。① 尽管法兰克福特法官呼吁要保护大学的学术自由，但是大学的"四项基本自由"无不成为联邦政府制度审查或条例制定的对象，如联邦政府规定，在招生和教学中不得存在种族、性别、肤色等歧视行为，在实验室里禁止开展某种胎儿试验，在开展有关人的研究方面，美国卫生部和公民服务部也实施了详细的程序性保护措施。② 法律条例无疑为大学的学术自由提供了司法保护，但是如何才能保证法规条例不出现失误，又是政府面临的一个重要问题。

三　协商与集体谈判

前哈佛大学校长德里克·博克认为，政府制定法规虽有充足理由，但是同样也要付出代价，因为无论政府机构还是司法人员，都有可能在制定政策法规时出现失误。一方面，政府管制会削弱高等教育的多样性；另一方面，大学会为了迎合政府需要而花费大量资金，其中许多开支是不必要的额外负担。为了避免这些不足，政府应在实施法规草案前对其进行评估考核，任命由大学和相关团体组成的顾问委员会对法规草案进行密切协商（negotiating）。③ 应该说，协商制度无论对政府还是对大学自

① Standler R B. Academic Freedom in the USA ［EB/OL］. http：//www. rbs2. com/afree. htm/ 2015-4-9.
② 博克. 走出象牙塔——现代大学的社会责任 ［M］.徐小洲，陈军，译. 杭州：浙江教育出版社，2001：41.
③ 博克. 走出象牙塔——现代大学的社会责任 ［M］.徐小洲，陈军，译. 杭州：浙江教育出版社，2001：44-49.

身来说，都是使政策法规更加科学、民主，避免侵害学术自由的一种有效方法。与协商密切相关的，是集体谈判（collective bargaining）。20世纪70年代以来，随着美国财政危机的到来，不少大学（尤其是公立学院和大学）深陷经济困境，加之大学管理官僚化体系的形成，大学教师面临工资减少、职业不稳定等诸多问题。为保护自身利益，他们自发成立教师组织，通过集体谈判并最终通过诉诸罢课来解决困难。1986年，集体谈判协议和集体谈判机构已经涉及全美458所高等学校超过208000名大学教师。[1] 布鲁贝克认为，集体谈判标志着教师和管理机构由利益共同体转变为对立面，其实质是权力在起作用，而不是高深学问的内涵在起作用。如果涉及规定工资、教学工作量等问题，集体谈判不失为一条好的途径，但是如果涉及学术自由，那么必须拒绝这种谈判，因为学术自由不能取消，也不容磋商。[2] 可见，在布鲁贝克看来，大学不应也不能成为利益争夺的权力场，从最低限度来看，即使大学内部存在利益纷争，也不应威胁到学术自由。

纵观美国大学学术自由发展中的组织与制度文化建设，不难看出，无论是专业组织、法规条例还是协商与集体谈判，任何单一的文化组织与制度都很难完全保证大学学术自由不受侵犯。唯有多元的文化组织与制度相互协调、相互补充，才能最大限度地保护大学的学术自由。

第四节　责任道德：美国大学学术自由的反省自律

考察美国大学学术自由的发展史，可以看出，最先威胁到大学学术自由的是来自大学外部的力量，保护学术自由意味着对外界侵犯进行反抗。随着社会不断发展，高等教育逐步融入人们的生活，对学术自由更大的威胁由外部转为大学内部。社会赋予大学充分学术自由的同时，大

---

① Bergquist W H. The Four Cultures of the Academy: Insights and Strategies for Improving Leadership in Collegiate Organizations [M]. San Francisco: Jossey-Bass Publishers, 1992: 130.

② Brubacher J S. On the Philosophy of Higher Education [M]. San Francisco: Jossey-Bass Publishers, 1982: 37-38.

学也应时刻反省是否担负起了相应的责任。自由与责任相伴而生，没有责任的自由必然走向毁灭。作为"民族的良心"，大学在享受学术自由的同时，也必须内省自身的行为是否合乎道德准则与道德规范。从美国大学学术界对学术自由的新近研究来看，如何加强大学的学术责任与学术道德文化建设已经成为广受关注的重要话题，这表明美国大学的学术自由开始由外部规范走向内部反省与自律。

　　唐纳德·肯尼迪（Donald Kennedy）在《学术责任》一书中认为，"学术责任"是与"学术自由"相互补充、相互对应的一个概念，在民主社会里，两者被视为一枚硬币的两面。当谈论职业时，他认为，"责任"（responsibility）和"道德"（ethics）两个词经常可以互换使用，但是这两种义务（obligation）之间存在区别。职业责任包括但不局限于职业道德。大学教师作为一种学术职业，其责任是一个人对学校应尽的义务，其学术责任的本质是以某种方式对提高下一代的能力和潜力高度负责。[①]为此，他从大学教师的职业责任出发，讨论了大学教师应该围绕九个方面来承担学术责任，即培养、教学、指导、服务、研究发现、学术成果发表、诚实、走出围墙以及变革等，在论及大学教师的学术责任的同时，他也探讨了大学所应肩负的学术责任。事实上，无论是大学机构还是学者个人，都已经认识到在享受学术自由的同时应该更好地承担学术责任。因为现代大学已经不再是中世纪大学那种可以自由迁徙的学术共同体，作为国家和民族的大学，它受到各方面的限制。如果大学不能很好地履行责任，学生完全有权利拒绝他们不喜欢上的大学；如果大学不能很好地履行责任，国家也可以通过政策制定、经费预算甚至是取缔等施加影响；如果大学不能很好地履行责任，大学校友也会通过董事会或停止捐款等手段影响大学的发展。而这一切，又是美国大学发展所不可摆脱的客观条件。关键是，大学在履行其学术责任时，如何协调来自不同方面的价值观念。"大学通过做出惟其所能的贡献，有责任和义务服务于社会。在履行此项责任时，任何相关人士都必须设法考虑到诸多不同的价值观念——学术自由权利的维护，高学术水平的维持，学术事业免受外

---

① 肯尼迪.学术责任［M］.阎凤桥，等，译.北京：新华出版社，2002：4-26.

界的干涉，受大学影响的个人权利、合法利益不遭损害，以及满足从充满活力的大学所提供的知识服务中获益的那些人的需求等。"① 这些都是美国大学在履行学术责任的同时应该关注的重要问题。忽视任何一个方面，都可能为自身发展带来不利。

克拉克·克尔在论及学术道德时说，学术活动的主要目的是通过科研发现知识和通过教学传播知识。一些道德原则是在知识的创造和传播中所固有的。这些道德原则是在知识领域指导有关行为判断的规则，这些原则在法律所要求的范围之外对行动设定道德的界限。由此，克尔对学者提出了十五种学术道德标准，并指出学术上的道德规范不仅适用于科学研究，也适用于教学。克尔认为，在科学研究中，学术道德虽然有个别人违反，但是一般人都能够很好地遵守。因为对于那些伪造数据、剽窃他人成果等学术道德腐败现象，制衡制度可以加以制裁，那些学术道德败坏者通常可以被抓住，并且名誉扫地。② 的确，对于"显性"的学术道德问题，可以通过制定道德规范来加以约束，但是对于"隐性"的学术道德问题，制衡制度可能作用有限。这时候，只有学者自己的正直和诚实来对他们自己的意识负责，学者自身是其道德的唯一评判者。③ 所以，制衡制度与道德良心是学术道德的双重诉求。布鲁贝克认为，在大学中，学术道德不是教师才有，学生同样具有学术道德。学生的道德规范通常体现为"荣誉规范"，主要是用来防止考试作弊。他认为，这种规范似乎应包括回家完成考试和撰写学期论文时也不剽窃，但是在许多情况下它只是针对课堂考试而言。④ 与教师的学术道德相同，学生在无人监督的情况下也需要道德自律。

从文化的角度考察美国大学学术自由的演绎进程，我们可以看出，大学学术自由是一个不断发展的概念，每个时代的大学学术自由都有其

---

① 博克. 走出象牙塔——现代大学的社会责任 [M]. 徐小洲，陈军，译. 杭州：浙江教育出版社，2001：100-101.
② 克尔. 高等教育不能回避历史——21世纪的问题 [M]. 王承绪，译. 杭州：浙江教育出版社，2001：167-170.
③ Brubacher J S. On the Philosophy of Higher Education [M]. San Francisco: Jossey-Bass Publishers, 1982：111.
④ Brubacher J S. On the Philosophy of Higher Education [M]. San Francisco: Jossey-Bass Publishers, 1982：126.

特定的内涵。民族的文化精神、文化传统对大学的学术自由发展有深刻的影响，国家的文化组织和文化制度是大学学术自由得以保障的必要条件，而大学要确保享受充分的学术自由，还需要增强责任意识，加强自身的道德文化建设。

第十六章

美国大学学位制度变迁的文化视角

相对于学历代表一个人的学习过程和经历，学位则强调一个人的学术水平和能力。通常情况下，学历通过毕业文凭来体现，学位通过学位证书来体现。如果从历史演变来看，学位证书制度是中世纪大学的产物。也就是说，在中世纪大学之前，尽管高等教育活动历史悠久，西方古希腊的苏格拉底、柏拉图、亚里士多德等，以及中国古代的孔子、老子等诸子百家，在轴心时代都曾开课授徒，但是他们并没有给学生颁发任何证书，这一点完全可以佐证大学是中世纪的产物这一论断。中世纪以降，英美国家的高等教育继承并发展了中世纪大学时期的学位制度；毕业文凭制度则起源于 19 世纪的法国，事实上，中世纪的巴黎大学也曾授予博士（或硕士）及学士证书；但是伴随法国大革命爆发，巴黎大学等 22 所传统大学被取缔后，传统的学位制度也随之被取缔，代之以学位和毕业文凭相互杂糅的更为复杂且具有特色的学位和学历证书体系，而后，受法国自上而下的高等教育体制影响，苏联高等教育在借鉴的基础上加以改造，形成了自己的学位和学历证书体系。早在 20 世纪 30 年代，中国政府就仿效英美高等教育体制颁布了《学位授予法》，但是由于受内部权力纷争、传统文化认知以及战争等影响，这一法案并未得到有效执行。直至 1949 年新中国成立，仅授予少量硕士学位，没有授予任何博士学位。

20 世纪 50 年代，在全面模仿苏联高等教育系统的基础上，中国政府经由"院校调整"对旧中国的学位体系进行改造，大力推行研究生教育。受"文化大革命"的影响，中国研究生教育一度中断，直至 1978 年恢复研究生招生。伴随 1980 年《中华人民共和国学位条例》和 1981 年《中华人民共和国学位条例暂行实施办法》通过，中国学位制度才开始建立。换句话说，自 1949 年至 1980 年，在 30 多年的时间里，新中国是没有学位制度存在的，进一步而言，从 1898 年京师大学堂成立至 1980 年，在中国本土学位制度是极为不完善且不连续的。学位制度的不完善且不连续，无疑是高等教育后发国家制度性缺失的重要层面。因此，构建适合本土发展的学位制度，提升民族整体文化竞争力，是中国高等教育体制建设中的重要内容。应当说，参照他国尤其是高等教育强国的发展经验，不失为探寻制度变革和构建的一条基本路径。当今世界高等教育最为发达的美国的学位制度也就成为众多学者争相研究的理论热点。与多数研究按照历史断代展开论述不同，本章将以制度形成背后的文化因素为视角来剖析美国学位结构的演绎历程，以期揭示学位制度变迁背后的文化动因。

第一节　中古大学传统：美国学位制度的萌芽

大学源于中世纪欧洲，学位制度亦然。据考证，早在 1160 年，博洛尼亚大学就存在由博士组成的学者行会，到了 1219 年，这种制度便以文本的形式被确立；1170～1175 年，巴黎大学也存在由硕士组成的学者行会，大约 1208 年该制度也以成文的形式被认可。在当时，被授予博士或硕士学位，也就意味着获得了学者行会组织认可的授课权，具备了成为教师的基本条件。因此，中世纪的硕士、博士和教授，最初都只是称谓教师的头衔（title），是一组同义词。换句话说，硕士、博士和教授三者仅是称呼的不同，并无高低贵贱之分。只不过，硕士（间或教授）的称谓，在巴黎大学以及后来英国的牛津大学和剑桥大学较为普遍使用；博士之称谓则通过博洛尼亚大学传遍意大利，并进而为德国大学所使用。[①]中世纪以后，博士和硕士才从教师头衔逐渐演化为现代意义上的学位；教授则继续保持原有意涵，并演化为拥有高级职称的资深教师。相对而

---

① Spurr S H. Academic Degree Structures: Innovative Approaches: Principles of Reform in Degree Structures in the United States [M]. New York: McGraw-Hill Book Company, 1970: 10.

言，学士在中世纪大学是被普遍认可的较低层级的学位。学生在科艺学院经过四至五年的学习，便可成为教师的教学助手，被授予学士学位。科艺学院的学士也是进入法学、神学或医学三个高级学院进一步获得硕士或博士学位的必经阶段。

17 世纪初期，为躲避宗教压迫，一批清教徒乘坐"五月花号"前往英属北美殖民地。为延续民智，不为后世留下文盲之牧师，1636 年成立了美国最古老的高等教育机构——"剑桥学院"，1639 年为纪念首位捐赠人约翰·哈佛，更名为哈佛学院，1780 年改为哈佛大学。从哈佛大学创建到内战爆发期间，美国高等教育基本上承袭了自中世纪开始的牛津大学和剑桥大学的学位制度模式，学生经过四年严格的古典课程学习，被授予文科学士学位（B. A.）。1642～1851 年，除文科学士外，在被认可的美国文科学院中，再没授予过其他类型的学士学位。[①] 尽管在 1796～1806 年，普林斯顿大学曾招收过以学习专门科学知识为主的学生，但是给予他们的只是熟练证书（certificates of proficiency），并非学士学位。[②] 在两个多世纪里，在北美殖民地学院中，学士以上只有硕士学位，而这种硕士学位也只是校友本科毕业三年后支付一定费用便可获得的当然性学位，而非要求住校学习的挣得性（earned）学位。这一时期，正如德国大学不设立硕士学位一样，美国大学也没有博士学位的授予。

可见，由于受以英国大学为主的中世纪大学传统的影响，萌芽时期的美国学位制度，无论是在学位类型上，还是在学位层级上，都显得极为保守和单一。一方面，从学位类型上看，北美殖民地学院仅有学士和硕士两个层级，不仅不存在博士学位，而且硕士学位的获得也无须专门的进一步学习；另一方面，从学位层级上看，并没有形成当下普遍流行的"学士—硕士—博士"自下而上的三级学位授予体系。事实上，在彼时的欧美大学中，要么是以"学士—硕士"两级学位制度存在，要么是以"学士—博士"两级学位制度存在，也就是说，学士学位之上要么仅

① Harriman P L. The Bachelor's Degree［J］. The Journal of Higher Education, 1936, 7（6）: 302.

② Rudolph F. The American College and University: A History［M］. New York: Vintage Books, 1962: 113.

有硕士学位，要么仅有博士学位，前者以英国大学为代表，后者以德国大学为代表。无论是"学士—硕士"还是"学士—博士"的学位制度体系，都基本上完全延续了中世纪大学的学位制度传统。

第二节 德国大学理念：美国学位制度的形成

19 世纪的德国大学对美国高等教育产生了极为强烈的影响。1820～1920 年，有近 9000 名美国青年学子在柏林大学、哥廷根大学、莱比锡大学等各大学学习。如此众多的求学者不去英国或者法国等传统大学学习，而是跨越语言的障碍前往德国学习，一方面，是因为在美国内战期间，普鲁士曾给予美国北方各州强有力的声援等政治因素；另一方面，更为重要的是，他们为德国大学追求真理探究、崇尚学术自由以及强调教学与科研相结合的精神所深深吸引。[①] 在德国大学精神的影响下，美国高等教育发生了巨大的转型和变革，其学位制度结构也随之发生变革。

1851 年，哈佛大学首次开设理科学士学位（B. S.）；1852 年，耶鲁大学设立哲学学士学位（B. Phil.）。与文科学士学习四年古典课程不同，理科学士和哲学学士均只需三年的科学课程学习。尽管在相当长的一段时间内，新设学士学位在地位上要低于文科学士，但是，它们打破了前期的美国大学被古典课程所独霸的局面，为现代科学和哲学课程进入美国大学提供了先发性的经验以及合法性的基础。

将英国大学传统与德国大学精神真正整合在一起，进而提出美国本土大学模式设想的，是密歇根大学的校长亨利·菲利普·塔潘（Henry Philip Tappan）。深受德国大学影响的塔潘，在 1851 年校长就职演说中，就明确提出了学位分层的思想，并于 1853 年开始在密歇根大学着手实施。尽管弗吉尼亚大学（University of Virginia）早在 1831 年就授予过挣得性而非荣誉性的文科硕士（M. A.）学位，但是其程度只相当于本科层次，而非现代意义上的硕士水平。而后哈佛大学在 1831 年、纽约市立大学

---

① Röhrs H. The Classical German Concept of the University and Its Influence on Higher Education in the United States [M]. Frankfurt am Main: Peter Lang, 1995: 11-13.

（The City University of New York）在 1835 年、北卡罗来纳大学（The University of North Carolina System）在 1856 年先后尝试着进行本科后的教育改革，但是都未能付诸实践。1858 年，密歇根大学决定对获得学士学位，再经过至少一年的课程学习，提交论文并通过考试的人员，授予文科硕士学位或理科硕士学位（M. S.）。1859 年，美国首批文、理科硕士学位分别授予沃森（James C. Watson）和伍德（Devolson Wood）。① 应当说，挣得性的文科硕士学位和理科硕士学位的正式确立，改变了美国大学长期以来仅有学士一个层级的学位体制，为后来的约翰·霍普金斯大学、芝加哥大学等以研究生教育为主的研究型大学创建提供了可供借鉴的制度性架构。

19 世纪初期，在德国柏林大学首任校长、唯心主义哲学家费希特等人的倡导下，中世纪大学流传下来的博士头衔被改造为现代性的哲学博士学位。相对于中世纪时期的博士而言，德国大学的哲学博士要求申请者必须撰写博士学位论文而非仅仅进行公开性的辩论；博士学位授予不再像中世纪那样，将科艺学院与法学、神学、医学等专业性的高级学院区别开来，也不仅局限于哲学领域；博士学位授予不再是证明获得者达到了学问和智力上的一定高度，而是代表获得者具备了独立进行科研探究的能力。② 事实上，19 世纪德国大学的改革，是在将中世纪的科艺学院改造为哲学院的基础上进行的。换句话说，此时德国大学的哲学院，已经不再是法学院、医学院和神学院的基础性学院，而是成为与法学院、医学院和神学院具有同等地位的高级学院。哲学院所授予的哲学博士学位，与法学院所授予的法学博士学位、医学院所授予的医学博士学位，以及神学院所授予的神学博士学位等，是同等的层级，亦即都是德国大学所授予的最高学位层级。不同的是，法学院所授予的法学博士学位、医学院所授予的医学博士学位，以及神学院所授予的神学博士学位，都是在单一学科内授予的，而哲学院所授予的哲学博士学位则是在更为广

① Spurr S H. Academic Degree Structures：Innovative Approaches；Principles of Reform in Degree Structures in the United States ［M］. New York：McGraw-Hill Book Company，1970：64.

② Noble K A. Changing Doctoral Degrees：An International Perspective ［M］. Bristol：The Society for Research into Higher Education & Open University Press，1994：10.

泛的学科内授予的。换言之，哲学院代替了科艺学院，同时也移植了中世纪大学科艺学院内部的多学科性，既包括传统的"三科"（逻辑、语法和修辞），也包括传统的"四艺"（算术、几何、天文和音乐），还包括由此衍生出来的诸多学科，如历史学、考古学、物理学、化学等。因此，绝不能够用当下的哲学学科来考量 19 世纪德国大学的哲学博士。1860年，耶鲁大学首先提出按照德国大学模式设立哲学博士学位，规定获得学士学位经过至少两年的在校学习，提交论文并通过考试后可授予哲学博士学位。1861 年，首批哲学博士学位为斯凯勒（Eugene Schuyler）、惠顿（James M. Whiton）和赖特（Arthur W. Wright）所获得。与同时期密歇根大学所授予的硕士学位相比较，此时耶鲁大学所授予的哲学博士学位并没有明显的层次差别，只是学习期限延长了一年。1881 年，约翰·霍普金斯大学将从学士到博士的年限从两年延长为不低于三年，1887 年又增加了法语和德语的阅读考试等。① 自此，在美国大学中，学士学位之上，拥有了硕士和博士两种高级学位。但是，此时的硕士学位和博士学位，都是建立在学士学位学习基础之上的，亦即并不存在获得学士学位后，再攻读硕士学位，而后再攻读博士学位的现象。简言之，此时美国大学的硕士学位和博士学位，并不存在高下之分，它们的位置序列，仍然与中世纪大学一样，是学士学位之上的两个同等级别的学位类型。

第三节　实用主义文化：美国学位制度的发展

由于受以英国大学为代表的中世纪大学影响，巴黎大学和博洛尼亚大学所表现出来的学位职业性特征，并没有被美国大学所继承。受德国大学追求"纯粹知识"探究的影响，一个以学术性为标识的制度体系先期在美国大学中形成。但是，美国本土最为突出的实用主义文化最终将会影响到美国大学学位制度的发展方向。

事实上在北美殖民地学院时期，古典文化课程一统校园的局面就曾

---

① Spurr S H. Academic Degree Structures: Innovative Approaches; Principles of Reform in Degree Structures in the United States [M]. New York: McGraw-Hill Book Company, 1970: 118.

不断遭到实用主义者的质疑和反对。硕士学位和博士学位在美国大学设立后，学位的学术性与专业性之争不断升级。大学的学位设置，是要坚守德国大学精神还是要注重本土生产实践，是要强调精英教育（education）还是要侧重专业训练（training），美国大学内外不同派别各执一词，争论之声甚嚣尘上。《莫里尔法案》发布后，一批由联邦政府直接资助的赠地大学（land-grant university）迅速崛起。强调为工业、农业等生产实践直接服务的"威斯康星思想""康奈尔理念"等时代精神很快就抢占上风并最终胜出。美国的实用主义传统开始与学位结构紧密结合，并催生出诸多新的学位类型。1861 年，宾夕法尼亚（Pennsylvania）农业学院开始授予带有明显实用性的"科学耕作学士"（Bachelor of Scientific Agriculture）学位。① 而后形态各异的专业性甚至职业色彩浓厚的学士学位如建筑学士（B. Arch.）、护理学士（B. N.）、工程学士（B. E.）、教育学士（B. E.）、工商管理学士（B. B. A.）等如雨后春笋般遍布美国大学。

在实用主义和文凭主义的联合推动下，专业学位需求迅速上升。与此同时，在美国大学中共同存在的硕士学位和博士学位的高低之争也开始愈演愈烈，而且，在博士学位之上，又出现了所谓的博士后制度。彼时，在学士学位之上，分别存在硕士学位、博士学位和博士后，三者都声称自己是学位的最高级。1900 年，由 14 所著名大学组成的美国大学联合会（The Association of American Universities，AAU）② 正式宣布，哲学博士成为学位层级中的金本位。在此之后，哲学博士成为所有学位类型中的最高级，硕士学位是低于博士学位的制度安排，博士后不再作为一种学位而是作为一种工作经历在美国大学中逐渐得到一致性的认可。AAU 所规定的博士金本位制度，对美国大学学位制度乃至世界大学学位制度的发展产生了深远影响。在此之前，欧美国家的大学学位制度，学

---

① Rudolph F. The American College and University：A History［M］. New York：Vintage Books，1962：249.

② 这 14 所大学包括 3 所公立大学，分别是加州大学伯克利（University of California，Berkeley）、密歇根大学、威斯康星大学麦迪逊；11 所私立大学，分别是哈佛大学、耶鲁大学、哥伦比亚大学、康奈尔大学、约翰·霍普金斯大学、普林斯顿大学、斯坦福大学、芝加哥大学、宾夕法尼亚大学、克拉克大学（Clark University）和天主教大学（The Catholic University of America）。

士学位之上，要么是硕士学位，要么是博士学位，硕士学位和博士学位之间并不存在等级差异；在此之后，"学士—硕士—博士"自下而上的三级学位体系开始形成。在后来的欧洲国家学位制度变革中，英国牛津大学在20世纪20年代引入哲学博士学位，打破了学士之上仅有一种高级学位的状况；德国则在20世纪90年代引入硕士学位后，才开始打破学士之上仅有一种高级学位的状况。严格来说，无论是20世纪30年代中国政府颁布的《学位授予法》，还是20世纪80年代中国恢复学位制度，所采用的"学士—硕士—博士"三级学位架构，都受到了美国大学学位制度的影响。

在美国，博士金本位确立后，硕士学位的地位和声望急剧下滑。医药、法律、社会工作、图书馆学、行政管理等众多专业领域轻松进入硕士层级。相对而言，专业学位进入博士层级并非如此顺畅。就像当初古典课程反对科学课程和学位进入大学一样，当专业领域要求进入博士层级时，也遭到古典学科和现代科学的联合抵抗，争论的重点主要集中在学术标准和社会服务究竟孰轻孰重之上。最终，也正如进入学士和硕士层级一样，具有强烈实践性的学科在实用主义的重压下进入博士层级。1922年哈佛大学在教育学科授予博士学位，不过并非采取直接授予哲学博士学位的做法，而是采取折中方式（half-inside，half-outside）授予教育博士学位。[①] 作为专业学位的教育博士学位与哲学博士学位相比存在诸多不同，比如：哲学博士学位由研究生院授予，而教育博士学位由教育学院授予；许多大学对教育博士学位没有外语学习的要求，但是对于哲学博士学位则要求外语学习；教育博士学位需要提供一个较为宽广的独立计划，而哲学博士学位需要提供原创性的学术论文；在强调住校学习方面，教育博士学位往往要低于哲学博士学位的要求；等等。由此可见，相对于哲学博士学位而言，教育博士学位是较易取得、层次稍低的学位类别。[②] 事实上，在多数学科领域内，在美国大学师生以及民众看来，专业

① Berelson B. Graduate Education in the United States [M]. New York：McGraw-Hill Book Company，1960：28.

② Spurr S H. Academic Degree Structures：Innovative Approaches；Principles of Reform in Degree Structures in the United States [M]. New York：McGraw-Hill Book Company，1970：141 - 142.

博士学位也并非与哲学博士学位同级，而是稍低一个层次。在医学、法学、神学等传统领域，医学博士学位（M. D.）、牙科博士学位（D. D. S.）、验光博士学位（O. D.）、法律博士学位（J. D.）和神学博士学位（B. D.）等则成为第一级专业学位（first-professional degree），而非专业领域内的最高学位。

　　美国实用主义文化传统不但在学士、硕士乃至博士层级上催生出诸多专业学位，而且直接导致了学位层级的下移，副学位（Associate Degree）① 应运而生，并逐渐发展成为美国学位制度体系中的一个重要层面。长期以来，美国基础教育实行的是 K-12 制，这就意味着从幼儿园到高中毕业需要 12 年的时间。大学四年一贯制的做法，使美国学生毕业参加工作至少要 22 岁。如果考虑到工作、费用或兵役等方面的因素，获得硕士学位和博士学位的平均年龄则分别为 26 岁和 32 岁。实用主义者不得不为大学与中学的衔接问题寻找新的出路，如挤压大学年限（由 4 年变为 3 年）、缩短基础教育年限、建立单独学院等。应当说，前两项变革收效甚微，后者则获得异乎寻常的成功。1891 年芝加哥大学恢复重建后，首任校长威廉·哈珀（William Harper）将大学一、二年级单独分成"学术"学院，1896 年易名为初级（junior）学院。起先对完成学业者授予证书，1899 年由证书转变为学位。② 芝加哥大学的做法为美国诸多大学所效仿，但更为重要的是为美国初级和社区学院运动提供了发展理路。20 世纪上半叶，美国工业迅速发展，急需大量技术工人，以效率优先的思想促使大量社区学院产生。初级学院和社区学院共同承担起美国高等教育大众化的主要任务，开创了继"学院时代"和"大学时代"之后的"初级和社区学院时代"，并进而使既可以作为学术中转站，又可以作为职业终结点的副学位发挥了不可替代的重要作用。如果说在副学位建立之初，尚存有是证书还是学位的争论，那么在美国高等教育发展的当下，其学位的地位已经毋庸置疑。

---

　　① 关于 Associate Degree 的译介，国内有多种说法，如副学士、准学士、大专文凭、专科学位等。笔者倾向于将其译作"副学位"。

　　② Diener T. Growth of An American Invention：A Documentary History of the Junior and Community College Movement［M］. NewYork：Greenwood Press, 1986：50.

　　由此可见，在本土实用主义文化传统的影响下，美国学位制度结构发生了巨大变化。自下而上的专业性乃至职业性的学位类型已经与先期形成的学术学位类型并驾齐驱，而且学位层级下移并产生出副学位这一新的层级。换句话说，在美国大学中，已经形成"副学位—学士—硕士—博士"自下而上的四级学位制度，而且形成了学术学位与专业学位并行且在一定程度上可以相互沟通的更为灵活多样的学位制度体系。

第四节　自由竞争精神：美国学位制度的多样性

　　众所周知，美国是建立在自由市场经济基础上的一个多元文化国家，崇尚和鼓励自由竞争，可以说已经深深根植于美国社会机体内部的每一个角落，大学组织概莫能外。无论是公立大学还是私立大学，不管是研究型大学还是教学型大学，不论是非营利性大学还是营利性大学，美国大学自产生之日起，就在自由竞争中谋发展。根据美国宪法的规定，教育管理实行地方分权，联邦政府除立法和拨款外，不干涉各州的教育事务。尽管在 20 世纪 80 年代，美国政府恢复了教育部建制，但是其主要职责也仅限于规划、协调和指导等宏观层面。在没有集权统管、组织高度自治的情况下，美国各大学之间的自由竞争更加趋于白热化。为了吸引优秀生源和师资，为了获取更大的发展空间和更多的运营经费，大学不得不时常调整发展方向，否则必然因竞争失败而被淘汰出局，无数大学的崛起、衰落乃至泯灭为这种自由竞争提供了最好的注脚。同时，也正是这种自由竞争精神，为美国学位制度的多元发展提供了强大动力。

　　为了生存和发展，除副学位与学士、硕士、博士学位之外，美国学位制度中又衍生出诸多其他类型的新型学位。斯帕（Stephen H. Spurr）将其称为"中间研究生学位"（Intermediate Graduate Degrees），是指那些超过硕士层级但是还未达到哲学博士的诸多学位类型，其中，归属于学术学位的有文科博士（Doctor of Arts）、哲学硕士（Master of Philosophy）、哲学候选（Candidate in Philosophy）、从业学位（Licentiate）、专家（Specialist）、学者（Scholar）等，归属于专业学位的有教育专门家（Specialist in Education)、化学工程师（Chemical Engineer）、土木工程师（Civil Engineer）等。① 这些纷繁多样的中间研究生学位，在一定程度上，若要译介为适合中国人理解的称谓，简直是不可能的。如果说这些称谓在 20 世纪 70 年代被认可为学位而不是证书尚不具有普遍性的话，那么到了 20 世纪末期以后，则逐步得到了大学内外部的广泛认可。但是，这一学位层级的通用名称目前尚未能达成一致意见。在美国《院校蓝皮书·学位卷》中，统一用"其他学位"（other degree）的称谓来代表除硕士、博士和第一专业学位外在学士后获得的所有学位类别，如专家、工程师等。从"其他学位"的内涵和外延来看，其与"中间研究生学位"大同小异。由此可见，或许一个新的学位群落正在美国大学中日益走向成熟。

为了适应竞争，美国大学内部需要不断进行学位结构调整。适应社会发展的学位层级和类型会及时得以设置，不合时宜的学位类型也会及时被抛弃。个别学位类型在一所大学也许只能存在几年甚至更短的时间。对比《院校蓝皮书·学位卷》2005 年和 2007 年的统计数据，不难看出美国大学学位授予专业的变化。以密歇根大学为例，相比于 2005 年，2007 年共计减少了学士专业 18 个、硕士专业 6 个、博士专业 1 个和其他学位专业 2 个；同时相应增加了硕士专业 18 个、博士专业 11 个和其他学位专业 6 个。② 尽管大学调整学位授予专业的原因多种多样，但是在两年时间内，同一所大学的学位结构发生如此变化，足见调整的力度之大。可以想象，没有大学之间的充分竞争，没有美国大学组织的充分自由，这种调整是不可能实现的。

因此，大学之间的自由竞争直接导致了美国学位类型的多样性。这种多样性无疑为美国大学创造了充足的发展空间，但是也招来诸多批评，这一点在硕士层面表现得尤为突出。在美国，除了传统的文、理科硕士以外，还有上百个不同的硕士称谓。这些硕士大部分只需一年的课程学

---

① Spurr S H. Academic Degree Structures：Innovative Approaches；Principles of Reform in Degree Structures in the United States［M］. New York：McGraw-Hill Book Company，1970：83-85.

② Karges K & Thompson V. The College Blue Book Degrees Offered by College and Subject 32nd ［M］. Detroit：Thomson Gale，2005：289-290；Karges K & Thompson V. The College Blue Book Degrees Offered by College and Subject 34th ［M］. Detroit：Thomson Gale，2007：285-287.

习，对于外国语学习以及专业论文通常不做硬性要求。部分硕士学位则需要两年（如工商管理硕士）或三年（如美术史硕士）的学习时间，它们的学位含金量以及认可度也相应地普遍较高。在美国大学中，纷繁多样的硕士学位通常意味着截然不同的意涵：有的硕士学位仅仅是攻读博士学位途中的自动获得性学位，有的硕士学位则是拿不到博士学位而给予的安慰性学位；有的硕士学位属于第一专业学位，有的硕士学位则属于终结性学位。如此众多良莠不齐的硕士学位，使工业雇主们在招聘雇员时，往往更加看重应聘者是硕士学位获得者还是博士学位获得者，而非是硕士学位获得者还是学士学位获得者。换句话说，在雇主看来，应聘者是否拥有博士学位是本质性区别，是否拥有硕士学位区别性不大。硕士学位在美国人心目中的地位和声望如此下滑，甚至有人将硕士学位比作"街头的流莺"（streetwalker），也就是说，硕士学位可以为任何人以任何价格提供所有服务。[①] 美国大学硕士学位发展的多样性，以及其所导致的硕士学位声望式微，由此可见一斑。

但是，美国学位制度在自由竞争下的多元发展，并不代表学位发展不受制度规约。20 世纪中期，伴随美国联邦政府支持高等教育力度加大，博士后人员急剧扩张。许多博士后人员，尤其是国外的博士后人员，强烈要求博士后能够获得合法性认可，并要求将博士后视为较博士学位更高一级的学位类型。尽管也曾有组织试图突破博士金本位的制度安排，以科学博士的称谓授予博士后人员，但是，由于种种原因最终未能获得普遍认可。美国大学联合会规定的哲学博士为最高学位的基本规则，至今仍然为美国大学所共同遵守。

第五节　启示与借鉴

总之，从美国学位制度的发展来看，一种制度结构形成的背后往往充满与之相应的文化力量。相对于西欧先发型高等教育国家，作为后发

---

① Berelson B. Graduate Education in the United States［M］. New York：McGraw-Hill Book Company，1960：185.

型高等教育国家的美国，如果没有对中世纪大学学位传统的继承，就不可能出现美国学位制度的萌芽；如果没有对 19 世纪德国大学理念的继承，美国学位制度也不可能率先借鉴德国大学的哲学博士制度；如果没有美国实用主义的文化浸染，美国学位制度也不可能形成专业学位与学术学位并驾齐驱发展的态势；如果没有自由竞争的精神动力，美国学位制度也很难形成多元并存的发展样态。在一定意义上，正是这些无形的文化力量，共同推动着美国学位制度的有形结构变迁。通过文化的视角系统梳理美国大学学位制度的变迁，旨在突出和强调在高等教育比较借鉴中，不仅要关注有形的学位类别、设置数量等方面，还应当关注有形结构背后的制度以及精神的重要性和适切性。纵观美国大学学位制度变迁的历程，结合中国本土目前的学位制度，或许美国学位制度发展能够为我们提供以下几点可资借鉴之处。

一　在专科层面设置新型学位

自新中国成立开始，高等专科学校一直是我国高等教育系统中的重要组成部分。教育部《2020 年全国教育事业统计主要结果》显示，全国共有普通高校 2738 所，其中，本科院校 1270 所（含本科层次职业学校 21 所），高职（专科）院校 1468 所；普通本科招生人数为 443.1 万人，普通专科招生人数为 524.3 万人，不但专科院校的数量远高于本科院校的数量，而且普通专科招生人数也远高于普通本科招生人数。[①] 但是，我国的专科教育至今仍然仅能授予毕业证书，没有也不能授予相应的学位，这对于庞大的专科院校以及专科学生而言，不能不说是一种缺憾。因为对于接受高等教育的学生而言，毕业证书只能证明学习的学制以及达到相应的能力，不能够证明学习所能达到的学术水平。基于此，我国可以考虑在专科层面设置副学士学位（Associate Bachelor's Degree），而非直接移植美国高等教育制度中的副学位。这样一来，学历层面的"专科生—本科生—硕士研究生—博士研究生"与学位层面的"副学士—学士—硕

---

① 教育部. 2020 年全国教育事业统计主要结果［EB/OL］. http：//www. moe. gov. cn/jyb_xwfb/gzdt_gzdt/s5987/202103/t20210301_516062. html/2021－3－1.

士—博士",不但能够形成自下而上的学历体系,而且能够形成自下而上相互对应的学位体系,进而不但能够提高专科院校的学术认可度,而且能提高广大专科生的学术认同度。

二　打通学术学位与专业学位

长期以来,我国的学位制度是以学术学位为主导的,专业学位研究生教育始于1991年。经过30多年的历程,专业学位研究生教育已经获得长足发展。根据国务院学位委员会、教育部印发的《专业学位研究生教育发展方案（2020—2025）》,截至2019年,累计授予硕士专业学位321.8万人、博士专业学位4.8万人,针对行业产业需求设置了47个专业学位类别,共有硕士专业学位授权点5996个、博士专业学位授权点278个。① 但是,专业学位和学术学位之间,不但没有相互打通,而且日益壁垒森严。换句话说,一名职业院校的专科生,将来无论如何努力,都不可能获得学术学位。同时,相比学术学位专业设置的数量和广度,专业学位领域设置的数量和广度要明显偏少且偏窄,这也就意味着大量高等教育毕业生获得的专科学历甚至是学士学位,将成为制度性的、终结性的学历或学位,这无疑不利于人才成长以及终身教育理念的发展。进一步而言,根据现行的中考分流政策,中等职业学校和普通高中的招生比例需要达到5:5,而且禁止所有学校、机构招收初三复读学生,也就是说,将有一半的初中生无缘普通高中,只能进入职高或技校就读。这也就意味着,进入职高或技校的初三毕业生,将来无论如何努力,都很难进入大学继续攻读硕士或者博士学位,也就是说,无论是专业研究生还是学术研究生,都将与这些进入职高或技校的初中毕业生无缘。这种制度安排,使以往高考的"一考定终身"下移到中考的"一考定终身"。在一定程度上,无论是人的学术能力还是人的实践能力,都很难在初中阶段定型,过早将学生制度性地纳入一个既定的范围,不但不利于个人

---

① 国务院学位委员会 教育部关于印发《专业学位研究生教育发展方案（2020—2025）》的通知 [EB/OL]. http://www.moe.gov.cn/srcsite/A22/moe_826/202009/t20200930_492590.html/2020-9-30.

成长，而且不利于高等教育强国建设。好的教育制度设计，应该是在任何学习时段都为学习者留有足够的发展空间。因此，打通学术学位与专业学位的壁垒就显得异常重要。这种打通，既包括不同学位类型的横向打通，如学术副学士学位与专业副学士学位之间的打通、学术学士学位与专业学士学位之间的打通、学术硕士学位与专业硕士学位之间的打通等；也包括不同学位层级的纵向打通，如学术副学士学位既可以继续攻读学术学士学位、硕士学位和博士学位，也可以继续攻读专业学士学位、硕士学位和博士学位等。

三 确保硕士学位授予的质量

如果说"在专科层面设置新型学位"和"打通学术学位与专业学位"是对美国大学学位制度发展的经验借鉴，那么"确保硕士学位授予的质量"则是对美国大学学位制度发展的教训吸取。"质量是研究生教育的生命线"，一直是我国学位与研究生教育所遵循的基本原则，也正是这一原则确保了我国学位与研究生教育的健康发展。从数量来看，相对于博士研究生教育，硕士研究生教育日益成为我国研究生教育中的重要组成部分。教育部《2020 年全国教育事业统计主要结果》显示，2020 年全国研究生招生 110.66 万人，其中博士生 11.60 万人，硕士生 99.05 万人，招收博士生与硕士生的比例约为 1∶8.5；在学研究生 313.96 万人，其中博士生 46.65 万人，硕士生 267.30 万人，在学博士生与硕士生的比例约为 1∶5.7；毕业研究生 72.86 万人，其中毕业博士生 6.62 万人，毕业硕士生 66.25 万人，毕业博士生与硕士生的比例约为 1∶10。[①] 我国有如此庞大的硕士生群体，如果忽视了硕士生的培养质量，无疑是对"质量是研究生教育的生命线"这一基本原则的背叛。事实上，相对于欧美国家的学位制度而言，加强我们国家的硕士生教育，不断提高硕士生的培养质量，不但是建设中国特色社会主义高等教育的重要一环，而且是建设新时代高质量高等教育的重要组成部分。

---

① 教育部.2020 年全国教育事业统计主要结果［EB/OL］. http://www.moe.gov.cn/jyb_xwfb/gzdt_gzdt/s5987/202103/t20210301_516062.html/2021-3-1.

第十七章

私人基金会资助美国大学科研的百年流变

在美国，慈善捐赠高等教育源远流长，无论是起源于殖民地学院的哈佛大学、耶鲁大学，还是后来兴办的斯坦福大学、康奈尔大学，仅从校名来看，这些大学的创办都无不与个人慷慨解囊息息相关。相对而言，以私人基金会的形式资助高等教育却是较为晚近的事情。1867 年，乔治·皮博迪在马萨诸塞州成立"皮博迪教育基金会"，致力于南方各州国民教育，从而开启了美国私人基金会资助教育的先河。1882 年，斯莱特（John F. Slater）出资 100 万美元成立"约翰·斯莱特自由人教育基金会"，重点资助被解放的黑奴教育，其成为美国第二个私人教育基金会。[1] 应当说，这两个早期成立的私人基金会，都旨在扶贫济弱，重点关注国民教育或者黑奴教育，并不关注大学的科学研究。但是，两个私人基金会的创办，以及通过基金会运作慈善教育的捐赠模式，为后来的私人基金会捐赠大学科研创设了制度性的构架。

相对于早期个人慈善，私人基金会不再仅针对某一所大学，也非进行短期的一次性捐赠，而是对多所大学进行长期而持久的资金支持。20世纪初期，在卡内基、洛克菲勒等工业巨头推动下，私人基金会如雨后春笋般在北美大陆成立。这些基金会，并不试图创建新大学，也非旨在扶贫济弱，而是对现有大学进行选择性的风险投资（venture capital），换句话说，其资助教育的目的在于使强者更强。关于私人基金会对美国高等教育的影响，国内外都不乏相关研究成果。但是，从历史发展的视角

---

① Sears J B. Philanthropy in the History of American Higher Education ［M］. New Brunswick：Transaction Publishers，1990：82.

对美国私人基金会如何形塑大学科研的系统探究尚不多见。众所周知，美国是当今高等教育以及科学技术最为发达的国家之一，其中大学群体扮演着非常重要的角色。因此，分析美国私人基金会在整个 20 世纪对大学科研影响的百年流变，无疑具有较强的理论和现实意义。

根据私人基金会资助大学科研的倾向性，我们试图将整个 20 世纪私人基金会资助大学科研进行大致的分期研究：20 世纪初开始的科学技术期，在这个阶段，美国联邦政府尚未介入大学的科学研究，美国私人基金会率先开启了资助大学科学技术研究的先声；20 世纪 30 年代开始的社会文化期，在这个阶段，伴随美国联邦政府逐步介入大学的科学研究，美国私人基金会将资助大学科研的目光逐渐由科学技术转向花钱较少且政府不太关注的人文社科领域；第二次世界大战以后的战略研究期，在这个阶段，伴随美苏之间的"冷战"，私人基金会将资助美国大学科研的目光由社会科学转向心理行为学、国别区域等；20 世纪 60 年代以后的灵活杠杆期，在这个阶段，私人基金会资助大学科研的额度已经无法与政府相匹敌，它们往往采取"以小博大""四两拨千斤"的杠杆模式，对大学科研采取更为灵活、更为多样的资助方略。需要特别指出的是，由于美国私人基金会数量庞大，它们资助大学科研的模式也复杂多样，而且整个过程跨越百年之久，四个阶段的时期划分只能是宏观的、大概的。换句话说，在一个主流资助模式的时期内，也可能存在零散的其他资助模式，但是这并不影响私人基金会资助大学科研的主流趋势。在一定意义上，根据私人基金会资助大学科研的内容进行不同阶段的划分，类似于德国社会学家马克斯·韦伯意义上的"理想类型"，目的在于梳理和总结私人基金会资助大学科研的不同类型，进而为其他国家的私人基金会资助大学科研寻找可资借鉴的道路。

第一节　科学技术期：私人基金会
资助大学科研的发端

19 世纪末 20 世纪初，伴随工业化迅速发展，美国资本家中的百万富翁数量急剧增加。据估计，1880 年全美约有百万富翁 100 人，1916 年百万富翁猛增至 4 万人。这些腰缠万贯的资本家，开始为运用好他们的巨额财富寻找路径。19 世纪 80 年代以后，联邦政府的遗产税收法案经过激烈讨论后于 1898 年部分通过，但 1902 年旋即被废除，直到 1917 年才得以恢复实施。因此，在当时，这些资本家在私人财产安排上，在一定程度上是没有政策或者是不受政策约束的。1889 年，54 岁的百万富翁"钢铁大王"卡内基出版了著名的《财富的福音》（*The Gospel of Wealth*）一书，提出相对于将财富留给子孙，或者死后捐献给公用事业，还不如在有生之年通过个人运作造福于公众。这是因为，如果将财富留给子孙后代，不但可能把他们惯坏，而且可能殃及社会。卡内基认为，与其留给子孙财富，不如留给他们家族的荣誉。同样，如果死后将财富献给公用事业，并不能确保这些财富能够按照个人的遗愿实施，换句话说，这些财富极有可能无法物尽其用。在卡内基看来，将财富运用于公共福祉，并非低层次分发布施，这样不但会鼓励游手好闲之徒，而且可能将整个社会风气带坏。由此，他提出七项公益捐助是最佳的领域，其中大学排在第一位。[①] 1902 年，卡内基斥资 1000 万美元成立了美国历史上第三个私人教育慈善基金会——"华盛顿卡内基慈善会"，明确提出，其目的在于促进高等教育设施建设，激励科学研究发现，推进大学原创性研究。无独有偶，卡内基巨额财富的分配思想也被同期的"石油大王"洛克菲勒所践行。1903 年，洛克菲勒成立"普通教育慈善会"，资助美国所有类型和层级的教育，注册资金由初创时的 100 万美元，迅速在 1909 年提高到 5300 万美元。[②] 在卡内基和洛克菲勒的联合影响下，私人基金会很快形成一种显著力量，介入美国大学发展。

事实上，无论是洛克菲勒还是卡内基，他们早期对大学重点关注的并非科学研究，而是新建校园建筑或者是提高退休教师的津贴等有形层面。1900 年以后，他们资助大学建筑的热忱锐减。这主要是因为，一

① Howe B. The Emergence of Scientific Philanthropy, 1900-1920. Arnove R F. Philanthropy and Cultural Imperialism [C]. Boston: G. K. Hall & Co., 1980: 27-31.

② Sears J B. Philanthropy in the History of American Higher Education [M]. New Brunswick: Transaction Publishers, 1990: 83.

方面，如此众多的大学纷纷要求新增建筑款项，已使他们疲于应付，在资金上也显得愈加力不从心；另一方面，他们也发现摆在美国高等教育面前的主要问题，并非增设几所大学，或者为大学新建几幢大楼，而是提升大学内在学术实力。与此同时，旨在提高大学教师退休津贴的善举，也由于数额巨大无力承担不得不中断。① 捐赠资金的有限性，以及大学资金需求的无限性，直接导致私人基金会开始按照自己的标准进行选择性捐赠，进而促使美国大学分类发展。美国大学联合会成立后，私人基金会将主要资助都投向了这些重点大学。据统计，1923～1929 年，5 个最大的私人基金会将 86% 的捐赠支付给了 36 所大学，而当时全美拥有高等教育机构总数为 3000 多所。② 这些大学在私人基金会的资助下，很快成为科学研究的重镇，占据了美国高等教育系统的顶端。

据马克·道伊（Mark Dowie）考证，19 世纪末 20 世纪初，美国大学科研人员几乎从政府和企业中得不到任何资助。③ 19 世纪中期以后，大批留学德国的学者陆续返回美国，在洪堡的大学理念的影响下，他们开始致力于科学研究。可以想象，如果没有外界资金支持，这些发展科学的思想种子也只能在荒漠中被尘封。私人基金会的援助无异于甘露，使发展科学的职能在美国大学中萌发。在洛克菲勒和卡内基看来，科学知识对于促进文明教化和石油、钢铁对于工业化进程同等重要。为此，他们早期资助大学科研的重点，主要集中在物理学、医学、地质学等对于石油生产和钢铁冶炼等至关重要的领域。第一次世界大战后，在国家利益驱使下，他们又将资助扩展至化学、气象学、航空、无线电通信等学科领域，哈佛大学、斯坦福大学、普林斯顿大学、芝加哥大学等均得到数以百万美元计的私人基金会研究捐赠。在私人基金会的大力支持下，20世纪 20 年代后的美国大学在量子力学、核物理学、航空航天等领域异军

① Thelin J R. A History of American Higher Education [M]. Baltimore：The Johns Hopkins University Press，2004：145-147.

② Thelin J R. A History of American Higher Education [M]. Baltimore：The Johns Hopkins University Press，2004：239.

③ Dowie M. American Foundations：An Investigative History [M]. Cambridge：The MIT Press，2001：48.

突起，很快超越欧洲诸国。① 值得一提的是，在以科学技术资助为主的私人慈善中，1907 年成立的"拉塞尔·塞奇基金会"（Russell Sage Foundation）在创建之初就独树一帜，明确以资助社会科学研究为己任。在塞奇夫人影响下，洛克菲勒、卡内基等很快认识到社会科学研究的重要性，并将目光投向这一领域。

第二节　社会文化期：私人基金会推进大学科研的转向

　　1930 年前后，美国经历了一场史无前例的经济"大萧条"（The Great Depression），其影响超过历史上任何一次经济危机。受经济"大萧条"的冲击，工农业发展遭遇重创，金融证券行业全面崩溃。资本与市场的短缺致使银行倒闭、工厂关门、工人失业，随之而来的是民众生活极度贫困，阶级矛盾日趋激化。受苏联布尔什维克主义影响，为资本主义主流群体所惧怕的马克思主义学说迅速传播。在这种境遇下，私人基金会管理者发现，捐赠大学科学研究，不能仅仅以推进科学技术发展为最终鹄的，而是要构建一个更加美好的社会。在他们看来，贫穷、犯罪以及其他问题都是社会机体局部失调的结果，社会科学家在深入调查、分析、研究的基础上，可以为这些问题开出良药。一时间，"病菌说"（Germ Theory）成为人们治疗社会病患的潜在引导逻辑。这一学说认为，"大萧条"就像肌体疾病一样，与特定的病原体紧密相连，肌体疾病导致人类痛苦，社会病患亦然。按照这种推理，贫穷、暴力、青少年犯罪等如果能找到病因及疗方，同样可以根除。这就像医学能够治疗人类肌体疾病一样，人类学、经济学、政治学、心理学和社会学等也可以治疗社会机体的病患，而不必动用政治宣传或国家暴力。② 在这些理念引导下，1929

---

① Dowie M. American Foundations：An Investigative History［M］. Cambridge：The MIT Press，2001：50-55.

② Dowie M. American Foundations：An Investigative History［M］. Cambridge：The MIT Press，2001：56.

年以后，洛克菲勒基金会（Rockefeller Foundation）将资助大学科学研究的重点逐渐转向社会和人文科学领域，其中对他国社会发展尤为关注，曾先后捐助成立了"耶鲁大学国际研究所"（Yale's Institute of International Studies）、"哥伦比亚大学俄罗斯研究所"（Columbia's Russian Institute）等众多研究机构，资助金额高达数百万美元。① 与洛克菲勒基金会不同，在这段时间，卡内基基金会（Carnegie Corporation）社会科学资助的重点集中在国内种族方面的诸多问题上。

20 世纪 30 年代，"黑人问题"由美国南方迅速波及北方各州，进而成为全国性的重要课题。继"罗森沃尔德基金会"（Rosenwald Fund）在 1935 年资助移民种族关系研究之后，卡内基基金会对该课题给予了重点关注。为避免与"罗森沃尔德基金会"的研究重复，并尽量做到社会科学研究的价值中立，卡内基基金会并没有在美国本土白人或黑人学者中物色研究人选，而是在 1937 年聘请瑞典斯德哥尔摩大学（Stockholm University）政治经济学教授默达尔（Karl Gunnar Myrdal）主持该项工作。尽管如此，默达尔的研究还是受到了芝加哥大学社会学研究的强烈影响。1944 年，默达尔出版了《美国的两难困境：黑人问题与现代民主》一书。在默达尔看来，该著作不但达到了卡内基基金会对黑人问题进行系统研究的目的，而且集中体现了芝加哥大学社会学研究长期形成的风格和传统。在致谢中，默达尔明确说，如果没有托马斯（W. I. Thomas）、帕克（Robert E. Park）、沃思（Louis Wirth）等芝加哥大学社会学教授的帮助，该成果很难付梓。这一被美国著名民权激进人物杜波依斯（W. D. B. Du Bois）评价为具有里程碑意义的经典论著，对美国公共政策产生了深远影响。在美国历史学家奥斯卡·汉德林（Oscar Handlin）看来，它无异于吸引学者的"磁石"，从而使社会学研究中的芝加哥学派声名远扬。② 在一定程度上，它也为随后的社会科学如何运用到国家战略研究中提供了可资借鉴的方法路径。

---

① Curti M & Nash R. Philanthropy in the Shaping of American Higher Education ［M］. New Brunswick：Rutgers University Press，1965：226.

② Lagemann E C. The Politics of Knowledge：The Carnegie Corporation，Philanthropy，and Public Policy ［M］. Middletown：Wesleyan Univeristy Press，1989：141-146.

无论社会问题"病菌说"的推论合理与否，客观上它都引导了早期以"科学慈善"（scientific philanthropy）为特色的私人基金会向以"文化慈善"（cultural philanthropy）为宗旨的私人基金会转型，其突出标志就是对社会科学研究的扶持力度不断加大。1939～1950年，仅洛克菲勒基金会社会科学部在政治民主、经济学和经济史、人际关系等社会科学领域资助研究经费就高达2100万美元，而同时期整个欧洲的社会科学研究经费却仅为170万美元。① 伴随私人捐赠资金不断注入，美国大学科研也由先期自然技术科学当阳独尊转向自然技术科学与人文社会科学并驾齐驱的发展态势。换句话说，在第二次世界大战之前，在政府没有资助大学科学研究的情况下，如果没有私人基金会对美国大学科学研究的资助，那么不但大学的科学技术研究无法获得长足进步，而且大学的人文社会科学研究也无法获得强势发展。

第三节　战略研究期：私人基金会增强大学科研的路径

第二次世界大战后，世界格局发生重大变化。以美国为首的资本主义国家阵营与以苏联为首的社会主义国家阵营，形成了相互遏制、冲突敌对、势不两立的发展态势。尽管双方均不愿再触发大规模的世界战争，但是为取得战略优势，美苏之间的军备竞赛在"冷战"（Cold War）氛围下愈演愈烈。1957年苏联宣布把世界上第一颗绕地球运行的人造卫星送入轨道后，美国举国上下陷入极度震惊和恐慌之中。彼时，在美国民众中，不但反社会主义的国家立场迅速膨胀，而且要求提高科学技术水平的呼声也甚嚣尘上。在此背景下，美国私人基金会捐助大学科研的行为，也随之由20世纪50年代之前的"社会文化期"逐渐转向意识形态对抗的"战略研究期"。

1946年，哈佛大学科南特（J. B. Conant）通过校长报告明确提出，

① Dowie M. American Foundations：An Investigative History［M］. Cambridge：The MIT Press，2001：66.

在美国达到其历史发展目标的过程中，科学家占有重要的战略位置。1948 年，曾协助默达尔完成美国黑人社会问题研究的芝加哥大学社会学教授斯托弗（Samuel Stouffer）公开宣讲"社会学和社会科学战略"的研究理念。[①] 在这些思想的引导下，"研究作为战略"很快取得美国私人基金会的广泛认同，并形成其强化大学科研捐赠的巨大动力。1936 年注册仅 2.5 万美元成立的福特基金会（Ford Foundation），经过一段时间的默默无闻后，在 20 世纪 50 年代，将福特汽车公司 90% 的股份约 20 亿美元的资产注入基金会，并明确宣布对大学尤其是大学科学研究进行捐赠，其中，福特基金会仅支持斯坦福大学的行为科学高级研究中心一项就高达 350 万美元。[②] 自此，以战略研究为标志的科学研究倾向，在美国私人基金会的推动下迅速在美国大学群体中形成。

为满足政府对心理学家、人类学家的战略需求，1949 年洛克菲勒基金会投资 600 余万美元，在耶鲁大学建起了第一个协作式、跨学科的人类行为研究中心。1947~1957 年，卡内基基金会先后共出资 87.5 万美元建成了哈佛大学的俄罗斯研究中心。相对洛克菲勒基金会早期在哥伦比亚大学投建的俄罗斯研究所，由卡内基基金会资助的俄罗斯研究中心，更加强调运用现代社会科学最为先进的研究方法探究俄罗斯人行为决策中的关键问题。为更好地帮助政府了解世界局势，卡内基基金会还相继捐赠了耶鲁大学的东南亚研究、密歇根大学的日本研究、威斯康星大学的斯堪的纳维亚研究、宾夕法尼亚大学的印度研究、普林斯顿大学的中东研究、哥伦比亚大学的欧洲研究、西北大学的非洲研究等众多研究领域。[③] 在"物理学家赢得了第二次世界大战"的意识主导下，美国私人基金会对大学科学研究的拨款全面增加。据统计，1946 年全美 37 个私人基金会共投资科学研究 1100 万美元，1953 年这些私人基金会资助大学科学

① Lagemann E C. The Politics of Knowledge：The Carnegie Corporation，Philanthropy，and Public Policy [M]. Middletown：Wesleyan Univeristy Press，1989：148-149.

② Curti M & Nash R. Philanthropy in the Shaping of American Higher Education [M]. New Brunswick：Rutgers University Press，1965：231.

③ Lagemann E C. The Politics of Knowledge：The Carnegie Corporation，Philanthropy，and Public Policy [M]. Middletown：Wesleyan Univeristy Press，1989：173-178.

研究的总经费则高达 2300 万美元。[①]　可见，在不到十年的时间里，私人基金会年度资助大学科研经费的支出增长了一倍多，其对国家战略科学研究的重视由此可见一斑。

20 世纪 50 年代，私人基金会还充当着大学科研与联邦政府间的媒介角色。无数科技精英在私人基金会的资助下不断产出重要科研成果，并得到联邦政府的重视。经由万尼瓦尔·布什（Vannevar Bush）《科学，无尽的前沿》这一报告的推动，联邦政府很快意识到科学作为可再生资源对于国家发展的深远意义，进而认为，扶持科技研发、直接参与知识创新，应当是政府义不容辞的责任。1950 年，根据国会通过的《国家科学基金会法案》，联邦政府成立了"国家科学基金会"（National Science Foundation）。同时，国防部、能源部、交通部、农业部、卫生部等众多政府部门，也纷纷介入大学科研，由此，巨额研究资金不断投入美国大学，从而使一批研究型大学在战后美国得到迅速崛起。1953 年，联邦政府各部门科学研究拨款已高达 20 多亿美元，相比之下，私人基金会对大学的科研捐赠数额已经显得微不足道。但不可不察的是，此时联邦拨款大都集中在军事、医学等与国家安全密切相关的学科领域，私人基金会在社会科学等领域的资助依然占有重要位置。就整体发展趋势而言，一方面，私人基金会逐渐淡出政府密切关注的研究领域，将数额巨大的研究计划交由财力雄厚的联邦政府来承担；另一方面，私人基金会开始弥补联邦资助科研的不足，在政府视野之外，发展新的或重塑旧的研究领域。

第四节　灵活杠杆期：私人基金会资助大学科研的变通

20 世纪 60 年代，联邦政府对美国大学的科研拨款持续增加，其中，仅基础研究一项就由 1963 年的 6.1 亿美元增长到 1972 年的 14.09

---

① Andrews F E. Philanthropic Foundations [M]. New York：Russell Sage Foundation，1956：265.

亿美元。① 伴随 1965 年《高等教育法》的颁布以及"国家艺术人文基金
会"的成立，联邦政府片面扶持战略研究的现象得以全面改变。巨额经
费的投入使各大学纷纷把争取科研经费的目光由私人基金会转向财大气
粗的山姆大叔。私人基金会要想在大学科学研究中有所作为，不得不寻
求新的资助路径。也就是说，如何运用较少经费取得较大回报，是摆在
私人基金会面前一个迫切需要解决的现实课题。于是，采取"以小博大"
"四两拨千斤"杠杆式的投资方略，是私人基金会继续影响美国大学科研
的必要手段。为此，百花齐放、各显其能的科研资助方略在美国私人基
金会之间此起彼伏地竞相产生。

　　由通用汽车公司总裁斯隆（Alfred P. Sloan）于 1937 年创办的"斯隆
基金会"在 50 年代中期以后，一改项目资助的传统做法，斥资 5900 万
美元扶持 2600 名科学家。换句话说，斯隆基金会不再把科研资助经费直
接投放到大学，而是更加精准地投放到科学家身上。在斯隆基金会的精
准资助下，先后有 16 名科学家获得诺贝尔奖。1970 年，斯隆基金会开始
把科研资助的目光转向少数派（minority）的医学研究者，并在 6 年内为
神经系统科学注入了将近 1500 万美元的研究资金。神经系统科学受到联
邦政府的重视并获得资助后，1980 年，斯隆基金会又将科研资助的目光
转向了认知科学，进而通过神经医学和计算机技术的跨学科整合，促进
了一门新的学科研究领域——分子进化学（Molecular Evolution）在北美
大学中的产生。② 也就是说，当联邦政府认识到一个学科研究领域的重要
性并施以巨额资助之后，私人基金会旋即开始寻找新的学科研究领域进
行资助。与斯隆基金会的资助路线不同，梅隆基金会（Andrew W. Mellon
Foundation）在 20 世纪 90 年代以后，开始为大学科研人员搭建高端学术
平台，致力于期刊储存（JSTOR）的资助工作。彼时，伴随科学研究迅速
发展，美国大学不得不为购置和存放大量出版物而付出巨额开支，同时，
大量纸质期刊也使科研人员为找其所需而费神劳力。1995 年，梅隆基金

① Henry D. D. Challenges Past-Challenges Present：An Analysis of American Higher Education
Since 1930 ［M］. San Francisco：Jossey-Bass Publishers，1975：124.

② Dowie M. American Foundations：An Investigative History ［M］. Cambridge：The MIT Press，
2001：67-68.

会与密歇根大学合作，使 JSTOR 作为一个独立的非营利机构正式成立。[①]
截至 2009 年，JSTOR 已整理高端学术期刊 1000 多种，涉及众多领域中极
为宝贵的文献资料。JSTOR 聚集了上万家图书馆、数百家世界一流的学
术出版商和无数专家学者的科研成果，使这些科研成果经由纸质版形式
转换为便于检索的电子版形式，这不但降低了大学储存科研成果的成本，
而且为科研人员寻找相关文献提供了极大便利，由此做到了科学研究中
规模与效益的有机结合。

由此可见，无论是斯隆基金会还是梅隆基金会，在资助的财力及物
力远低于联邦政府的情况下，都通过灵活而又有效的运作方式，在政府
没有触及的领域发挥了政府不可替代的作用。事实上，伴随学科知识的
不断发展以及科学研究的日益复杂，无论联邦政府投入大学科研经费的
数额多么巨大，都存在政府很难触及或者不愿触及的资助领域，如市民
权利、生态环境、女权主义等。1980 年以后，福特基金会为避免使自己
成为联邦政府主要资助机构的复制品，开始致力于将科研资助的重点放
置于创新性和探险性的研究领域，并着手规划未来的科研资助路向。少
数族裔、妇女问题、跨国合作、全球化发展等研究领域，已经逐渐进入
私人基金会的资助视野，并日益占据重要位置，美国本土的大学已经不
再是其当然首要资助对象了。[②] 不难看出，为人类共同福祉而努力的科研
资助框架，在福特基金会的运作实践中已浮出水面。

事实上，相对于美国联邦政府及政府各部门的科研资助，私人基金
会的科研资助无疑属于风险性投资，具有较强的试错能力。这是因为，
联邦政府资助大学科研，需要动用纳税人的钱，因此其资助动向必然受
到外界民众的广泛监督和关注，但是，相对政府的科研资助而言，对于
私人基金会投资的科学研究，民众关注和监督的力度要小得多。20 世纪
80 年代，美国"国家艺术人文基金会"的艺术研究资助就受到来自国会
和民众的猛烈抨击，一方面，其指责政府将过多的研究经费不公正地设

---

① Mission & History ［DB/OL］. http：//www. jstor. org/page/info/about/organization/missionHistory. jsp/2009/7/6.

② Thelin J R. A History of American Higher Education ［M］. Baltimore：The Johns Hopkins University Press，2004：338.

置在纽约，从而造成区域间的资助不平衡；另一方面，其指责政府对资助项目内容缺少审查，从而导致淫秽色情泛滥。1990年，国会不得不通过法律，明确要求艺术资助设定体面的普适标准。1997年，联邦政府再次通过法律，对资助程序设置了诸多限制。[①]显然，对于私人基金会的科研资助来说，它们完全可以摆脱联邦政府资助科研的类似困境。由于私人基金会资助大学科研具有船小易调向、资金私立性、类型多样化等特点，其更加容易进入政府不易进入的学科领域，同时，也更加容易随时撤出政府不易撤出的研究领域。美国私人基金会资助大学科学研究的以上特点，无疑是它们能够发挥"以小博大""四两拨千斤"杠杆作用的关键所在。

第五节　结语

回溯私人基金会与美国大学科研发展的百年历程，不难看出，在20世纪初期，当联邦政府和企业还没有关注大学的科学研究时，正是美国私人基金会使大学发展科学的思想种子得以萌发；20世纪30年代，在经济危机、种族歧视等社会问题丛生的影响下，美国私人基金会怀着治愈社会病患的信念，将大学科研资助的目光投向了社会科学研究；二战后，美国私人基金会不但加大对国家战略研究的投入，而且促使联邦政府直接介入大学科研；20世纪60年代以后，伴随联邦政府投入大学科研经费的剧增，私人基金会则通过巧妙运作，在政府所及之外开辟出别有洞天的科研资助方略。因此，反思整个20世纪美国私人基金会资助大学科研的百年流变，可以说，在一定程度上，私人基金会不但引领了美国大学科学研究的发展，而且成为联邦政府资助大学科研的动力。

20世纪80年代以降，我国进行了新一轮的大学制度改革。50年代"院系调整"后形成的大学只承担教学职能的现象已经一去不复返。新时代，在教育、科技、人才"三位一体"的指引下，在科技是第一生产力、

---

① Kiger J C. Philanthropic Foundations in the Twentieth Century [M]. Westport：Greenwood Press，2000：59-60.

人才是第一资源、创新是第一动力"三个第一"的部署下，在深入实施科教兴国、人才强国、创新驱动发展的战略下，大学在科研创新中的地位愈加重要。换句话说，如今大学若要在院校林立中获得发展优势，以科研强校是不得不为也不可不为的重要路径。尽管国家对高校科研经费的投入逐年增加，但是自上而下的政府单向度扶持无法满足大学科研所需。除却政府纵向资助，近年来高校与企事业单位联合的横向科研开发则往往带有明显的功利色彩，进而使科学研究很难走向纵深。1994年霍英东教育基金会决定为高校青年教师从事研究提供资助，开我国私人基金会资助大学科研之先河。但是，仅有一家基金会的资助，无论从资助范围还是从资助数额来看，对于当下中国大学科研创新所需而言，都无异于杯水车薪。

应当说，当下我国已经具备设立私人基金会的条件：一方面，21世纪以来，伴随国家经济的迅速发展，人均GDP不断提高；另一方面，2004年国家颁布的《基金会管理条例》也对私人基金会给予了明确的政策支持。但是，我国私人基金会的发展仍较缓慢，私人基金会与大学科研的互动，还需要从世界高等教育发达国家中寻找启示和借鉴。

第十八章

大学社会资本制胜：以 20 世纪
哈佛大学为个案

第一节　引言

资本的形式和内容多种多样。古典经济学家最先将资本的范畴界定为有形的实物形态，亦即物质资本。20 世纪 60 年代，西奥多·W. 舒尔茨（Theodore W. Schultz）和加里·S. 贝克尔（Gary S. Becker）开始把人力资本引入经济学的分析，自此，资本冲破传统观念的束缚，不断向广义扩展。法国社会学家皮埃尔·布尔迪厄在继承马克思关于资本理论研究的基础上，创造性地认为："除非人们引入资本的所有形式，而不是仅仅考虑经济理论所认可的那一种形式，否则是不可能对资本的结构和作用加以解释的。"[①] 1980 年，布尔迪厄在《社会科学研究》杂志上发表了《社会资本随笔》一文，正式提出"社会资本"的概念。社会资本概念及其研究范式提出后，引起了不同地域、诸多学科领域学者的广泛关注。布尔迪厄提出多样资本理论，是基于个人和家庭的层面进行论述的。如果把研究对象由个人和家庭拓展至组织、地区甚至国家，同样具有一定的适切性。换句话说，大学作为组织部门，所拥有的资本形式也是多种多样的，其中，大学物质资本是其发展的经济基础，大学学术资本是其发展的智力基础，大学社会资本是其发展的无形资源，对于大学发展起

[①]　Bourdieu P. The Forms of Capital. Richardson J. Handbook of Theory and Research for the Sociology of Education [C]. Westport：Greenwood，1986：241-242.

着同样重要的作用。

在前人研究的基础上，结合"社会"一词的词源学分析，本书认为，所谓社会资本，是指个人或组织在意识形态、道德规范、习俗惯例等非正式制度的影响和制约下，通过长期交往、合作互惠，进而在形成的一系列互动的网络关系基础上积累起来的资源总和。社会资本在客观层面上表现为关系网络因素；在主观层面上表现为"黏合"关系网络的非正式制度的文化因素，如伦理规范、价值信念、习俗惯例、意识形态等。[①] 因此，大学社会资本是指大学在意识形态、道德规范、习俗惯例等非正式制度的影响和制约下，通过长期发展、内外部交往、合作互惠，进而在形成的一系列互动的网络关系基础上积累起来的资源总和。我们曾经运用社会资本的视角分别解读中世纪大学的产生、19 世纪德国大学的崛起，以及西南联合大学因何在战火纷飞中仍能够弦歌不辍，培养出无数知识精英。本章则试图以社会资本的视角，深入分析哈佛大学因何能够在 20 世纪锻造为美国的国家大学，甚至在某种程度上锻造为世界大学。之所以在运用社会资本的视角分析中世纪大学、19 世纪德国大学以及西南联大之后，再运用同样的视角分析哈佛大学，主要是因为，一方面，从欧美大学的历史与发展来看，从中世纪大学到 19 世纪德国大学，而后到 20 世纪美国大学，无疑是世界大学发展史上三个重要的里程碑，从大历史的视角系统分析三个时间段的大学社会资本，无疑能够更加宏观地展现大学社会资本的变迁规律；另一方面，美国是当今高等教育强国，而哈佛大学是美国研究型大学群体的代表，深入分析其外部网络关系、内部网络关系，以及影响和制约大学网络关系的非正式制度，不但对于建设高等教育强国具有重要的借鉴价值，而且对于建设一流大学具有重要的启示意义。

此外，之所以集中分析 20 世纪的哈佛大学，是因为尽管哈佛大学是北美殖民地第一所高等学府，但是，哈佛大学的真正崛起却是 19 世纪末期以后的事情。尽管"哈佛学院"早在 1780 年就更名为哈佛大学，但是在史密斯（Richard Norton Smith）看来，一直到美国内战（1861~1865），"哈佛充其量不过是一个教波士顿的绅士们礼貌举止的学校。哈佛只反映

---

① 胡钦晓. 解读西南联大：社会资本的视角［J］. 高等教育研究，2007（1）：98-100.

有限的抱负和新英格兰文人的理念，满足于为部长和地方官员们提供自由艺术的基础教育"①。1869~1909年，深受德国高等教育思想影响的查尔斯·威廉·艾略特担任校长，从而开启了哈佛大学快速发展的历史进程。换句话说，如果说艾略特之前的哈佛大学主要是模仿和借鉴了英国剑桥大学的模式，那么从艾略特开始，哈佛大学则开始真正植根于自己的文化土壤，并不断成长壮大起来。在艾略特、洛厄尔、科南特、博克、陆登庭（Neill Rudenstine）等历任校长的带领下，哈佛大学先后实施了一系列大刀阔斧的改革措施，使之很快步入美国乃至世界一流大学的行列。如果用一句话来总结20世纪哈佛大学的成功经验，那么在一定程度上，完全可以用"大学社会资本制胜"来概括。

第二节　20世纪哈佛大学与国际舞台

　　创办初期的哈佛学院是一所公立性质还是私立性质很难界定的院校，其创办经费最早来自"马萨诸塞湾殖民地议会"（400英镑）和约翰·哈佛的私人捐赠，当时美利坚合众国还没有诞生。1819年"达特茅斯学院案"（Dartmouth College Case）以后，哈佛大学明确了其私立性质。正是这所私立的高等教育机构，在20世纪不断发展壮大，逐步锻造成为一所与美国政治、经济、文化等各领域发展息息相关的国家大学。伴随这所国家大学的产生与发展，它的国际化趋势也日益彰显。

　　早在艾略特担任哈佛大学校长的末期，哈佛的学生就几乎来自全美各个州，并且有来自十几个国家的留学生。及至1936年哈佛大学300年校庆之时，世界五大洲2500余名著名学者前往参加，其中，东京哈佛俱乐部、上海哈佛俱乐部等世界范围内哈佛人，以及开罗大学（Cairo University）、博洛尼亚大学、巴黎大学、牛津大学、剑桥大学等古老大学的代表参加庆典，无疑极大地提高了哈佛大学的国际声望。二战前期，国外许多专家学者尤其是德国犹太学者，为了躲避政治迫害，纷纷迁居美国，这为哈佛大

---

① 史密斯. 哈佛世纪——锻造一所国家大学 [M].程方平，等，译. 贵阳：贵州教育出版社，2004：3.

学的师资队伍不断输入新鲜血液。科南特校长一直坚持，任何东西都不能够阻挡他网罗世界上最优秀、最杰出、最有创造力的学者。1943 年，科南特公布了挑选教职人员的"特别委员会"制度，这一制度减少了校长在任用教职方面的专断权。由哈佛学者、其他学科专家和私营部门代表组成的"特别委员会"，可以在任何地方寻找其能够发现的最佳候选人。这一制度无疑为哈佛大学吸引世界上最优秀的人才创造了更加具有竞争力的环境。

1953 年，校长内森·马什·普西（Nathan Marsh Pusey）认为，哈佛大学已经与美国所有部门以及各个地区有机地联系在一起，事实上也和整个世界联系在一起。国际主义是普西时代哈佛大学的办学主旨。哈佛广场上有身着五颜六色亚洲和非洲服饰的身影，有来自 100 多个国家的语言腔调。在福特基金会的慷慨支持下，哈佛大学很快就成为全球性组织。其中，哈佛法学院建立起一个国际性的法律中心，用来培训来自发达国家的学者和来自发展中国家的财政官员；哈佛商学院建立了一个"海外关系办公室"，在法国、土耳其和意大利播下管理教学的种子；哈佛公共管理学院诊断了巴基斯坦的经济健康问题，来自"英联邦国家"和亚洲的新闻记者被邀请去加入"尼曼研究生班"；哈佛大学管理学院派遣专家为瑞士和危地马拉的大学配备教师，为"第三世界"的贫穷地区提供医疗服务和募集资金；哈佛神学院已经从一个学院发展成为世界宗教中心；哈佛工程学和应用物理学方面的专家以及其他专家学者向印度政府提出有关"如何控制河流、如何利用水资源"方面的建议。此外，"发展问题顾问咨询机构"名副其实地在哥伦比亚和韩国做了许多有益的咨询工作，教育学院签订了一份合同去督导尼日利亚的第一所综合高中。哈佛大学甚至设计了一项国际性的"税收计划"，在 15 个国家内通过复杂的税收调节来引导跨国公司和企业的走势。① 哈佛大学的国际主义办学主旨使其率先登上了国际舞台。与之相比，欧洲大学的国际化直到 20 世纪 70 年代后才渐成高潮。

普西之后，哈佛大学的国际化趋势有增无减。在 20 世纪 70 年代中期，哈佛 1/10 的学生来自海外，亚裔和西班牙裔的学生增长突飞猛进，

---

① 史密斯. 哈佛世纪——锻造一所国家大学［M］.程方平，等，译. 贵阳：贵州教育出版社，2004：239-262.

在哈佛大学的校园内有 60 多种语言被讲授。① 伴随组成人员国际化趋势以及 Internet 网络的兴起，哈佛大学的教学、科研、服务等活动也走向了国际化的发展道路。如今的哈佛，已经成为世界学子向往的学术殿堂、全球高校竞相模仿的研究机构、高科技研发的重要策源地。不断拓展的世界网络关系，为哈佛大学赢得了丰厚的社会资本，而这些社会资本又极易转化为物质资本和人力资本。正是这些资本之间的相互转化、相辅相成，为哈佛大学的发展奠定了雄厚基础。

第三节　20 世纪哈佛大学与国家社会

一　国家为大学提供支持

大学是现代国家发展的创新动力和知识源泉。换句话说，国家的发展与强盛离不开大学尤其是高水平大学的支持。反之，一个有抱负的国家，也有义务为大学发展提供支持。但是，在第二次世界大战之前，美国联邦政府很少参与大学事务，对大学投资力度不大，私人捐赠和学生学费一直是哈佛大学的主要经济来源。在第二次世界大战中，美国认识到研究型大学在国家安全和发展中的重要战略地位，开始逐步加大对大学的经费投入力度。大型科学研究项目"曼哈顿工程"（Manhattan Project）使当时的华盛顿卡内基研究所（Carnegie Institution of Washington）主席万尼瓦尔·布什和哈佛大学校长科南特拿到了联邦政府一亿美元的研发经费。科南特认为，布什将会沿用第一次世界大战中的经验，从全国召集科研人员组成国家实验室。但是，布什很快声称："我们将与大学、研究机构和工业实验室签订合约。"这意味着美国联邦政府与大学之间新型的伙伴关系拉开了序幕。1941 年 7 月，美国总统富兰克林·罗斯福（Franklin Roosevelt）成立"科学研究与开发办公室"（The Office of Sci-

---

① 史密斯. 哈佛世纪——锻造一所国家大学 ［M］. 程方平，等，译. 贵阳：贵州教育出版社，2004：373.

ence Research and Development，OSRD），由布什担任领导。OSRD 先后与哈佛大学签订科研合约 79 份，资助金额高达 3096.3 万美元，资助总金额位于麻省理工学院、加利福尼亚理工学院之后，列第三位。[①] 1958 年《国防教育法》（National Defense Education Act）颁布后，美国联邦政府对大学的研发经费投入进一步加强。1959 年，联邦政府对哈佛大学的科研资助第一次超过了学费收入。此时，哈佛大学校长普西对政府与学术界的关系深感焦虑。他认为，只有大学保持其本质之时，换言之，大学不成为政府的一个代理机构之时，大学才能很好地为社会服务。为此，他组织了一场史无前例的对政府与学术界之间关系的审议。最终，普西校长及其同行一致认为，只要联邦政府没有颠倒或者碾碎他们为之热心奋斗的目标，那么联邦政府对于高等教育还是有益处的。[②] 此后，美国联邦政府虽然不断调整对大学研发的投入政策，但是山姆大叔的政府拨款一直是哈佛大学的主要经费来源之一。2003～2005 年哈佛大学获得的研究赞助经费（sponsored research support）一览见表 18-1。

表 18-1　2003～2005 年哈佛大学获得的研究赞助经费一览

单位：万美元，%

类别	2003 年		2004 年		2005 年	
	拨款数额	所占比例	拨款数额	所占比例	拨款数额	所占比例
联邦政府直接拨款	30243.2	55.1	34202.6	58.1	36760.0	58.7
联邦政府间接拨款	11372.3	20.7	13147.4	22.3	14345.7	22.9
非联邦政府赞助者直接拨款	12118.0	22.1	10662.1	18.1	10323.2	16.5
非联邦政府赞助者间接拨款	1154.2	2.1	904.8	1.5	1215.1	1.9
年度研究赞助经费总额	54887.7	100	58916.9	100	62644.0	100

　　注：非联邦政府赞助者是指基金会（foundations）、公司（corporations）、国外（foreign）、州政府（state）、地方政府（local governments）、研究机构（research institutes）等。该数据是根据哈佛大学网站上公布的财务数据统计得出的。

　　资料来源：Annual Finanical Report of Harvard University［EB/OL］.http：//vpf-web. harvard. edu/annualfinancial/2006-7-2.

---

① Geiger R L. Research and Relevant Knowledge：Amercian Research Universities Since World War Ⅱ［M］. New York：Oxford University Press，1993：3-31.
② 史密斯. 哈佛世纪——锻造一所国家大学［M］.程方平，等，译. 贵阳：贵州教育出版社，2004：264.

从表 18-1 中可以看出，在 2003 年哈佛大学获得的研究赞助经费中，联邦政府拨款占 75.8%；在 2004 年哈佛大学获得的研究赞助经费中，联邦政府拨款占 80.4%；在 2005 年哈佛大学获得的研究赞助经费中，联邦政府拨款占比高达 81.6%。可见，从 2003 年到 2005 年，伴随哈佛大学获得的研究赞助经费总数不断攀升，联邦政府拨款所占比例也在不断提高。

二 大学独立于国家掌控

作为美国重要的人才库和思想库，哈佛大学在其长期发展的过程中一直保持着独立自主的办学理念。换句话说，哈佛大学并没有因为国家的资助和支持，完全沦落为失去自由和自治的国家掌上之物。哈佛大学之所以能够如此，概括来说，主要有以下几个方面的原因。

首先，哈佛大学历任领导都具有独立意识。在艾略特时代，他就致力于把哈佛大学办成摆脱政府控制和远离教会影响的完全美国式的大学。艾略特是一个反帝国主义者，1898 年 4 月，在美国第 25 任总统威廉·麦金利（William McKinley）向国会请求对西班牙宣战的前一周，艾略特带领哈佛其他 85 名教授联名反对开战。他曾宣称，当时继任的美国总统西奥多·罗斯福（Theodore Roosevelt）是一个好战分子，是哈佛大学的不肖之子，甚至声称罗斯福是"一个完全没有法律意识的人"。但是，当时的华盛顿政府，无权监视艾略特的行为是否符合联邦命令。① 在以后的发展过程中，伴随哈佛大学的国家化发展趋势，哈佛大学的校长虽然不再有艾略特这样强硬的独立意识，但是哈佛大学的学术事务是不容外部包括国家染指的。诚如哈佛大学第 27 任校长劳伦斯·萨默斯（Lawrence Summers）教授在北京大学演讲时所说："在哈佛大学，无论是马萨诸塞州的州长还是美国总统都根本没有权力决定谁应该被任命为经济学教授、工程学教授或医学教授，他们根本没有权力为他们的朋友或自己的目的在哈佛大学指手画脚。"②应当说，正是哈佛大学历任校长的独立意识为哈

① 史密斯.哈佛世纪——锻造一所国家大学［M］.程方平，等，译.贵阳：贵州教育出版社，2004：48-61.
② 萨默斯.全球化对高等教育的影响［EB/OL］.http://www.hechuan.gov.cn/blog/disp_text.asp? id=639/2006-6-28.

佛大学赢得了相对独立的自治地位。

其次，哈佛大学学术思想具有独立意识。作为国家大学的哈佛，在长期的发展中并没有沦为完全服膺于国家的奴仆，而是成为相对独立的思想库。哈佛大学不但是反对越南战争舆论的温床（哈佛大学校长博克曾联合其他大学的校长在华盛顿反对越战），而且是 20 世纪 60 年代学生反战运动的策源地之一。在"麦卡锡主义"（McCarthyism）盛行，美中处于敌对状态，反共成为"政治正确"的时代里，哈佛大学逆流而动，在 1956 年成立了"东亚研究中心"（1977 年更名为"费正清东亚研究中心"）。如果说 1956 年哈佛大学的对华研究还处在思想领域，1958 年则将其付诸行动。在哈佛大学的校园民意测验中，绝大多数学生希望美国政府承认中华人民共和国。一些著名的教师如社会学家大卫·里斯曼（David Riesman）大声呼吁反对大学与军方的联系，主张缓和"冷战"的紧张形势。[1] 哈佛大学的独立思想和行动，无疑为美国改变对华政策、1972 年尼克松访华、中美邦交正常化提供了理论基础和舆论力量的支持。在 2001 年震惊世界的"9·11"恐怖袭击事件后，哈佛大学在新闻媒体上发布了其基本看法和立场。其主张用法律和道德的手段来对付国际恐怖主义，而不是用战争和报复来对待恐怖袭击。这再一次鲜明地表现出哈佛大学在办学上和政治上的独立地位。[2] 事实上，任何组织和个人，在任何时候所做出的决策，都可能存在瑕疵甚至失误，这时候反对的声音，往往是使决策得以及时调整甚至纠正的重要力量，这也正如同中国传统文化中反复强调的，"千夫之诺诺，不如一士之谔谔"。而哈佛大学思想上的独立，也锻造了组织上的品格。

最后，哈佛大学是一所私立性质的大学。在一个严格遵守案例法的国度，"达特茅斯学院案"的成功判决，以及 1819 年哈佛大学宣布私立性质，无疑为哈佛大学在后来办学中秉持自治提供了法律上的援助和保障。无论是校长任命、教授遴选，还是哈佛大学的课程设置、经费使用

---

[1]　史密斯. 哈佛世纪——锻造一所国家大学［M］.程方平，等，译. 贵阳：贵州教育出版社，2004：283.

[2]　程方平. 译者后记：美国社会发展与大学的改革. 史密斯. 哈佛世纪——锻造一所国家大学［M］.程方平，等，译. 贵阳：贵州教育出版社，2004：405.

等，哈佛大学都不受联邦政府或州政府的控制。政府通过科研经费资助哈佛大学，不但是建立在契约关系之上的，而且是哈佛大学通过学术胜任力获得的。换句话说，哈佛大学获得的政府资助，并非像 19 世纪初期柏林大学那样，来自国王的恩赐或者是邦政府的拨款。因此，从这些方面来说，称哈佛大学为"有组织的无政府机构"，是不无道理的。进入 20 世纪以后，哈佛大学与社会的联系越来越密切。大学与大学之间、大学与校友之间以及哈佛大学与其他非营利性组织之间的关系错综复杂。哈佛大学在自身发展中，逐步脱离了故步自封的状态，渐渐由一个清教徒控制的宗派机构转变为与社会发展息息相关的网络枢纽。

三 哈佛大学与盟校

如今的哈佛大学已经与世界上许多著名大学建立良好的合作伙伴关系。仅就美国内部而言，哈佛大学与其他大学建立的稳定社会联系就为其赢得了丰厚的社会资本。其中"常春藤联盟"（Ivy League）和"美国大学联合会"无疑在哈佛大学校际的联系中发挥着特殊的作用。"常春藤联盟"是由位于美国东部的 8 所私立高等教育机构组合而成的，这 8 所高校分别是布朗大学（Brown University）、哥伦比亚大学、康奈尔大学、达特茅斯学院、普林斯顿大学、宾夕法尼亚大学、耶鲁大学和哈佛大学。"常春藤联盟"最早可以追溯到 20 世纪 30 年代，但到了 1954 年才正式成立。除康奈尔大学在 1865 年成立外，其余 7 所高校均是在北美殖民地期间建立的，8 所高校均为美国顶尖水平的大学。起初，8 所高校建立联盟源于各大学之间的体育运动比赛，而后其交流项目渐渐延伸到学术的各个研究领域。现在，"常春藤联盟"作为一个符号，为各大学带来了丰厚的捐赠，并使之成为全美最富有的私立大学群体，每一所"常春藤盟校"都获得了超过 20 亿美元的捐赠数额。其中，哈佛大学、耶鲁大学、普林斯顿大学因接受捐赠总数额巨大，分别列世界最富有的大学的第一、二、四位。[①] 而今，"常春藤联盟"近乎成为世界一流大学群体的代名词，给各大学带来的不仅仅是经济收入，还有身份标识、学术声望等。

---

① Total Endowment Wealth ［EB/OL］. http：//www. bookrags. com/Ivy_ League/2007-2-13.

　　面对美国高等学校类型多样化和新兴院校的迅速崛起，为保持精英教育的高标准，哈佛大学、耶鲁大学等 14 所从事博士教育的大学于 1900 年成立了"美国大学联合会"。截至 2023 年，该联合会共有 71 个会员，其中有 38 所美国公立大学、31 所美国私立大学，以及 2 所加拿大大学。该联合会致力于学术研究、研究生教育和专业教育政策方面的制定，同时为各大学之间更广泛的学术交流打造了一个平台。联合会每年定期举办两次会议：秋季会议在各大学轮流举行，春季会议在华盛顿举行。"美国大学联合会"是美国教育委员会（American Council on Education）成员之一，同时与"美国州立大学与赠地学院协会"（National Association of State Universities and Land-Grant Colleges）、"美国医学院协会"（Association of American Medical Colleges）等其他高等教育组织保持密切的伙伴关系。① "美国大学联合会"制定的学术标准得到了成员的一致认同，有意识的组织协调催发了研究型大学的产生，并使这些大学成为美国高等教育系统内部一个自觉的群体，促进了研究型大学的有序发展。②进一步来说，"美国大学联合会"在一定程度上也促进了美国高等教育系统的有序发展。

四　哈佛大学与校友

　　"哈佛大学之所以最好，就因为它是哈佛大学。"这一看似循环往复的回答，实质上是指哈佛大学的声望基于其校友的成功。③ 哈佛大学拥有为数众多的成功校友，这能为其吸引全球最优秀的学生。这些学生毕业后，携带着哈佛大学的毕业证书又可以找到最好的工作，促使他们自身走向成功，这种良性的"马太效应"（Matthew Effect）为哈佛大学及其校友都带来了丰厚的无形资产。哈佛大学一直注意保持与毕业生之间的联系。早在 1840 年，就成立了"哈佛大学校友会"（Harvard Alumni Associ-

① About AAU［EB/OL］. http：//www. aau. edu/aau/aboutaau. cfm/2023-7-4.
② 沈红. 美国研究型大学形成与发展［M］.武汉：华中科技大学出版社，1999：34-35.
③ Why is Harvard the Best？［EB/OL］. http：//www. halfsigma. com/2006/05/why_is_harvard_. html/2006-7-4.

ation, 简称 "HAA"), 1897 年, 又成立了 "哈佛大学联合俱乐部" (Associated Harvard Clubs)。1965 年 7 月, 两者合并统称为 "哈佛校友联合会" (Associated Harvard Alumni)。"哈佛大学校友会" 在剑桥奥本街 (Auburn Street in Cambridge) 设有办事处, 负责联系哈佛大学所有的毕业生事宜, 其目的是在哈佛大学及其校友之间建立良好的互惠关系。经过数百年的经营, 哈佛大学校友网络不断壮大, 目前有 180 多个俱乐部遍布全球。① 哈佛大学校友捐赠历史悠久, 1925 年在几名哈佛校友的倡议下, 哈佛基金会成立, 当年就有 3261 名校友捐款 123544 美元。而后, 哈佛大学校友捐赠的数量不断增多。美国联邦教育部教育统计中心资料显示, 1995~1996 年度, 获得校友资助前三位的高校为哈佛大学 2.2 亿美元、斯坦福大学 1.4 亿美元、康奈尔大学 1.1 亿元。② 截至 2005 年, 哈佛大学的校友捐赠金额累计达到 259 亿美元, 其中 2003 年度接受校友捐赠 26240 万美元, 2004 年度接受校友捐赠 25780 万美元, 2005 年度接受校友捐赠 28570 万美元。表 18-2 为哈佛大学 1974~2005 年校友实际捐赠增长一览。

表 18-2　哈佛大学 1974~2005 年校友实际捐赠增长一览

单位: %

年　份	1974~1984	1985~1995	1996~2005	1974~2005
总投资收益 (Total General Invest Return)	10.4	12.7	14.8	13.4
平均每单位收益分配价值 (Average per Unit Income Distributed as a Percent of Unit Value)	(5.1)	(4.1)	(4.2)	(4.5)
再投资总回报 (Total Return Reinvested)	5.3	8.6	10.6	8.9
资本增加 (Capital Additions)	3.3	1.5	2.0	2.2
总捐赠增长 (Total Growth in Endowment)	8.6	10.1	12.6	11.1
通货膨胀率 (Inflation Rate)	(7.8)	(3.5)	(2.4)	(4.5)

---

① About the HAA [EB/OL]. http://post. harvard. edu/harvard/alumni/html/jabout_ haa. html / 2006-7-4.

② 校友募捐: 美国著名大学发展的重要资金来源 [EB/OL]. http://www. talentweb. com. cn/ article. php? action = read&article_ id = 727&keyword = no_ search/2006-7-4.

续表

年　份	1974~1984	1985~1995	1996~2005	1974~2005
实际捐赠增长（Real Endowment Growth）	0.8	6.6	10.2	6.6

资料来源：Annual Finanical Report of Harvard University［EB/OL］. http：//vpf-web. harvard. edu/annualfinancial/2006-7-2.

从表 18-2 中可以看出，1974~2005 年，哈佛大学的校友捐赠，除去通货膨胀率，以平均每年 6.6% 的幅度增长。诚如哈佛大学在 2005 年《财政结果分析》（Analysis of financial results）中所指出的，慷慨的校友及朋友的捐赠支持是大学能够保持教学和研究基业长青的支柱。

五　哈佛大学与其他

"在 20 世纪 20 年代和 30 年代，美国研究型大学的发展依赖于私人基金会对学术研究的支持。"[1] 同样，哈佛大学的发展也得益于私人基金会的财政支持。1907 年，拉塞尔·塞奇基金会成立；1911 年，卡内基基金会成立；1913 年，洛克菲勒基金会成立；1936 年，福特基金会成立。这些私人基金会为哈佛大学等研究型大学的发展提供了强大的物质支持，并成为其持续发展的不竭动力。20 世纪 40 年代，卡内基基金会关注国际关系研究，将其大部分基金注入"哈佛大学俄罗斯研究中心"；1946~1958 年，福特基金会支持大学社会科学研究，仅哈佛大学一校就注入了 1753 万美元，从而使哈佛成为美国公私立大学中获得福特基金数额最多、社会科学研究综合实力最强的大学。[2] 2004 年，仅洛克菲勒基金会就注入哈佛大学 3007835 美元。[3] 2006 年 7 月 6 日，在洛克菲勒基金会网站内，输入"Harvard"搜索，可得出 29 条相关信息；在拉塞尔·塞奇基金会网站内，输入"Harvard"搜索，可得出 55 条相关信息；在福特基金会网站内，输入"Harvard"搜索，可得出 327 条相关信息；在卡内基基金会网

---

① Geiger R L. Research and Relevant Knowledge：Amercian Research Universities Since World War Ⅱ［M］. New York：Oxford University Press，1993：92.

② Geiger R L. Research and Relevant Knowledge：Amercian Research Universities Since World War Ⅱ［M］. New York：Oxford University Press，1993：95-106.

③ 2004 Annual Report［EB/OL］. http：//www. rockfound. org/AboutUs/AnnualReport/2006-7-5.

站内，输入"Harvard"搜索，则可得出 352 条相关信息。① 哈佛大学与上述私人基金会的密切联系由此可见一斑。

随着哈佛大学的不断发展，哈佛大学的声望也越来越大，同时哈佛大学与外界之间的联系也日益广泛。如今已经没有任何一个单一的组织或个人能够左右哈佛大学的经济来源，这一点从哈佛大学《2005 年财政运营收入》（Fiscal Year 2005 Operating Revenue）中就可看出。在哈佛大学 2005 年财政运营收入中，"学费收入"（student income）占 21%，其中包括本科生学费、研究生学费、住宿费、继续教育培养费等；"研究赞助收入"占 22%，其中包括联邦政府拨款、基金会拨款、国外投资、当地政府投资等；"供运营使用的捐赠收入"（endowment income distributed for operations）占 31%，"供目前使用的捐赠"（current use gifts）占 7%，其中既有全球校友的无私捐赠，也有通过校友影响而取得的朋友捐赠；② "其他收入"（other income）、"其他投资收入"（income from other investments）等，则是哈佛大学运用其声望和自身的良好管理获得的收入，其来源更加复杂、多样。如此范围广泛的收入，足见外界对哈佛大学的信任，也促使其乐于对这个学术精英机构投资并互利互惠。

第四节　20 世纪哈佛大学与内部关系

一　哈佛大学的内部管理

哈佛大学的领导机构，是哈佛董事会（Harvard Corporation）与哈佛校务监督委员会（Harvard Board of Overseers）。1650 年，哈佛大学校长邓斯特接受英王查理二世（King Charles Ⅱ）的特许状，"哈佛学院校长及

---

① 数据出自 http：//www. rockfound. org/2006 - 7 - 6 ；http：//www. russellsage. org/2006 - 7 - 6；http：//www. fordfound. org/ 2006 - 7 - 6；http：//www. carnegie. org/ 2006 - 7 - 6.
② 哈佛大学收到的赠款分为两类：一是用作本金的基金性赠款（主要的），二是供当前使用的赠款。

董事会"（President and Fellows of Harvard College，又称"哈佛董事会"）成立，成员包括校长、财务主管和五名终身董事。七人组成的哈佛董事会，是哈佛大学的最高权力机关，负责校长推选、教育教学和机构政策等重大事务的裁决。哈佛校务监督委员会是哈佛大学的第二大管理团体，相对于哈佛董事会而言，它具有咨询性质。但是，因其成立时间早于哈佛董事会，哈佛校务监督委员会甚至被认为是哈佛大学资格"更老"（senior）的管理组织。哈佛校务监督委员会最初由州政府官员和牧师组成，因此其比较正式的称谓是"荣耀可敬的监督委员会"（The Honorable and Reverend The Board of Overseers）。① 19 世纪中期，哈佛大学校友取得了推选哈佛校务监督委员会成员的权利，哈佛校务监督委员会的组成人员也随之多样化，不但有政府官员，也有企业巨擘、学术精英等社会知名人士。截至 2006 年，哈佛校务监督委员会共有 30 名成员，委员会成员组成一个或多个巡视委员会（visiting committees），无论委员还是非委员，均可通过巡视委员会向大学提供他们关于教师以及各教学组织机构绩效评估的建议。哈佛校务监督委员会每年至少要召开 5 次全体会议，各常设巡视委员会就其活动和考察情况提出正式的调研报告；大学校长和财务主管将为之提供年度报告（annual reports）；同时，校长将就大学存在的重大问题和发展规划与委员会磋商，从而发挥委员会全体成员的最大效用。② 在一定程度上，正是哈佛董事会和哈佛校务监督委员会共同促成了哈佛大学的内部民主管理机制。

　　在科南特之前，哈佛大学的管理机构主要是哈佛董事会和哈佛校务监督委员会。由于当时的教职员工和学生的数量较少，管理事务相对简单，所以校长、哈佛董事会和哈佛校务监督委员会之间往往能够相安无事，共同管理学校的内部事务。及至科南特时期，受多方面因素的影响，校长与哈佛董事会、哈佛校务监督委员会之间的矛盾开始凸显并不断升级。普西担任校长期间，实行了例会制度，在一定程度上缓解了这种矛

① Harvard Board of Overseers［EB/OL］. http：//www. reference. com/browse/wiki/Harvard＿Board＿of＿Overseers/2006-6-28.

② Harvard Gazette Archives：The Board of Overseers［EB/OL］. http：//www. news. harvard. edu/gazette/1999/02. 25/overseers. html/2006-6-29.

盾，但是哈佛大学的管理依然混乱。博克担任校长后，开始进行新的管理体制改革，成立了一支由四名副校长和一名总顾问组成的管理队伍。伴随大学与企业之间的联系不断增强，哈佛又成立了由学生（4名）、院长推荐的教员（4名）和哈佛校友联合会主席推荐的校友（4名）组成的股东责任咨询委员会（Advisory Committee on Shareholder Responsibility，简称"ACSR"）。ACSR就哈佛大学参与社会事务问题，向哈佛董事会下属的股东责任法人委员会（Corporation Committee on Shareholder Responsibility，简称"CCSR"）提出建议，并由CCSR负责投票表决。ACSR虽然只具有咨询作用，但是它提出的建议和意见对CCSR非常重要，两个委员会之间很少产生分歧。① 博克一方面在管理体制上对哈佛大学进行改革，另一方面针对当时哈佛大学出现的内部离散现象进行提升内部凝聚力的变革。由于受越南战争和"水门事件"的影响，美国国内出现了信任危机，而这种危机同样也体现在哈佛大学的内部群体中。为重建校园信任氛围，博克曾抽出数百个小时来会见教授，参加教工俱乐部举行的非正式午餐，给获奖同事写个人便条，视察宿舍和教室，以及参加音乐会。针对许多卓越的研究者厌恶在课堂上讲授课程，热衷于担任外部机构的高级顾问或咨询顾问，为巩固其对学校的忠诚，哈佛大学动员全体教员投票通过，要求教授们最多只可将20%的时间用于外界咨询。② 通过博克集体管理的改革措施，哈佛大学的内部管理关系网络日益健全。可见，哈佛大学一方面通过股东责任咨询委员会等正式组织充分吸收教师、学生以及校友的建议，另一方面通过各种非正式组织充分凝聚大学内部群体，使广大教员不但具有"学术忠诚"，而且具有对大学的"组织忠诚"。

20世纪90年代以降，哈佛大学校内管理又开始出现新的变革。由于科学技术迅速发展，学科之间的交叉与融合趋势越来越明显，任何一名专家或者单独的一个学院已经很难独立完成一些综合性的研究课题。

---

① Advisory Committee on Shareholder Responsiblity（ACSR）［EB/OL］. http：//hcs. harvard. edu/gsc/committees/acsr. shtml/2006-6-30.

② 史密斯. 哈佛世纪——锻造一所国家大学［M］. 程方平，等，译. 贵阳：贵州教育出版社，2004：353-373.

此外，随着大学规模不断扩大，大学经费也面临紧张局面。如何提高学术研究的绩效，促进学校内资源共享、人才共享、信息共享等，越来越成为大学迫切需要解决的现实问题。基于此，以陆登庭为首的哈佛大学管理人员开始进行新的管理体制改革——"离散管理统筹化"。在实施"离散管理统筹化"改革之前，哈佛这所拥有 11 所学院的综合性大学，长期以来实行的是一种离散管理的政策，换句话说，大学允许每个学院制定自己的政策，并负责各自的经费预算和资金筹措，各学院学术研究往往各自为政，互不干涉。即使有小范围的学科联合，也大都是研究者个人的自发行为。自陆登庭于 1991 年担任校长开始，他便一直致力于改变这种过于分散的状况，他在哈佛大学建立了一个新的研究和教学计划，称为"思维、大脑与行为"（Mind，Brain and Behavior）。这一研究课题必然要涉及多个学科的师生，从与自然科学有关的医学院和其他专业学院（professional school），到一些人文和社会科学领域，再到技术和其他领域等，从而调动了相关学院负责学术工作的院长和几十名教师参加。该研究课题在诸多学科研究者之间建立起一种跨学院、跨学科的密切学术联系。[①]"离散管理统筹化"的管理模式，使哈佛大学内部出现了学科"大综合"（grand synthesis）的研究趋势，成为大学各学院之间、各学科之间、各研究人员之间相互交流、共同促进、资源共享的桥梁和纽带。

二　哈佛大学的师生关系

哈佛大学师生关系的特色主要反映在辅导制和寄宿制上。洛厄尔接任第 22 任校长（1910）后，哈佛大学开始借鉴牛津大学和剑桥大学的导师制管理模式，为学生安排辅导人员，指导他们选择主修专业，安排综合考试和口试。洛厄尔所倡导的辅导制，并不像牛津大学和剑桥大学的导师制一样全面控制学生，其目的在于养成学生独立自主学习的习惯。自此开始，哈佛大学低年级学生会同时得到资深教授和研究生的指点，

---

① 陆登庭. 一流大学的特征及成功的领导与管理要素：哈佛的经验 [J].阎凤桥，译. 国家高级教育行政学院学报，2002（5）:10-26.

他们每周会面两三次，学生用一个小时的时间报告近期的读书心得或者写一篇短文。辅导人员也布置一些作业，要求学生在其他时间完成，并不断鼓励学生选择新的感兴趣的学习领域。在辅导人员的鼓励下，一个对马感兴趣的年轻学生写出了一篇关于 18 世纪英格兰的碎石路和马车的论文并荣获奖励，一个学生运动员开始向银行业发展，另一个依从家长意愿学习文学的青年改为学习他真正喜欢的动物学。辅导制为哈佛大学赢得了出众的声誉，这也是洛厄尔校长最伟大的成就之一。此外，洛厄尔另一个突出的贡献是在哈佛大学实行寄宿制。早在洛厄尔担任校长之前，他就曾向艾略特提议在校内修建宿舍，从而改变依据财富多少将学生分割开来的趋炎附势的做法。他认为，是学生而不是课程构成了哈佛教育的核心，在任何大学教育里，都有 1/3 的生活在教室以外，因此大学有责任为新生营造一入校就能沉浸其中的氛围。① 洛厄尔的宏伟抱负由耶鲁大学毕业生、美国慈善家爱德华·哈克尼斯（Edward Harkness）的捐赠付诸实施。哈克尼斯事前曾想说服耶鲁大学效仿牛津大学、剑桥大学的寄宿模式，但是未获成功，便转而将资金投向哈佛大学。截至 2006 年，哈佛大学共有 13 幢学生住宿公寓，每幢住宿公寓都以与哈佛相关的著名人士命名，如亚当斯公寓（Adams House，哈佛毕业生，曾任美国总统）、邓斯特公寓（Dunster House，哈佛第一任正式校长）、艾略特公寓（Eliot House，哈佛第 21 任校长）、昆西公寓（Quincy House，哈佛第 19 任校长）、柯里尔公寓（Currier House，哈佛大学知名女校友）、福兹海默公寓（Pforzheimer House，哈佛大学的捐赠者）等。每一幢住宿公寓内都配备了餐厅、活动室、自习教室和一万卷藏书的小图书馆等，并且设有一名资深教师担任"导师"（master）负责学生社会生活和团体活动，设有一名"资深辅导者"（senior tutor）来管理学生的日常生活。这样，住宿公寓就成了学生生活的基本单元和学习交流的重要场所。寄宿制促进了富有学生和贫穷学生以及低年级学生和高年级学生之间的交流。学生们在宿舍楼内成立各种活动小组，不同的文化背景和思想观念相互交流碰撞，一方面加深了彼此的了解和友谊，另一方面也促进了学

---

① 史密斯．哈佛世纪——锻造一所国家大学［M］．程方平，等，译．贵阳：贵州教育出版社，2004：79-81.

生创新思想和创新能力的养成。总之，辅导制和寄宿制作为哈佛大学校内组织的基本单元，养成了一代又一代哈佛人的"哈佛意识"，并最终生成了别具一格的"哈佛特色"，为哈佛大学造就精英创造了深厚的人文环境。

三　哈佛大学的学生组织

哈佛大学学生关系的特色主要反映在形形色色的学生团体组织（student organizations）中。"深红"（crimson）是哈佛大学的"校色"（school color），是学生运动队队服的颜色，同时学生报纸《哈佛深红报》（*The Harvard Crimson*，1873 年创刊）也起源于此。尽管"深红"最早可以追溯到 1858 年，但是直到 1875 年才经学生投票表决通过。除《哈佛深红报》之外，较为著名的学生刊物还有《哈佛呼声》（*Harvard Advocate*），它是美国最古老的文学期刊之一，同时也是哈佛大学最早公开发行的刊物。"哈佛讽刺文社"（Harvard Lampoon）是一个不定时出版幽默杂志的社交团体。"快速布丁戏剧社"（Hasty Pudding Theatricals）、"哈佛格林俱乐部"（Harvard Glee Club）是美国最古老的学院合唱团。此外，还有在 1808 年就成立的主要由大学本科学生组成的"哈佛—拉德克利夫管弦乐队"（Harvard-Radcliffe Orchestra）等。[①] 2006 年，在不到 2 万学生的哈佛大学校园内，共有学生团体组织 863 个。学生团体组织涉及文学艺术、宗教团体、校园生活、公共服务等各个方面，每个团体的人数从 10 人到数百人不等[②]，如表 18-3、表 18-4 所示。

哈佛大学如此众多的学生团体组织，无疑为学生综合素质的提高、个性的张扬搭建了平台。学生通过参加这些团体的活动，培养了团体精神，锻炼了实践能力，陶冶了道德情操，扩展了活动网络，这为他们走向社会打下了深厚基础。

---

① Harvard University［EB/OL］. http：//www. ivysport. com/category-category_ id/334/2006-7-1.
② Student Organizations List［EB/OL］. http：//www. college. harvard. edu/student/organizations/list. html/2006-7-1.

表 18-3　哈佛大学 2006 年学生团体组织的数量（按种类划分）

单位：个

团体组织的类别	数量
文学艺术（Arts）	290
社会性别（Gender & Sexuality）	40
医疗保健（Health & Wellness）	84
公共服务（Public Service）	255
宗教团体（Religious Groups）	64
女性发展（Women's Initiatives）	76
学术与职前（Academic & Pre-Professional）	250
文化与种族发展（Cultural & Racial Initiatives）	253
管理与政策（Government & Politics）	195
媒体与出版（Media & Publications）	145
娱乐（Recreation）	110
社会交往（Social）	198
校园生活（Campus Life）	49

注：哈佛大学学生团体组织的类别存在交叉现象，一个团体往往具备数种功能。因此该表格统计出来的学生团体组织的总量大于哈佛大学学生团体组织的实际数量。该数据是根据哈佛大学网站公布的学生团体组织名单统计得出的。

表 18-4　哈佛大学 2006 年学生团体组织的数量（按规模划分）

单位：个

团体组织的规模	数量
1~9 人	0
10~25 人	335
26~50 人	263
51~100 人	135
101~150 人	36
大于 150 人	94
合计	863

注：该数据是根据哈佛大学网站公布的学生团体组织名单统计得出的。

第五节 20 世纪哈佛大学与非正式制度

一 "崇尚自由"与"追求平等"

哥伦比亚大学历史学家埃里克·方纳认为："无论作为个人还是一个民族，在美国人的自我感觉和意识中，没有任何其他的概念比自由更为至关重要。"① 美国的自由精神渗透到资助和创办大学中，约翰·哈佛的自由捐赠开启了私人捐助大学的先河；美国自由精神渗透到大学的管理模式中，哈佛董事会管理下的大学自治模式体现了多元参与、民主管理的特征；美国的自由精神体现在大学教学上，早在 17 世纪中期，哈佛大学就冲破了"州众议会"对异教的镇压，向哥白尼理论敞开大门，比欧洲大学提前一个世纪讲授这个理论。1725 年，哈佛又开设了数学和自然科学课程，聘请外教讲授法语，还指导用学院自制的第一台望远镜观测天文。当牛津大学和剑桥大学还是宗派机构的时候，哈佛大学就已经冲破保守的思想，走向自由的研究领域。② 进入 20 世纪以后，虽然哈佛大学面临诸多来自外部和内部的对学术自由的威胁，但是，崇尚自由一直是哈佛大学不变的精神诉求。这正如前校长科南特在哈佛大学 300 年校庆上所讲的，哈佛大学需要"绝对的言论自由，绝对的不受干扰的探索自由……在这一点上，不能有任何的妥协让步"③。从一定意义上说，正是这种绝对的言论自由、绝对的不受干扰的探索自由，才使哈佛大学不断登上科学发展的学术顶峰，使哈佛大学引领世界教学科研的时代潮流。

"追求平等"与"崇尚自由"是一对相伴相生的概念。没有平等，自由只能是理想中的乌托邦；没有自由，平等也只能是自欺欺人的装饰话语。哈佛大学追求平等的意识主要反映在大学管理者和师生之间的关系

① 方纳. 美国自由的故事 [M].王希，译. 北京：商务印书馆，2002："序" 8.
② 胡钦晓. 美国大学学术自由演绎的文化视角 [J].比较教育研究，2005（9）：1-2.
③ 史密斯. 哈佛世纪——锻造一所国家大学 [M].程方平，等，译. 贵阳：贵州教育出版社，2004：147.

上。1961 年 4 月，态度强硬的哈佛大学校长普西宣布取缔用拉丁语书写文凭的决议，引起学生的强烈不满。数千名学生自发组织起来游行示威，他们高呼"要拉丁，不要普西"。《哈佛深红报》称普西为"一个毁坏哈佛大学文凭声誉的校长"。普西作为一个管理者，逐渐失去了师生信赖。如果说普西的强硬态度在"文凭暴乱"（Diploma Riots）中得到了维系，那么在哈佛大学师生反对越战过程中，普西则是彻底地走向了失败。普西坚持认为，把"后备军官训练队"（Rserve Officers Training Corps）留在哈佛是重要的，并认为大学应该交由华盛顿政府管理。普西的态度引起哈佛师生的强烈反感，学生组织在教师支持下再一次发动暴乱。暴乱致使普西丧失了发号施令的权力，哈佛董事会成员最终一致同意取消"后备军官训练队"项目计划。普西不得不提早宣布退休，而这一决定使哈佛大学"就像一个刚过世的人毫不哀伤的亲属一样，急切地盼望挨过葬礼，好听到宣读遗嘱"。对于继任者是谁，大家议论纷纷，但是有一点却是所有的人都同意的，那就是要选一个和这名离任的校长截然不同的人。① 普西的不平等管理，在师生追求平等的压力下，以其主动退出而告终。为赢得师生信任，继任者博克注重集体管理的风格，以平等的姿态主动与师生交流对话，重塑了哈佛大学的内部凝聚力。博克的继任者陆登庭认为："一所优秀大学的领导责任，在很大程度上取决于校长、学院院长及其同事的能力，他们以团队方式开展工作，不是以'命令'（order）的方式要求其他人去完成学校的教学和研究任务，而是采取一些措施，调动教师的积极性，与教师通力合作，为他们提供广泛的学术领导并指明奋斗的方向。"② 具有讽刺意味的是，陆登庭的继任者劳伦斯·萨默斯再一次犯了普西的错误。2005 年，萨默斯提出"女生在高科技领域差于男生是因为先天不足"的观点，引起了哈佛师生的广泛批评。2005 年 3 月，艺术科学学院以 218 票对 185 票通过了对萨默斯的不信任投票。2006 年 2 月，迫于舆论压力，萨默斯不得不宣布在 2005～2006 学年结束

---

① 史密斯. 哈佛世纪——锻造一所国家大学 [M]. 程方平，等，译. 贵阳：贵州教育出版社，2004：279-331.

② 陆登庭. 一流大学的特征及成功的领导与管理要素：哈佛的经验 [J]. 阎凤桥，译. 国家高级教育行政学院学报，2002（5）：10-26.

时辞职，除了费尔顿（Cornelius Conway Felton）在上任两年后去世，萨默斯成为 1862 年以来哈佛大学校长中任职期限最短的校长。① 2006 年 7 月 1 日，哈佛大学的校长由博克临时担任，直到哈佛大学历史上第一名女性校长德鲁·福斯特（Drew Faust）于次年就任。福斯特同时也是自 1672 年以来第一个没有哈佛学习经历的哈佛大学校长。历史给萨默斯开了一个巨大的玩笑，他因歧视女性而退出哈佛，而哈佛又选择了一名女性担任校长。尽管萨默斯本人及小部分哈佛师生对此持有不同看法，但是在越来越民主化的今天，不平等意识无疑是不信任的重要根源，进而成为大学管理中的不和谐音符。反观哈佛大学师生的平等意识，也可以推断出哈佛大学在长期发展中所具有的内部凝聚力以及成员之间的信任度。在一定意义上，正是这种凝聚力为哈佛大学提供了学术共同体的黏合剂，正是这种信任度为哈佛大学赢得了世界声誉。

二　"追求真知"与"服务社会"

1636 年，殖民地居民效仿剑桥大学建立了哈佛学院。虽然在早期许多毕业生成为清教徒的牧师，但是学院从来没有正式成为宗教机构的附属物。1643 年出版的一本小册子中记载了学院存在的理由，亦即"促进知识，造福子孙，不为圣职留下文盲之牧师"②。同年 12 月 27 日，哈佛校长邓斯特举行学院会议，讨论校徽的设计方案：以三本书为背景（两本书在上，一本书在下），上面的两本书分别刻有"VE""RI"字样，下面的一本书则刻有"TAS"字样，三本书的字母合并起来成为拉丁文"VERITAS"，意为"真理"；三本书的背景为一个盾牌的图案，可引申为对"真理"的捍卫。该校徽虽然在 200 年以后才由昆西校长发现并沿用至今，"追求真知"却一直是哈佛大学亘古未变的理念。这正如 1997 年哈佛学院院长刘易斯（H. R. Lewis）所言，哈佛一直致力于"1650 年特

---

① 称"女子学理不如男"哈佛大学校长要辞职［EB/OL］. http：//www. sxgov. cn/hhwz/huanqiu/277908. shtml/2006－7－6.

② The Early History of Harvard University［EB/OL］. http：//www. news. harvard. edu/guide/intro/index. html/2006－7－7.

许状"（Charter of 1650）所规定的宗旨，促进所有有益的文学、艺术以及科学之发展，运用所有有益的文学、艺术和科学来教育青年人，并为他们提供必要的设备。简言之，哈佛致力于创造知识，陶冶学生心智，使学生在教育中获得最大限度的收益。[①] 与19世纪德国的柏林大学不同，哈佛大学并不单纯地追寻"纯粹知识"的研究，而是致力于科学知识的应用，以服务于社会。如果说服务社会在19世纪中期以前还处于萌芽状态，那么在艾略特担任哈佛大学校长时，就转变为哈佛精神之一。艾略特认为，如果要他来定义大学精神，他喜欢说，只有两个字：服务。至今，哈佛大学砖墙上仍刻有这一信条：进入本大学，在智慧中成长；离开后服务国家和人类。[②] 为服务社会，艾略特改变了哈佛课程体系的重点，从广泛的人文主义转到了专业的、实用的知识；为服务社会，洛厄尔修改了艾略特的自由选修制，代之以"集中与分配制"，使学生在通识教育的基础上进一步发展专业教育；为服务社会，科南特、普西、博克等校长不断拓展哈佛事业，把哈佛锻造为一所享誉全球的国家大学。需要特别指出的是，哈佛大学在服务社会的理念指导下，并没有迷失自我，跟随社会风向标行动。无论是在借鉴国外高等教育经验上还是在教育科学研究中，无论是在国家社会关系上还是在哈佛大学的内部网络中，独立创新一直是哈佛持之以恒的价值追求。反过来说，也正是这种独立思想，才促使哈佛大学更好地"追求真知""服务社会"。

三 "限权政府"与"政府资助"

"限权政府"的惯例源于美国1787年制定的宪法。美国独立战争的直接目的是反对英王的暴政和压迫，保卫人民的自由和权利。在制定宪法时，制宪者和美国民众对于英王及其殖民地代理人——历任总督的暴政深恶痛绝。《独立宣言》规定的"政府的正当权力来自被统治者的同

---

① Lewis H R. The Mission of Harvard College［EB/OL］. http：//www. harvard. edu/siteguide/faqs/faq110. html/2006-7-7.

② 史密斯. 哈佛世纪——锻造一所国家大学［M］. 程方平，等，译. 贵阳：贵州教育出版社，2004：29.

意"的理念深入人心。制宪者认为，宪法建立的中央政府必须是权力受到限制的政府，即"限权政府"。① "限权政府"见于高等教育中，表现为联邦政府与州政府的权力制衡以及立法、行政、司法的三权分立与制衡。宪法虽无一字提及教育，但是其"限权政府"的原则为美国联邦政府不直接干预高等教育奠定了法律基础。事实上，在 1787 年的制宪会议（Constitutional Convention）上，有些代表就曾提议在宪法条文中规定，授权国会设立一所国立大学。联邦政府认为，既然国家拥有首都特区，也有权采取此种行动。但是，在此后的发展中，美国建立国立大学的梦想，或因州政府的反对而搁浅，或因艾略特等著名人士的反对而失败，最终筹建国立大学之议胎死腹中。② 1810 年，马萨诸塞州议会以办学经费资助为"诱饵"，颁布法令改组哈佛董事会，由州政府委派新校董。哈佛大学拒不接受州政府安排，双方争执长达 50 余年。哈佛大学最终于 1865 年切断了对州政府的从属关系。③ 1819 年，美国联邦最高法院在"达特茅斯学院案"中，最终裁定州政府无权将私立院校改建为州立大学。由此，哈佛作为私立大学，既不受联邦政府控制，也不受州政府控制的惯例，得到了立法案例的支持。哈佛大学的领导机构——哈佛董事会和哈佛校务监督委员会的成员，以及大学校长，均按照哈佛大学及其校友的意愿推选产生。概言之，"限权政府"的惯例为哈佛大学的"三 A 原则"即"学术自由、学术自治和学术中立"（Academic Freedom，Academic Autonomy，Academic Neutrality）提供了必要条件。

无论是州政府还是联邦政府，对高等教育机构影响之心始终存在。但是，由于"1650 年特许状"的保护，哈佛大学在南北战争前虽然从属于州政府，但是州政府对哈佛大学的影响终究有限。州政府只能以经费资助为"诱饵"施加影响，但是由于哈佛大学的学费和私人捐赠数额丰厚，哈佛大学面对州政府的经费引诱，一旦涉及大学自身的独立性，就会拒绝接受。1865 年哈佛大学与州政府从属关系的断裂，就是大学拒绝

---

① 李道揆. 试论美国宪法的限权政府原则 [J]. 美国研究，1987（4）：7-8.
② 林玉体. 美国高等教育之发展 [M]. 台北：高等教育文化事业有限公司，2002：391-394.
③ 滕大春. 美国教育史 [M]. 北京：人民教育出版社，1994：216-217.

州政府的最好例证。南北战争以后，联邦政府继承了州政府以经费资助为"诱饵"影响大学的做法。1862 年《莫里尔法案》、1890 年第二个《莫里尔法案》、1906 年《亚当斯法案》（Adams Act）、1914 年《史密斯—利佛尔法案》（Smith-Level Act）等，目的无一不是联邦政府以经费资助来影响大学。但是，这些资助由联邦政府直接拨付给州政府，再由州政府拨付给公立机构，直到 1930 年，联邦政府才向私立机构提供资助。1935～1943 年的"国家青年管理部"（National Youth Administration）就是采取的这种措施，共拨付 9300 万美元帮助 62 万名大学生完成学业。[①] 二战以后，由于国家战略安全的需要，联邦政府对私立大学尤其是私立研究型大学的拨款数额大幅增长。1944 年的《军人再适应法案》（Servicemens Redajustment Act）、1952 年的《公共法》（Public Law）、1958 年的《国防教育法》（National Defense Education Act）等出台后，联邦政府资助为哈佛大学带来了滚滚财源。需要指出的是，联邦政府在实施财政干预的同时，并没有使大学沦为附庸机构。国会直到 1979 年才通过《教育部改组法》（Department of Education Organization Act），规定建立联邦教育部。至此，联邦政府终于有了一个地位平行于其他各部的教育行政机关。虽然教育部的地位发生了变化，但其职权并没有发生实质变化。教育部的职能仅限于经费补助、教育研究、教育报道等三个方面。[②] 此后，美国高等教育法制建设不断完善，联邦政府在高等教育发展中的作用更加突出，经费划拨也与日俱增。但是，在正式制度发挥强势作用的状态下，非正式制度一直起着重要的协调和补充作用。哈佛大学则在这种正式和非正式制度的双重引导下，日渐走向通往"真知"的殿堂。

---

① 林玉体．美国高等教育之发展［M］．台北：高等教育文化事业有限公司，2002：404.
② 姚云．美国高等教育法制研究［M］．太原：山西教育出版社，2004：37-38.

第十九章

从学术资本到学术资本主义：以美国高校为中心

第一节　引言：概念区分与对象选择

学术资本作为高校多样资本中最为基础、最为重要的资本形式，与物质资本、社会资本等相比，在大学发展中发挥着更为重要的作用。水能载舟亦能覆舟，当资本转换丧失了基本的道德规范或制度约束时，学术资本就会演变为学术资本化或学术资本主义，将大学带入物欲横流之地。在一定意义上，中世纪后期，欧洲传统大学的没落，主要是缘于学术资本化的不断加深、扩展，直至演变成具有普遍性的类似学术资本主义的潮流。18 世纪末期，以巴黎大学为代表的法国 22 所传统大学被强行取缔，正是因为大学忘却本职，在追求经济和政治利益的道路上越走越远，最终走向穷途末路。高等教育发展到今天，无论从理论层面还是从实践层面，学术资本和学术资本主义都已经引起研究者和实践者的密切关注。

一　概念区分："学术资本"与"学术资本主义"

在澄清"学术资本"概念时，笔者曾对"学术资本""学术资本化""学术资本主义"进行区分。[①] 在分析从学术资本到学术资本主义演进时，

① 胡钦晓. 何谓学术资本：一个多视角的分析 [J]. 教育研究，2017，38（3）：67-74.

还需要对两者做进一步的厘定。结合前期研究成果，笔者认为，趋利取向是学术资本与学术资本主义最为重要的行动边界。这里的趋利取向绝不仅仅是追求商业化的经济利益，还包括对政治利益、社会等级、社会声誉等其他利益的追逐和摄取。趋利取向也绝不仅仅是提高收益，还包括为降低成本而不顾质量的诸多行为。具体可以从以下几个层面对两者进行区分。

第一，在大学发展中，是以学术发展为宗旨，还是以逐利为宗旨。大学是从事高深学问探索与传播的机构，应以学术发展为宗旨，始终坚持通过学术发展发挥培养人才、发展科学和服务社会的职能。以逐利为鹄的的学术资本主义笼罩下的教育机构充其量只能被视作"学店"而绝非大学。第二，在学术资本转换中，是否有利于学术创新。学术创新是大学得以生存和发展的根本保障。如果学术不再具有稀缺性，大学不再具有创新思想，那么大学衰败将不可避免。第三，在学术资本转换中，是真正通过学术获取合法利益，还是假借学术进行纯商业行为。大学不是物质生产和销售部门，但是大学生存和发展不能缺失经济支持。通过学术发展获得外界支持和认可，恰恰是大学长期发展的基本方略。但是，大学不是名利场，过度追名逐利最终伤害的是大学自身。第四，在学术资本转换中，是否以互惠、利他主义抑或是公共福祉的思想为行动的指导。学术乃天下之公器。现代大学从产生至今已经走过近千年的历程，之所以能够绵延至今，与其高深知识探索与传播的公共福祉性密切相关。无论是公立大学还是私立大学，在学术资本转换中都不能丢失利他主义和公共福祉指引。从长远来看，这种指引是确保大学基业长青的重要基因。第五，在学术资本转换中，是否注重组织和个人的学术声誉。学术声誉本身是学术资本的一个重要组成部分，相对于学术成就，一般来说学术声誉的获得和积累所需时间更为漫长。无论是组织还是个人，在学术成果转换中，如果能够考虑一下是否会对其学术声誉造成损害，那么一般就不会陷入学术资本主义的泥潭。

二　研究对象：因何以美国高校为中心

如果从 1791 年巴黎大学被法国政府取缔算起，世界大学的发展走到今天，已经有超过两个世纪的跌宕历程。粗略划分这两个世纪，可以说，德国大学和美国大学各领风骚一百年。19 世纪初期的德国大学在内忧外患中，凭借其创新性的学术资本发展，使德国从欧洲高等教育后发国家一跃成为引领世界高等教育发展的强国。俾斯麦之后，德国大学从巅峰开始逐步走向没落。两次世界大战更使德国大学的学术资本遭遇重创。19 世纪 70 年代，德国大学从巅峰走向没落之时，正是以"赠地学院"运动为标志的美国大学群落开始崛起之时。19 世纪末 20 世纪初，伴随哈佛大学、耶鲁大学、普林斯顿大学等传统私立研究型大学的现代化改造，斯坦福大学、芝加哥大学、约翰·霍普金斯大学等现代私立研究型大学的次第崛起，以及康奈尔大学、麻省理工学院、威斯康星大学等赠地学院的半个世纪发展，百舸争流的美国大学群落已经蔚为壮观。

历史发展总是表现出惊人的相似性，如果从芝加哥大学（1890）、斯坦福大学（1891）的创办算起，美国大学占领世界高等教育之巅也已经一个多世纪之久。在这一个多世纪里，与德国 19 世纪 70 年代俾斯麦执政后大学开始从巅峰走向没落一样，20 世纪 70 年代美国大学开始遭遇自产生以来的最大冲击——学术资本主义。尽管我们尚不能断定学术资本主义是否会将美国大学引入歧途，并进而失去世界高等教育领跑者的角色，因为美国复杂多样的高等教育系统本身就具有一定的自我修复功能，但是，从中世纪大学和德国大学走向没落的历史演进中不难看出，学术资本主义乃学术资本发展之恶，学术资本主义乃大学发展之恶，是毋庸置疑的。

这里之所以选择以美国高校为中心，主要基于以下原因。第一，从当今世界大学学术资本的存量来看，选择美国高校更加具有代表性。20世纪 70 年代以来，美国高等教育遭遇了学术资本主义冲击，但从目前来看，美国大学群落仍然占据着世界高等教育之巅。尽管学术资本很难精确度量，但是从大学整体发展来看，美国高校的学术资本仍然是世界上最为丰厚的。第二，从学术资本主义理论来看，美国学术界是该理论产生的温床。斯劳特、莱斯利是学术资本主义理论的最先提出者。他们将学术资本主义界定为，院校及其教师为确保外部资金的市场活动或具有市场特点的活动。^① 在斯劳特和莱斯利看来，学术资本主义就是将学术资本看作一种特殊商品的活动。尽管他们在使用"学术资本主义"概念时，有意规避了商业性质"出卖灵魂"的强烈意味（而这恰恰是学术资本主义最为本质的一个特征），但是作为学术资本主义理论的最先倡导者，其研究为该理论的进一步阐明提供了基础性框架。第三，从学术资本主义的产生来看，美国院校不但是先发者，而且是普遍流行之地。所谓学术资本主义理论，就是对院校融入新经济过程的解释。^② 换言之，学术资本主义理论产生于美国院校发展的现实实践。无论是相对于高等教育先发的欧洲国家来说，还是相对于高等教育后发国家而言，美国高等教育的市场化、商业化都不但起步早而且影响更为深远。

第二节 动因：外部裹挟与内部跟进

美国高等教育商业化的拐点出现在20世纪70年代。尽管在此之前高校也存在诸多商业性行为，但一般来说是局部的、边缘的。70年代之后，这种商业性行为演变为全局性的且直达学术组织的核心。^③ 从"商业性"到"商业化"，在一定意义上也是从学术资本到学术资本主义的演变。这种演变的动因是多元的，既有政治、市场、文化等外部力量的裹挟，也有高校、管理者、教师等内部主体的跟进。

一 政治、市场、文化等外部力量的裹挟

1862年《莫里尔法案》的颁布，标志着美国政府开始通过经济支持大规模介入高校发展。伴随政府的强力支持，尤其是足额的公共拨款，

---

① 斯劳特，莱斯利. 学术资本主义：政治、政策和创业型大学 [M].梁骁，黎丽，译. 北京：北京大学出版社，2008：8.

② Slaughter S & Rhoades G. Academic Capitalism and the New Economy：Markets，State，and Higher Education [M]. Baltimore：The Johns Hopkins University Press，2004：1.

③ 伯克. 大学何价：高等教育商业化？[M].杨振富，译. 台北：天下远见出版社，2004：24-25.

美国政府与大学度过了很长一段时间的和谐期。但是，20世纪70年代以后，尤其是里根（Ronald Wilson Reagan）就任总统后，美国政府对大学的政治、经济、文化支持力度和方略均发生了质的变化。

（一）政治力量的推动

1. 政府对知识价值和高等教育的态度发生转变

里根政府将美国大学引入了公共资金锐减的时代。里根经济政策（Reaganomics）通常意味着国家福利资金减少，政府职能简化，旨在鼓励公共部门的私有化和商业化，利用公共部门潜在的利润要素产生财富。里根经济政策为团体和私人创造财富搭建了桥梁，并对美国高等教育产生了重要影响。联邦政府通过立法改变了对大学知识价值的传统立场，也就是说，在传统上，知识的经济价值是大学知识追求的副产品，而现在，知识成为大学赢得外部资金的重要动力。20世纪80年代，联邦政府与国会共同出台一系列政策，旨在促进商业和高等教育之间建立更为紧密的联系。在这种知识价值导引下，联邦政府对大学资助的学科分配有很大改变，大学应用研究资金的份额不断增加，尤其是生物技术和工程研究的资金增长迅速，而社会科学和艺术研究的资金份额被不断削减。[①]最终，那些应用性的、可带动经济发展的技术知识在政府心目中的位置，逐渐取代了传统上以探寻真理为目标的"纯粹知识"，知识的价值在国家层面开始以金钱而非文化来衡量，这为学术资本主义的滋生提供了外部环境。

莱文认为，20世纪80年代以后，无论在经济上还是在政治上，美国政府对高等教育的支持力度都持续下降，这主要有以下原因：其一，这时候政府经济也遭遇困境，没有更多的资金支持高校发展；其二，在政府看来，高等教育的重要性应该让位于监狱、医疗卫生等公共部门，即使在教育领域，中小学也优于大学，孩子也优于成人；其三，在政府看来，高等教育已经发展为一个成熟的产业，当高等教育毛入学率达到60%时，政府没有兴趣将其提高到70%或者80%。[②] 约翰斯通（D. Bruce

① Rhoades G & Slaughter S. Academic Capitalism, Managed Professionals, and Supply-Side Higher Education [J]. Social Text, 1997, 15 (2): 24-25.

② Levine A. Higher Education Becomes a Mature Industry [J]. The Chronicle of Higher Education, 1997, 2 (3): 31.

Johnstone）也认为，在日益稀缺的公共资源的争夺中，高等教育的优先位置在美国不断下降。在对公共资源需求者的排名中，高等教育尽管重要，却居于相对靠后（至多是"中等"）的地位，这主要基于三种原因。第一，高等教育要与强大的公共需求竞争，如初中等教育、公共医疗、公共基础设施、住房的需求，以及穷困老人、孩子及其他无依无靠的人的需求。第二，相对于中小学教育、公共基础设施或其他政治上紧迫的项目而言，高等教育在政治权力中的砝码不重。在美国，著名研究型大学经常被认为是独立于政府或是与政府和社区需求无关的机构。第三，相对于其他公共项目，高等教育表现出更强的自助能力。在政治家们考虑用有限公共经费去满足多种公共需求时，高等教育因其自筹能力而被排在后面。① 可见，无论是在莱文看来，还是在约翰斯通看来，美国往日高等教育优先发展的方略都已消失，这无疑助推了美国高校学术资本主义的发展。

2. 政府对科研管理和专利拥有的方略发生转变

联邦政府资助大学科研是二战后美国研究型大学的重要经济来源。根据国家科学基金会统计，100 所授予博士学位的大学，得到的资助超过联邦政府研发经费总数的 80%。传统上，这些经费是通过专业领域的专家评估以竞争的方式来分配的。这种做法遵守了学术能力优先的原则，强调学术资本在大学发展中的重要作用。1980 年，政府开始转变科研资助政策，无须正式的竞争和评估，以大约 1000 万美元的经费指定资助，1993 年该类资助已高达 7.3 亿美元。这种不经同行专家评估就指定经费的做法，被强烈批评为"政治分肥学"（pork barrel science）。② 质言之，联邦政府推出的"政治分肥学"完全是借用公平之名对公共经费进行分赃。不经同行专家评估就指定经费，不但是对学术能力和创新能力的无视，而且为政治介入学术、政治代替学术、滋生学术腐败等埋下诸多隐患。"政治分肥学"可能导致的结果是，大学开始增加对政治权力的游说，学术向权贵低头；"政治分肥学"还可能导致平均主义政策下的科研

① 约翰斯通. 高等教育财政问题与出路［M］. 沈红，李红桃，译. 北京：人民教育出版社，2004：153-155.

② 阿尔巴赫，伯巴尔，冈普奥特. 21 世纪美国高等教育——社会、政治、经济的挑战［M］. 北京：北京师范大学出版社，2005：156-159.

经费获得无须通过刻苦的学术创新来完成，最终学术向平庸低头。

20世纪70年代以后，基础科学不再是联邦政府优先资助的对象。美国国会在1980年通过《拜杜法案》（Bayh-Dole Act），赋予大学联邦政府资助科研成果的专利权，而在此之前联邦政府资助的科研成果专利只能归政府享有。《拜杜法案》激发了大学发明及转化科研专利的积极性，使大学更容易用公费补助的研究成果取得商业利益。此外，政府更以赋税优惠鼓励民间企业对大学研究项目进行更多投资。在专利政策鼓动下，不但自然科学的专家忙着申请专利，担任公司顾问，参与股东分红，甚至是直接创办公司，经济学、政治学、心理学等其他学科的专家也参与私人企业、顾问公司的相关工作，他们的专业建议均可待价而沽。学校的业务单位向商家出售专利使用权，把校名印在上衣、杯子和相关物品上，贩卖各类商品。短短几十年内，美国大学进入了充满商机、知识可以变黄金的全新世界。①《拜杜法案》打破了学术机构和企业之间的利益"防火墙"（fire wall）。公司开始吸引大学内部的智力资源，而大学内部教员、系科、管理者之间的松散联系，为一部分人员首先进入市场提供了先机。② 毫无疑问，《拜杜法案》在激发大学科研成果转化的同时，也对学术资本主义的滋生和蔓延起到了推波助澜的作用。

3. 政府对学生资助与质量管理的模式发生转变

在政府拨款减少的岁月里，公立大学被迫勒紧裤腰带、削减项目、提高生产率，但这远远不能弥补政府补助的缺失。很多州都希望在公立高等教育中创造市场的力量，这使高等教育从基本免费的产品变成了有一定价格即学费的商品。联邦政府资助学生的方略，已经从无偿资助演化为贷款，然后又变成了税利。这种资助方式的转变，也意味着更深层次的理念转变，亦即，从把高等教育看作有益于全社会的公共产品，变为把它看作使个体受益的商品。③毕业生税更是将学生成本分担

---

① 伯克. 大学何价：高等教育商业化？[M]. 杨振富，译. 台北：天下远见出版社，2004：32-36.

② Slaughter S & Rhoades G. Academic Capitalism and the New Economy：Markets, State, and Higher Education [M]. Baltimore：The Johns Hopkins University Press, 2004：129.

③ 杜德斯达，沃马克. 美国公立大学的未来 [M]. 刘济良，译. 王定华，校. 北京：北京大学出版社，2006：64-65.

由家长偿还转移到学生毕业后偿还。① 毕业生税的推行，让高等教育完全成为一种私人商品。谁受益谁还账，使知识中的公共价值被遮蔽，知识中的交换价值被过分张扬，这为学术资本主义中教学商品化提供了合法依据。

在美国，政治介入学术的努力从未间断。从哈佛学院产生到"达特茅斯学院案"，都体现了政治力量介入大学管理的方法、策略和决心，但是，总体而言，美国大学教育质量管理表现出高度自治性，其质量标准不受政府直接制约。20 世纪 80 年代以后，这种质量管理模式受到强烈冲击。1987 年，国会设立旨在"提升美国商业的竞争力"的国家质量奖，2002 年，由总统布什（George Herbert Walker Bush）和商务部部长唐·埃文斯（Don Evans）颁奖的组织，是威斯康星大学的一个区域分校和设在田纳西金斯波特（Tennessee Kingsport）和圣安东尼奥（San Antonio）的两个学校管区（Pals Sudden Service，Clarke American Cheeks）。在政府看来，所有的质量都是相似的，一家快餐连锁店、一个私有化的支票生产公司、一个天主教学校管区，可以和一所大学相提并论。② 政府对大学质量管理模式的改变促使各大学纷纷向商业化靠拢。

（二）市场力量的催化

1945 年以后，联邦政府开始代替私人赞助者的角色，承担起大学学术资助的更大份额，大学也惯性地认为，这种支持被增进知识的内在价值正当化。20 世纪 70 年代，高等教育渴望联邦政府能够恢复以前的慷慨资助，但是大学寻求资源不得不由政府转向市场。③ 这在公立大学中表现得尤为明显。90 年代初期，经济不景气造成公立高等教育经费被削减是前所未有的。1992 年，各州不顾大学注册人数迅速增加的事实，拨给高等教育的经费持续降低。后来，州政府经费尽管有所恢复，但如果把通货膨胀计算在内，测算出 1995 年度的州政府拨款总额其实比 1990 年还降

① 约翰斯通 . 高等教育财政问题与出路 ［M］. 沈红，李红桃，译 . 北京：人民教育出版社，2004：294.
② 古尔德 . 公司文化中的大学 ［M］. 吕博，张鹿，译 . 北京：北京大学出版社，2005：20.
③ 盖格 . 大学与市场的悖论 ［M］. 郭建如，等，译 . 北京：北京大学出版社，2013：2.

低了 8%，且不论学生注册人数已经提高 6%。① 与大学招生人数持续增加相悖的，是政府实际拨款不断减少，这无疑是大学走向市场的一个重要原因，而大学市场化运作也使大学渐渐远离了公益性，市场力量成为学术资本主义的催化剂。

　　受市场影响，在高等教育系统中，学术资本主义最为突出的表现，是私立营利性部门的出现并快速繁殖。过去，私立部门进入高等教育的主要障碍，一个是投资成本巨大，一个是投资大学并不赚钱。伴随技术进步和不断变化的社会需求，私营竞争者可以低成本、高收入地进入高等教育市场。在美国历史上，营利性部门第一次把高等教育当作重要的投资机遇。与传统的学院和大学倾向于把重点放在投入上不同，新的营利性机构把重点放在产出上，更加关注学生学习效果和教师所实现的利润。② 仿效企业运作模式，高等教育中开始出现上市公司。1991 年，在美国获得认证、具有学位授予权的营利性高等教育机构中，只有一家上市公司，8 年以后，这样的教育公司增加到 40 家。奎斯特（Quest）教育公司专门收购各种大学，它在 11 个州拥有 30 所分校，其中 29 所都是通过收购而来的。对于营利性高等教育来说，1996 年是划时代的一年。这一年凤凰城大学（University of Phoenix）成功上市，并成为全美最大的私立大学，美国高等教育统计中心重新定义了高等教育，将其范畴扩展为包括符合联邦政府财政资助标准的营利性私立学校。在此之前，美国教育部把高等教育机构定义为得到教育部承认的认证机构认证的学校。这一政策出台后，仅在 1996 年，教育部管辖的高校数目就提高了 7.5%，其中营利性大学为 669 所。2001 年，美国营利性大学的分校数量增至 750 所左右。③ 教育私立营利性机构和教育上市公司形成了完全以趋利为目的的教育组织，颠覆了近千年以来宗教、政府、民间团体对教育公益性的定义。

① 阿尔巴赫，伯巴尔，冈普奥特.21 世纪美国高等教育：社会、政治、经济的挑战［M］. 北京：北京师范大学出版社，2005：112.
② 杜德斯达，沃马克. 美国公立大学的未来［M］.刘济良，译. 王定华，校. 北京：北京大学出版社，2006：66-68.
③ 鲁克. 高等教育公司：营利性大学的崛起［M］.于培文，译. 北京：北京大学出版社，2006：57-60.

（三） 文化力量的浸染

学术资本主义归根结底是在高等教育领域内产生的有悖于学术发展的文化现象。就学术资本主义产生的文化因素来看，20 世纪 70 年代出现的新自由主义发挥着重要影响。

第一，新自由主义解构了高等教育与社会之间传统的社会契约。传统上，高等教育和社会之间的契约，是建立在公共福祉之上的共同体哲学。新自由主义哲学则坚信，私人的必然是好的，而公共的必然是坏的。经济理性取代了所有其他形式的逻辑，人们为了个人利益最大化可以采用任何形式。私有化、商业化和公司化，是新自由主义的三个基本趋势和特征，由此孕育并催生出了高等教育的产业模式（industrial model）。①新自由主义既解构了高等教育的公共福祉，也解构了学术共同体，高等教育活动开始以追求个体需求的满足为目标。

第二，新自由主义导致消费主义在高等教育领域盛行。在雷丁斯（Bill Readings）看来，消费主义是伴随民族国家的衰落而到来的对政治主体性的清空在经济上的对等物。没有哪种福利能够逃脱成本—收益的分析。②他将消费主义视为对北美大学教育传统最为紧迫的威胁，而这种威胁正是源自新自由主义的私有化和商业化趋势。正是基于高等教育消费理念，新自由主义政府不再聚焦于市民的社会福利整体发展，而是将每一个个体都看作经济行动者。最终，新自由主义政府将社会福利功能从公共资源中移出，向产出功能发展。新自由主义政府重新阐释了劳动法，增加了大学内部工作的灵活性。一些州政府通过法律规定，允许大学使用"柔性"（flexible）或非全日制人员，并对营利性教育组织进行认证。③消费主义文化将学生由传统的学习者改变为消费者，为私人购买高等教育提供了文化场景，也为高等教育机构不断提升学费提供了交易理由；消费主义文化打破了传统上的全日制教师身份，终身教职在消费主

---

① Kezar A J. Obtaining Integrity? Reviewing and Examining the Charter Between Higher Education and Society [J]. The Review of Higher Education，2004，27（4）：435-437.

② 雷丁斯. 废墟中的大学 [M]. 郭军，等，译. 北京：北京大学出版社，2008：45.

③ Slaughter S & Rhoades G. Academic Capitalism and the New Economy：Markets，State，and Higher Education [M]. Baltimore：The Johns Hopkins University Press，2004：20-22.

义文化面前变得不再那么重要，大学为节约培养成本，更是聘用大量非全日制人员；消费主义文化将传统上的公益性大学重新进行了定义，营利性教育组织开始突破传统壁垒，登上学术的殿堂。

第三，新自由主义导致产业文化逐渐压制学术文化。在本质上，产业文化和学术文化是不同的。从目的来看，产业文化的目的是从一些技术优势中获得经济回报，而学术文化的使命是推进并传播知识；从表现形式来看，产业文化的优势在于专有的知识，体现为商业机密、先发优势或专利，而学术文化是通过公开出版或者发表便于同行共享；从知识性质来看，产业文化旨在将专有知识转换成可售产品，而学术文化则倾向于理论贡献越多，承认的人就越多。① 在新自由主义驱使下，产业文化中的经济回报战胜了学术文化中的推进并传播知识，产业文化中的商业机密战胜了学术文化中的公开发表，产业文化中的应用研究逐渐对学术文化中的理论研究形成了压倒性态势。

第四，新自由主义促进科学的价值和判断标准发生改变。在美国的文化语境中，关于科学的价值和标准判断有不同的路线。第一条路线称为莫顿路线，将科学和科学家的价值捆绑在一起，将科学视为开放的、共有的、普遍的、无私的及适度怀疑的；第二条路线是对莫顿线路的批判和挑战，强调科学具有服务于军事、工业等商业价值；第三条路线是社会建构者路线，强调科学的去理想化和实利主义；第四条路线是大学工业联合路线，认为科学并非"无关价值"（value-free），而是同时拥有学术和市场价值；第五条路线是从公共利益的角度来看待科学及其价值，强调科学为公共福祉和知识共享服务。② 在新自由主义冲击下，科学价值和判断标准的莫顿路线逐渐被抛弃，一种融合第二、第三和第四条路线的，强调商业价值、去理想化，融入新经济的复合科学价值观逐渐在高校内外形成，并影响着大学学术产出的导向。

第五，新自由主义影响到外部力量的评估和问责机制。无论如何融

① 盖格．大学与市场的悖论［M］.郭建如，等，译．北京：北京大学出版社，2013：186-187.

② Slaughter S & Rhoades G. Academic Capitalism and the New Economy：Markets，State，and Higher Education［M］.Baltimore：The Johns Hopkins University Press，2004：75-79.

入经济发展，大学终究不是生产部门，维护其生存与发展的经济保障来自高校外部。外部群体是否资助高校，如何资助高校，以及资助高校的份额，都建立在对高校评估和问责的基础上。传统上，因为高校的主要资助来自政府或慈善，所以公共资助下的自我管理是大学发展的主流模式。在20世纪的最后几十年里，包括大学在内的许多专业机构都面临自治挑战。政府更多地利用绩效指标将非学术性评估标准引入大学。资助机构强调从研究中获得回报，将事前及事后评价系统与资助紧密捆绑在一起。[①] 与之相应的是，"企业化大学""公司大学""知识工厂" 等描述大学的词语纷至沓来。大学学术实践的价值，越来越依靠转化成现金或者商品的能力，而不是诸如审美、闲暇乐趣等方面，最终连同其他非经济价值一并丢失。[②] 提供经费保障的外部力量，在新自由主义影响下，通过非学术化的评估和问责来决定资助的对象、方式和力度，从而形成学术资本主义产生的外部推力。

二 高校、管理者、教师等内部主体的跟进

高校、管理者和教师是学术资本和学术资本主义的行动主体。从主客观关系来看，政治、市场和文化等客观环境必然会影响行动者的主观意识；从唯物辩证法来看，政治、市场和文化等因素是学术资本主义形成的外因，高校、管理者和教师是学术资本主义形成的内因，没有行动主体的内因，高校学术资本主义也难以产生。但是，有强烈实用主义传统的美国大学，在外部力量推动下，或主动或被动，逐渐群体跟进学术资本主义。

（一）高校的群体跟进

伴随知识经济的涌入，大学由单纯的高深知识探索与传播机构演变

---

① Henkel M. Current Science Policies and Their Implications for the Formation and Maintenance of Academic Identity [J]. Higher Education Policy, 2004, 17 (2): 172.

② Nixon J. Education for the Good Society: The Integrity of Academic Practice [J]. London Review of Education, 2004, 2 (3): 248.

为科技研发的重要场所。高校外部世界早已演变为以金养金的商业市场。大学与外面商业市场之间的鸿沟日渐缩小。只要大学学术至上的"护城河"稍有破漏，学坛沦为商业市场的决堤之日应该是可以预见的。[①] 20世纪80年代，众多营利性大学在北美次第兴起，90年代以后，跨越国界的私立高等教育也相继产生。一个国家的大学在另一个国家建立分校，或是以各种形式联结起来的两个及以上国家的多个大学共同提供课程和授予学位，一个大学被另一个大学授权使用该大学的课程和实践项目，这种情形被称为高等教育的"麦当劳化"。[②] 更为重要的是，这种高等教育作为商品，对国外的输出往往是单向度的，且以营利为目的。在高等教育私营化的潮流中，公立大学也开始毫不掩饰对金钱的偏好，在牟利活动中尽展所能。科研水平不高的社区学院，由于不具备争取可以获得利润的高水平科研的实力，就通过聘请大量兼职教师来降低培养成本，并通过不断扩大规模赚取更多学费，而将决定组织生存的培养质量放在次要位置。一言以蔽之，无论是研究型大学还是教学型大学，无论是私立大学还是公立大学，无论是在国内办学还是到国外拓展，美国高校都在群体跟进学术资本主义。

（二）管理者的商人趋向

传统上，欧美大学校长是学术权威的化身，无数大学校长都曾是专业领域的学术权威，维护学术自由和大学自治是他们作为校长的重要职责。深受德国大学影响的美国大学，在院系层面上更加强调管理者的学术地位。大学董事会成员，往往是那些与大学学术发展有密切联系的利益相关者。在凡勃伦（Thorstein Bunde Veblen）看来，这种现象早在20世纪初就发生了重大变化。他认为，当作为高深学问发源地的美国大学逐步走上正轨的时候，董事会里出现了大量的世俗人员代替神职人员的现象。这些世俗人员是商人和政客。最终，大学政策事务上的支配权落入

---

① 曾志朗．序：大学之道：创新、创投、创业、创资?．伯克．大学何价：高等教育商业化？[M]．杨振富，译．台北：天下远见出版社，2004：11.

② 阿尔特巴赫．私立高等教育：引言．阿尔特巴赫，等．私立高等教育：全球革命 [M]．胡建伟，等，译．北京：中国社会科学出版社，2014：3.

商人手中。① 与此相应，董事会在遴选大学校长时，开始很少看重他们的学术成就，而是更加看重他们管理大型企业的能力。1997 年，加利福尼亚州立大学准备选任一名新校长时，遴选条件不再强调学术资质。董事会把有关学术资质的条件删掉，强调"具有企业管理经验并不是一个附加条件，而是一个必不可少的条件"。② 企业型的大学校长入职后，往往把主要精力放在如何筹资之上，学术事务日益淡出其管理的视野。此外，研究型大学的领导人，在薪水之外，争相到大学外部寻求兼职，以赚取更多外快。布朗大学的校长成为高盛公司的董事，为此她每年收入 30 多万美元，到她离职的时候，可以得到价值 400 万美元的股票；斯坦福大学和普林斯顿大学的领导人，你追我赶地进入 Google 董事会；华盛顿大学（University of Washington）的校长兼职耐克公司董事，条件是由耐克公司向学校供应印有公司标志的运动衫。可见，校长的商业行为在美国研究型大学中已经变得非常普遍。相对于顶尖大学校长的商业行为，美国私立营利性大学校长的商业性更加有过之而无不及，如在塞耶大学（Thayer University），校长的年度收入高达 4300 万美元。③ 在大学董事会的推动下，美国语境中的大学校长（president），已不再是学术座席上前排就座的领导者，而是善于经营钱财的董事长、总经理和总裁。

（三）教师的自我驱动

教师是大学学术资本主义形成的重要力量。在"非升即走"（up-or-out）和"不发表就出局"的双重压力下，高校全职教师越来越多的时间用于科学研究，他们深知教学工作是一项强调责任和精力投入的"良心活"，相对于科研来说，其评价标准更加具有弹性。相反，科学研究不但能够为其本人带来稀缺的学术声望，而且还会产生丰厚的利益回报。于是，"重科研，轻教学"已经成为大学教师群体中难以消除的顽疾。教书育人是教师的天职，培养人才是大学原初职能，科学研究是高等教育发

① 凡勃伦．学与商的博弈——论美国高等教育 [M].惠圣，译．上海：上海人民出版社，2009：90.
② 科恩．美国高等教育通史 [M].李子江，译．北京：北京大学出版社，2010：342-343.
③ 德尔班科．大学过去，现在与未来：迷失的大学教育 [M].范伟，译．北京：中信出版社，2014：168.

展到一定阶段后才产生的大学职能。因此，归根结底，教师重视科研而忽视教学，其背后是学术资本主义的趋利性牵引。更有甚者，伴随大学与外部交往的日趋频繁、加深，大学教师的身份也日渐多样，教学与科研甚至已经不再是其主要工作，"老板"逐渐成为学生对导师的称呼。在媒体的介入与炒作下，整日出现在大众视野中的学术明星与影视明星相差无几，他们利用个人或院校的学术声望过度摄取经济利益，这在美国乃至世界大学中变得日益普遍。此外，不唯学术至上的兼职教师，开始成为美国大学教员中的一个重要群体，因为兼职身份，他们不但缺少必要的学术忠诚，而且缺少必要的院校忠诚，养家糊口成为他们工作的主要目的，朝来夕去成为他们的流动日常。在趋利取向的浪潮裹挟下，无论是全职教师还是兼职教师，无论是学术老板还是学术明星，学术资本主义心态已经在教师群体中悄然成风。教师的学术资本主义由外部影响演变为内心驱使，由局部行为发展成群体行为，"板凳甘坐十年冷"的学术志向逐渐淡去，纷纷跃入学术商业化的滚滚红尘之中。

第三节　表现：从学术价值到商业价值

20 世纪 70 年代以后，学术资本主义体现在美国高等教育系统的方方面面。在理念层面，经典的大学理念无不强调高深知识的学术价值，伴随市场化、商业化对美国大学的侵袭，商业价值的理念不断颠覆人们对传统大学观的认知；在职能层面，培养人才、发展科学和服务社会是现代大学职能的有序拓展，无不强调通过高深知识传递现代大学存在的价值，然而，受商业化侵袭，这些职能无论是从深度还是从广度而言，都越来越趋于功利性；在管理层面，大学是从事高深学问探索与传播的机构，这一基本性质确定了大学是一个底部沉重的组织，学术自由与大学自治是现代大学管理中的基本遵循，然而，这些管理模式逐渐成为明日黄花，类似企业组织的公关部、人力资源部、战略规划部等在高校内部相继产生，大学日益公司化。

一 大学理念的商业化

（一）大学精神背离传统

殖民地时期，新教移民在北美创办高校，主要目的是让他们的宗教信仰能够薪火传承，并培养有文化的子孙后代。大学创办者怀着无比的虔诚，倾其一生所有投资于高等教育事业，约翰·哈佛、耶鲁、布朗（Nicholas Brown）等，无不与声名显赫的美国大学联系在一起。哈佛大学的"与柏拉图为友，与亚里士多德为友，更要与真理为友"，耶鲁大学的"真理与光明"，斯坦福大学的"让自由之风劲吹"等，不但将大学推向知识高地，而且使大学成为社会的精神坐标。然而，这些反映大学特质的精神元素不断被商业浸染。1997年《经济学家》发表调查翔实的长文报告，强调现代大学已与过去完全不同，丝毫不掩饰自己的俗气。① 真理、自由、光明等照亮人类前行的灯塔，在商业化的笼罩下日趋暗淡。私立营利性大学的兴起，更是与传统大学精神背道而驰。在阿尔特巴赫（Philip G. Altbach）看来，这些营利性学校根本不能称为大学，而是一种冒牌大学：它们不像传统大学，而是以赚取利润为首要目标；它们不提供学科范围广泛的教育计划，而是集中于特定的市场；它们不存在终身教职，教师均为兼职；它们不存在共同治理，权力完全集中在管理者手中；它们缺乏科研兴趣，因为科研影响营利使命。② 冒牌大学大量产生，不但是学术资本主义盛行的具体表现，也是大学精神萎靡的重要例证，当正能量的大学精神不能得到弘扬，那些负能量的组织精神不但会侵蚀传统大学，而且会催生出"异化"的大学。

（二）学术自由遭遇冲击

自由一直是美国励志故事的主线，新教移民从欧洲远涉重洋，主要

---

① 古尔德.公司文化中的大学［M］.吕博，张鹿，译.北京：北京大学出版社，2005：14-26.

② 阿尔特巴赫.冒牌大学的兴起.阿尔特巴赫，等.私立高等教育：全球革命［M］.胡建伟，等，译.北京：中国社会科学出版社，2014：19-21.

是基于对自由的热切向往。当北美建立起自己的高等教育机构后，学术自由就成为美国高等教育的惯习。社会学家罗斯，经济学家安德鲁斯（E. Beniamin Andrews），哲学家洛夫乔伊、梅克林（John M. Mecklin）、杜威，以及美国大学教授联合会（AAUP）、终身教职（tenure track）等，都与美国大学学术自由的故事密切相连。可以说，学术自由作为现代大学制度的基因，已经融入美国大学的机体内部。但是，伴随市场力量凌驾于学术专业，金钱以及效率必然会代替学术价值，从而主宰大学决策。商业化也会助长教职员的不良心态，使其只把教学与研究当作追求其他目的的手段，而不是根本目的。更为重要的是，商业化会有损于学术中最为重要的个人自由。[①] 当个人自由深陷商业化的旋涡，受到经济利益的纠缠时，学术自由就会蒙上阴影。许多大学鼓励教授与产业密切合作，教授通过技术入股的方式拥有高科技公司股票。当研究与商业利益如此直接挂钩时，研究人员常常会被要求在工作时保密。更糟糕的是，因为利益太大，公司有时会引诱研究者隐瞒结果，阻止研究者发表某些可能不利于公司的研究结果，甚至强迫研究者窜改数据，这种直接侵犯学术自由的情形，在美国大学已不乏案例。[②] 千里之堤，溃于蚁穴，与传统上教授积极争取学术自由不同，在商业化的冲击下，公司侵犯学术自由的行为并未受到学者们的强烈反弹，物质化诱惑以及学者犬儒已经成为学术自由的劲敌。

二　大学职能的商品化

（一）培养人才的商品化

所谓培养人才的商品化，是指高校在招生、教学管理、课程安排、运动竞赛等方面，将培养人才的核心过程或要素当作一种商品，或为贴近市场获取更多利益，或为降低成本减少支出，人才培养质量、社会公

---

① 伯克. 大学何价：高等教育商业化？［M］.杨振富，译. 台北：天下远见出版社，2004：41-42.

② 刘兆汉. 序：平衡利益与学. 伯克. 大学何价：高等教育商业化？［M］.杨振富，译. 台北：天下远见出版社，2004：5-6.

平正义在经费收支或追名逐利面前不再居于首要位置。

1. 高校招生争相竞价

20 世纪 70 年代以后，联邦政府对学生学习资助的方式开始由学校转向学生，佩尔助学金使高校之间为获得联邦政府更多拨款而激烈竞争。为招到智力突出的学生，各大学使出浑身解数进行价格竞争。为了不至于在竞争中损失更多经费，1989 年，包括"常春藤联盟"所有成员在内的 24 所私立大学组成了交叠集团（Overlap Group），宣称共同决定联盟中学生接受适当资助的额度。这一联盟因被认为违反了反托拉斯法而被司法部门叫停，但是联盟把美国高校群体带入了一个相互竞价的热潮。1992 年，国会通过了一项反托拉斯豁免案，允许私立大学实行不事先考虑需求的招生政策。在国会颁布改善公立学校状况的法令后，28 所全国排名最高的大学组成了 568 集团（568 Group），从 1999 年起致力于提供额外的以成绩为基础的资助金。事实上，正如古尔德（Eric Gould）所说，这些大学为争取生源所采用的方法，与其他商品及服务商争取顾客的方法没有什么两样。大学财务资助的战略，与汽车制造商为让自己的产品更有吸引力所提供的返款及低成本贷款政策也无差别。购买一个学生资源，无异于说服顾客购买一辆汽车。[①] 可见，美国大学在招生中，已经把生源看作潜在的顾客，同时把学生看作一种未来的产品。

2. 降低教学质量成本

美国私立营利性大学的代表凤凰城大学，拥有 100 多个校区和学习中心，在学的学生多达 10 万人，主要满足成人群体的学习需求，学习领域集中于实用性较强而培养成本不高的一些学科，课程设计高度紧凑集中。一门授予本科学生的课程通常为连续 5 周，每周 4 课时。传统上一个教师需要承担的工作被分解到多个部门来完成，有一些工作则被完全剔除。凤凰城大学的教师聘期，按照 5 周为一个学期进行计算。教师们除了在凤凰城大学从教以外，必须有一份全职工作。换句话说，凤凰城大学的教师，都是非全职的，大学没有终身教职的制度安排。大学强调，学生在周二晚上学到了什么，周三早上就能在自己办公室得到应用。大学坦

---

① 古尔德. 公司文化中的大学［M］.吕博，张鹿，译. 北京：北京大学出版社，2005：41-42.

言营利是自己的底线。^① 与私立营利性大学不同，非营利大学的教学管理呈现另外一种面相。2010 年 8 月，费恩（Paul Fain）在访问华盛顿大学（西雅图）时，认为华盛顿大学如诗如画的校园表面之下暗流涌动。州政府预算削减已经严重威胁教学质量，本科生更多的是去上课而不是进行实验，这主要是为了节约教学成本。而且，在大多数州，州补助以及增加学费的收入被大学用在了非教学方面。经常有报道称大学提出削减教师人数，或者将其由终身教职变为非终身教职，但是，却没有减少副校长数量的迹象。在过去 20 年里，大学行政部分的人数上升了 39%，而全体教职工的数量只增加了 18%。^② 宁可牺牲教学管理中的教师数量和质量，也不愿削减行政人员和大学领导的职数，这是公立大学教学管理的典型特征。

3. 注重课程交易价值

一般来说，高深知识既具有交易价值，也具有象征价值。通识文科课程主要强调象征价值，而不是交易价值。由于具有象征价值的通识教育课程在学生毕业后影响就业的因素，远远低于具有较高交易价值的实用课程，其在高校教学中的比例被不断压缩。涵盖通识教育的课程所占比例，从 1914 年的 55% 降到了 1939 年的 46%，到了 1993 年更是减少到33%。通识教育必修课的平均节数，从 1914 年的 9.9 节降到了 1993 年的2.2 节。在美国大学中，一个整体趋势是必修与整合性的课程被分门别类的课程所取代，让学生从更多样的课程里自行选择。然而，学生来到大学后，发现系科五花八门，课程令人眼花缭乱，在没有人告诉他应该要修什么课程的时候，最简单的方法就是依照工作来选择，为就业做准备。^③ 为了吸引更多学生进校学习，以获得更大利益，私立营利性院校广泛开设大量的"即学即用"的商业课程，非营利性院校也在不断跟进。

---

① 金赛. 私立营利性大学的师资：凤凰城大学算是新模式吗?. 阿尔特巴赫，等. 私立高等教育：全球革命［M］. 胡建伟，等，译. 北京：中国社会科学出版社，2014：203-206.

② 塞林. 美国高等教育史（第二版）［M］. 孙益，等，译. 北京：北京大学出版社，2014：352-353.

③ 阿尔巴赫，伯巴尔，冈普奥特. 21 世纪美国高等教育：社会、政治、经济的挑战［M］. 北京：北京师范大学出版社，2005：428.

以威廉·玛丽学院为例，商业课程已经成为最流行的课程（占到20%），而这个大学一向被认为是公立院校中最深入致力于人文学科教育的。另外，远程教育也成为美国高等教育转型创新的方式。"的确，一个人可以通过网络课程从杜克大学取得工商业管理硕士学位，而不需要依靠那些增加花销的校园服务和设施，但它实际上使学生花的钱比他们去杜克大学亲自上工商管理硕士学位还要多。著名大学们已经找到一个取得专业学位的划算方法，提供'品牌'力量是相对廉价的，同时意味着索取高额的学费——这成为大学的摇钱树。"① 为了索取高额学费，降低培养成本，大量利用远程教育，不惜牺牲培养质量，不惜学术声誉受损，这些都是典型的学术资本主义。在网络课程中，会表演、会包装的教授通常最受欢迎，实际内容的传授有时反而成为次要的，这种可供一些教授名利双收机会的安排，很可能会影响学校正常授课。换句话说，教授们为了获取更多的在线课程讲授费，可能会牺牲本职工作中的课堂讲授精力投入，进而影响课堂质量。为金钱利益而牺牲本职工作中的课堂质量，必然会引起同事心理不平衡，教学风气也就必然随之浮躁。如此往复，最终将没有赢家。

4. 热衷商业运动竞赛

大学之间的校际运动比赛，本应是大学培养人才活动的校外延展，目的在于减轻学生学习压力，强健学生身体素质，增强学生的集体荣誉感，促进学生全面发展，养成校际学生友谊。然而，受经济利益的影响，大学校际运动比赛在美国早已发生变异，逐渐演变为大学赚钱的手段。大学的体育馆越盖越大，以吸引更多观众买票入场。为了给运动经费的"赞助人"腾出更多空间，学生观众不得不逐渐退让，有的大学甚至在球场加盖豪华包厢，让企业赞助人士和其他"金主"享有特权。为培养一支威名远扬的常胜军，大学不得不聘请身价不菲的教练。2001年的调查报告显示，美国约有30名美式足球与篮球教练的年薪超过100万美元，是多数大学校长年薪的好几倍。为了吸引优秀运动员，大学往往会不顾成绩，降格以求，如宾州州立大学和密歇根大学，美式足球与篮球队新

---

① 塞林.美国高等教育史（第二版）[M].孙益，等，译.北京：北京大学出版社，2014：333-337.

生的 SAT 平均分比同年度入学新生的平均分低了 237 分；杜克大学与斯坦福大学的篮球队新生与普通新生的平均分相差 307 分，美式足球新生与普通新生的平均分相差 292 分。这些靠低分录取的运动员毕业率明显偏低，1990 年调查显示，在一级战区的大学中，只有 34% 的篮球运动员和 48% 的美式足球运动员能在六年内顺利取得学位。这些运动员根本无法选修具有挑战性的课程，也无法像其他同学一样参加课外活动。① 在学生运动员的培养过程中，大学官员帮助学生调换年级、考试作弊甚至涂改成绩单等，也时有发生。大学为获取经济利益，不惜牺牲学生个人成长，这与大学的办学宗旨明显背道而驰。

（二）发展科学的商品化

19 世纪德国大学对美国研究型大学产生了深远影响，追求纯粹知识的探究一直深受大学推崇。但是，20 世纪 70 年代以后，高深知识的概念发生了显著改变。尽管教师仍然希望自己的研究会造福人类，却开始谈永不赔钱的研究。衡量教师的成绩，不再限于出版、发表论著，而是包含了因市场活动而获得的成功。② 但是，大学教师之所以能够参与市场，仅仅是因为他以前受到的政府提供的教育和训练。企业之所以出资赞助，也是因为这些教师曾经在政府资助下获得过成功先例。③ 换句话说，教师拿到市场进行转化的研究成果，有较大一部分是在公共教育资金的支持下完成的。因此，教师在成果转化中，应当承担必要的社会义务和责任。然而，在现实中，或出于自愿或被迫执行，这些社会义务和责任往往被抛弃。为了争取各自的经济利益最大化，大学、企业、教师之间处处设防。当出现利益冲突时，研究人员时常并不根据专业判断，而是根据利益驱使做出妥协或让步，甚至做出见利忘义之举。④ 科学研究已经失去以

---

① 刘兆汉.序：平衡利益与学.伯克.大学何价：高等教育商业化？［M］.杨振富，译.台北：天下远见出版社，2004：61-68.

② 斯劳特，莱斯利.学术资本主义：政治、政策和创业型大学［M］.梁骁，黎丽，译.北京：北京大学出版社，2008：19.

③ Slaughter S & Rhoades G. Academic Capitalism and the New Economy: Markets, State, and Higher Education ［M］. Baltimore: The Johns Hopkins University Press, 2004: 4-5.

④ 伯克.大学何价：高等教育商业化？［M］.杨振富，译.台北：天下远见出版社，2004：92-95.

学术为志业的道德高度，也失去了追求真理的独立性和客观性。

学术资本主义在发展科学中，还表现为学术声望的商业化。20 世纪 70 年代以后，美国大学建立（或破坏）学术声望、社会声誉和影响力的基础在逐渐而持续地转移。过去是通过学术共同体的同行评价而逐渐积累起来的；20 世纪上半叶，是通过杂志社发表或出版社出版的学术论文或著作逐渐积累起来的；70 年代以后，大众传媒成为学术声望、社会声誉和影响力的主要推手。公众的注意力都强调"物以稀为贵"，媒体没有充裕的时间来培育一个人的声望，不可能眷顾那些曾带来学术声望的勤勉品质，更不可能等待学者们坚忍不拔、锲而不舍地探求真理与正义。得到媒体瞬间炒作的学者，其命运与运动员、流量明星、彩票赢家甚至恐怖分子、抢劫犯相差无几。[①] 学术声望所根植的学术品质，在商业媒体的反复炒作下荡然无存。基于高深学问的学术声望，在大众传媒的品头论足下，冲去了学术的寂寞与孤独，只剩下对金钱和世俗名声的欲望，最终学术声望也随之而逝。

（三）服务社会的商品化

以康奈尔理念和威斯康星思想为标志，美国大学在 19 世纪中后期就形成了服务社会的大学职能。经过百余年的历史演变，这一职能在广度和深度上都发生了巨大变化。大学不再单纯为开设足够的课程而努力，还通过科学研究尤其是高技术服务社会；大学不再单纯满足于服务本地区，还将触角延伸到其他各州甚至海外。最为重要的是，这一切都建立在获取外部利益的动机基础之上。由此，技术科学不但在大学占据绝对优势，而且在大学外部占据绝对市场份额。斯劳特和莱斯利认为，大学越来越把计算机、电信、电子、先进材料、人工智能和生物技术等视为全球竞争的核心。技术科学使科学和技术、基础研究和应用研究、发现和革新的分离成为可能。技术科学既是科学又是产品。它瓦解了知识和商品的区别，使知识成为商品。[②] 知识可以成为商品，但知识绝对

---

① 史密斯，韦伯斯特. 后现代大学来临？[M].侯定凯，赵叶珠，译. 北京：北京大学出版社，2014：37-39.
② 斯劳特，莱斯利. 学术资本主义：政治、政策和创业型大学 [M].梁骁，黎丽，译. 北京：北京大学出版社，2008：34.

不能与商品没有边界。一旦知识与商品没有边界，知识的公益性也就荡然无存了。

事实上，大学在服务社会的过程中，其营利活动越来越侵蚀非营利性大学的本质。正是基于这种担心，大学的营利活动曾先后受到市政当局、企业主甚至税务署的详细检查，其监督校园活动以确保它们符合机构在教育事业方面的非营利性地位。在其他企业看来，如果一所大学拥有旅行社和电脑销售中心，那么它与私立商业有什么区别呢？为什么要区别对待？在财产税当局看来，一个大学的体育场经常被用来举办摇滚音乐会，为什么将其作为教育类设施而豁免税收呢？于是，纽约开始向锡拉丘兹大学（Syracuse University）的凯利圆顶室内运动场征税，印第安纳大学（Indiana University）的高尔夫课也要向当地交纳财产税。① 当大学服务社会的手段摆脱了高深知识的公益性，服务社会的目的仅限于赚钱时，传统大学所享受的诸如免税权就必然会遭到质疑甚至剥夺。

三 大学管理的公司化

殖民地学院以降，美国大学教师在管理方面就一直享有较大权力，学术自由、教授治校、底部沉重的制度架构一直为高等教育研究者所津津乐道。然而，20 世纪 70 年代以后，教授治校的管理模式受到严重冲击。诸多研究表明，在 20 世纪最后的 20 年里，决策越来越集中于董事会和校长，只有选择性的公开话题才广泛征求意见。由于资金紧缺，美国大学产生了一种新的竞争行为和理念，诸如"战略规划"（strategic planning）、"标杆管理"（benchmarking）、外包（outsourcing）、"全面质量管理"（total quality management）、"业务流程重组"（business process reengineering）等，都是直接从企业借鉴而来。每一个词都意味着首先衡量投入和产出，然后通过内部资源竞争来提高效率。当面临资源萎缩，政府拨款日益减少时，大学便将预算负担转移到学生身上，学费数额不断攀

---

① 塞林. 美国高等教育史（第二版）［M］. 孙益，等，译. 北京：北京大学出版社，2014：328-330.

升，这无疑加速了高等教育的私立化。① 借鉴企业的管理方案和技术，以投入和产出为导向，从近期来看可能会提高效率，但是从长远来看，有可能会丧失大学最为宝贵的部分。以大学事务外包为例，其在某些情况下是成功的，如将书店或餐饮服务进行外包；在另外一些情况下，结果则是灾难性的，如将宿舍或与教育教学活动密切相关的设施进行外包。② 无论是外包学生宿舍，还是外包教室、实验室等，都无疑会损害大学培养人才的核心目标。

大学商业化管理趋势在美国公立大学中表现得尤为突出。传统上，美国公立大学有联邦政府拨款，州政府也为其注入大量资金。但是伴随财政拨款的持续下降，大学的管理模式也发生了变革。1960 年，州政府对密歇根大学的普通资金投入占该大学年度总经费的 70%，2000 年时下降到 36%，而且还在持续下降。除了在访问州首府兰辛（Lansing）期间，校长杜德斯塔特（James Johnson Dudestadt）平时并不把密歇根大学描述成一所州立大学，在他看来，大学曾经受到州政府资助，然后是受到州政府帮助，目前只能说是坐落在这个州而已。无论人们喜欢与否，学校变成了杜德斯塔特所说的"密歇根大学有限公司"，它被当作一个商业企业在经营，被比作《财富》上的 500 强。对于弗吉尼亚大学来说，情况同样如此，州政府总是试图为大学提供小部分收入，却想得到它 100% 的控制权。由于经济拮据，许多有才能的教授去了其他地方。校长不得不对州政府发出最后通牒，如果不能提供更多的资助，他们不得不使大学部分私有化。2003 年，弗吉尼亚大学的法学院和商学院相继成为自给自足的私立学院，在与大学反复讨价还价之后，商学院将 10% 收入上交学校。受此影响，古典学系、文理学院乃至图书馆都纷纷卷入私有化浪潮，进而使弗吉尼亚大学更加接近于一家控股公司。③ 无论是"密歇根大学有限公司"，还是"弗吉尼亚大学控股公司"，都预示着美国公立大学深受商业影响，学术资本主义已经渗透到大学运营的机体。

---

① Hanley L. Academic Capitalism in the New University [J]. The Radical Teacher, 2005 (73): 3.

② Kezar A. Obtaining Integrity? Reviewing and Examining the Charter Between Higher Education and Society [J]. The Review of Higher Education, 2004, 27 (4): 439-440.

③ 科伯. 高等教育市场化的底线 [M]. 晓征，译. 北京：北京大学出版社，2008：131-154.

第四节　展望：回归学术、超越主义与责任担当

从历史上看，从学术资本演变为学术资本主义，并非当下高等教育的独特现象。尽管"学术资本主义"是一个当代词语，但是它所表达的趋利取向与中世纪大学后期的学术商业化别无二致。从现实来看，虽然学术资本主义作为一种思想潮流最早产生于美国，但是学术资本主义作为一种实践已遍布世界。从学术资本到学术资本主义的边界跨越，既存在于高等教育先发国家，也存在于高等教育后发国家。学术作为资本，要想成为天下福祉之公器、大学竞争之资源、国家强盛之根基，就应当回归学术，超越主义。当然，高等教育不是商业，大学组织也不是公司，规避从学术资本到学术资本主义的演变，需要国家、高校、教师等多方共同的责任担当。

一　回归学术

学术资本要回归学术。正如哈佛大学前校长伯克（Derek Bok）所说，我们绝对不能根据市场的需求设计大学课程或决定研究计划的议程。有些科学问题虽然没有可预见的市场价值，还是值得研究；某些专业领域，如埃及古物学或知识论（epistemology），即便很少有人会对这类知识感兴趣，它们仍旧值得一流的学术研究，像俄罗斯文学或伦理学，虽然许多学生不懂得欣赏，也无法借此找到工作，但它们都是大学课程中非常重要的一部分。[①] 人类历史发展到今天，为我们留下来无数璀璨的文明和值得传承的知识，都需要大学去传承和创新。"大学"一词虽然源自中世纪行会，却蕴含知识的整体性。因此，大学绝不能因为有的知识商业价值较大而趋之若鹜，也不能因为有的知识暂时不具备商业价值而弃之不顾。知识除了商业价值，还有更加可贵的文化价值，正是因其文化价值，人

---

① 伯克. 大学何价：高等教育商业化？［M］. 杨振富，译. 台北：天下远见出版社，2004：52.

类才能不断走向文明。另外，此时看似不具备商业价值的知识，不见得永远不具备商业价值，等到人类认识到这些知识的经济价值时，再回头寻找，会发现它们已经成为无人能识的"绝学"。因此，回归学术是大学充分发挥其职能的题中应有之义，唯有坚持学术，大学才能真正履行好培养人才、发展科学、服务社会的职能。倡导回归学术，就是要倡导回归超越名利的学术、求真求善的学术、走向文明的学术。

二　超越主义

学术资本要超越主义。社会上任何一个组织，都会根据其不同性质而拥有一个最为主要的资本形式，强调主要资本形式，就是要强调任何一个组织都不能忘记本真，否则必然会引起组织的变异。多样资本之间是这样，同一资本发生变异也是如此，从学术资本到学术资本主义就是学术资本的典型变异。事实上，在中文语境中，许多中性甚至褒义的概念，如果加上"主义"，概念内涵就会发生质的改变，如形式与形式主义、理想与理想主义、经验与经验主义等。学术资本与学术资本主义的边界主要在于趋利取向，前者是君子爱财取之有道，后者是依靠学术唯利是图。因此，知识的商业化是学术资本发展成为学术资本主义的重要渠道。罗杰·盖格（Roger Geiger）认为，商业化将最终窒息无私的研究，将金钱动机置于学术责任之上的研究者迟早会被清除出局。[①] 学术研究是这样，学术传承亦是如此。历史已经反复证明，在招生、培养和学位授予中唯利是图的大学，迟早会被淘汰。因此，无论是大学的人才培养、科学研究，还是服务社会，如果不走出商业化阴影，就不可能走出学术资本主义的泥潭。那么如何规避学术资本主义？伯克认为："最明显的办法是，在决策之前，先仔细衡量每个商业机会带来的利益与负面影响。它可以为学校增加多少收入？要承担哪些风险？会造成哪些损失？这些损失会超过具体的既得利益吗？"[②] 我们认为，对当下大学而言，回归学术

---

① 盖格. 大学与市场的悖论 [M].郭建如，等，译. 北京：北京大学出版社，2013：236-237.

② 伯克. 大学何价：高等教育商业化？[M].杨振富，译. 台北：天下远见出版社，2004：55.

与超越主义应当相伴而行，在张扬学术资本，规避学术资本主义的道路上，更需要国家、大学和教师承担起各自的责任。

三　责任担当

（一）国家责任

摆脱学术资本主义，不能单纯依靠大学和教师，这就像给人体去除内部毒瘤不能仅依靠病人自己一样。国家应当出台明确的制度安排，给学术资本到学术资本主义的变异画出红线。学术资本在转换中一旦突破红线，就应当受到制度约束。以美国营利性高校出现为例，这无疑得到了政府的公然认可。尽管这些营利性高校在教学管理中强调市场、高效，收入丰厚，但由于在培养人才中过于功利性，学生、教师和管理者之间均是由金钱来维系，学生毕业后缺少归属感，育人乐园随之荡然无存。营利性高校已经丢掉大学的灵魂。菲利普·阿尔特巴赫认为，政府就不应准许它们提供学术学位。[①] 然而，美国政府不但赋予它们大学的名号，还允许其授予学士、硕士甚至是博士学位。更为重要的是，在修订佩尔助学金以后，政府赋予其与非营利性大学同等的地位，无疑对学术资本主义的蔓延起到了推波助澜的作用。同时，伴随知识经济发展，大学在国家核心竞争力中的作用不断增强，政府有义务为大学发展提供必要的公共资金，以确保高深知识的公益性。从历史发展来看，任何一个国家大学的崛起，都与政府提供强力支持密切相连。19 世纪德国大学之所以能够走向世界高等教育之巅，源自普鲁士威廉皇帝的大力支持；20 世纪美国大学走向世界高等教育的中心，也得益于政府的巨额拨款。

（二）高校责任

第一，大学不是商业。普林斯顿大学前校长鲍恩（William Bowen）认为，大学不是商业，有与其他任何一种实体所不同的使命和特征，社

---

① 阿尔特巴赫.冒牌大学的兴起.阿尔特巴赫，等.私立高等教育：全球革命［M］.胡建伟，等，译.北京：中国社会科学出版社，2014：22.

会对它们的期望远远不只是以公平的价格出售"产品"。① 如果学校领导者个个都表现得像钱串子，他们还怎么去守护滋养精神创造的自由条件？如果大学研究机构全都沦为营利性产业，亚里士多德所讲的静观的快乐又在哪里？如果公立的学术机构只关心牟利问题，纳税人的血汗钱又都花到什么地方去了？如果大学已变得唯利是图，超越和对抗功利的博雅艺术与人文科学又将何以容身？如果学生已经变成必须争取和讨好的顾客，校园里的风气败落到何处算是一站？如果不能赶在孩子们成长之前铸就他们的心灵，整个国家的未来还能有什么指望？如果任何不在乎金钱只计较真理的思想机构都已不复存在，人的精神视野中到底还能剩下什么？② 这一连串的灵魂拷问，都应当使大学时刻保持警惕，在做出每一个行动时，反思这些追问，并进而做出符合大学精神的制度安排，只有这样，大学才能远离学术资本主义的侵蚀。

第二，大学组织不是公司。大学治理要根据组织特点，不能盲目引进公司治理。研究表明，将公司治理应用于高等教育，通常不会对创造革新、提高效率、经济效益或创造效力产生积极影响，而这些目标正是公司治理的提倡者所宣称的。③ 大学是培养人才的机构，这意味着大学校园要远离公司化的标识。假设可口可乐公司与普林斯顿大学接洽，愿意提供 2500 万美元，换取在该校的拿莎堂（Nassau Hall）入口刻上五个简单的英文单词"Things Go Better with Coke"，普林斯顿大学一定会毫不犹豫地拒绝。大学之所以能够成为人们心灵上的麦加，就在于不断在高深知识上求真、求善、求美。大学是社会发展的引擎，同时也是社会发展的良心。这些共同的学术原则及理想，本是凝聚大学的一股强大向心力，把不同的系所、研究单位、教学活动和想法各异的教授学人凝聚在一起，集中心力于各项教学、创新与研究活动，不惧外界的威胁利诱，为共同目标而奋斗。这些原则也使大学维持高入学标准，严格遴选新进教师，并且让所有大学教育工作者相信，他们不仅仅是在混口饭吃。学校若能

① 科伯. 高等教育市场化的底线 [M]. 晓征，译. 北京：北京大学出版社，2008：193.
② 刘东. 丛书序. 雷丁斯. 废墟中的大学 [M]. 郭军，等，译. 北京：北京大学出版社，2008：22.
③ Kezar A. Obtaining Integrity? Reviewing and Examining the Charter Between Higher Education and Society [J]. The Review of Higher Education，2004，27（4）：444.

捍卫这些学术原则，必能激起学生、教授与校友的尊敬与支持，社会大众也将重建他们对高等教育的信心。[①]大学组织不是公司，要求大学始终不忘培养人才、发展科学的根本使命，在政策执行时充分考虑组织底部沉重的特点，充分调动学术共同体参与治理的积极性，在做出决策前坚守基本的学术原则和底线。

第三，大学应当自立自强。尽管大学不能以营利为目的，但是大学发展需要经费，而且是不断增长的巨额资金。在政府有限供给的情况下，大学不能不自立自强。能否创办一所能够自食其力的创业型大学，不但关乎大学能否自治，也关乎学术能否自由。质言之，大学适当的市场行为，不但不会使其堕入学术资本主义的深渊，还能为大学发展注入活力。约翰斯通认为，当大学企业性活动有可能使教师的注意力和时间偏离核心使命时，就需要制定清晰的政策，对教师待在校园、办公室或实验室加以明确，使学生和同事都能找到他们；当科学研究发生利益关系冲突时，就需要大学在所有合同和交易中将明确的条款与可行的透明度结合起来；当人文科学和自然科学、基础科学和应用科学面对市场行为出现利益不平衡时，就要通过适当的横向补贴来达到平衡。[②]伯克也认为，以往的思维只从防堵的方向去考量，所以问题丛生，若能改变思考方向，从疏导的方向把创新、创投、创业的理念结合在一起，同时从获利中划拨一定比例资金作为高校研究基金去鼓励创新，就会产生不同效果。[③]可以看出，伯克与约翰斯通有不谋而合之处。事实上，其中内含一个共性原则，亦即大学在市场行为中，不要跨越学术资本与学术资本主义的边界，坚持学术共同体不因利益纷争而迷失自我或走向分裂。

（三）教师责任

无论是回归学术还是超越主义，都需要落到教师身上。大学教师作

---

① 伯克.大学何价：高等教育商业化？［M］.杨振富，译.台北：天下远见出版社，2004：203-239.
② 约翰斯通.高等教育财政：问题与出路［M］.沈红，李红桃，译.北京：人民教育出版社，2004：164-166.
③ 曾志朗.序：大学之道：创新、创投、创业、创资?.伯克.大学何价：高等教育商业化？［M］.杨振富，译.台北：天下远见出版社，2004：12.

为高深知识传承、创新以及服务的主体，肩负着重要责任。为了防范个人的学术资本主义行为，需要国家和高校做出明确的正式制度制约，但是，从新制度主义经济学来看，正式制度的实施不但需要巨大成本，而且一般很难全部奏效。因此，从根本上说，教师的自我约束是规避学术资本主义的内生动力。与"功利主义"亲密交友，对科学家和学者必然有腐化，如果教师不再专心追求高深学问，而是把心思放在如何获取最大利益上，在学术中更加追求朝生暮死的短期效益，那么他们丢掉的将是无法估量的道义。① 教师之所以为师，除了生存，还需要得到学生和同事的尊敬，丢掉教学天职，无疑自断后路；学者之所以为学，除了生存，还需要得到研究进展的成就感，以及学术同行的认可。文章千古事，得失寸心知，教师要不断警醒自我，确保不为物欲和偏见所左右。总之，无论是教师还是高校，如果不能回归学术资本，不能超越学术资本主义，那么最终伤害的必然是教师和高校自身。大学兴于学术资本，败于学术资本主义；教师成于学术资本，败于学术资本主义。在一定意义上，世界高等教育发展史，就是在学术资本与学术资本主义相互交替、兴衰起伏中不断演进的历史，世界高等教育的中心也将伴随这种演进不断发生地域上的位移。

———————————

① 凡勃伦. 学与商的博弈——论美国高等教育 [M].惠圣，译. 上海：上海人民出版社，2009：79-81.

参考文献

阿尔巴赫，伯巴尔，冈普奥特.21世纪美国高等教育：社会、政治、经济的挑战 ［M］.北京：北京师范大学出版社，2005.

阿尔特巴赫，等.私立高等教育：全球革命 ［M］.胡建伟，等，译.北京：中国社会科学出版社，2014.

阿什比.科技发达时代的大学教育 ［M］.滕大春，滕大生，译.北京：人民教育出版社,1983.

埃兹科维茨，雷德斯多夫.大学与全球知识经济 ［M］.夏道源，等，译.南昌：江西教育出版社，1999.

埃兹科维茨.麻省理工学院与创业科学的兴起 ［M］.王孙禹，袁本涛，等，译.北京：清华大学出版社，2007.

包尔生.德国大学与大学学习 ［M］.张弛，等，译.北京：人民教育出版社，2009.

鲍尔生.德国教育史 ［M］.滕大春，滕大生，译.北京：人民教育出版社，1986.

本-戴维.科学家在社会中的角色 ［M］.沈力，译.台北：结构群文化事业有限公司，1990.

伯克.大学何价：高等教育商业化？［M］.杨振富，译.台北：天下远见出版社，2004.

博克.走出象牙塔——现代大学的社会责任 ［M］.徐小洲，陈军，译.杭州：浙江教育出版社，2001.

博耶.关于美国教育改革的演讲 ［M］.涂艳国，方彤，译.北京：教育科学出版社，2002.

布鲁贝克. 高等教育哲学 [M]. 王承绪，等，译. 杭州：浙江教育出版社，2002.

陈洪捷. 德国古典大学观及其对中国的影响（修订版）[M]. 北京：北京大学出版社，2006.

陈良雨，汤志伟. 创业型大学建设中的学术资本转化问题研究——基于压力-状态-响应的分析 [J]. 中国高教研究，2017（10）.

德尔班科. 大学过去，现在与未来：迷失的大学教育 [M]. 范伟，译. 北京：中信出版社，2014.

丁水木，张绪山. 社会角色论 [M]. 上海：上海社会科学院出版社，1992.

杜德斯达，沃马克. 美国公立大学的未来 [M]. 刘济良，译. 王定华，校. 北京：北京大学出版社，2006.

凡勃伦. 学与商的博弈——论美国高等教育 [M]. 惠圣，译. 上海：上海人民出版社，2009.

范德格拉夫，等. 学术权力——七国高等教育管理体制比较 [M]. 王承绪，等，译. 杭州：浙江教育出版社，2001.

方纳. 美国自由的故事 [M]. 王希，译. 北京：商务印书馆，2002.

弗莱克斯纳. 现代大学论——美英德大学研究 [M]. 徐辉，陈晓菲，译. 杭州：浙江教育出版社，2001.

付八军. 创业型大学本土化的内涵诠释 [J]. 教育研究，2019，40（8）.

付八军. 学术资本转化：创业型大学的组织特性 [J]. 教育研究，2016，37（2）.

盖格. 大学与市场的悖论 [M]. 郭建如，等，译. 北京：北京大学出版社，2013.

高书国. 从徘徊到跨越：英国高等教育普及化模式及成因分析 [J]. 外国教育研究，2007，34（2）.

格兰特. 中世纪的物理科学思想 [M]. 郝刘祥，译. 上海：复旦大学出版社，2000.

古尔德. 公司文化中的大学 [M]. 吕博，张鹿，译. 北京：北京大学出版社，2005.

哈夫纳. 从俾斯麦到希特勒 [M]. 周全，译. 南京：译林出版社，2016.

哈斯金斯 . 12 世纪文艺复兴 [M]. 夏继果，译 . 上海：上海人民出版社，
　2005.

贺国庆，等 . 外国高等教育史 [M]. 北京：人民教育出版社，2003.

贺国庆 . 西方大学改革史略 [M] 石家庄：河北教育出版社，2011.

亨克尔，里特 . 国家、高等教育与市场 [M]. 谷贤林，等，译 . 北京：教
　育科学出版社，2005.

胡成 . 科学本应"无国界"[J]. 读书，2018（6）.

胡建华 . 19 世纪以来英国大学制度改革的基本特征及其分析 [J]. 现代大
　学教育，2004（2）.

胡建华 . 思想的力量：影响 19 世纪初期德国大学改革的大学理念 [J].
　清华大学教育研究，2004（4）.

胡钦晓 . 大学社会资本研究 [D]. 南京：南京师范大学，2007.

胡钦晓 . 何谓学术资本：一个多视角的分析 [J]. 教育研究，2017，38
　（3）.

胡钦晓 . 解读西南联大：社会资本的视角 [J]. 高等教育研究，2007
　（1）.

胡钦晓 . 美国大学学术自由演绎的文化视角 [J]. 比较教育研究，2005
　（9）.

怀特海 . 教育的目的 [M]. 徐汝舟，译 . 北京：生活·读书·新知三联书
　店，2002.

怀特海 . 科学与近代世界 [M]. 何钦，译 . 北京：商务印书馆，1959.

黄福涛 . 外国高等教育史 [M]. 上海：上海教育出版社，2003.

黄英杰 . 走向创业型大学：中国的应对与挑战 [J]. 清华大学教育研究，
　2012，33（2）.

霍莱斯特 . 欧洲中世纪简史 [M]. 陶松寿，译 . 北京：商务印书馆，1988.

金 . 大学潜规则——谁能优先进入美国顶尖大学 [M]. 张丽华，张弛，译 .
　北京：商务印书馆，2013.

康德 . 纯粹理性批判 [M]. 蓝公武，译 . 北京：商务印书馆，2009.

康德 . 论教育学（附系科之争）[M]. 赵鹏，何兆武，译 . 上海：上海人
　民出版社，2005.

康德．实践理性批判［M］.邓晓芒，译．杨祖陶，校．北京：人民出版社，2003．

柯林斯．哲学的社会学：一种全球的学术变迁理论［M］.吴琼，等，译．北京：新华出版社，2004．

科伯．高等教育市场化的底线［M］.晓征，译．北京：北京大学出版社，2008．

科恩．美国高等教育通史［M］.李子江，译．北京：北京大学出版社，2010．

克尔．高等教育不能回避历史——21世纪的问题［M］.王承绪，译．杭州：浙江教育出版社，2001．

克拉克．大学的持续变革：创业型大学新案例和新概念［M］.王承绪，译．北京：人民教育出版社，2008．

克拉克．高等教育新论——多学科的研究［M］.王承绪，等，译．杭州：浙江教育出版社，2001．

克拉克．建立创业型大学：组织上转型的途径［M］.王承绪，译．北京：人民教育出版社，2003．

克拉克．探究的场所——现代大学的科研和研究生教育［M］.王承绪，译．杭州：浙江教育出版社，2001．

克拉克．象牙塔的变迁——学术卡里斯玛与研究性大学的起源［M］.徐震宇，译．北京：商务印书馆，2013．

克拉克．研究生教育的科学研究基础［M］.王承绪，译．杭州：浙江教育出版社，2001．

肯尼迪．学术责任［M］.阎凤桥，等，译．北京：新华出版社，2002．

库姆斯．世界教育危机［M］.赵宝恒，李环，等，译．北京：人民教育出版社，2001．

勒高夫．试谈另一个中世纪——西方的时间、劳动和文化［M］.周莽，译．北京：商务印书馆，2014．

勒戈夫．中世纪的知识分子［M］.张弘，译．卫茂平，校．北京：商务印书馆，1996．

雷丁斯．废墟中的大学［M］.郭军，等，译．北京：北京大学出版社，

2008.

李道揆．试论美国宪法的限权政府原则 [J].美国研究，1987（4）.

李工真．阿尔文·约翰逊与"流亡大学"的创办 [J].世界历史，2007
（1）.

李工真．哥廷根大学的历史考察 [J].世界历史，2004（3）.

李工真．纳粹德国流亡科学家的洲际移转 [J].历史研究，2005（4）.

里德-西蒙斯．欧洲大学史·第一卷·中世纪大学 [M].张斌贤，等，译.
保定：河北大学出版社，2008.

林玉体．美国高等教育之发展 [M].台北：高等教育文化事业有限公
司，2002.

林玉体．西洋教育史 [M].台北：文景出版社，1985.

鲁克．高等教育公司：营利性大学的崛起 [M].于培文，译.北京：北京
大学出版社，2006.

陆登庭．一流大学的特征及成功的领导与管理要素：哈佛的经验 [J].阎凤
桥，译.国家高级教育行政学院学报，2002（5）.

吕埃格．欧洲大学史·第三卷·19世纪和20世纪早期的大学 [M].张斌
贤，杨克瑞，译.保定：河北大学出版社，2014.

吕一民．大国通史·法国通史 [M].上海：上海社会科学院出版社，2007.

洛赫．德国史 [M].北京大学历史系世界近代现代史教研室，译.北京：
生活·读书·新知三联书店，1976.

马金森．为什么高等教育市场不遵循经济学教科书 [J].孙梦格，覃文
珍，译.北京大学教育评论，2014，12（1）.

纽曼．大学的理念 [M].高师宁，等，译.贵阳：贵州教育出版社，2003.

纽曼．大学的理想（节本）[M].徐辉，等，译.杭州：浙江教育出版社，
2001.

帕拉维奇诺．帕拉维奇诺致红衣主教莫洛恩.文艺复兴书信集 [C].李
瑜，译.上海：学林出版社，2002.

裘克安．牛津大学 [M].长沙：湖南教育出版社，1986.

塞林．美国高等教育史（第二版）[M].孙益，等，译.北京：北京大学
出版社，2014.

沈红 . 美国研究型大学形成与发展 ［M］. 武汉：华中科技大学出版社，1999.

史密斯，韦伯斯特 . 后现代大学来临？［M］. 侯定凯，赵叶珠，译 . 北京：北京大学出版社，2014.

史密斯 . 哈佛世纪——锻造一所国家大学 ［M］. 程方平，等，译 . 贵阳：贵州教育出版社，2004.

斯劳特，莱斯利 . 学术资本主义：政治、政策和创业型大学 ［M］. 梁骁，黎丽，译 . 北京：北京大学出版社，2008.

宋健飞，高翔翔 . 当代德国大学学费制的历史与现状 ［J］. 全球教育展望，2007，36（12）.

宋文红 . 欧洲中世纪大学的演进 ［M］. 北京：商务印书馆，2010.

孙益 . 大学与近代西方职业阶层的兴起——以医学和法律为视角 ［J］. 高等教育研究，2011，32（6）.

特纳 . 社会学理论的结构：第 6 版·下册 ［M］. 邱泽奇，等，译 . 北京：华夏出版社，2001.

滕大春 . 美国教育史 ［M］. 北京：人民教育出版社，1994.

滕大春 . 外国近代教育史 ［M］. 北京：人民教育出版社，1989.

梯利，著 . 伍德，增补 . 西方哲学史（增补修订版）［M］. 葛力，译 . 北京：商务印书馆，2004.

涂尔干 . 教育思想的演进 ［M］. 李康，译 . 上海：上海人民出版社，2006.

王德志 . 论我国学术自由的宪法基础 ［J］. 中国法学，2012（5）.

王克迪 . 从科学大师到灵魂出卖者——勒纳德其人其事 ［J］. 自然辩证法通讯，2002（3）.

韦伯 . 韦伯论大学 ［M］. 孙传钊，译 . 南京：江苏人民出版社，2006.

韦伯 . 学术与政治：韦伯的两篇演说 ［M］. 冯克利，译 . 北京：生活·读书·新知三联书店，2005.

韦尔热 . 中世纪大学 ［M］. 王晓辉，译 . 上海：上海人民出版社，2007.

沃森 . 德国天才（1）：德意志的命运大转折 第三次文艺复兴 ［M］. 张弢，孟钟捷，译 . 北京：商务印书馆，2016.

沃森 . 德国天才（2）：受教育中间阶层的崛起 ［M］. 王志华，译 . 北京：

商务印书馆，2016.

沃森．德国天才（3）：现代性的痛苦与奇迹［M］.王琼颖，孟钟捷，译．
　　北京：商务印书馆，2016.

沃森．德国天才（4）：断裂与承续［M］.王莹，等，译．北京：商务印
　　书馆，2016.

吴忠魁．私立学校比较研究——与国家关系角度的分析［M］.北京：北京
　　师范大学出版社，1999.

奂从清．角色论——个人与社会的互动［M］.杭州：浙江大学出版社，
　　2010.

许美德．中国大学 1895—1995——一个文化冲突的世纪［M］.许洁英，
　　译．北京：教育科学出版社，2000.

宣勇，付八军．创业型大学的文化冲突与融合——基于学术资本转化的
　　维度［J］.中国高教研究，2013（9）.

姚云．美国高等教育法制研究［M］.太原：山西教育出版社，2004.

约翰斯通．高等教育财政问题与出路［M］.沈红，李红桃，译．北京：人
　　民教育出版社，2004.

张建新．高等教育体制变迁研究——英国高等教育从二元制向一元制转
　　变探析［M］.北京：教育科学出版社，2006.

张磊．欧洲中世纪大学［M］.北京：商务印书馆，2010.

张岂之，谢阳举．西方近现代大学理念评析［J］.高等教育研究，2003
　　（4）.

张应强．文化视野中的高等教育［M］.南京：南京师范大学出版社，1999.

Ainley P. Degrees of Difference：Higher Education in the 1990s［M］. London：
　　Lawrence & Wishart，1994.

Anderson R. British Universities：Past and Present［M］. London：Hambledon
　　Continuum，2006.

Andrews F E. Philanthropic Foundations［M］. New York：Russell Sage Foun-
　　dation，1956.

Arnold M. Higher Schools and Universities in Germany［M］. London：Macmil-
　　lan and Co.，1874.

Arnold M. Schools and Universities on the Continent [M]. London: Macmillan and Co. , 1868.

Ashworth K H. American Higher Education in Decline [M]. College Station and London: Texas A & M University Press, 1979.

Banerjee S & Morley C. Professional Doctorates in Management: Toward a Practice-Based Approach to Doctoral Education [J]. Academy of Management Learning & Education, 2013, 12 (2).

Berelson B. Graduate Education in the United States [M]. New York: McGraw-Hill Book Company, 1960.

Bergquist W H. The Four Cultures of the Academy: Insights and Strategies for Improving Leadership in Collegiate Organizations [M]. San Francisco: Jossey-Bass Publishers, 1992.

Bourdieu P. The Forms of Capital. Richardson J. Handbook of Theory and Research for the Sociology of Education [C]. Westport: Greenwood, 1986.

Brabazon T & Dagli Z. Putting the Doctorate into Practice, and the Practice into Doctorates: Creating a New Space for Quality Scholarship Through Creativity [J]. Nebula, 2010, 7 (1-2) .

Brown K & Cooke C. Professional Doctorate Awards in the UK [R]. Lichfield: UK Council for Graduate Education, 2010.

Brubacher J S & Rudy W. Higher Education in Transition: A History of American Colleges and Universities, 1636 – 1978 [M]. New York: Harper & Row, 1968.

Brubacher J S. On the Philosophy of Higher Education [M]. San Francisco: Jossey-Bass Publishers, 1982.

Candy L. Practice Based Research: A Guide [J]. CCS Report, 2006 (1).

Cheit E F. The New Depression in Higher Education: A Study of Financial Conditions at 41 Colleges and Universities [M]. New York: McGraw-Hill Book Company, 1971.

Clark B R. Creating Entrepreneurial Universities: Organizational Pathways of Transformation [M]. Oxford: International Association of Universities and

Elsevier Science Ltd. , 1998.

Clark B R. The Higher Education System: Academic Organization in Cross-National Perspective [M]. Berkeley: University of California Press, 1983.

Clark B R. The Research Foundations of Graduate Education: Germany, Britain, France, United States, Japan [M]. Berkeley: University of California Press, 1993.

Clark W. Academic Charisma and the Origins of the Research University [M]. Chicago: The University of Chicago Press, 2006.

Cobban A B. The Medieval Universities: Their Development and Organization [M]. London: Methuen & Co. Ltd. , 1975.

Cobban A B. Universities in the Middle Ages [M]. Liverpool: Liverpool University Press, 1990.

Collinson J A. Artistry and Analysis: Student Experiences of UK Practice-Based Doctorates in Art and Design [J]. International Journal of Qualitative Studies in Education, 2005, 18 (6).

Compayré G. Abelard and the Origin and Early History of Universities [M]. New York: C. Scribner's Sons, 1910.

Conrad J. The German Universities for the Last Fifty Years [M]. Glasgow: David Bryce, 1885.

Curti M & Nash R. Philanthropy in the Shaping of American Higher Education [M]. New Brunswick: Rutgers University Press, 1965.

Daly L J. The Medieval University, 1200–1400 [M]. New York: Sheed and Ward, 1961.

De Ridder-Symoens H. A History of the University in Europe · Volume I · Universities in the Middle Ages [M]. Cambridge: Cambridge University Press, 1999.

Diener T. Growth of An American Invention: A Documentary History of the Junior and Community College Movement [M]. NewYork: Greenwood Press, 1986.

Dowie M. American Foundations: An Investigative History [M]. Cambridge: The

MIT Press, 2001.

Dunham E A, et al. Colleges of the Forgotten Americans: A Profile of State Colleges and Regional Universities [M]. New York: McGraw-Hill Book Company, 1969.

Durling D, Friedman K, Gutherson P. Debating the Practice-Based PhD [J]. International Journal of Design Sciences and Technology, 2002, 10 (2).

Enders J. A Chair System in Transition: Appointments, Promotions, and Gate-Keeping in German Higher Education [J]. Higher Education, 2001, 41.

Etzkowitz H, et al. The Future of the University and the University of the Future: Evolution of Ivory Tower to Entrepreneurial Paradigm [J]. Research Policy, 2000, 29 (2).

Fallon D. The German University: A Heroic Ideal in Conflict with the Modern World [M]. Colorado: Colorado Associated University Press, 1980.

Finn C E. Scholars, Dollars, and Bureaucrats [M]. Washington: Brookings Institution, 1978.

Flexner A. Universities: American, English, German [M]. New York: Oxford University Press, 1930.

Frayling C. Research in Art and Design [M]. London: Royal College of Art, 1993.

Geiger R L. Research and Relevant Knowledge: Amercian Research Universities Since World War II [M]. New York: Oxford University Press, 1993.

Gibbons M, Limoges C, Nowotny H, et al. The New Production of Knowledge: The Dynamics of Science and Research in Contemporary Societies [M]. London: Sage Publications Ltd. , 1994.

Green H & Powell S. Doctoral Study in Contemporary Higher Education [M]. Bristol: Society for Research into Higher Education & Open University Press, 2005.

Halsey A H & Trow M A. The British Academcis [M]. Cambridge: Harvard University Press, 1971.

Hanley L. Academic Capitalism in the New University [J]. The Radical Teacher, 2005 (73).

Harriman P L. The Bachelor's Degree [J]. The Journal of Higher Education, 1936, 7 (6).

Harrington F H. Shortcomings of Conventional Departments. McHenry D E. Academic Departments: Problems, Variations, and Alternatives [C]. San Francisco: Jossey-Bass Publishers, 1977.

Hartshorne E Y. The German Universities and National Socialism [M]. Cambridge: Harvard University Press, 1936.

Haskins C H. The Rise of Universities [M]. Ithaca: Cornell University Press, 1957.

Haskins C H. The Rise of Universities [M]. New York: Henry Holt and Company, 1923.

Hearnden A. Education in the Two Germanies [M]. Oxford: Basil Blackwell, 1974.

Henkel M. Current Science Policies and Their Implications for the Formation and Maintenance of Academic Identity [J]. Higher Education Policy, 2004, 17 (2).

Henry D D. Challenges Past Challenges Present: An Analysis of American Higher Education Since 1930 [M]. San Francisco: Jossey-Bass Publishers, 1975.

Herklots H G G. The New Universities: An External Examination [M]. London: Ernest Benn Limited, 1928.

Hockey J. Art and Design Practice-Based Research Degree Supervision Some Empirical Findings [J]. Arts and Humanities in Higher Education, 2003, 2 (2).

Howe B. The Emergence of Scientific Philanthropy, 1900–1920. Arnove R F. Philanthropy and Cultural Imperialism [C]. Boston: G. K. Hall & Co., 1980.

Huisman J, de Weert E, Bartelse J. Academic Careers from a European Perspective: The Declining Desirability of the Faculty Position [J]. The Journal of Higher Education, 2002, 73 (1).

Husa S & Kinos J. Academisation of Early Childhood Education [J]. Scandina-vian Journal of Educational Research, 2005, 49 (2).

Janin H. The University in Medieval Life, 1179-1499 [M]. Jefferson, North Caro-lina: McFarland & Company, 2008.

Jarausch K H. The Transformation of Higher Learning, 1860-1930: Expansion, Diversification, Social Opening and Professionalization in England, Germa-ny, Russia and the United States [M]. Stuttgart: Klett Cotta, 1983.

Jarausch K. Students, Society, and Politics in Impearial Germany: The Rise of Academic Illiberalism [M]. New Jersey: Princeton University Press, 1982.

Karges K & Thompson V. The College Blue Book Degrees Offered by College and Subject 32nd [M]. Detroit: Thomson Gale, 2005.

Karges K & Thompson V. The College Blue Book Degrees Offered by College and Subject 34th [M]. Detroit: Thomson Gale, 2007.

Kelley B M. Yale: A History [M]. New Haven: Yale University Press, 1974.

Kezar A. Obtaining Integrity? Reviewing and Examining the Charter between Higher Education and Society [J]. The Review of Higher Education, 2004, 27 (4).

Kibre P. The Nations in the Medieval Universities [M]. Cambridge, Mass: Me-diaeval Academy of America. 1948.

Kiger J C. Philanthropic Foundations in the Twentieth Century [M]. Westport: Greenwood Press, 2000.

Kirp D L. Shakespeare, Einstein, and the Bottom Line: The Marketing of High-er Education [M]. Cambridge: Harvard University Press, 2003.

Kneller G F. Higher Learning in Britain [M]. London: Cambridge University Press, 1955.

Lagemann E C. The Politics of Knowledge: The Carnegie Corporation, Philan-thropy, and Public Policy [M]. Middletown: Wesleyan Univeristy Press, 1989.

Laurie S S. The Rise and Early Constitution of Universities [M]. New York:

D. Appleton and Company, 1892.

Leff G. Paris and Oxford Universities in the Thirteenth and Fourteenth Centuries: An Institutional and Intellectual History [M]. York: John Wiley & Sons, Inc., 1968.

Lenz E R. The Practice Doctorate in Nursing: An Idea Whose Time Has Come [J]. Online Journal of Issues in Nursing, 2005, 10 (3).

Levine A. Higher Education Becomes a Mature Industry [J]. The Chronicle of Higher Education, 1997, 2 (3).

Lilge F. The Abuse of Learning: The Failure of the German University [M]. New York: The Macamillan Company, 1949.

Linton R. The Study of Man [M]. New York: Appleton-Century-Crofts, 1936.

MacLeod K. The Functions of the Written Text in Practice-Based PhD Submissions [J]. Working Papers in Art and Design, 2000, 1 (1).

McClelland C E. State, Society, and University in Germany, 1700-1914 [M]. Cambridge: Cambridge University Press, 1980.

McClelland C E. The German Experience of Professionalization: Modern Learned Professions and Their Organizations from the Nineteenth Century to the Hitler Era [M]. Cambridge: Cambridge University Press, 1991.

Mountford S J. British Universities [M]. London: Oxford University Press, 1966.

Nagai M. An Owl Before Dusk [M]. Berkeley: The Carnegie Commission on Higher Education, 1975.

Nagai M. Higher Education in Japan: Its Take-Off and Crash [M]. Tokyo: University of Tokyo Press, 1971.

Nisbet R. The Degradation of the Academic Dogma: the University in America, 1945-1970 [M]. New York: Basci Books Inc., 1971.

Nixon J. Education for the Good Society: The Integrity of Academic Practice [J]. London Review of Education, 2004, 2 (3).

Noble K A. Changing Doctoral Degrees: An International Perspective [M]. Bristol: The Society for Research into Higher Education & Open University

Press, 1994.

Ogawa Y. Challenging the Traditional Organization of Japanese Universities [J]. Higher Education, 2002, 43.

Paetow L J. The Arts Course at Medieval Universities with Special Reference to Grammar and Rhetoric [D]. Illinois: University Press, 1910.

Pakes A. Original Embodied Knowledge: The Epistemology of the New in Dance Practice as Research [J]. Research in Dance Education, 2003, 4 (2).

Paulsen F. The German Universities and University Study [M]. translated by F. Thilly and W. Elwang. New York: Charles Scribner's Sons, 1906.

Paulsen F. The German Universities: Their Character and Historical Development [M]. New York: Macmillan and Co. 1895.

Pedersen O. The First Universities: Studium Generale and the Origins of University Education in Europe [M]. Cambridge: Cambridge University Press, 1997.

Perkin H. History of Universities. Forest J & Altbach P. International Handbook of Higher Education [C]. Dordecht: Springer, 2006.

Perry W C. German University Education, or the Professors and Students of Germany (second edition) [M]. London: Longman, Brown, Green, and Longmans, 1846.

Rashdall H. The Universities of Europe in the Middle Ages · Volume I · Salerno-Bologna-Paris [M]. Oxford: The Clarendon Press, 1936.

Rhoades G & Slaughter S. Academic Capitalism, Managed Professionals, and Supply-Side Higher Education [J]. Social Text, 1997, 15 (2).

Ringer F K. The Decline of the German Mandarins: The German Academic Community, 1890-1933 [M]. Cambridge: Harvard University Press, 1969.

Rolfe H. University Strategy in an Age of Uncertainty: The Effect of Higher Education Funding on Old and New Universities [J]. Higher Education Quarterly, 2003, 57 (1).

Rudolph F. The American College and University: A History [M]. New York:

Vintage Books, 1962.

Rudy W. The Universities of Europe, 1100-1914: A History [M]. Rutherford: Fairleigh Dickinson University Press; London: Associated University Presses, 1984.

Röhrs H. The Classical German Concept of the University and Its Influence on Higher Education in the United States [M]. Frankfurt am Main: Peter Lang, 1995.

Rüegg W. A History of the University in Europe · Volume II · Universities in Early Modern Europe (1500-1800) [M]. Cambridge: Cambridge University Press, 1996.

Rüegg W. A History of the University in Europe · Volume III · Universities in the Nineteenth and Early Twentieth Centuries (1800-1945) [M]. Cambridge: Cambridge University Press, 2004.

Schachner N. The Mediaeval Universities [M]. London: George Allen & Unwin Ltd. , 1938.

Sears J B. Philanthropy in the History of American Higher Education [M]. New Brunswick: Transaction Publishers, 1990.

Slaughter S & Rhoades G, Academic Capitalism and the New Economy: Markets, State, and Higher Education [M]. Baltimore: The Johns Hopkins University Press, 2004.

Smith D. Eric James and the "Utopianist" Campus: Biography, Policy and the Building of a New University During the 1960s [J]. History of Education, 2008, 37 (1).

Soares J A. The Decline of Privilege: the Modernization of Oxford University [M]. Stanford: Stanford University Press, 1999.

Spurr S H. Academic Degree Structures: Innovative Approaches; Principles of Reform in Degree Structures in the United States [M]. New York: McGraw-Hill Book Company, 1970.

Strauss L. What Is Liberal Education? [J]. Academic Questions, 2003, 17 (1).

The Carnegie Commission on Higher Education. Higher Education: Who Pays? Who Benefits? Who Should Pay? [M]. Berkeley: The Carnegie Commission on Higher Education, 1973.

Thelin J R. A History of American Higher Education [M]. Baltimore: The Johns Hopkins University Press, 2004.

Thorndike L. University Records and Life in the Middle Ages [M]. New York: Octagon Books, 1971.

Thwing C F. The American and the German University: One Hundred Years of History [M]. New York: The Macmillan Company, 1928.

Treasury H M. Realizing Our Potential: A Strategy for Science, Engineering and Technology [N]. Norwich: H. M. S. O., 1993.

UK Council for Graduate Education, Frayling C, Burgess R G. Practice-Based Doctorates in the Creative and Performing Arts and Design [M]. Lichfield: UK Council for Graduate Education, 1997.

Ulam A. The Fall of the American University [M]. LaSalle: The Library Press, 1973.

Van de Graaff J H. Can Department Structures Replace a Chair System? Comparative Perspectives [R]. Yale Higher Education Research Group Working Paper, 1980.

Warner D & Palfreyman D. The State of UK Higher Education: Managing Change and Diversity [M]. Buckingham: SRHE and Open University Press, 2001.

Windolf P. Expansion and Structural Change: Higher Education in Germany, the United States, and Japan, 1870 – 1990 [M]. Boulder: Westview Press, 1997.

Yee J S R. Methodological Innovation in Practice-Based Design Doctorates [J]. Journal of Research Practice, 2010, 6 (2).

后　记

　　写一本欧美大学发展史，是我多年来的一个夙愿。记得 2004 年跟随南京师范大学胡建华教授攻读博士学位时，胡师的第一堂课，就简要梳理了中世纪西欧以降大学群体发展的跌宕历程，至今仍然印象深刻。对大学发展史的偏爱，或许缘于自己大学历史学的学习背景，更或许缘于历史研究之于高等教育研究以及高等教育学学科建设的重要性。在我看来，我们国家的高等教育研究，往往是在还没有弄清楚"是什么""为什么"的情况下，就急于寻求"怎么办"的方案。就我国而言，尽管高等教育历史悠久，但大学却无疑是伴随近代西学东渐而产生的后发型组织。因此，我国大学今天所面临的诸多问题，在欧美大学的历史与发展中，或多或少都遇到过，如大学发展的理念、研究与教学的关系、大学内外部关系，以及大学制度等。因此，系统梳理和分析欧美大学的历史与发展，不但能够进一步澄清大学是什么的问题，也能够起到"他山之石，可以攻玉"的镜鉴作用。

　　现代大学起源于中世纪，无论是法国巴黎的教师行会，还是意大利博洛尼亚的学生行会，都是现代大学的雏形。因此，本书开篇五章从社会资本、学术资本、角色冲突的视角分别论述中世纪大学的产生与沉寂、源起与低迷。中世纪大学产生以降，西欧国家的大学组织开始走向不同的道路，其中既有法国大学的断裂、英国大学的保守，又有德国大学的革新。严格来说，经由拿破仑改革，22 所传统大学被取缔后的很长一段时间里，近代法国是不存在大学组织的。因此，在第二篇和第三篇，本书分别选择德国大学和英国大学进行论述。之所以选择德国大学，主要是因为在西欧大学群体中，德国大学产生较晚，但是在 19 世纪以后迅速崛起，并占领世界高等教育之巅长达百年，德国大学改革为世界大学发展留下了许多宝贵遗产。需要指出的是，本书在论述德国大学崛起以及高等教育强国建设之后，也论述了德国大学在俾斯麦执政后是如何逐渐走向没落的。之所以选择英国大学，主要是因为在西欧大学群体中，英国大学向来以传统甚至保守而著称，或许正是由于坚守传统，中世纪的牛津大学和剑桥大学才能在彼时众多大学衰落或湮没后至今仍然屹立于世界大学之林。需要指出的是，本书在论述英国大学的传统与现代之后，也论述了20世纪90年代以后英国大学是如何走向激进式变革的。

如果从长时段的历史发展来看，中世纪大学发展到今天，大体上有三个波峰，亦即中世纪大学、19世纪德国大学和20世纪美国大学。因此，本书第四篇用五章分别论述了美国大学学术自由、学位制度、私人基金会以及社会资本和学术资本的演绎与变迁。可以看出，在一定意义上，正是学术自由促成了美国大学的多元发展，正是学位制度变革开启了硕士和博士学位的分层，正是私人基金会引领了美国大学科研发展，正是大学社会资本促进了20世纪哈佛大学的崛起，正是学术资本引领美国大学群体逐渐代替德国大学成为世界大学群体的领跑者。同样需要指出的是，本书在论述美国大学群体崛起的同时，也论述了学术资本主义不断侵蚀美国大学机体的趋势。如果用"江山代有才人出，各领风骚数百年"来隐喻大学群体之发展，那么在中世纪数百年里，是法国大学和意大利大学引领了大学的时代发展；在19世纪至20世纪初期，是德国大学引领了大学的时代发展；19世纪中后期至今，是美国大学引领了大学的时代发展。

美国大学之后，谁将引领未来大学的时代发展，目前来看形势并不明朗。但是，在我们实现中华民族伟大复兴的新时代，在推进教育、科技、人才"三位一体"现代化战略布局，以及科技是第一生产力、人才是第一资源、创新是第一动力，深入实施科教兴国战略、人才强国战略、创新驱动发展战略的指引下，我国的大学必将责无旁贷，应该有所作为。从世界大学发展史来看，大学要有所作为，既需要保持自己的优良传统，也需要紧跟经济社会发展的时代步伐，更需要具有吸取他者经验教训的世界眼光。撰写本书的主要目的，更多地在于以上强烈的本土和现实关怀。

　　最后，需要说明的是，本书大部分章节已经在不同的学术期刊上发表过，除了第一篇第三章"角色冲突与中世纪的巴黎大学"是本人与指导的研究生合作外，其余章节皆为本人的独著。但是，在成书过程中，本人又对所有章节进行了系统的删减、补充和调整。因此，本书若有不妥之处，文责自负，敬请各位方家批评指正！

图书在版编目（CIP）数据

欧美大学的历史与发展 / 胡钦晓著.-- 北京：社
会科学文献出版社，2024.7
　ISBN 978-7-5228-3464-1

　Ⅰ.①欧⋯　Ⅱ.①胡⋯　Ⅲ.①高等学校-校史-欧洲
②高等学校-校史-美洲　Ⅳ.①G649.1

　中国国家版本馆 CIP 数据核字（2024）第 067483 号

欧美大学的历史与发展

著　　者 / 胡钦晓

出 版 人 / 冀祥德
责任编辑 / 冯咏梅
文稿编辑 / 程丽霞
责任印制 / 王京美

出　　版 / 社会科学文献出版社
　　　　　地址：北京市北三环中路甲 29 号院华龙大厦　邮编：100029
　　　　　网址：www.ssap.com.cn
发　　行 / 社会科学文献出版社（010）59367028
印　　装 / 三河市尚艺印装有限公司

规　　格 / 开　本：787mm×1092mm　1/16
　　　　　印　张：27　字　数：408 千字
版　　次 / 2024 年 7 月第 1 版　2024 年 7 月第 1 次印刷
书　　号 / ISBN 978-7-5228-3464-1
定　　价 / 128.00 元

读者服务电话：4008918866